CODE-FORMULAIRE PORTATIF
DU NOTARIAT

OU

TEXTE COMPLET DU CODE NAPOLÉON ANNOTÉ

(ARTICLE PAR ARTICLE)

DE TOUTES LES FORMULES DES ACTES NOTARIÉS RÉSULTANT DE SON APPLICATION ;

SUIVI D'UN APPENDICE

CONTENANT

LES FORMULES TIRÉES DES ARTICLES DES CODES DE PROCÉDURE, DE COMMERCE, D'INSTRUCTION
CRIMINELLE, DES LOIS, DÉCRETS & ORDONNANCES,

DONNANT LIEU A DES ACTES NOTARIÉS :

Avec une Table alphabétique des Matières ;

PAR

M. A. MICHAUX, ancien principal Clerc de Notaire,

Auteur du *Traité des Liquidations et Partages* et du *Formulaire portatif,*

ET **M. VICTOR C***.**

PARIS

IMPRIMERIE ET LIBRAIRIE GÉNÉRALE DE JURISPRUDENCE.

COSSE ET MARCHAL, IMPRIMEURS-ÉDITEURS,

LIBRAIRES DE LA COUR DE CASSATION,

Place Dauphine, 27.

1864

IMPRIMERIE ET LIBRAIRIE GÉNÉRALE DE JURISPRUDENCE DE **COSSE** et **MARCHAL**, IMPRIMEURS-ÉDITEURS,

LIBRAIRES DE LA COUR DE CASSATION,

Place Dauphine, 27, à Paris.

Paris, 26 Avril 1864.

CODE-FORMULAIRE PORTATIF.

Monsieur le Président,

Au mois de novembre dernier, nous avons eu l'honneur de soumettre à votre appréciation un *Formulaire portatif du Notariat*, dans le format in-4°; ce Formulaire est resté dans vos mains.

Notre intention était de faire suivre cette publication du *texte du Code Napoléon*, imprimé dans le même *format*.

Mais ayant été devancés dans cette dernière publication, et reconnaissant d'ailleurs la difficulté pour les Notaires d'emporter deux ouvrages et de les consulter ainsi séparés, nous avons eu la pensée de *réunir* les *formules* au *texte* du *Code* sous *forme d'annotations*, en plaçant la *formule* immédiatement au-dessous de l'*article du Code* qui en est la source, de manière que l'œil du lecteur pût embrasser et consulter simultanément l'une et l'autre sans, pour ainsi dire, tourner le feuillet.

C'est une idée *neuve, simple, pratique*, et qui a la double utilité d'offrir un *memento* précieux à ceux qui savent, et l'*explication* la plus claire des articles de la loi à tous ceux qui étudient les codes, surtout au point de vue du Notariat.

La dimension du *Code Formulaire portatif* est celle du papier timbré à 1 fr. 50; malgré la réunion des textes et des formules, ce volume ne sera pas plus épais que notre *Formulaire portatif* que vous connaissez déjà.

Au surplus, Monsieur le Président, vous apprécierez vous-même et vos confrères jugeront la valeur de cette combinaison par les 64 pages que la poste vous remettra. Ces feuilles représentent plus du tiers de l'ouvrage complet.

Ce livre est essentiellement portatif; il pourra se placer dans un portefeuille, dans un dossier, sans être embarrassant, ni même apparent.

L'ouvrage est terminé par un *Appendice* contenant toutes *les Formules des actes notariés* tirés des Codes de procédure, de commerce, d'instruction criminelle, des lois, décrets et ordonnances.

Les formules portent un seul *numérotage*, de la première à la dernière.

Une *table alphabétique*, placée en tête de l'ouvrage, renvoyant à *l'article du Code* en même temps qu'au *numéro de la formule*, donne le moyen de retrouver immédiatement la formule cherchée et l'article du Code dont elle est la conséquence : on peut ainsi chercher le document désiré soit par la Table alphabétique, soit par les titres ou les articles du Code.

Notre *Code-Formulaire*, Monsieur le Président, est considéré par de très-bons esprits comme un instrument de travail aussi complet que facile à consulter en toute occasion, surtout quand la rapidité est une nécessité.

Si vous partagiez cette opinion, Monsieur le Président, vous voudriez bien communiquer le cahier que nous vous envoyons à vos confrères assemblés au mois de mai prochain.

Veuillez agréer, Monsieur le Président,
l'expression sincère de nos sentiments dévoués,

COSSE & MARCHAL,

LIBRAIRES DE LA COUR DE CASSATION.

Le prix du *Code-Formulaire portatif* est de 8 fr. Les personnes qui ont acquis et payé notre *Formulaire portatif*, recevront le *Code-Formulaire* au prix de 6 fr. franco, moyennant l'envoi d'un bon de poste. — Il paraîtra complet du 15 au 25 mai.

Pour les demandes collectives de 10 exemplaires, nous en expédions 12, dont 2 gratuitement; — pour celles de 15, nous fournirons 18 exemplaires, et ainsi de suite pour les nombres au-dessus. — Cette réduction représente les frais que nous occasionnent les expéditions particielles.

Imprimerie Cosse et J. Dumaine, rue Christine, 2.

LE
CODE-FORMULAIRE PORTATIF
DU NOTARIAT.

DE LA PUBLICATION DES EFFETS ET DE L'APPLICATION DES LOIS EN GÉNÉRAL.

Décrété le 14 ventôse an xi (5 mars 1803). Promulgué le 24 ventôse (15 mars).

1. Les lois sont exécutoires dans tout le territoire français, en vertu de la promulgation qui en est faite par l'Empereur.

Elles seront exécutées dans chaque partie de l'Empire, du moment où la promulgation en pourra être connue.

La promulgation faite par l'Empereur sera réputée connue dans le département de la résidence impériale, un jour après celui de la promulgation; et dans chacun des autres départements, après l'expiration du même délai, augmenté d'autant de jours qu'il y aura de fois dix myriamètres (environ vingt lieues anciennes) entre la ville où la promulgation en aura été faite, et le chef-lieu de chaque département.

2. La loi ne dispose que pour l'avenir; elle n'a point d'effet rétroactif. [P. 4.]

3. Les lois de police et de sûreté obligent tous ceux qui habitent le territoire.

Les immeubles, même ceux possédés par des étrangers, sont régis par la loi française.

Les lois concernant l'état et la capacité des personnes régissent les Français, même résidant en pays étranger.

4. Le juge qui refusera de juger, sous prétexte du silence, de l'obscurité ou de l'insuffisance de la loi, pourra être poursuivi comme coupable de déni de justice. [Pr. 505, s.; P. 185; M. cr., 483, s.]

5. Il est défendu aux juges de prononcer, par voie de disposition générale et réglementaire, sur les causes qui leur sont soumises. [P. 127.]

6. On ne peut déroger, par des conventions particulières, aux lois qui intéressent l'ordre public et les bonnes mœurs. [Pr. 1004.]

LIVRE PREMIER.

DES PERSONNES.

TITRE Ier.

DE LA JOUISSANCE ET DE LA PRIVATION DES DROITS CIVILS.

Décrété le 17 ventôse an xi (8 mars 1803). Promulgué le 27 ventôse (18 mars).

CHAP. Ier. — DE LA JOUISSANCE DES DROITS CIVILS.

7. L'exercice des droits civils est indépendant de la qualité de citoyen, laquelle ne s'acquiert et ne se conserve que conformément à la loi constitutionnelle. [P. 9, 28, 34, 123, 401, 405, s.]

8. Tout Français jouira des droits civils.

9. Tout individu né en France d'un étranger pourra, dans l'année qui suivra l'époque de sa majorité, réclamer la qualité de Français; pourvu que, dans le cas où il résiderait en France, il déclare que son intention est d'y fixer son domicile, et que, dans le cas où il résiderait en pays étranger, il fasse sa soumission de fixer en France son domicile, et qu'il l'y établisse dans l'année, à compter de l'acte de soumission.

10. Tout enfant né d'un Français en pays étranger est Français.

Tout enfant né, en pays étranger, d'un Français qui aurait perdu la qualité de Français, pourra toujours recouvrer cette qualité, en remplissant les formalités prescrites par l'article 9.

11. L'étranger jouira en France des mêmes droits civils que ceux qui sont ou seront accordés aux Français par les traités de la nation à laquelle cet étranger appartiendra. [Pr., 905; I. cr. 5, 6; P. 272.]

12. L'étrangère qui aura épousé un Français suivra la condition de son mari.

13. L'étranger qui aura été admis par l'autorisation de l'Empereur à établir son domicile en France, y jouira de tous les droits civils, tant qu'il continuera d'y résider.

14. L'étranger, même non résidant en France, pourra être cité devant les tribunaux français, pour l'exécution des obligations par lui contractées en France avec un Français; il pourra être traduit devant les tribunaux de France, pour les obligations par lui contractées en pays étranger envers des Français. [Pr. 69, 70.]

15. Un Français pourra être traduit devant un tribunal de France pour des obligations par lui contractées en pays étranger, même avec un étranger. [Pr. 166, 167; I. cr., 7.]

16. En toutes matières, autres que celles de commerce, l'étranger qui sera demandeur, sera tenu de donner caution pour le paiement des frais et dommages-intérêts résultant du procès, à moins qu'il ne possède en France des immeubles d'une valeur suffisante pour assurer ce paiement. [Pr. 166, 167, 423, 518, s.]

CHAP. II. — DE LA PRIVATION DES DROITS CIVILS.

SECT. I.—*De la privation des droits civils par la perte de la qualité de Français.*

17. La qualité de Français se perdra, — 1° par la naturalisation acquise en pays étranger; 2° par l'acceptation non autorisée par l'Empereur, de fonctions publiques conférées par un gouvernement étranger; 3° enfin, par tout établissement fait en pays étranger, sans esprit de retour.

Les établissements de commerce ne pourront jamais être considérés comme ayant été faits sans esprit de retour.

18. Le Français qui aura perdu sa qualité de Français, pourra toujours la recouvrer en rentrant en France avec l'autorisation de l'Empereur, et en déclarant qu'il veut s'y fixer, et qu'il renonce à toute distinction contraire à la loi française.

19. Une femme française qui épousera un étranger, suivra la condition de son mari.

Si elle devient veuve, elle recouvrera la qualité de Française, pourvu qu'elle réside en France, ou qu'elle y rentre avec l'autorisation de l'Empereur, et en déclarant qu'elle veut s'y fixer.

20. Les individus qui recouvreront la qualité de Français, dans les cas prévus par les art. 10, 18 et 19, ne pourront s'en prévaloir qu'après avoir rempli les conditions qui leur sont imposées par ces articles, et seulement pour l'exercice des droits ouverts à leur profit depuis cette époque.

21. Le Français qui, sans autorisation de l'Empereur, prendrait du service militaire chez l'étranger, ou s'affilierait à une corporation militaire étrangère, perdra sa qualité de Français.

Il ne pourra rentrer en France qu'avec la permission de l'Empereur, et recouvrer la qualité de Français qu'en remplissant les conditions imposées à l'étranger pour devenir citoyen; le tout sans préjudice des peines prononcées par la loi criminelle contre les Français qui ont porté ou porteront les armes contre leur patrie. [P. 75.]

SECT. II.—*De la privation des droits civils par suite des condamnations judiciaires.*

22. Les condamnations à des peines dont l'effet est de priver celui qui est condamné, de toute participation aux droits civils ci-après exprimés, emporteront la mort civile.

23. La condamnation à la mort naturelle emportera la mort civile.

24. Les autres peines afflictives perpétuelles n'emporteront la mort civile qu'autant que la loi y aurait attaché cet effet.

25. Par la mort civile, le condamné perd la propriété de tous les biens qu'il possédait; sa succession est ouverte au profit de ses héritiers, auxquels ses biens sont dévolus, de la même manière que s'il était mort naturellement et sans testament.

Il ne peut plus ni recueillir aucune succession, ni transmettre, à ce titre, les biens qu'il a acquis par la suite.

Il ne peut ni disposer de ses biens, en tout ou en partie, soit par donation entre-vifs, soit par testament, ni recevoir, à ce titre, si ce n'est pour cause d'aliments.

Il ne peut être nommé tuteur, ni concourir aux opérations relatives à la tutelle.

Il ne peut être témoin dans un acte solennel ou authentique, ni être admis à porter témoignage en justice.

Il ne peut procéder en justice, ni en défendant, ni en demandant, que sous le nom et par le ministère d'un curateur spécial, qui lui est nommé par le tribunal où l'action est portée.

Il est incapable de contracter un mariage qui produise aucun effet civil.

Le mariage qu'il avait contracté précédemment est dissous quant à tous ses effets civils.

Son époux et ses héritiers peuvent exercer respectivement les droits et les actions auxquels sa mort naturelle donnerait ouverture.

26. Les condamnations contradictoires n'emportent la mort civile qu'à compter du jour de leur exécution, soit réelle, soit par effigie.

27. Les condamnations par contumace n'emporteront la mort civile qu'après les cinq années qui suivront l'exécution du jugement par effigie, et pendant lesquelles le condamné peut se représenter.

28. Les condamnés par contumace seront pendant les cinq ans, ou jusqu'à ce qu'ils se représentent, ou qu'ils soient arrêtés pendant ce délai, privés de l'exercice des droits civils.

Leurs biens seront administrés et leurs droits exercés de même que ceux des absents.

29. Lorsque le condamné par contumace se présentera volontairement dans les cinq années, à compter du jour de l'exécution, ou lorsqu'il aura été saisi et constitué prisonnier dans ce délai, le jugement sera anéanti de plein droit; l'accusé sera remis en possession de ses biens : il sera jugé de nouveau; et si, par ce nouveau jugement, il est condamné à la même peine ou à une peine différente emportant également la mort civile, elle n'aura lieu qu'à compter du jour de l'exécution du second jugement.

30. Lorsque le condamné par contumace, qui ne se sera représenté ou qui n'aura été constitué prisonnier qu'après les cinq ans, sera absous par le nouveau jugement, ou n'aura été condamné qu'à une peine qui n'emportera pas la mort civile, il rentrera dans la plénitude de ses droits civils, pour l'avenir et à compter du jour où il aura reparu en justice; mais le premier jugement conservera, pour le passé, les effets que la mort civile avait produits dans l'intervalle écoulé depuis l'époque de l'expiration des cinq ans jusqu'au jour de sa comparution en justice.

31. Si le condamné par contumace meurt dans le délai de grâce des cinq années sans s'être représenté, ou sans avoir été saisi ou arrêté, il sera réputé mort dans l'intégrité de ses droits, le jugement de contumace sera anéanti de plein droit, sans préjudice néanmoins de l'action de la partie civile, laquelle ne pourra être intentée contre les héritiers du condamné que par la voie civile.

32. En aucun cas la prescription de la peine ne réintégrera le condamné dans ses droits civils pour l'avenir.

33. Les biens acquis par le condamné, depuis la mort civile encourue, et dont il se trouvera en possession au jour de sa mort naturelle, appartiendront à l'État par droit de déshérence.

Néanmoins, il est loisible à l'Empereur de faire, au profit de la veuve, des enfants ou parents du condamné, telles dispositions que l'humanité lui suggérera (1).

TITRE II.

DES ACTES DE L'ÉTAT CIVIL.

Décrété le 20 ventôse an 11 (11 mars 1803). Promulgué le 30 ventôse (21 mars).

CHAP. Ier.—DISPOSITIONS GÉNÉRALES.

34. Les actes de l'état civil énonceront l'année, le jour et l'heure où ils seront reçus, les prénoms, noms, âge, profession et domicile de tous ceux qui y seront dénommés.

35. Les officiers de l'état civil ne pourront rien insérer dans les actes qu'ils recevront, soit par note, soit par énonciation quelconque, que ce qui doit être déclaré par les comparants.

36. Dans les cas où les parties intéressées ne seront point obligées de comparaître en personne, elles pourront se faire représenter par un fondé de procuration spéciale et authentique.

37. Les témoins produits aux actes de l'état civil ne pourront être que du sexe masculin, âgés de vingt-un ans au moins, parents ou autres; et ils seront choisis par les personnes intéressées [P. 28, 42.]

38. L'officier de l'état civil donnera lecture des actes aux parties comparantes, ou à leur fondé de procuration, et aux témoins. Il y sera fait mention de l'accomplissement de cette formalité.

39. Ces actes seront signés par l'officier de l'état civil, par les comparants et les témoins; ou mention sera faite de la cause qui empêchera les comparants et les témoins de signer.

40. Les actes de l'état civil seront inscrits, dans chaque commune, sur un ou plusieurs registres tenus doubles.

41. Les registres seront cotés par première et dernière, et paraphés sur chaque feuille, par le président du tribunal de première instance, ou par le juge qui le remplacera.

42. Les actes seront inscrits sur les registres, de suite, sans aucun blanc. Les ratures et les renvois seront approuvés et signés de la même manière que le corps de l'acte. Il n'y sera rien écrit par abréviation, et aucune date ne sera mise en chiffres.

43. Les registres seront clos et arrêtés par l'officier de l'état civil, à la fin de chaque année; et dans le mois, l'un des doubles sera déposé aux archives de la commune, l'autre au greffe du tribunal de première instance.

44. Les procurations et les autres pièces qui doivent demeurer annexées aux actes de l'état civil, seront déposées, après qu'elles auront été parafées par la personne qui les aura produites, et par l'officier de l'état civil, au greffe du tribunal, avec le double des registres dont le dépôt doit avoir lieu audit greffe.

45 (2). Toute personne pourra se faire délivrer par les dépositaires des registres de l'état civil, des extraits de ces registres. Les extraits délivrés conformes aux registres, et légalisés par le président du tribunal de première instance, ou par le juge qui le remplacera, feront foi jusqu'à inscription de faux.

46. Lorsqu'il n'aura pas existé de registres, ou qu'ils seront perdus, la preuve en sera reçue tant par titres que par témoins; et dans ces cas, les mariages, naissances et décès, pourront être prouvés tant par les registres et papiers émanés des pères et mères décédés, que par témoins.

47. Tout acte de l'état civil des Français et des étrangers, fait en pays étranger, fera foi, s'il a été rédigé dans les formes usitées dans ledit pays.

48. Tout acte de l'état civil des Français en pays étranger sera valable, s'il a été reçu, conformément aux lois françaises, par les agents diplomatiques, ou par les consuls.

49. Dans tous les cas où la mention d'un acte relatif à l'état civil devra avoir lieu en marge d'un autre acte déjà inscrit, elle sera faite à la requête des parties intéressées, par l'officier de l'état civil, sur les registres courants ou sur ceux qui auront été déposés aux archives de la commune, et par le greffier du tribunal de première instance, sur les registres déposés au greffe; à l'effet de quoi l'officier de l'état civil en donnera avis dans les trois jours au procureur impérial près ledit tribunal, qui veillera à ce que la mention soit faite d'une manière uniforme sur les deux registres. (Pr. 857.)

50. Toute contravention aux articles précédents de la part des fonctionnaires y dénommés, sera poursuivie devant le tribunal de première instance, et punie d'une amende qui ne pourra excéder cent francs. [T. 120, 121.]

51. Tout dépositaire des registres sera civilement responsable des altérations qui y surviendront, sauf son recours, s'il y a lieu, contre les auteurs desdites altérations.

52. Toute altération, tout faux dans les actes de l'état civil, toute inscription de ces actes faite sur une feuille volante et autrement que sur les registres à ce destinés, donneront lieu aux dommages-intérêts des parties, sans préjudice des peines portées au Code pénal. (P. 145 à 148, 192 à 195.)

53. Le procureur impérial au tribunal de première instance sera tenu de vérifier l'état des registres lors du dépôt qui en sera fait au greffe; il dressera un procès-verbal sommaire de la vérification, dénoncera les contraventions ou délits commis par les officiers de l'état civil, et requerra contre eux la condamnation aux amendes.

54. Dans tous les cas où un tribunal de première instance connaîtra des actes relatifs à l'état civil, les parties intéressées pourront se pourvoir contre le jugement. (Pr. 474 à 479.)

CHAP. II. — DES ACTES DE NAISSANCE.

55. Les déclarations de naissance seront faites, dans les trois jours de l'accouchement, à l'officier de l'état civil du lieu: l'enfant lui sera présenté. (Pr. 346.)

56. La naissance de l'enfant sera déclarée par le père, ou, à défaut du père, par les docteurs en médecine ou en chirurgie, sages-femmes, officiers de santé ou autres personnes qui auront assisté à l'accouchement; et lorsque la mère sera accouchée hors de son domicile, par la personne chez qui elle sera accouchée. [P. 346.]

L'acte de naissance sera rédigé de suite, en présence de deux témoins.

57. L'acte de naissance énoncera le jour, l'heure et le lieu de la naissance, le sexe de l'enfant, et les prénoms qui lui seront donnés, les prénoms, nom, profession et domicile des père et mère, et ceux des témoins.

58. Toute personne qui aura trouvé un enfant nouveau-né, sera tenue de le remettre à l'officier de l'état civil, ainsi que les vêtements et autres effets trouvés avec l'enfant, et de déclarer toutes les circonstances du temps et du lieu où il aura été trouvé. [P. 345, 347, 349 à 353.]

Il en sera dressé un procès-verbal détaillé, qui énoncera en outre l'âge apparent de l'enfant, son sexe, les noms qui lui seront donnés, l'autorité civile à laquelle il sera remis. Ce procès-verbal sera inscrit sur les registres.

59. S'il naît un enfant pendant un voyage de mer, l'acte de naissance sera dressé dans les vingt-quatre heures, en présence du père, s'il est présent, et de deux témoins pris parmi les officiers du bâtiment ou, à leur défaut, parmi les hommes de l'équipage. Cet acte sera rédigé, savoir, sur les bâtiments de l'Empereur, par l'officier d'administration de la marine; et sur les bâtiments appartenant à un armateur ou négociant, par le capitaine, maître ou patron du navire. L'acte de naissance sera inscrit à la suite du rôle d'équipage.

60. Au premier port où le bâtiment abordera, soit de relâche, soit pour toute autre cause que celle de son désarmement, les officiers de l'administration de la marine, capitaine, maître ou patron, seront tenus de déposer deux expéditions authentiques des actes de naissance qu'ils auront rédigés, savoir, dans un port français, au bureau du préposé à l'inscription maritime, et dans un port étranger, entre les mains du consul.

L'une de ces expéditions restera déposée au bureau de l'inscription maritime, ou à la chancellerie du consulat; l'autre sera envoyée au ministre de la marine, qui fera parvenir une copie, de lui certifiée, de chacun desdits actes, à l'officier de l'état civil du domicile du père de l'enfant, ou de la mère si le père est inconnu : cette copie sera inscrite de suite sur les registres.

61. A l'arrivée du bâtiment dans le port du désarmement, le rôle d'équipage sera déposé au bureau du préposé à l'inscription maritime, qui enverra une expédition de l'acte de naissance, par lui signée, à l'officier de l'état civil du domicile du père de l'enfant, ou de la mère, si le père est inconnu : cette expédition sera inscrite de suite sur les registres.

62. L'acte de reconnaissance d'un enfant sera inscrit sur les registres, à sa date; et il en sera fait mention en marge de l'acte de naissance, s'il en existe un.

CHAP. III. — DES ACTES DE MARIAGE.

63. Avant la célébration du mariage, l'officier de l'état civil fera deux publications, à huit jours d'intervalle, un jour de dimanche, devant la porte de la maison commune. Ces publications, et l'acte qui en sera dressé, énonceront les prénoms, noms, professions et domiciles des futurs époux, leur qualité de majeurs ou de mineurs, et les prénoms, noms, professions et domiciles de leurs pères et mères. Cet acte énoncera, en outre, les jours, lieux et heures où les publications auront été faites : il sera

---

(1) La mort civile a été abolie par la loi du 31 mai 1854.

(2) LOI du 2 mai 1861, *relative à la légalisation, par les juges de paix, des signatures des notaires et des officiers de l'état civil.*

Art. 1er. Les juges de paix qui ne siègent pas au chef-lieu du ressort d'un tribunal de première instance sont autorisés à légaliser, concurremment avec le président du tribunal, les signatures des notaires qui résident dans leur canton et celles des officiers de l'état civil des communes qui en dépendent, soit en totalité, soit en partie.

2. Les notaires et les officiers de l'état civil déposeront leurs signatures et leurs paraphes au greffe de la justice de paix où la légalisation peut être donnée.

3. Il est alloué aux greffiers de justice de paix une rétribution de vingt-cinq centimes (0 fr. 25 c.) par chaque légalisation.

Néanmoins cette rétribution ne sera pas exigée, si l'acte, la copie ou l'extrait sont dispensés du timbre.

---

30 à 33 abrogés;—34 et 35 . . . .
36 [73] . . . . Form. 1.

Procuration.

Devant Me..., a comparu : M...,
Lequel, a par ces présentes, donné pouvoir à M...,

De, pour lui et en son nom, faire à la mairie de..., la déclaration prescrite par la loi, de la naissance d'un enfant du sexe masculin, né de lui comparant, et de dame..., son épouse, le jour d'hier, et auquel enfant il a été donné les prénoms de...,

Se présenter à tous officiers d'état civil, y faire toutes déclarations, signer tous registres et pièces. Dont acte.

Enreg. : 2 fr.

37 à 63 . . . .

inscrit sur un seul registre, qui sera coté et paraphé comme il est dit en l'article 44, et déposé à la fin de chaque année, au greffe du tribunal de l'arrondissement.

64. Un extrait de l'acte de publication sera et restera affiché à la porte de la maison commune, pendant les huit jours d'intervalle de l'une à l'autre publication. Le mariage ne pourra être célébré avant le troisième jour, depuis et non compris celui de la seconde publication.

65. Si le mariage n'a pas été célébré dans l'année, à compter de l'expiration du délai des publications, il ne pourra plus être célébré qu'après que de nouvelles publications auront été faites dans la forme ci-dessus prescrite.

66. Les actes d'opposition au mariage seront signés sur l'original et sur la copie par les opposants ou par leurs fondés de procuration spéciale et authentique; ils seront signifiés, avec la copie de la procuration, à la personne ou au domicile des parties, et à l'officier de l'état civil, qui mettra son visa sur l'original.

67. L'officier de l'état civil fera, sans délai, une mention sommaire des oppositions sur le registre des publications; il fera aussi mention, en marge de l'inscription desdites oppositions, des jugements ou des actes de mainlevée dont expédition lui aura été remise.

68. En cas d'opposition, l'officier de l'état civil ne pourra célébrer le mariage, avant qu'on lui en ait remis la mainlevée, sous peine de trois cents francs d'amende, et de tous dommages-intérêts.

69. S'il n'y a point d'opposition, il en sera fait mention dans l'acte de mariage; et si les publications ont été faites dans plusieurs communes, les parties remettront un certificat délivré par l'officier de l'état civil de chaque commune, constatant qu'il n'existe point d'opposition.

70. L'officier de l'état civil se fera remettre l'acte de naissance de chacun des futurs époux. Celui des époux qui serait dans l'impossibilité de se le procurer, pourra le suppléer, en rapportant un acte de notoriété délivré par le juge de paix du lieu de sa naissance, ou par celui de son domicile. [T. 5, 16.]

71. L'acte de notoriété contiendra la déclaration faite par sept témoins, de l'un ou de l'autre sexe, parents ou non parents, des prénoms, nom, profession et domicile du futur époux, et de ceux de ses père et mère, s'ils sont connus; le lieu, et, autant que possible, l'époque de sa naissance et les causes qui empêchent d'en rapporter l'acte. Les témoins signeront l'acte de notoriété avec le juge de paix; et, s'il en est qui ne puissent ou ne sachent signer, il en sera fait mention. [T. 5, 16.]

72. L'acte de notoriété sera présenté au tribunal de première instance du lieu où doit se célébrer le mariage. Le tribunal, après avoir entendu le procureur impérial, donnera ou refusera son homologation, selon qu'il trouvera suffisantes ou insuffisantes les déclarations des témoins, et les causes qui empêchent de rapporter l'acte de naissance. [Pr. 855.]

73. L'acte authentique du consentement des père et mère ou aïeuls ou aïeules ou, à leur défaut, celui de la famille, contiendra les prénoms, noms, professions et domiciles du futur époux, et de tous ceux qui auront concouru à l'acte, ainsi que leur degré de parenté.

74. Le mariage sera célébré dans la commune où l'un des deux époux aura son domicile. Ce domicile, quant au mariage, s'établira par six mois d'habitation continue dans la même commune. [P. 5, 165. 192, s.]

75. Le jour désigné par les parties après les délais des publications, l'officier de l'état civil, dans la maison commune, en présence de quatre témoins, parents ou non parents, fera lecture aux parties des pièces ci-dessus mentionnées, relatives à leur état et aux formalités du mariage, et du chap. VI du titre *du Mariage*, sur *les droits et les devoirs respectifs des époux.*

Il interpellera les futurs époux, ainsi que les personnes qui autorisent le mariage, si elles sont présentes, d'avoir à déclarer s'il a été fait un contrat de mariage, et, dans le cas de l'affirmative, la date de ce contrat, ainsi que les noms et lieu de résidence du notaire qui l'aura reçu.

Il recevra de chaque partie, l'une après l'autre, la déclaration qu'elles veulent se prendre pour mari et femme; il prononcera, au nom de la loi, qu'elles sont unies par le mariage, et il en dressera acte sur-le-champ. [P. 193, s., 199. 200.]

76. On énoncera, dans l'acte de mariage:

1° Les prénoms, noms, professions, âge, lieux de naissance et domiciles des époux;

2° S'ils sont majeurs ou mineurs;

3° Les prénoms, noms, professions et domiciles des pères et mères;

4° Le consentement des pères et mères, aïeuls et aïeules, et celui de la famille, dans les cas où ils sont requis;

5° Les actes respectueux, s'il en a été fait;

6° Les publications dans les divers domiciles;

7° Les oppositions, s'il y en a eu; leur mainlevée, ou la mention qu'il n'y a point eu d'opposition;

8° La déclaration des contractants de se prendre pour époux, et le prononcé de leur union par l'officier public;

9° Les prénoms, noms, âge, professions et domiciles des témoins, et leur déclaration s'ils sont parents ou alliés des parties, de quel côté et à quel degré;

10° La déclaration faite sur l'interpellation prescrite par l'article précédent, qu'il a été ou qu'il n'a pas été fait de contrat de mariage, et, autant que possible, de la date du contrat, s'il existe, ainsi que les noms et lieu de résidence du notaire qui l'aura reçu; le tout à peine, contre l'officier de l'état civil, de l'amende fixée par l'art. 50.

Dans le cas où la déclaration aurait été omise ou serait erronée, la rectification de l'acte, en ce qui touche l'omission ou l'erreur, pourra être demandée par le procureur impérial, sans préjudice du droit des parties intéressées conformément à l'art. 99.

CHAP. IV. — DES ACTES DE DÉCÈS.

77. Aucune inhumation ne sera faite sans une autorisation, sur papier libre et sans frais, de l'officier de l'état civil, qui ne pourra la délivrer qu'après s'être transporté auprès de la personne décédée, pour s'assurer du décès, et que vingt-quatre heures après le décès, hors les cas prévus par les règlements de police. [P. 358, s.]

78. L'acte de décès sera dressé par l'officier de l'état civil, sur la déclaration de deux témoins. Ces témoins seront, s'il est possible, les deux plus proches parents ou voisins, ou, lorsqu'une personne sera décédée hors de son domicile, la personne chez laquelle elle sera décédée, et un parent ou autre.

79. L'acte de décès contiendra les prénoms, nom, âge, profession et domicile de la personne décédée; les prénoms et nom de l'autre époux, si la personne décédée était mariée ou veuve; les prénoms, noms, âge, professions et domiciles des déclarants; et, s'ils sont parents, leur degré de parenté.

Le même acte contiendra de plus, autant qu'on pourra le savoir, les prénoms, noms, profession et domicile des père et mère du décédé, et le lieu de sa naissance.

80. En cas de décès dans les hôpitaux militaires, civils ou autres maisons publiques, les supérieurs, directeurs, administrateurs et maîtres de ces maisons, seront tenus d'en donner avis, dans les vingt-quatre heures, à l'officier de l'état civil, qui s'y transportera pour s'assurer du décès, et en dressera l'acte, conformément à l'article précédent, sur les déclarations qui lui auront été faites, et sur les renseignements qu'il aura pris.

Il sera tenu en outre, dans lesdits hôpitaux et maisons, des registres destinés à inscrire ces déclarations et ces renseignements.

L'officier de l'état civil enverra l'acte de décès à celui du dernier domicile de la personne décédée, qui l'inscrira sur les registres. [P. 358, 359.]

81. Lorsqu'il y aura des signes ou indices de mort violente, ou d'autres circonstances qui donneront lieu de le soupçonner, on ne pourra faire l'inhumation qu'après qu'un officier de police, assisté d'un docteur en médecine ou en chirurgie, aura dressé procès-verbal de l'état du cadavre, et des circonstances y relatives, ainsi que des renseignements qu'il aura pu recueillir sur les prénoms, nom, âge, profession, lieu de naissance et domicile de la personne décédée. [P. 359; T. c. 121.]

82. L'officier de police sera tenu de transmettre de suite à l'officier de l'état civil du lieu où la personne sera décédée, tous les renseignements énoncés dans son procès-verbal, d'après lesquels l'acte de décès sera rédigé.

L'officier de l'état civil en enverra une expédition à celui du domicile de la personne décédée, s'il est connu: cette expédition sera inscrite sur les registres.

---

64 à 65 . . . .

66 . . . . **Form. 2.**

Pouvoir à l'effet de s'opposer à un mariage.

Devant M^e..., *A comparu:*

M...,

Lequel, a constitué pour son mandataire, M...,

À qui il donne pouvoir de pour lui et en son nom, s'opposer au mariage que M..., fils du comparant, se propose de contracter avec mademoiselle... (*si l'opposant n'est pas un ascendant, il faut déduire les motifs de son opposition*),

En conséquence, faire toutes oppositions, les faire signifier à qui il appartiendra, faire toutes déclarations, élire domicile, signer toutes pièces et faire tout ce qui sera nécessaire. Dont acte.

Enreg. : 2 fr.

67.

68 . . . . **Form. 3.**

Mainlevée d'opposition à mariage.

Par-devant M^e..., *A comparu:*

M...,

Lequel a déclaré donner mainlevée pure et simple de l'opposition qu'il a formée au mariage de M..., son fils, avec mademoiselle..., suivant acte passé devant M^e..., notaire à... le...

En conséquence, M..., a consenti à ce que cette opposition soit considérée comme nulle et non avenue. Dont acte.

Enreg. : 2 fr. — [V. CLERC, Enreg., n. 228.]

69 à 72 . . . .

73 . . . . **Form. 4.**

Consentement à mariage.

Par-devant M^e..., *Fut présent:*

M. Armand Delpire, chef de bataillon en retraite, demeurant à...,

Lequel a, par ces présentes, déclaré consentir au mariage que M. Nicolas-Antoine Delpire, son fils majeur, lieutenant au 4e régiment de ligne, en garnison à..., se propose de contracter avec mademoiselle Eulalie Delaboulloy, fille mineure, demeurant à..., chez ses père et mère.

Donnant tout pouvoir au porteur de réitérer le présent consentement devant tous officiers de l'état civil, signer tous registres. Dont acte: Fait et passé, etc.

Enreg. : 2 fr. — [V. CLERC, Enreg., n. 164, et Form. p. 44.]

74 . . . .

75 . . . . **Form. 5.**

Certificat de contrat de mariage.

CERTIFICAT

Délivré conformément à la loi du 10 juillet 1850, relative à la publicité des contrats de mariage,

DÉPARTEMENT de l'Aisne.

Arrondissement de Soissons.

Canton d

Commune d

Pour être remis à l'officier de l'état civil,

Avant la célébration de ces actes.

Ce jourd'hui *

Le contrat de mariage entre M * *

Et Mad **

a été passé devant moi notaire à

soussigné qui en ai gardé minute.

Et j'ai délivré aux futurs époux le présent certificat qu'ils devront remettre, ainsi qu'ils en sont avertis, à l'officier de l'état civil, avant la célébration de leur mariage.

* Date en toutes lettres.
** Noms, prénoms, qualités et demeures.

Vu, signé et paraphé par nous, maire et officier de l'état civil de la commune de   et annexé à l'acte de célébration du mariage de M.   avec Mad.   dressé par nous, cejourd'hui mil huit cent

Le Maire.

76 4° [V. art. 73, Form. 4; —5° V. art. 151, Form. 6, 158; —7° V. art. 172 et s., Form. 12;—10° V. art. 75, Form. 5].

77 à 82 . . . .

83. Les greffiers criminels seront tenus d'envoyer, dans les vingt-quatre heures de l'exécution des jugements portant peine de mort, à l'officier de l'état civil du lieu où le condamné aura été exécuté, tous les renseignements énoncés en l'article 79, d'après lesquels l'acte de décès sera rédigé. [I. cr. 378; P. 26; T. cr. 45.]

84. En cas de décès dans les prisons ou maisons de réclusion et de détention, il en sera donné avis sur-le-champ, par les concierges ou gardiens, à l'officier de l'état civil, qui s'y transportera, comme il est dit en l'article 80, et rédigera l'acte de décès.

85. Dans tous les cas de mort violente, ou dans les prisons et maisons de réclusion, ou d'exécution à mort, il ne sera fait sur les registres aucune mention de ces circonstances, et les actes de décès seront simplement rédigés dans les formes prescrites par l'article 79.

86. En cas de décès pendant un voyage de mer, il en sera dressé acte dans les vingt-quatre heures, en présence de deux témoins pris parmi les officiers du bâtiment, ou, à leur défaut, parmi les hommes de l'équipage. Cet acte sera rédigé, savoir, sur les bâtiments de l'Empereur, par l'officier d'administration de la marine; et, sur les bâtiments appartenant à un négociant ou armateur, par le capitaine, maître ou patron du navire. L'acte de décès sera inscrit à la suite du rôle de l'équipage.

87. Au premier port où le bâtiment abordera, soit de relâche, soit pour toute autre cause que celle de son désarmement, les officiers de l'administration de la marine, capitaine, maître ou patron, qui auront rédigé des actes de décès, seront tenus d'en déposer deux expéditions, conformément à l'article 60.
À l'arrivée du bâtiment dans le port du désarmement, le rôle d'équipage sera déposé au bureau du préposé à l'inscription maritime; il enverra une expédition de l'acte de décès, de lui signée, à l'officier de l'état civil du domicile de la personne décédée: cette expédition sera inscrite de suite sur les registres.

CHAP. V.—DES ACTES DE L'ÉTAT CIVIL CONCERNANT LES MILITAIRES HORS DU TERRITOIRE DE L'EMPIRE.

88. Les actes de l'état civil faits hors du territoire de l'Empire, concernant des militaires ou autres personnes employées à la suite des armées, seront rédigés dans les formes prescrites par les dispositions précédentes, sauf les exceptions contenues dans les articles suivants.

89. Le quartier-maître dans chaque corps d'un ou plusieurs bataillons ou escadrons, et le capitaine commandant dans les autres corps, rempliront les fonctions d'officiers de l'état civil: ces mêmes fonctions seront remplies, pour les officiers sans troupes et pour les employés de l'armée, par l'inspecteur aux revues attaché à l'armée ou au corps d'armée.

90. Il sera tenu, dans chaque corps de troupes, un registre pour les actes de l'état civil relatifs aux individus de ce corps, et un autre à l'état-major de l'armée ou d'un corps d'armée, pour les actes civils relatifs aux officiers sans troupes et aux employés: ces registres seront conservés de la même manière que les autres registres des corps et états-majors, et déposés aux archives de la guerre, à la rentrée des corps ou armées sur le territoire de l'Empire.

91. Les registres seront cotés et paraphés, dans chaque corps, par l'officier qui le commande; et, à l'état-major, par le chef de l'état-major général.

92. Les déclarations de naissance à l'armée seront faites dans les dix jours qui suivront l'accouchement.

93. L'officier chargé de la tenue du registre de l'état civil devra, dans les dix jours qui suivront l'inscription d'un acte de naissance audit registre, en adresser un extrait à l'officier de l'état civil du dernier domicile du père de l'enfant, ou de la mère si le père est inconnu.

94. Les publications de mariage des militaires et employés à la suite des armées seront faites au lieu de leur dernier domicile: elles seront mises en outre, vingt-cinq jours avant la célébration du mariage, à l'ordre du jour du corps, pour les individus qui tiennent à un corps: et à celui de l'armée ou du corps d'armée, pour les officiers sans troupes, et pour les employés qui en font partie.

95. Immédiatement après l'inscription sur le registre, de l'acte de célébration du mariage, l'officier chargé de la tenue du registre en enverra une expédition à l'officier de l'état civil du dernier domicile des époux.

96. Les actes de décès seront dressés, dans chaque corps, par le quartier-maître; et pour les officiers sans troupes et les employés, par l'inspecteur aux revues de l'armée, sur l'attestation de trois témoins; et l'extrait de ces registres sera envoyé, dans les dix jours, à l'officier de l'état civil du dernier domicile du décédé.

97. En cas de décès dans les hôpitaux militaires ambulants ou sédentaires, l'acte en sera rédigé par le directeur desdits hôpitaux, et envoyé au quartier-maître du corps, ou à l'inspecteur aux revues de l'armée ou du corps d'armée dont le décédé faisait partie: ces officiers en feront parvenir une expédition à l'officier de l'état civil du dernier domicile du décédé.

98. L'officier de l'état civil du domicile des parties auquel il aura été envoyé de l'armée expédition d'un acte de l'état civil, sera tenu de l'inscrire de suite sur les registres.

CHAP. VI. — DE LA RECTIFICATION DES ACTES DE L'ÉTAT CIVIL.

99. Lorsque la rectification d'un acte de l'état civil sera demandée, il y sera statué, sauf l'appel, par le tribunal compétent. et sur les conclusions du procureur impérial: les parties intéressées seront appelées, s'il y a lieu. [Pr.855, s.]

100. Le jugement de rectification ne pourra, dans aucun temps, être opposé aux parties intéressées qui ne l'auraient point requis, ou qui n'y auraient pas été appelées. [Pr. 474, s.]

101. Les jugements de rectification seront inscrits sur les registres par l'officier de l'état civil, aussitôt qu'ils lui auront été remis; et mention en sera faite en marge de l'acte réformé. [Pr 857.]

TITRE III.
DU DOMICILE.
Décrété le 23 ventôse an XI (14 mars 1803). Promulgué le 3 germinal (24 mars).

102. Le domicile de tout Français, quant à l'exercice de ses droits civils, est au lieu où il a son principal établissement. [Pr. 50, 59, 61, 68, s., 74, 167, s., 584, 781; P. 184.]

103. Le changement de domicile s'opèrera par le fait d'une habitation réelle dans un autre lieu, joint à l'intention d'y fixer son principal établissement.

104. La preuve de l'intention résultera d'une déclaration expresse, faite tant à la municipalité du lieu qu'on quittera, qu'à celle du lieu où on aura transféré son domicile.

105. À défaut de déclaration expresse, la preuve de l'intention dépendra des circonstances.

106. Le citoyen appelé à une fonction publique temporaire ou révocable, conservera le domicile qu'il avait auparavant, s'il n'a pas manifesté d'intention contraire.

107. L'acceptation de fonctions conférées à vie emportera translation immédiate du domicile du fonctionnaire dans le lieu où il doit exercer ses fonctions.

108. La femme mariée n'a point d'autre domicile que celui de son mari.
Le mineur non émancipé aura son domicile chez ses père et mère ou tuteur.
Le majeur interdit aura le sien chez son tuteur. [Pr. 878.]

109. Les majeurs qui servent ou travaillent habituellement chez autrui, auront le même domicile que la personne qu'ils servent ou chez laquelle ils travaillent, lorsqu'ils demeureront avec elle dans la même maison.

110. Le lieu où la succession s'ouvrira, sera déterminé par le domicile.

111. Lorsqu'un acte contiendra, de la part des parties ou de l'une d'elles, élection de domicile pour l'exécution de ce même acte dans un autre lieu que celui du domicile réel, les significations, demandes et poursuites relatives à cet acte, pourront être faites au domicile convenu, et devant le juge de ce domicile. [Pr. 59, 61, 420, 422, 435, 455, 539, 584, 634, 637, 659, 673, 783, 789, 795, 927.]

TITRE IV.
DES ABSENTS.
Décrété le 24 ventôse an XI (15 mars 1803). Promulgué le 4 germinal (25 mars).

CHAP. Ier. — DE LA PRÉSOMPTION D'ABSENCE.

112. S'il y a nécessité de pourvoir à l'administration de tout ou partie des biens laissés par une personne présumée absente, et qui n'a point de procureur fondé, il y sera statué par le tribunal de première instance, sur la demande des parties intéressées. [Pr. 59, 83, 859, s.]

113. Le tribunal, à la requête de la partie la plus diligente, commettra un notaire pour représenter les présumés absents, dans les inventaires, comptes, partages et liquidations dans lesquels ils seront intéressés. [Pr. 854; T. c. 77, 78.]

114. Le ministère public est spécialement chargé de veiller aux intérêts des personnes présumées absentes; et il sera entendu sur toutes les demandes qui les concernent. [Pr. 83, 859.]

CHAP. II. — DE LA DÉCLARATION D'ABSENCE.

115. Lorsqu'une personne aura cessé de paraître au lieu de son domicile ou de sa résidence, et que depuis quatre ans on n'en aura point eu de nouvelles, les parties intéressées pourront se pourvoir devant le tribunal de première instance, afin que l'absence soit déclarée. [Pr. 859.]

116. Pour constater l'absence, le tribunal, d'après les pièces et documents produits, ordonnera qu'une enquête soit faite contradictoirement avec le procureur impérial, dans l'arrondissement du domicile, et dans celui de la résidence, s'ils sont distincts l'un de l'autre. [Pr. 255, s., 859.]

117. Le tribunal, en statuant sur la demande, aura d'ailleurs égard aux motifs de l'absence, et aux causes qui ont pu empêcher d'avoir des nouvelles de l'individu présumé absent.

118. Le procureur impérial enverra, aussitôt qu'ils seront rendus, les jugements tant préparatoires que définitifs, au ministre de la justice, qui les rendra publics.

119. Le jugement de déclaration d'absence ne sera rendu qu'un an après le jugement qui aura ordonné l'enquête.

CHAP. III. — DES EFFETS DE L'ABSENCE.

SECT. 1. — *Des effets de l'absence, relativement aux biens que l'absent possédait au jour de sa disparition.*

120. Dans les cas où l'absent n'aurait point laissé de procuration pour l'administration de ses biens, ses héritiers présomptifs au jour de sa disparition ou de ses dernières nouvelles pourront, en vertu du jugement définitif qui aura déclaré l'absence, se faire envoyer en possession provisoire des biens qui appartenaient à l'absent au jour de son départ ou de ses dernières nouvelles, à la charge de donner caution pour la sûreté de leur administration. [Pr. 517 à 522, 859, 860, 1035.]

121. Si l'absent a laissé une procuration, ses héritiers présomptifs ne pourront poursuivre la déclaration d'absence et l'envoi en possession provisoire, qu'après dix années révolues depuis sa disparition ou depuis ses dernières nouvelles.

122. Il en sera de même si la procuration vient à cesser; et, dans ce cas, il sera pourvu à l'administration des biens de l'absent, comme il est dit au chapitre Ier du présent titre.

123. Lorsque les héritiers présomptifs auront obtenu l'envoi en possession provisoire, le testament, s'il en existe un, sera ouvert à la réquisition des parties intéressées, ou du procureur impérial près le tribunal; et les légataires, les donataires, ainsi que tous ceux qui avaient sur les biens de l'absent, des droits subordonnés à la condition de son décès, pourront les exercer provisoirement, à la charge de donner caution. [Pr. 517, 518.]

124. L'époux commun en biens, s'il opte pour la continuation de la communauté, pourra empêcher l'envoi provisoire, et l'exercice provisoire de tous les droits subordonnés à la condition du décès de l'absent, et prendre ou conserver, par préférence, l'administration des biens de l'absent. Si l'époux demande la dissolution provisoire de la communauté, il exercera ses reprises et tous ses droits légaux et conventionnels, à la charge de donner caution pour les choses susceptibles de restitution.

La femme, en optant pour la continuation de la communauté, conservera le droit d'y renoncer ensuite. (Pr. 517, s. 863.]

125. La possession provisoire ne sera qu'un dépôt, qui donnera à ceux qui l'obtiendront, l'administration des biens de l'absent, et qui les rendra comptables envers lui, en cas qu'il reparaisse ou qu'on ait de ses nouvelles.

126. Ceux qui auront obtenu l'envoi provisoire, ou l'époux qui aura opté pour la continuation de la communauté, devront faire procéder à l'inventaire du mobilier et des titres de l'absent, en présence du procureur impérial près le tribunal de première instance, ou d'un juge de paix requis par ledit procureur impérial.

Le tribunal ordonnera, s'il y a lieu, de vendre tout ou partie du mobilier. Dans le cas de vente, il sera fait emploi du prix, ainsi que des fruits échus. [Pr. 945 à 951.]

Ceux qui auront obtenu l'envoi provisoire, pourront requérir, pour leur sûreté, qu'il soit procédé par un expert nommé par le tribunal, à la visite des immeubles, à l'effet d'en constater l'état. Son rapport sera homologué en présence du procureur impérial; les frais en seront pris sur les biens de l'absent. [Pr. 302, s., 941, s.]

127. Ceux qui, par suite de l'envoi provisoire, ou de l'administration légale, auront joui des biens de l'absent, ne seront tenus de lui rendre que le cinquième des revenus, s'il reparaît avant quinze ans révolus depuis le jour de sa disparition ; et le dixième, s'il ne reparaît qu'après les quinze ans.

Après trente ans d'absence, la totalité des revenus leur appartiendra.

128. Tous ceux qui ne jouiront qu'en vertu de l'envoi provisoire, ne pourront aliéner ni hypothéquer les immeubles de l'absent.

129. Si l'absence a continué pendant trente ans depuis l'envoi provisoire, ou depuis l'époque à laquelle l'époux commun aura pris l'administration des biens de l'absent, ou s'il s'est écoulé cent ans révolus depuis la naissance de l'absent, les cautions seront déchargées: tous les ayants droit pourront demander le partage des biens de l'absent, et faire prononcer l'envoi en possession définitif par le tribunal de première instance.

130. La succession de l'absent sera ouverte du jour de son décès prouvé, au profit des héritiers les plus proches à cette époque; et ceux qui auraient joui des biens de l'absent, seront tenus de les restituer, sous la réserve des fruits par eux acquis en vertu de l'art. 127.

131. Si l'absent reparaît, ou si son existence est prouvée pendant l'envoi provisoire, les effets du jugement qui aura déclaré l'absence cesseront; sans préjudice, s'il y a lieu, des mesures conservatoires prescrites au chap. Ier du présent titre, pour l'administration de ces biens.

132. Si l'absent reparaît, ou si son existence est prouvée, même après l'envoi définitif, il recouvrera ses biens dans l'état où ils se trouveront, le prix de ceux qui auraient été aliénés, ou les biens provenant de l'emploi qui aurait été fait du prix de ses biens vendus.

133. Les enfants et descendants directs de l'absent pourront également, dans les trente ans, à compter de l'envoi définitif, demander la restitution de ses biens comme il est dit en l'article précédent.

134. Après le jugement de déclaration d'absence, toute personne qui aurait des droits à exercer contre l'absent, ne pourra les poursuivre que contre ceux qui auront été envoyés en possession des biens, ou qui en auront l'administration légale.

SECT. II. — *Des effets de l'absence, relativement aux droits éventuels qui peuvent compéter à l'absent.*

135. Quiconque réclamera un droit échu à un individu dont l'existence ne sera pas reconnue, devra prouver que ledit individu existait quand le droit a été ouvert : jusqu'à cette preuve, il sera déclaré non recevable dans sa demande.

136. S'il s'ouvre une succession à laquelle soit appelé un individu dont l'existence n'est pas reconnue, elle sera dévolue exclusivement à ceux avec lesquels il aurait eu le droit de concourir, ou à ceux qui l'auraient recueillie à son défaut.

137. Les dispositions des deux articles précédents auront lieu sans préjudice des actions en pétition d'hérédité et d'autres droits, lesquels compéteront à l'absent ou à ses représentants ou ayants cause, et ne s'éteindront que par le laps de temps établi pour la prescription.

138. Tant que l'absent ne se représentera pas, ou que les actions ne seront point exercées de son chef, ceux qui auront recueilli la succession, gagneront les fruits par eux perçus de bonne foi.

SECT. III. — *Des effets de l'absence, relativement au mariage.*

139. L'époux absent dont le conjoint a contracté une nouvelle union, sera seul recevable à attaquer ce mariage par lui-même, ou par son fondé de pouvoir, muni de la preuve de son existence. [P. 340.]

140. Si l'époux absent n'a point laissé de parents habiles à lui succéder, l'autre époux pourra demander l'envoi en possession provisoire des biens. [Pr. 863.]

CHAP. IV.—DE LA SURVEILLANCE DES ENFANTS MINEURS DU PÈRE QUI A DISPARU.

141. Si le père a disparu laissant des enfants mineurs issus d'un commun mariage, la mère en aura la surveillance, et elle exercera tous les droits du mari, quant à leur éducation et à l'administration de leurs biens.

142. Six mois après la disparition du père, si la mère était décédée lors de cette disparition, ou si elle vient à décéder avant que l'absence du père ait été déclarée, la surveillance des enfants sera déférée, par le conseil de famille, aux ascendants les plus proches, et, à leur défaut, à un tuteur provisoire.

143. Il en sera de même dans le cas où l'un des époux qui aura disparu, laissera des enfants mineurs issus d'un mariage précédent.

TITRE V.
DU MARIAGE.

Décrété le 26 ventôse an XI (17 mars 1803). Promulgué le 6 germinal (27 mars).

CHAP. Ier. — DES QUALITÉS ET CONDITIONS REQUISES POUR POUVOIR CONTRACTER MARIAGE.

144. L'homme avant dix-huit ans révolus, la femme avant quinze ans révolus, ne peuvent contracter mariage.

145. Néanmoins, il est loisible à l'Empereur d'accorder des dispenses d'âge pour des motifs graves.

146. Il n'y a pas de mariage lorsqu'il n'y a pas de consentement. [P. 354, s.]

147. On ne peut contracter un second mariage avant la dissolution du premier. [P. 340.]

148. Le fils qui n'a pas atteint l'âge de vingt-cinq ans accomplis, la fille qui n'a pas atteint l'âge de vingt un ans accomplis, ne peuvent contracter mariage sans le consentement de leurs père et mère : en cas de dissentiment, le consentement du père suffit. [P. 193, 195.]

149. Si l'un des deux est mort, ou s'il est dans l'impossibilité de manifester sa volonté, le consentement de l'autre suffit. [P. 193, 195.]

150. Si le père et la mère sont morts, ou s'ils sont dans l'impossibilité de manifester leur volonté, les aïeuls et aïeules les remplacent : s'il y a dissentiment entre l'aïeul et l'aïeule de la même ligne, il suffit du consentement de l'aïeul.

S'il y a dissentiment entre les deux lignes, ce partage emportera consentement.

151. Les enfants de famille ayant atteint la majorité fixée par l'art. 148, sont tenus, avant de contracter mariage, de demander, par un acte respectueux et formel, le conseil de leur père et de leur mère, ou celui de leurs aïeuls et aïeules, lorsque leur père et leur mère sont décédés, ou dans l'impossibilité de manifester leur volonté. [T. 168.]

152. Depuis la majorité fixée par l'art. 148, jusqu'à l'âge de trente ans accomplis pour les fils, et jusqu'à l'âge de vingt-cinq ans accomplis pour les filles, l'acte respectueux prescrit par l'article précédent, et sur lequel il n'y aurait pas de consentement au mariage, sera renouvelé deux autres fois, de mois en mois ; et un mois après le troisième acte, il pourra être passé outre à la célébration du mariage. [T. 168.]

153. Après l'âge de trente ans, il pourra être, à défaut de consentement sur un acte respectueux, passé outre, un mois après, à la célébration du mariage.

154. L'acte respectueux sera notifié à celui

---

125 à 147. . . . .
148 [V. 73, Form. 4; 149 à 159, 182, 1183).
149 et **150** [V. 73, Form. 4].

151 [152, 153, 158]. . . . Form. **6.**

Acte respectueux précédé d'une réquisition.

L'an mil huit cent soixante-trois, le...

Par-devant Me Monnot et Me Andry, notaires à..., soussignés, et en l'étude dudit Me Monnot,

A comparu, M. Antoine-Hippolyte Mougin, bijoutier, demeurant à...,

Majeur de plus de vingt-cinq ans, étant né à..., le..., ainsi qu'il est constaté par son acte de naissance inscrit aux registres des actes de l'état civil de..., à la date du..., dont il a représenté aux notaires soussignés une copie légalisée par..., et qui lui a été à l'instant rendue,

Lequel a, par ces présentes, déclaré qu'il demande respectueusement à M. Antoine-Charles Mougin, propriétaire, et à madame Elisabeth Tardivot, son épouse, demeurant à..., ses père et mère, leur conseil sur le mariage qu'il a l'intention de contracter avec mademoiselle Amélie Jubé, fille mineure, demeurant chez madame veuve Jubé, sa mère, à..., rue..., n°...

Requérant les notaires soussignés de se transporter incessamment en la demeure sus-indiquée de M. et madame Mougin, père et mère du comparant, à l'effet de leur notifier le présent acte respectueux, conformément à la loi.

Fait et passé en l'étude, les jours, mois et an susdits.

Après lecture, le comparant a signé avec les notaires.

V. art. 154, Form. 9.

151 (*suite*). . . . . Form. **7.**

Acte respectueux en présence de l'enfant.

L'an mil huit cent..., le...

Sur la réquisition de mademoiselle Anne-Sophie Guyot, demeurant à...,

Majeure de plus de vingt et un ans étant née à..., etc.

(Comme à la formule qui précède).

Fille de M. Nicolas Guyot, fabricant, décédé, et de dame Marie-Ursule Verneuil, restée sa veuve, et demeurant à...,

Me Monnot, notaire à..., soussigné, et MM..., témoins requis, aussi soussignés, se sont transportés, avec ladite demoiselle Guyot, au domicile susindiqué de Mme veuve Guyot, sa mère,

Où étant arrivés, mademoiselle Guyot, en présence des notaire et témoins soussignés, a demandé respectueusement à Mme sa mère son conseil sur le mariage qu'elle se propose de contracter avec M....

Requérant qu'il lui soit donné acte de ses dires et comparution et que notification en soit faite à Mme sa mère conformément à la loi.

Après lecture, mademoiselle Guyot a signé.

A quoi Mme veuve Guyot a répondu, etc.

Après lecture à elle faite, Mme veuve Guyot, requise de signer, a refusé de le faire.

Desquels dires, comparution et réponse, il a été dressé le présent procès-verbal.

Fait et passé à..., en la demeure de Mme veuve Guyot,

Les jour, mois et an susdits.

Et à l'instant, Me Monnot, notaire soussigné, a laissé à Mme veuve Guyot, parlant à sa personne, copie du présent procès-verbal signée par lesdits notaire et témoins, pour lui servir de notification.

Après lecture, etc.

Enreg. : 2 fr. — [V. CLERC, Enreg., n. 376, et Form., p. 117 et s.]

152 [154, 158]. . . . . . . Form. **8.**

Renouvellement.

(Les actes de renouvellement peuvent être entièrement semblables au premier acte respectueux : cependant il est plus convenable d'y faire le changement suivant) :

A comparu

M...,

Lequel, renouvelant les dispositions de l'acte respectueux, notifié par les notaires soussignés, le..., et dont la minute enregistrée précède,

A, par ces présentes déclaré qu'il demande de nouveau respectueusement à M...,

Enreg. : 2 fr. — [V. CLERC, Enreg., n. 376, et Form., p. 118.]

153 [V. art. 151, Form. 6].

154 [151 et s.]. . . . . . Form. **9.**

Notification.

Et le lundi, ... novembre 1863.

ou ceux des ascendants désignés en l'art. 151, par deux notaires, ou par un notaire et deux témoins ; et, dans le procès-verbal qui doit en être dressé, il sera fait mention de la réponse.

155. En cas d'absence de l'ascendant auquel eût dû être fait l'acte respectueux, il sera passé outre à la célébration du mariage, en représentant le jugement qui aurait été rendu pour déclarer l'absence, ou, à défaut de ce jugement, celui qui aurait ordonné l'enquête, ou, s'il n'y a point encore eu de jugement, un acte de notoriété délivré par le juge de paix du lieu où l'ascendant a eu son dernier domicile connu. Cet acte contiendra la déclaration de quatre témoins appelés d'office par ce juge de paix.

156. Les officiers de l'état civil qui auraient procédé à la célébration des mariages contractés par des fils n'ayant pas atteint l'âge de vingt-cinq ans accomplis, ou par des filles n'ayant pas atteint l'âge de vingt-un ans accomplis, sans que le consentement des pères et mères, celui des aïeuls et aïeules, et celui de la famille, dans le cas où ils sont requis, soient énoncés dans l'acte de mariage, seront, à la diligence des parties intéressées et du procureur impérial près le tribunal de première instance du lieu où le mariage aura été célébré condamnés à l'amende portée par l'art. 192, et en outre, à un emprisonnement dont la durée ne pourra être moindre de six mois. [P. 193, 195.]

157. Lorsqu'il n'y aura pas eu d'actes respectueux, dans les cas où ils sont prescrits, l'officier de l'état civil qui aurait célébré le mariage, sera condamné à la même amende, et à un emprisonnement qui ne pourra être moindre d'un mois. [P. 193, 195.]

158. Les dispositions contenues aux art. 148 et 149, et les dispositions des art. 451, 452, 453, 454 et 455, relatives à l'acte respectueux qui doit être fait aux père et mère dans le cas prévu par ces articles, sont applicables aux enfants naturels légalement reconnus.

159. L'enfant naturel qui n'a point été reconnu, et celui qui, après l'avoir été, a perdu ses père et mère, ou dont les père et mère ne peuvent manifester leur volonté, ne pourra, avant l'âge de vingt-un ans révolus, se marier qu'après avoir obtenu le consentement d'un tuteur *ad hoc* qui lui sera nommé

160. S'il n'y a ni père ni mère, ni aïeuls ni aïeules, ou s'ils se trouvent tous dans l'impossibilité de manifester leur volonté, les fils ou filles mineurs de vingt-un ans ne peuvent contracter mariage sans le consentement du conseil de famille.

161. En ligne directe, le mariage est prohibé entre tous les ascendants et descendants légitimes ou naturels, et les alliés dans la même ligne.

162. En ligne collatérale, le mariage est prohibé entre le frère et la sœur légitimes ou naturels, et les alliés au même degré.

163. Le mariage est encore prohibé entre l'oncle et la nièce, la tante et le neveu.

164. Néanmoins, il est loisible à l'Empereur de lever, pour des causes graves, les prohibitions portées par l'art. 162 aux mariages entre beaux-frères et belles-sœurs, et par l'art. 163 aux mariages entre l'oncle et la nièce, la tante et le neveu.

CHAP. II. — DES FORMALITÉS RELATIVES A LA CÉLÉBRATION DU MARIAGE.

165. Le mariage sera célébré publiquement, devant l'officier civil du domicile de l'une des deux parties. [P. 199, 200.]

166. Les deux publications ordonnées par l'art. 63, au titre des *Actes de l'état civil*, seront faites à la municipalité du lieu où chacune des parties contractantes aura son domicile.

167. Néanmoins, si le domicile actuel n'est établi que par six mois de résidence, les publications seront faites en outre à la municipalité du dernier domicile.

168. Si les parties contractantes, ou l'une d'elles, sont, relativement au mariage, sous la puissance d'autrui, les publications seront encore faites à la municipalité du domicile de ceux sous la puissance desquels elles se trouvent.

169. Il est loisible à l'Empereur ou aux officiers qu'il préposera à cet effet de dispenser, pour des causes graves, de la seconde publication.

170. Le mariage contracté en pays étranger entre Français, et entre Français et étrangers, sera valable, s'il a été célébré dans les formes usitées dans le pays, pourvu qu'il ait été précédé des publications prescrites par l'article 63, au titre des *Actes de l'état civil*, et que le Français n'ait point contrevenu aux dispositions contenues au chapitre précédent.

171. Dans les trois mois après le retour du Français sur le territoire de l'Empire, l'acte de célébration du mariage contracté en pays étranger sera transcrit sur le registre public des mariages du lieu de son domicile.

CHAP. III. — DES OPPOSITIONS AU MARIAGE.

172 Le droit de former opposition à la célébration du mariage, appartient à la personne engagée par mariage avec l'une des deux parties contractantes.

173. Le père, et à défaut du père, la mère, et à défaut de père et mère, les aïeuls et aïeules, peuvent former opposition au mariage de leurs enfants et descendants, encore que ceux-ci aient vingt-cinq ans accomplis.

174. A défaut d'aucun ascendant, le frère ou la sœur, l'oncle ou la tante, le cousin ou la cousine germains, majeurs, ne peuvent former aucune opposition que dans les deux cas suivants :

1° Lorsque le consentement du conseil de famille, requis par l'art. 160, n'a pas été obtenu ;

2° Lorsque l'opposition est fondée sur l'état de démence du futur époux : cette opposition, dont le tribunal pourra prononcer mainlevée pure et simple, ne sera jamais reçue qu'à la charge, par l'opposant, de provoquer l'interdiction, et d'y faire statuer dans le délai qui sera fixé par le jugement. [Pr. 890, s.]

175. Dans les deux cas prévus par le précédent article, le tuteur ou curateur ne pourra, pendant la durée de la tutelle ou curatelle, former opposition qu'autant qu'il y aura été autorisé par un conseil de famille, qu'il pourra convoquer. [Pr. 883, s.]

176. Tout acte d'opposition énoncera la qualité qui donne à l'opposant le droit de la former; il contiendra élection de domicile dans le lieu où le mariage devra être célébré; il devra également, à moins qu'il ne soit fait à la requête d'un

---

Obtempérant au réquisitoire qui leur a été fait par M. Mougin fils,

Me Monnot et Me Andry, notaires à..., soussignés, se sont transportés au domicile de M. et Mme Mougin, ci-dessus indiqué, n°...,

Où étant arrivés sur les dix heures du matin, ils ont notifié auxdits sieur et dame Mougin, en parlant à leurs personnes, l'acte respectueux qui précède, par lequel M. Antoine-Hippolyte Mougin, leur fils, demande respectueusement leur conseil sur le mariage qu'il se propose de contracter avec mademoiselle Amélie Jubé, fille mineure, demeurant chez Mme veuve Jubé, sa mère, à..., rue..., n°....

M. et Mme Mougin, engagés par les notaires soussignés à répondre à cette demande, ont dit, savoir :

M. Mougin, que, par des motifs déjà connus de son fils lui-même, à qui il les a expliqués, il ne trouve pas convenable le mariage que ce dernier persiste à vouloir contracter, malgré la volonté de son père, et qu'en conséquence, il lui refuse son consentement.

Et Mme Mougin, que, par les mêmes motifs, elle désapprouve ledit mariage et refuse également son consentement.

Après lecture, les sieur et dame Mougin ont signé.

Desquelles notification et réponses les notaires soussignés ont dressé le présent procès-verbal.

Fait et passé à..., en la demeure des sieur et dame Mougin;

Les jour, mois et an susdits;

Et à l'instant, les notaires soussignés ont laissé aux sieur et dame Mougin, et à chacun d'eux séparément, copie en bonne forme et signée desdits notaires, tant du présent procès-verbal que de l'acte respectueux qui précède et qui sera enregistré avec ces présentes.

Lorsque les père et mère ne veulent pas signer, on met :

Après lecture, les sieur et dame Mougin, requis de signer, ont dit ne le vouloir.

Enreg. : 2 fr. — [V. CLERC, Enreg., n. 376 et Form., p. 177.]

154 (*suite*). . . . . Form. **10.**

Modifications aux formules précédentes.

Lorsque les père et mère ne sont pas trouvés à leur domicile.

Dans la notification de l'acte respectueux, après l'indication du transport des notaires au domicile des père et mère, on continue ; :

Où étant arrivés, sur les dix heures du matin, les notaires n'ont pas trouvé lesdits sieur et dame Mougin, mais seulement une femme qui se dit être à leur service et se nommer Marguerite-Julie Quenet : en conséquence, lesdits notaires ont notifié aux sieur et dame Mougin, en parlant à ladite demoiselle Quenet, l'acte respectueux qui précède, et par lequel, etc.

Lecture à elle faite, la demoiselle Quenet a été requise de signer, à quoi elle a répondu qu'elle ne croyait pas devoir le faire.

Desquelles notifications, etc.

Et à l'instant, les notaires soussignés ont laissé à ladite demoiselle Quenet, pour chacun des sieur et dame Mougin, une copie en bonne forme, etc.

Lorsque les notaires ne trouvent pas à leur domicile les père et mère ni aucun de leurs parents ou serviteurs.

Dans la notification de l'acte respectueux, après l'indication du transport des notaires au domicile des père et mère, on continue) :

Où étant arrivés sur les dix heures du matin, les notaires (ou le notaire et les témoins) n'ont trouvé audit domicile ni les sieur et dame..., ni aucun de leurs parents ou serviteurs; la porte étant fermée, ils ont frappé et appelé à plusieurs reprises sans que personne leur répondît; alors ils se sont transportés chez M..., maire de la commune de... (ou adjoint au maire de la commune de..., attendu l'absence de ce dernier), et là ils ont notifié aux sieur et dame..., et à chacun d'eux, en parlant à M. le maire, l'acte respectueux qui précède et par lequel, etc.

De tout ce que dessus il a été dressé le présent procès-verbal en la demeure de M. le maire,

Les jour, mois et an susdits.

Et à l'instant, les notaires ont laissé à M. le maire une copie séparée pour chacun des sieur et dame..., tant de l'acte respectueux qui précède que du présent procès-verbal. Lesdites copies signées par les deux notaires (ou par le notaire et les témoins).

Après lecture, M. le maire a signé avec les notaires.

V. art. 151 et 152.

Enreg. : 2 fr. — [V. CLERC, Enreg., n. 376, et Form., p. 119.]

153 à 158.—[V. 73, Form. 4; 149; — 151, Form. 6 et 7; 452 à 454.]

159. . . . . Form. **11.**

Consentement au mariage d'un enfant naturel par un tuteur ad hoc.

Devant Me..., A comparu :

M. A..., agissant en qualité de tuteur *ad hoc* de M. B..., nommé par délibération du conseil de famille dudit sieur B..., prise sous la présidence de M. le juge de paix de..., le..., enregistrée, pour consentir au mariage de M. B..., par suite du décès de Mme B..., sa mère naturelle décédée le...,

Lequel, a par ces présentes, déclaré en sadite qualité de tuteur, consentir au mariage que M. B..., enfant naturel reconnu de Mme B..., sa mère, se propose de contracter avec mademoiselle......

Ce consentement donné pour satisfaire à l'art. 158, C. Nap.

En conséquence, donner tous pouvoirs au porteur du présent consentement de le réitérer devant tous officiers de l'état civil, signer tous registres, etc.

Dont acte.

Enreg. : 2 fr. — [V. CLERC, Enreg., p. 164.]

160 [148 et s., 451 à 454, 458];—**161 à 171.**

172 à 176. . . . . Form. **12.**

Opposition à mariage.

L'an 1863, le lundi, 23 mars,

Sur la réquisition de M. Alexandre Manin, négociant, demeurant à Paris, rue Jacob, 36, lequel élit domicile à Paris, en sa demeure,

Me Hubert Riancé, notaire à Paris, soussigné, s'est transporté :

1° A la mairie du 8e arrondissement de la ville de Paris, où étant et parlant à M..., adjoint au maire de cet arrondissement faisant fonction d'officier d'état civil, ainsi qu'il l'a déclaré, lequel a visé le présent;

2° A Paris, rue Taitbout, 27, au domicile de mademoiselle Vittoria Ragazza, parlant à sa personne;

3° Et à Paris, rue Pigalle, 85, au domicile de M. Eugène Manin, artiste peintre, parlant à..., ainsi déclaré,

Et a ledit sieur Manin a déclaré, en présence du notaire et des témoins soussignés, qu'il s'oppose à la célébration du mariage projeté entre ladite demoiselle Ragazza et M. Manin, son fils, — et ce pour des motifs de lui connus et qu'il se réserve de déduire et faire valoir en temps convenable.

De laquelle opposition il a requis acte que le notaire soussigné a, à l'instant, notifié aux susnommés,

ascendant, contenir les motifs de l'opposition : le tout à peine de nullité, et de l'interdiction de l'officier ministériel qui aurait signé l'acte contenant opposition.

177. Le tribunal de première instance prononcera dans les dix jours sur la demande en mainlevée. [Pr. 49.]

178. S'il y a appel, il y sera statué dans les dix jours de la citation.

179. Si l'opposition est rejetée, les opposants, autres néanmoins que les ascendants, pourront être condamnés à des dommages-intérêts. [Pr. 523.]

CHAP. IV. — DES DEMANDES EN NULLITÉ DE MARIAGE.

180. Le mariage qui a été contracté sans le consentement libre des deux époux, ou de l'un d'eux, ne peut être attaqué que par les époux, ou par celui des deux dont le consentement n'a pas été libre.

Lorsqu'il y a eu erreur dans la personne, le mariage ne peut être attaqué que par celui des deux époux qui a été induit en erreur. [Pr. 354.]

181. Dans le cas de l'article précédent, la demande en nullité n'est plus recevable, toutes les fois qu'il y a eu cohabitation continuée pendant six mois depuis que l'époux a acquis sa pleine liberté ou que l'erreur a été par lui reconnue.

182. Le mariage contracté sans le consentement des père et mère, des ascendants, ou du conseil de famille, dans les cas où ce consentement était nécessaire, ne peut être attaqué que par ceux dont le consentement était requis, ou par celui des deux époux qui avait besoin de ce consentement.

183. L'action en nullité ne peut plus être intentée ni par les époux, ni par les parents dont le consentement était requis, toutes les fois que le mariage a été approuvé expressément ou tacitement par ceux dont le consentement était nécessaire, ou lorsqu'il s'est écoulé une année sans réclamation de leur part, depuis qu'ils ont eu connaissance du mariage. Elle ne peut être intentée non plus par l'époux, lorsqu'il s'est écoulé une année sans réclamation de sa part, depuis qu'il a atteint l'âge compétent pour consentir par lui-même au mariage.

184. Tout mariage contracté en contravention aux dispositions contenues aux articles 144, 147, 161, 162 et 163, peut être attaqué soit par les époux eux-mêmes, soit par tous ceux qui y ont intérêt, soit par le ministère public. [Pr. 354, s. ; T. cr. 121.]

185. Néanmoins le mariage contracté par des époux qui n'avaient point encore l'âge requis, ou dont l'un des deux n'avait point atteint cet âge, ne peut plus être attaqué, — 1° lorsqu'il s'est écoulé six mois depuis que cet époux ou les époux ont atteint l'âge compétent ; — 2° lorsque la femme qui n'avait point cet âge a conçu avant l'échéance de six mois.

186. Le père, la mère, les ascendants et la famille qui ont consenti au mariage contracté dans le cas de l'article précédent, ne sont point recevables à en demander la nullité.

187. Dans tous les cas où, conformément à l'article 184, l'action en nullité peut être intentée par tous ceux qui y ont un intérêt, elle ne peut l'être par les parents collatéraux, ou par les enfants nés d'un autre mariage, du vivant des deux époux, mais seulement lorsqu'ils y ont un intérêt né et actuel.

188. L'époux au préjudice duquel a été contracté un second mariage peut en demander la nullité, du vivant même de l'époux qui était engagé avec lui. [P. 340.]

189. Si les nouveaux époux opposent la nullité du premier mariage, la validité ou la nullité de ce mariage doit être jugée préalablement.

190. Le procureur impérial, dans tous les cas auxquels s'applique l'article 184, et sous les modifications portées en l'article 185, peut et doit demander la nullité du mariage, du vivant des deux époux, et les faire condamner à se séparer.

191. Tout mariage qui n'a point été contracté publiquement, et qui n'a point été célébré devant l'officier public compétent, peut être attaqué par les époux eux-mêmes, par les père et mère, par les ascendants, et par tous ceux qui y ont un intérêt né et actuel, ainsi que par le ministère public. [T. cr. 121.]

192. Si le mariage n'a point été précédé des deux publications requises, ou s'il n'a pas été obtenu des dispenses permises par la loi, ou si les intervalles prescrits dans les publications et célébrations n'ont point été observés, le procureur impérial fera prononcer contre l'officier public une amende qui ne pourra excéder trois cents francs, et, contre les parties contractantes, ou ceux sous la puissance desquels elles ont agi, une amende proportionnée à leur fortune.

193. Les peines prononcées par l'article précédent seront encourues par les personnes qui y sont désignées, pour toute contravention aux règles prescrites par l'article 165, lors même que ces contraventions ne seraient pas jugées suffisantes pour faire prononcer la nullité du mariage.

194. Nul ne peut réclamer le titre d'époux et les effets civils du mariage, s'il ne représente un acte de célébration inscrit sur le registre de l'état civil, sauf les cas prévus par l'article 46, au titre des *Actes de l'état civil*.

195. La possession d'état ne pourra dispenser les prétendus époux qui l'invoqueront respectivement, de représenter l'acte de célébration du mariage devant l'officier de l'état civil.

196. Lorsqu'il y a possession d'état, et que l'acte de célébration du mariage devant l'officier de l'état civil est représenté, les époux sont respectivement non recevables à demander la nullité de cet acte.

197. Si néanmoins, dans le cas des articles 194 et 195, il existe des enfants issus de deux individus qui ont vécu publiquement comme mari et femme, et qui soient tous deux décédés, la légitimité des enfants ne peut être contestée sous le seul prétexte du défaut de représentation de l'acte de célébration, toutes les fois que cette légitimité est prouvée par une possession d'état qui n'est point contredite par l'acte de naissance.

198. Lorsque la preuve d'une célébration légale du mariage se trouve acquise par le résultat d'une procédure criminelle, l'inscription du jugement sur les registres de l'état civil assure au mariage, à compter du jour de sa célébration, tous les effets civils, tant à l'égard des époux, qu'à l'égard des enfants issus de ce mariage.

199. Si les époux ou l'un d'eux sont décédés sans avoir découvert la fraude, l'action criminelle peut être intentée par tous ceux qui ont intérêt de faire déclarer le mariage valable, et par le procureur impérial.

200. Si l'officier public est décédé lors de la découverte de la fraude, l'action sera dirigée au civil contre ses héritiers par le procureur impérial, en présence des parties intéressées et sur leur dénonciation.

201. Le mariage qui a été déclaré nul produit néanmoins les effets civils, tant à l'égard des époux qu'à l'égard des enfants, lorsqu'il a été contracté de bonne foi.

202. Si la bonne foi n'existe que de la part de l'un des deux époux, le mariage ne produit les effets civils qu'en faveur de cet époux, et des enfants issus du mariage.

CHAP. V. — DES OBLIGATIONS QUI NAISSENT DU MARIAGE.

203. Les époux contractent ensemble, par le fait seul du mariage, l'obligation de nourrir, entretenir et élever leurs enfants.

204. L'enfant n'a pas d'action contre ses père et mère pour un établissement par mariage ou autrement.

205. Les enfants doivent des aliments à leurs père et mère, et autres ascendants qui sont dans le besoin.

206. Les gendres et belles-filles doivent également, et dans les mêmes circonstances, des aliments à leurs beau-père et belle-mère; mais cette obligation cesse, — 1° lorsque la belle-mère a convolé en secondes noces. — 2° lorsque celui des époux qui produisait l'affinité, et les enfants issus de son union avec l'autre époux, sont décédés.

207. Les obligations résultant de ces dispositions sont réciproques.

208. Les aliments ne sont accordés que dans la proportion du besoin de celui qui les réclame, et de la fortune de celui qui les doit.

209. Lorsque celui qui fournit ou celui qui reçoit des aliments est replacé dans un état tel que l'un ne puisse plus en donner, ou que l'autre n'en ait plus besoin en tout ou en partie, la décharge ou réduction peut en être demandée.

210. Si la personne qui doit fournir les aliments justifie qu'elle ne peut payer la pension alimentaire, le tribunal pourra, en connaissance de cause, ordonner qu'elle recevra dans sa demeure, qu'elle nourrira et entretiendra celui auquel elle devra des aliments.

211. Le tribunal prononcera également si le père ou la mère qui offrira de recevoir, nourrir et entretenir dans sa demeure, l'enfant à qui il devra des aliments, devra dans ce cas être dispensé de payer la pension alimentaire.

CHAP. VI. — DES DROITS ET DES DEVOIRS RESPECTIFS DES ÉPOUX.

212. Les époux se doivent mutuellement fidélité, secours, assistance.

213. Le mari doit protection à sa femme, la femme obéissance à son mari.

Fait et passé :

Pour l'officier de l'état civil, à la mairie du 8e arrondissement,

Et pour les autres parties, en leurs demeures,

En présence de MM..., témoins requis.

Et après lecture, M. Manin a signé avec les témoins et le notaire le présent acte, dont copie a été laissée par le notaire, tant à l'officier de l'état civil qu'à chacun desdits sieur Manin fils et demoiselle Ragazza, conformément à la loi.

Enreg. : 2 fr. fixe.—[V. CLERC, Enreg., n. 545.]

177 à 181.

182 et 183 [148 et s.] . Form. **13.**

Approbation de mariage.

Devant Me...,   A comparu :

M...,

Lequel a déclaré approuver et ratifier le mariage célébré devant le maire de..., le..., entre M..., son fils, et mademoiselle..., sans le consentement du comparant nécessaire à la validité du mariage. En conséquence, il déclare renoncer au droit d'en poursuivre la nullité et consent à ce que mariage reçoive son entier effet de même que s'il y eût assisté et y eût consenti.

Toutes mentions sont consenties. Dont acte.

Enreg. : 2 fr.

184 à 204. . . . .

205. . . . . Form. **14.**

Donation à titre d'aliments incessible et insaisissable.

Par-devant Me...,   Fut présent :

M. Émile Jaubert, propriétaire, membre de la Chambre des députés, demeurant à Paris, rue...,

Lequel, voulant assurer l'existence de M. Verneuil son neveu, ci-après nommé,

A, par ces présentes, fait donation entre-vifs et irrévocable,

A M. Théophile Verneuil, officier en retraite, demeurant à Paris, rue..., à ce présent et acceptant,

De 1,000 francs de rente annuelle et viagère, exempte de toute espèce de retenue, sous quelque dénomination qu'il en puisse être établi, que M. Jaubert promet et s'oblige de payer et servir à Paris, au domicile du donataire, à M. Verneuil, de mois en mois, et toujours d'avance, à compter de ce jour, pendant la vie et jusqu'au décès du donataire ; époque à laquelle cette rente viagère sera éteinte et amortie.

Le donataire reconnaît que M. Jaubert, son oncle, lui a payé à l'instant la somme de 83 fr. 33 c., pour le premier mois d'avance de ladite rente viagère.

Les termes suivants seront également payés par avance, et au moyen de ce paiement, les héritiers et représentants du donataire n'auront rien à réclamer pour le terme dans lequel ce dernier sera décédé ; comme aussi ils ne seront tenus à aucune restitution pour les sommes qu'il aura pu recevoir par avance.

Le donataire sera dispensé de fournir son certificat de vie, tant qu'il touchera lui-même en personne les arrérages de ladite rente.

Il est expressément stipulé par le donateur que la rente viagère de 1,000 fr., par lui présentement constituée, sera à toujours incessible et insaisissable, attendu qu'elle est ainsi donnée à M. Verneuil pour lui servir de pension alimentaire. Dont acte :

Fait et passé, etc.

Enreg. : 6 fr. 50 cent. p. 100. — [V. CLERC, Enreg., n. 959, et Form., p. 472.]

206 [205]. **207** 205, [206]. — **208** à **213.**

214. La femme est obligée d'habiter avec le mari, et de le suivre partout où il juge à propos de résider : le mari est obligé de la recevoir, et de lui fournir tout ce qui est nécessaire pour les besoins de la vie, selon ses facultés et son état.

215. La femme ne peut ester en jugement sans l'autorisation de son mari, quand même elle serait marchande publique, ou non commune, ou séparée de biens. [Pr. 861, 863, 878.]

216. L'autorisation du mari n'est pas nécessaire lorsque la femme est poursuivie en matière criminelle ou de police.

217. La femme, même non commune ou séparée de biens, ne peut donner, aliéner, hypothéquer, acquérir, à titre gratuit ou onéreux, sans le concours du mari dans l'acte ou son consentement par écrit. [Com., 4, 5, 7.]

218. Si le mari refuse d'autoriser sa femme à ester en jugement, le juge peut donner l'autorisation. [Pr. 861, 8.]

219. Si le mari refuse d'autoriser sa femme à passer un acte, la femme peut faire citer son mari directement devant le tribunal de première instance de l'arrondissement du domicile commun, qui peut donner ou refuser son autorisation, après que le mari aura été entendu ou dûment appelé en la chambre du conseil.

220. La femme, si elle est marchande publique, peut, sans l'autorisation de son mari, s'obliger pour ce qui concerne son négoce ; et, audit cas, elle oblige aussi son mari, s'il y a communauté entre eux.

Elle n'est pas réputée marchande publique, si elle ne fait que détailler les marchandises du commerce de son mari, mais seulement quand elle fait un commerce séparé. [Com., 4, 5, 7.]

221. Lorsque le mari est frappé d'une condamnation emportant peine afflictive ou infamante, encore qu'elle n'ait été prononcée que par contumace, la femme, même majeure, ne peut, pendant la durée de la peine, ester en jugement, ni contracter, qu'après s'être fait autoriser par le juge, qui peut en ce cas donner l'autorisation, sans que le mari ait été entendu ou appelé. [P. 7, 8.]

222. Si le mari est interdit ou absent, le juge peut, en connaissance de cause, autoriser la femme, soit pour ester en jugement, soit pour contracter. [Pr. 861, s.]

223. Toute autorisation générale, même stipulée par contrat de mariage, n'est valable que quant à l'administration des biens de la femme. [Com. 4, 5, 7.]

224. Si le mari est mineur, l'autorisation du juge est nécessaire à la femme, soit pour ester en jugement, soit pour contracter.

225. La nullité fondée sur le défaut d'autorisation ne peut être opposée que par la femme, par le mari ou par leurs héritiers.

226. La femme peut tester sans l'autorisation de son mari.

CHAP. VII.—DE LA DISSOLUTION DU MARIAGE.

227. Le mariage se dissout :
1° Par la mort de l'un des époux ;
2° Par le divorce légalement prononcé ;
3° Par la condamnation devenue définitive de l'un des époux à une peine emportant mort civile.

CHAP. VIII. — DES SECONDS MARIAGES.

228. La femme ne peut contracter un nouveau mariage qu'après dix mois révolus depuis la dissolution du mariage précédent. [Pr. 194, 195, 340.]

TITRE VI.
DU DIVORCE.

Décrété le 30 ventôse an XI (21 mars 1803).—Promulgué le 10 germinal (31 mars).

CHAP. Ier. — DES CAUSES DU DIVORCE.

229. Le mari pourra demander le divorce pour cause d'adultère de sa femme. [P. 324, 336, 337, 338.]

230. La femme pourra demander le divorce pour cause d'adultère de son mari, lorsqu'il aura tenu sa concubine dans la maison commune. [P. 339.]

231. Les époux pourront réciproquement demander le divorce pour excès, sévices ou injures graves, de l'un d'eux envers l'autre.

232. La condamnation de l'un des époux à une peine infamante sera pour l'autre époux une cause de divorce. [P. 7, 8.]

233. Le consentement mutuel et persévérant des époux, exprimé de la manière prescrite par la loi, sous les conditions et après les épreuves qu'elle détermine, prouvera suffisamment que la vie commune leur est insupportable, et qu'il existe, par rapport à eux, une cause péremptoire de divorce.

CHAP. II. — DU DIVORCE POUR CAUSE DÉTERMINÉE.

SECT. 1. — Des formes du divorce pour cause déterminée.

234. Quelle que soit la nature des faits ou des délits qui donneront lieu à la demande en divorce pour cause déterminée, cette demande ne pourra être formée qu'au tribunal de l'arrondissement dans lequel les époux auront leur domicile. [Pr. 875 s.]

235. Si quelques-uns des faits allégués par l'époux demandeur donnent lieu à une poursuite criminelle de la part du ministère public, l'action en divorce restera suspendue jusqu'après l'arrêt de la Cour d'assises ; alors elle pourra être reprise sans qu'il soit permis d'inférer de l'arrêt aucune fin de non-recevoir ou exception préjudicielle contre l'époux demandeur.

236. Toute demande en divorce détaillera les faits : elle sera remise, avec les pièces à l'appui, s'il y en a, au président du tribunal ou au juge qui en fera les fonctions, par l'époux demandeur en personne, à moins qu'il n'en soit empêché par maladie ; auquel cas, sur sa réquisition et le certificat de deux docteurs en médecine ou en chirurgie, ou de deux officiers de santé, le magistrat se transportera au domicile du demandeur, pour y recevoir sa demande. [T. 79.]

237. Le juge, après avoir entendu le demandeur, et lui avoir fait les observations qu'il croira convenable, paraphera la demande et les pièces, et dressera procès-verbal de la remise du tout en ses mains. Ce procès-verbal sera signé par le juge et par le demandeur, à moins que celui-ci ne sache ou ne puisse signer ; auquel cas il en sera fait mention.

238. Le juge ordonnera, au bas de son procès-verbal, que les parties comparaîtront en personne devant lui, au jour et à l'heure qu'il indiquera ; et, qu'à cet effet, copie de son ordonnance sera par lui adressée à la partie contre laquelle le divorce est demandé.

239. Au jour indiqué, le juge fera aux deux époux, s'ils se présentent, ou au demandeur, s'il est seul comparant, les représentations qu'il croira propres à opérer un rapprochement ; s'il ne peut y parvenir, il en dressera procès-verbal, et ordonnera la communication de la demande et des pièces au ministère public, et le référé du tout au tribunal.

240. Dans les trois jours qui suivront, le tribunal, sur le rapport du président ou du juge qui en aura fait les fonctions, et sur les conclusions du ministère public, accordera ou suspendra la permission de citer. La suspension ne pourra excéder le terme de 20 jours. [T. 91.]

241. Le demandeur, en vertu de la permission du tribunal, fera citer le défendeur, dans la forme ordinaire, à comparaître en personne à l'audience, à huis clos, dans le délai de la loi ; il fera donner copie, en tête de la citation, de la demande en divorce et des pièces produites à l'appui. [T. 29.]

242. À l'échéance du délai, soit que le défendeur comparaisse ou non, le demandeur en personne, assisté d'un conseil, s'il le juge à propos, exposera ou fera exposer les motifs de sa demande ; il représentera les pièces qui l'appuient et nommera les témoins qu'il se propose de faire entendre. [T. 92.]

243. Si le défendeur comparaît en personne ou par un fondé de pouvoirs, il pourra proposer ou faire proposer ses observations, tant sur les motifs de la demande que sur les pièces produites par le demandeur et sur les témoins par lui nommés. Le défendeur nommera, de son côté, les témoins qu'il se propose de faire entendre, et sur lesquels le demandeur fera réciproquement ses observations. [T. 92.]

244. Il sera dressé procès-verbal des comparutions, dires et observations des parties, ainsi que des aveux que l'une ou l'autre pourra faire. Lecture de ce procès-verbal sera donnée auxdites parties, qui seront requises de le signer ; et il sera fait mention expresse de leur signature, ou de leur déclaration de ne pouvoir ou ne vouloir signer.

245. Le tribunal renverra les parties à l'audience publique, dont il fixera le jour et l'heure ; il ordonnera la communication de la procédure au ministère public et commettra un rapporteur. Dans le cas où le défendeur n'aurait pas comparu, le demandeur sera tenu de lui faire signifier l'ordonnance du tribunal, dans le délai qu'elle aura déterminé.

246. Au jour et à l'heure indiqués, sur le rapport du juge commis, le ministère public entendu, le tribunal statuera d'abord sur les fins de non-recevoir, s'il en a été proposé. En cas qu'elles soient trouvées concluantes, la demande en divorce sera rejetée ; dans le cas contraire, ou s'il n'a pas été proposé de fin de non-recevoir, la demande en divorce sera admise.

247. Immédiatement après l'admission de la demande en divorce, sur le rapport du juge commis, le ministère public entendu, le tribunal statuera au fond. Il fera droit à la demande si elle lui paraît en état d'être jugée ; sinon, il admettra le demandeur à la preuve des faits pertinents par lui allégués, et le défendeur à la preuve contraire.

248. À chaque acte de la cause, les parties pourront, sur le rapport du juge, et avant que le ministère public ait pris la parole, proposer ou faire proposer leurs moyens respectifs, d'abord sur les fins de non-recevoir, et ensuite sur le fond ; mais en aucun cas le conseil du demandeur ne sera admis, si le demandeur n'est pas comparant en personne.

249. Aussitôt après la prononciation du jugement qui ordonnera les enquêtes, le greffier du tribunal donnera lecture de la partie du procès-verbal qui contient la nomination déjà faite des témoins que les parties se proposent de faire entendre. Elles seront averties par le président, qu'elles peuvent encore en désigner d'autres, mais qu'après ce moment elles n'y seront plus reçues.

250. Les parties proposeront de suite leurs reproches respectifs contre les témoins qu'elles voudront écarter. Le tribunal statuera sur ces reproches, après avoir entendu le ministère public.

251. Les parents des parties, à l'exception de leurs enfants et descendants, ne sont pas reprochables du chef de la parenté, non plus que les domestiques des époux, en raison de cette qualité ; mais le tribunal aura tel égard que de raison aux dépositions des parents et des domestiques.

252. Tout jugement qui admettra une preuve testimoniale, dénommera les témoins qui seront entendus, et déterminera le jour et l'heure auxquels les parties devront les présenter.

253. Les dépositions des témoins seront reçues par le tribunal extra à huis clos, en présence du ministère public, des parties, et de leurs conseils ou amis, jusqu'au nombre de trois de chaque côté.

254. Les parties, par elles ou par leurs conseils, pourront faire aux témoins telles observations et interpellations qu'elles jugeront à propos, sans pouvoir néanmoins les interrompre au cours de leurs dépositions.

---

214. . . . .

215. . . . . Form. **15.**

Autorisation à une femme par son mari pour ester en jugement.

Par-devant Me...,   Fut présent :
M...,
Lequel a, par ces présentes, déclaré formellement autoriser madame...., son épouse, demeurant avec lui, et néanmoins de lui séparée quant aux biens, etc.,

À exercer contre M... toutes actions et recours en garantie, à fin de paiement ou à l'effet de... (indiquer l'objet des poursuites).

Ou bien : Défendre à toutes actions, recours et demandes intentés et qui pourraient l'être par M... contre ladite dame pour raison de... (indiquer l'objet des poursuites).

En conséquence, citer et comparaître, etc.

(Voy. pour la suite des pouvoirs judiciaires, la première formule de procuration, art. 1990, en y ajoutant ceux exceptionnels que les circonstances particulières de l'affaire exigeraient et qui ne peuvent guère être précisés d'avance.)

Enreg. : 2 fr. — [V. CLERC, Enreg., n. 153, et Form., p. 38.]

216. . . . .

217. . . . . Form. **16.**

Autorisation à une femme par son mari.

À l'effet de toucher et recevoir, gérer et administrer, acquérir, vendre, échanger, emprunter, recueillir une succession, donner, etc.

Par-devant Me...,   Fut présent :
M. Gustave Melcion..., demeurant à...,
Lequel a, par ces présentes, déclaré autoriser formellement madame Cécile d'Arfeuil, son épouse, demeurant avec lui,

S'il y a séparation de biens, on ajoute :

Et néanmoins de lui séparée quant aux biens, suivant leur contrat de mariage passé devant M..., notaire à..., le... Ou ainsi qu'il le déclare... Ou encore, on énonce le jugement de séparation.

À l'effet de, etc...

Voyez, pour le détail des pouvoirs à insérer, ceux contenus dans les formules de *Procuration*, art. 1990. S'il y a quelques additions particulières à y faire, les circonstances ou les parties les indiquent toujours suffisamment ; comme, par exemple, un mari autorise sa femme à vendre, mais il veut être présent au paiement, pour toucher le prix et en faire emploi.

Alors on ne doit pas seulement s'abstenir de donner le pouvoir de toucher ; il vaut mieux exprimer la réserve du mari ; on peut le faire ainsi :

Cette autorisation est ainsi donnée, sous la condition qu'il ne sera fait aucun paiement par l'acquéreur, et le prix principal de la vente, qu'en présence et du consentement de M. Melcion, comparant, qui fait toute réserve à ce sujet.

Si le mari prescrit un emploi des fonds, ou s'il impose d'autres conditions à son autorisation, il faudra toujours les exprimer dans l'acte.

Enreg. 2 fr. fixe.—[V. CLERC, Enreg., n. 153, et Form. p. 2.]

218 à **222**;—**223** [217, 224], **224** [217, 223], **225**, **226** [905 et s.] . . . . . .

227. 2° Le divorce a été aboli par la loi du 8 mai 1816 ; 3° La mort civile a été abolie par la loi du 31 mai 1854. [Art. 22 et s., et 229 et s.]

228. . . . .

229 à **254** abrogés. . . . .

255. Chaque déposition sera rédigée par écrit, ainsi que les dires et observations auxquels elle aura donné lieu. Le procès-verbal d'enquête sera lu tant aux témoins qu'aux parties : les uns et les autres seront requis de le signer, et il sera fait mention de leur signature, ou de leur déclaration qu'ils ne peuvent ou ne veulent signer.

256. Après la clôture des deux enquêtes ou de celle du demandeur, si le défendeur n'a pas produit de témoins, le tribunal renverra les parties à l'audience publique, dont il indiquera le jour et l'heure ; il ordonnera la communication de la procédure au ministère public, et commettra un rapporteur. Cette ordonnance sera signifiée au défendeur, à la requête du demandeur, dans le délai qu'elle aura déterminé.

257. Au jour fixé pour le jugement définitif, le rapport sera fait par le juge commis : les parties pourront ensuite faire, par elles-mêmes ou par l'organe de leurs conseils, telles observations qu'elles jugeront utiles à leur cause ; après quoi le ministère public donnera ses conclusions.

258. Le jugement définitif sera prononcé publiquement ; lorsqu'il admettra le divorce, le demandeur sera autorisé à se retirer devant l'officier de l'état civil pour le faire prononcer.

259. Lorsque la demande en divorce aura été formée pour cause d'excès, de sévices ou d'injures graves, encore qu'elle soit bien établie, les juges pourront ne pas admettre immédiatement le divorce. Dans ce cas, avant de faire droit, ils autoriseront la femme à quitter la compagnie de son mari, sans être tenue de le recevoir, si elle ne le juge à propos ; et ils condamneront le mari à lui payer une pension alimentaire proportionnée à ses facultés, si la femme n'a pas elle-même des revenus suffisants pour fournir à ses besoins.

260. Après une année d'épreuve, si les parties ne se sont pas réunies, l'époux demandeur pourra faire citer l'autre époux à comparaître au tribunal, dans les délais de la loi, pour y entendre prononcer le jugement définitif, qui pour lors admettra le divorce.

261. Lorsque le divorce sera demandé par la raison qu'un des époux est condamné à une peine infamante, les seules formalités à observer consisteront à présenter au tribunal de première instance une expédition en bonne forme du jugement de condamnation, avec un certificat de la Cour d'assises, portant que ce même jugement n'est plus susceptible d'être réformé par aucune voie légale.

262. En cas d'appel du jugement d'admission ou du jugement définitif, rendu par le tribunal de première instance en matière de divorce, la cause sera instruite et jugée par la Cour d'appel comme affaire urgente.

263. L'appel ne sera recevable qu'autant qu'il aura été interjeté dans les trois mois à compter du jour de la signification du jugement rendu contradictoirement ou par défaut. Le délai pour se pourvoir à la Cour de cassation contre un jugement en dernier ressort, sera aussi de trois mois à compter de la signification. Le pourvoi sera suspensif.

264. En vertu de tout jugement rendu en dernier ressort ou passé en force de chose jugée, qui autorisera le divorce, l'époux qui l'aura obtenu, sera obligé de se présenter, dans le délai de deux mois, devant l'officier de l'état civil, l'autre partie dûment appelée, pour faire prononcer le divorce.

265. Ces deux mois ne commenceront à courir, à l'égard des jugements de première instance, qu'après l'expiration du délai d'appel ; à l'égard des arrêts rendus par défaut en cause d'appel, qu'après l'expiration du délai d'opposition ; et à l'égard des jugements contradictoires en dernier ressort, qu'après l'expiration du délai du pourvoi en cassation.

266. L'époux demandeur qui aura laissé passer le délai de deux mois ci-dessus déterminé, sans appeler l'autre époux devant l'officier de l'état civil, sera déchu du bénéfice du jugement qu'il avait obtenu, et ne pourra reprendre son action en divorce, sinon pour cause nouvelle ; auquel cas il pourra néanmoins faire valoir les anciennes causes.

SECT. II.—*Des mesures provisoires auxquelles peut donner lieu la demande en divorce pour cause déterminée.*

267. L'administration provisoire des enfants restera au mari demandeur ou défendeur en divorce, à moins qu'il n'en soit autrement ordonné par le tribunal sur la demande soit de la mère, soit de la famille, ou du ministère public, pour le plus grand avantage des enfants.

268. La femme demanderesse ou défenderesse en divorce pourra quitter le domicile du mari pendant la poursuite, et demander une pension alimentaire proportionnée aux facultés du mari. Le tribunal indiquera la maison dans laquelle la femme sera tenue de résider, et fixera, s'il y a lieu, la provision alimentaire que le mari sera obligé de lui payer.

269. La femme sera tenue de justifier de sa résidence dans la maison indiquée, toutes les fois qu'elle en sera requise : à défaut de cette justification, le mari pourra refuser la provision alimentaire, et, si la femme est demanderesse en divorce, la faire déclarer non recevable à continuer ses poursuites.

270. La femme commune en biens, demanderesse ou défenderesse en divorce, pourra, en tout état de cause, à partir de la date de l'ordonnance dont il est fait mention en l'art. 238, requérir, pour la conservation de ses droits, l'apposition des scellés sur les effets mobiliers de la communauté. Ces scellés ne seront levés qu'en faisant inventaire avec prisée, et à la charge par le mari de représenter les choses inventoriées, ou de répondre de leur valeur comme gardien judiciaire. [Pr. 807 s., 943.]

271. Toute obligation contractée par le mari à la charge de la communauté, toute aliénation par lui faite des immeubles qui en dépendent postérieurement à la date de l'ordonnance dont il est fait mention en l'art. 238, sera

déclarée nulle, s'il est prouvé d'ailleurs qu'elle ait été faite ou contractée en fraude des droits de la femme.

SECT. III. — *Des fins de non-recevoir contre l'action en divorce pour cause déterminée.*

272. L'action en divorce sera éteinte par la réconciliation des époux, survenue soit depuis les faits qui auraient pu autoriser cette action, soit depuis la demande en divorce.

273. Dans l'un et l'autre cas, le demandeur sera déclaré non recevable dans son action ; il pourra néanmoins en intenter une nouvelle pour cause survenue depuis la réconciliation, et alors faire usage des anciennes causes pour appuyer sa nouvelle demande.

274. Si le demandeur en divorce nie qu'il y ait eu réconciliation, le défendeur en fera preuve, soit par écrit, soit par témoins, dans la forme prescrite en la première section du présent chapitre.

CHAP. III. — DU DIVORCE PAR CONSENTEMENT MUTUEL.

275. Le consentement mutuel des époux ne sera point admis, si le mari a moins de vingt-cinq ans, ou si la femme est mineure de vingt-un ans.

276. Le consentement mutuel ne sera admis qu'après deux ans de mariage.

277. Il ne pourra plus l'être après vingt ans de mariage, ni lorsque la femme aura quarante-cinq ans.

278. Dans aucun cas le consentement mutuel des époux ne suffira s'il n'est autorisé par leurs pères et mères, ou par leurs autres ascendants vivants, suivant les règles prescrites par l'art. 150, au titre du *Mariage*.

279. Les époux déterminés à opérer le divorce par consentement mutuel, seront tenus de faire préalablement inventaire et estimation de tous leurs biens meubles et immeubles, et de régler leurs droits respectifs, sur lesquels il leur sera néanmoins libre de transiger. [T. 168.]

280. Ils seront pareillement tenus de constater par écrit leur convention sur les trois points qui suivent : 1° A qui les enfants nés de leur union seront confiés, soit pendant le temps des épreuves, soit après le divorce prononcé ; 2° Dans quelle maison la femme devra se retirer et résider pendant le temps des épreuves ; 3° Quelle somme le mari devra payer à sa femme pendant le même temps, si elle n'a pas des revenus suffisants pour fournir à ses besoins.

281. Les époux se présenteront ensemble, et en personne, devant le président du tribunal civil de leur arrondissement, ou devant le juge qui en fera les fonctions, et lui feront la déclaration de leur volonté, en présence de deux notaires amenés par eux. [T. 168.]

282. Le juge fera aux deux époux réunis, et à chacun d'eux en particulier, en présence des deux notaires, telles représentations et exhortations qu'il croira convenables ; il leur donnera lecture du chap. IV du présent titre, qui règle *les effets du Divorce*, et leur développera toutes les conséquences de leur démarche.

283. Si les époux persistent dans leur résolution, il leur sera donné acte, par le juge, de ce qu'ils demandent le divorce, et y consentent mutuellement ; et ils seront tenus de produire et déposer à l'instant, entre les mains des notaires, outre les actes mentionnés aux art. 279 et 280 : 1° Les actes de leur naissance et celui de leur mariage ; 2° Les actes de naissance et de décès de tous les enfants nés de leur union ; 3° La déclaration authentique de leurs pères et mères ou autres ascendants vivants, portant que, pour les causes à eux connues, ils autorisent tel ou telle, leur fils ou fille, petit-fils ou petite fille, marié ou mariée à tel ou telle, à demander le divorce et à y consentir. Les pères, mères, aïeuls et aïeules des époux seront présumés vivants jusqu'à la représentation des actes constatant leur décès.

284. Les notaires dresseront procès-verbal détaillé de tout ce qui aura été dit et fait en exécution des articles précédents ; la minute en restera au plus âgé des deux notaires, ainsi que les pièces produites, qui demeureront annexées au procès-verbal dans lequel il sera fait mention de l'avertissement qui sera donné à la femme de se retirer, dans les vingt-quatre heures, dans la maison convenue entre elle et son mari, et d'y résider jusqu'au divorce prononcé. [T. 168.]

285. La déclaration ainsi faite sera renouvelée dans la première quinzaine de chacun des quatrième, septième et dixième mois qui suivront, en observant les mêmes formalités. Les parties seront obligées à rapporter chaque fois la preuve, par acte public, que leurs pères, mères ou autres ascendants vivants, persistent dans leur première détermination ; mais elles ne seront tenues à répéter la production d'aucun autre acte. [T. 168.]

286. Dans la quinzaine du jour où sera révolue l'année à compter de la première déclaration, les époux, assistés chacun de deux amis, personnes notables dans l'arrondissement, âgés de cinquante ans au moins, se présenteront ensemble et en personne devant le président du tribunal ou le juge qui en fera les fonctions ; ils lui remettront les expéditions en bonne forme des quatre procès-verbaux contenant leur consentement mutuel, et de tous les actes qui y auront été annexés, et requerront du magistrat, chacun séparément, en présence néanmoins l'un de l'autre et des quatre notables, l'admission du divorce.

287. Après que le juge et les assistants auront fait leurs observations aux époux, s'ils persévèrent, il leur sera donné acte de leur réquisition et de la remise par eux faite des pièces à l'appui : le greffier du tribunal dressera procès-verbal, qui sera signé tant par les parties (à moins qu'elles ne déclarent ne le savoir ou ne le pouvoir signer, auquel cas il en sera fait mention), que par les quatre assistants, le juge et le greffier.

288. Le juge mettra de suite, au bas du procès-verbal son ordonnance, portant que, dans les trois jours, il sera par lui référé du tout au tribunal en la chambre du conseil,

sur les conclusions par écrit du ministère public, auquel les pièces seront, à cet effet, communiquées par le greffier.

289. Si le ministère public trouve dans les pièces la preuve que les deux époux étaient âgés, le mari de vingt-cinq ans, la femme de vingt-un ans, lorsqu'ils ont fait leur première déclaration ; qu'à cette époque ils étaient mariés depuis deux ans, que le mariage ne remontait pas à plus de vingt, que la femme avait moins de quarante-cinq ans, que le consentement mutuel a été exprimé quatre fois dans le cours de l'année, après les préalables ci-dessus prescrits et avec toutes les formalités requises par le présent chapitre, notamment avec l'autorisation des pères et mères des époux, ou avec celle de leurs autres ascendants vivants en cas de prédécès des pères et mères, il donnera ses conclusions en ces termes : *La loi permet* ; dans le cas contraire, ses conclusions seront en ces termes : *La loi empêche*.

290. Le tribunal, sur le référé, ne pourra faire d'autres vérifications que celles indiquées par l'article précédent. S'il en résulte que, dans l'opinion du tribunal, les parties ont satisfait aux conditions et rempli les formalités déterminées par la loi, il admettra le divorce, et renverra les parties devant l'officier de l'état civil, pour le faire prononcer ; dans le cas contraire, le tribunal déclarera qu'il n'y a pas lieu à admettre le divorce, et déduira les motifs de la décision.

291. L'appel du jugement qui aurait déclaré ne pas y avoir lieu à admettre le divorce ne sera recevable qu'autant qu'il sera interjeté par les deux parties, et néanmoins par actes séparés, dans les dix jours au plus tôt, et au plus tard dans les vingt jours de la date du jugement de première instance.

292. Les actes d'appel seront réciproquement signifiés tant à l'autre époux qu'au ministère public près le tribunal de première instance.

293. Dans les dix jours, à compter de la signification qui lui aura été faite du second acte d'appel, le ministère public près le tribunal de première instance fera passer au procureur général près la Cour impériale l'expédition du jugement, et les pièces sur lesquelles il est intervenu. Le procureur général près la Cour impériale donnera ses conclusions par écrit, dans les dix jours qui suivront la réception du jugement, qui ne pourra le juge qui le suppléera, fera son rapport à la Cour impériale, en la chambre du conseil, et il sera statué définitivement dans les dix jours qui suivront la remise des conclusions du procureur général.

294. En vertu de l'arrêt qui admettra le divorce, et dans les vingt jours de sa date, les parties se présenteront ensemble et en personne devant l'officier de l'état civil, pour faire prononcer le divorce. Ce délai passé, le jugement demeurera comme non avenu.

CHAP. IV. — DES EFFETS DU DIVORCE.

295. Les époux qui divorceront, pour quelque cause que ce soit, ne pourront plus se réunir.

296. Dans le cas de divorce prononcé pour cause déterminée, la femme divorcée ne pourra se remarier que dix mois après le divorce prononcé.

297. Dans le cas de divorce par consentement mutuel, aucun des deux époux ne pourra contracter un nouveau mariage que trois ans après la prononciation du divorce.

298. Dans le cas de divorce admis en justice pour cause d'adultère, l'époux coupable ne pourra jamais se marier avec son complice. La femme adultère sera condamnée par le même jugement, et sur la réquisition du ministère public, à la réclusion dans une maison de correction, pour un temps déterminé, qui ne pourra être moindre de trois mois, ni excéder deux années.

299. Pour quelque cause que le divorce ait lieu, hors le cas du consentement mutuel, l'époux contre lequel le divorce aura été admis perdra tous les avantages que l'autre époux lui avait faits, soit par leur contrat de mariage, soit depuis le mariage contracté.

300. L'époux qui aura obtenu le divorce conservera les avantages à lui faits par l'autre époux, encore qu'ils aient été stipulés réciproques et que la réciprocité n'ait pas lieu.

301. Si les époux ne s'étaient fait aucun avantage, ou si ceux stipulés ne paraissaient pas suffisants pour assurer la subsistance de l'époux qui a obtenu le divorce, le tribunal pourra lui accorder, sur les biens de l'autre époux, une pension alimentaire, qui ne pourra excéder le tiers des revenus de cet autre époux. Cette pension sera révocable dans le cas où elle cesserait d'être nécessaire.

302. Les enfants seront confiés à l'époux qui a obtenu le divorce, à moins que le tribunal, sur la demande de la famille ou du ministère public, n'ordonne, pour le plus grand avantage des enfants, que tous ou quelques-uns d'eux seront confiés aux soins, soit de l'autre époux, soit d'une tierce personne.

303. Quelle que soit la personne à laquelle les enfants seront confiés, les père et mère conserveront respectivement le droit de surveiller l'entretien et l'éducation de leurs enfants, et seront tenus d'y contribuer à proportion de leurs facultés.

304. La dissolution du mariage par le divorce admis en justice ne privera les enfants nés de ce mariage, d'aucun des avantages qui leur étaient assurés par les lois, ou par les conventions matrimoniales de leurs père et mère ; mais il n'y aura d'ouverture aux droits des enfants que de la même manière et dans les mêmes circonstances où ils se seraient ouverts s'il n'y avait pas eu de divorce.

305. Dans le cas de divorce par consentement mutuel, la propriété de la moitié des biens de chacun des deux époux sera acquise de plein droit, du jour de leur première déclaration, aux enfants nés de leur mariage : les père et mère conserveront néanmoins la jouissance de cette moitié jusqu'à la majorité de leurs enfants, à la charge de pourvoir à leur nourriture, entretien et éducation, conformé-

ment à leur fortune et à leur état; le tout sans préjudice des autres avantages qui pourraient avoir été assurés auxdits enfants par les conventions matrimoniales de leurs père et mère.

CHAP. V.—DE LA SÉPARATION DE CORPS.

506. Dans les cas où il y a lieu à la demande en divorce pour cause déterminée, il sera libre aux époux de former demande en séparation de corps.

507. Elle sera intentée, instruite et jugée de la même manière que toute autre action civile : elle ne pourra avoir lieu par le consentement mutuel des époux [Pr. 375, 872, s.]

508. La femme contre laquelle la séparation de corps sera prononcée pour cause d'adultère, sera condamnée par le même jugement, et sur la réquisition du ministère public, à la réclusion dans une maison de correction pendant un temps déterminé, qui ne pourra être moindre de trois mois, ni excéder deux années. [P. 336.]

509. Le mari restera le maître d'arrêter l'effet de cette condamnation, en consentant à reprendre sa femme.

510. Lorsque la séparation de corps prononcée pour toute autre cause que l'adultère de la femme, aura duré trois ans, l'époux, qui était originairement défendeur, pourra demander le divorce au tribunal, qui l'admettra si le demandeur originaire, présent, ou dûment appelé, ne consent pas immédiatement à faire cesser la séparation.

511. La séparation de corps emportera toujours séparation de biens.

TITRE VII.

DE LA PATERNITÉ ET DE LA FILIATION.

Décrété le 2 germinal an xi (23 mars 1803).—Promulgué le 12 germinal (2 avril).

CHAP. Ier.—DE LA FILIATION DES ENFANTS LÉGITIMES OU NÉS DANS LE MARIAGE.

512. L'enfant conçu pendant le mariage a pour père le mari.

Néanmoins celui-ci pourra désavouer l'enfant, s'il prouve que, pendant le temps qui a couru depuis le trois-centième jusqu'au cent quatre-vingtième jour avant la naissance de cet enfant, il était, soit par cause d'éloignement, soit par l'effet de quelque accident, dans l'impossibilité physique de cohabiter avec sa femme.

513. Le mari ne pourra, en alléguant son impuissance naturelle, désavouer l'enfant : il ne pourra le désavouer même pour cause d'adultère, à moins que la naissance ne lui ait été cachée, auquel cas il sera admis à proposer tous les faits propres à justifier qu'il n'en est pas le père.

En cas de séparation de corps prononcée ou même demandée, le mari pourra désavouer l'enfant qui sera né trois cents jours après l'ordonnance du président, rendue aux termes de l'article 878 du Code de procédure civile et moins de cent quatre-vingts jours depuis le rejet définitif de la demande ou depuis la réconciliation. L'action en désaveu ne sera pas admise s'il y a eu réunion de fait entre les époux.

514. L'enfant né avant le cent quatre-vingtième jour du jour du mariage ne pourra être désavoué par le mari dans les cas suivants : — 1° S'il a eu connaissance de la grossesse avant le mariage; — 2° S'il a assisté à l'acte de naissance, et si cet acte est signé de lui, ou contient sa déclaration qu'il ne sait signer; — 3° Si l'enfant n'est pas déclaré viable.

515. La légitimité de l'enfant né trois cents jours après la dissolution du mariage pourra être contestée.

516. Dans les divers cas où le mari est autorisé à réclamer, il devra le faire, dans le mois, s'il se trouve sur les lieux de la naissance de l'enfant;

Dans les deux mois après son retour, si, à la même époque, il est absent;

Dans les deux mois après la découverte de la fraude, si on lui avait caché la naissance de l'enfant.

517. Si le mari est mort avant d'avoir fait sa réclamation, mais étant encore dans le délai utile pour la faire, les héritiers auront deux mois pour contester la légitimité de l'enfant, à compter de l'époque où cet enfant se serait mis en possession des biens du mari, ou de l'époque où les héritiers seraient troublés par l'enfant dans cette possession.

518. Tout acte extrajudiciaire, contenant le désaveu de la part du mari ou de ses héritiers, sera comme non avenu, s'il n'est suivi, dans le délai d'un mois, d'une action en justice dirigée contre un tuteur *ad hoc* donné à l'enfant, et en présence de sa mère.

CHAP. II. — DES PREUVES DE LA FILIATION DES ENFANTS LÉGITIMES.

519. La filiation des enfants légitimes se prouve par les actes de naissance inscrits sur le registre de l'état civil.

520. A défaut de ce titre, la possession constante de l'état d'enfant légitime suffit.

521. La possession d'état s'établit par une réunion suffisante de faits qui indiquent le rapport de filiation et de parenté entre un individu et la famille à laquelle il prétend appartenir.

Les principaux de ces faits sont :

Que l'individu a toujours porté le nom du père auquel il prétend appartenir;

Que le père l'a traité comme son enfant, et a pourvu, en cette qualité, à son éducation, à son entretien et à son établissement;

Qu'il a été reconnu constamment pour tel dans la société;

Qu'il a été reconnu pour tel par la famille.

522. Nul ne peut réclamer un état contraire à celui que lui donnent son titre de naissance et la possession conforme à ce titre;

Et réciproquement, nul ne peut contester l'état de celui qui a une possession conforme à son titre de naissance.

523. A défaut de titre et de possession constante, ou si l'enfant a été inscrit, soit sous de faux noms, soit comme né de père et mère inconnus, la preuve de filiation peut se faire par témoins.

Néanmoins, cette preuve ne peut être admise que lorsqu'il y a commencement de preuve par écrit, ou lorsque les présomptions ou indices résultant de faits dès lors constants sont assez graves pour déterminer l'admission. [Pr. 252.]

524. Le commencement de preuve par écrit résulte des titres de famille, des registres et papiers domestiques du père ou de la mère, des actes publics et même privés émanés d'une partie engagée dans la contestation ou qui y aurait intérêt si elle était vivante.

525. La preuve contraire pourra se faire par tous les moyens propres à établir que le réclamant n'est pas l'enfant de la mère qu'il prétend avoir, ou même, la maternité prouvée, qu'il n'est pas l'enfant du mari de la mère. [Pr. 252, 256.]

526. Les tribunaux civils seront seuls compétents pour statuer sur les réclamations d'état. [P. 83.]

527. L'action criminelle contre un délit de suppression d'état ne pourra commencer qu'après le jugement définitif sur la question d'état. [P. 345.]

528. L'action en réclamation d'état est imprescriptible à l'égard de l'enfant.

529. L'action ne peut être intentée par les héritiers de l'enfant qui n'a pas réclamé, qu'autant qu'il est décédé mineur, ou dans les cinq années après sa majorité. [P. 345.]

530. Les héritiers peuvent suivre cette action lorsqu'elle a été commencée par l'enfant, à moins qu'il ne s'en fût désisté formellement, ou qu'il n'eût laissé passer trois années sans poursuites, à compter du dernier acte de la procédure. [Pr. 397.]

CHAP. III. — DES ENFANTS NATURELS.

SECT. I. — *De la légitimation des enfants naturels.*

531. Les enfants nés hors mariage, autres que ceux nés d'un commerce incestueux ou adultérin, pourront être légitimés par le mariage subséquent de leurs père et mère, lorsque ceux-ci les auront légalement reconnus avant leur mariage, ou qu'ils les reconnaîtront dans l'acte même de célébration.

532. La légitimation peut avoir lieu, même en faveur des enfants décédés qui ont laissé des descendants ; et, dans ce cas, elle profite à ces descendants.

533. Les enfants légitimés par le mariage subséquent auront les mêmes droits que s'ils étaient nés de ce mariage.

SECT. II. — *De la reconnaissance des enfants naturels.*

534. La reconnaissance d'un enfant naturel sera faite par un acte authentique, lorsqu'elle ne l'aura pas été dans son acte de naissance.

535. Cette reconnaissance ne pourra avoir lieu au profit des enfants nés d'un commerce incestueux ou adultérin.

536. La reconnaissance du père, sans l'indication et l'aveu de la mère, n'a d'effet qu'à l'égard du père.

537. La reconnaissance, faite pendant le mariage, par l'un des époux, au profit d'un enfant naturel qu'il aurait eu, avant son mariage, d'un autre que de son époux, ne pourra nuire ni à celui-ci, ni aux enfants nés de ce mariage.

Néanmoins, elle produira son effet après la dissolution de ce mariage, s'il n'en reste pas d'enfants.

538. L'enfant naturel reconnu ne pourra réclamer les droits d'enfant légitime. Les droits des enfants naturels seront réglés au titre des *Successions.*

539. Toute reconnaissance de la part du père ou de la mère, de même que toute réclamation de la part de l'enfant, pourra être contestée par tous ceux qui y auront intérêt.

540. La recherche de la paternité est interdite. Dans le cas d'enlèvement, lorsque l'époque de cet enlèvement se rapportera à celle de la conception, le ravisseur pourra être, sur la demande des parties intéressées, déclaré père de l'enfant.

541. La recherche de la maternité est admise.

Désaveu de paternité.

Devant Me..., *à comparu* :

M. Ladislas Winscky, lieutenant de l'armée de Langiewicz, ancien garde forestier, demeurant à...,

Lequel a déclaré qu'il a connaissance que madame Pauline Posselowi, son épouse, a mis au monde, le 27 octobre 1863, un enfant du sexe masculin, qui a été inscrit le lendemain sur les registres des actes de l'état civil de la ville de..., sous les noms de Adolphe-Gustave, comme fils du comparant et de ladite dame.

Que, cependant, il est constant que bien avant l'époque de la conception de cet enfant et même après sa naissance, le comparant était dans l'impossibilité physique de cohabiter avec son épouse; — Qu'en effet, il est parti dès le mois d'août 1862 pour la Pologne, où il est resté constamment jusqu'au 10 novembre 1863; qu'il a combattu sous les ordres de Langiewicz et a même été blessé plusieurs fois.

Et qu'en conséquence, on ne peut lui attribuer la paternité de cet enfant.

C'est pourquoi le sieur Winscky proteste formellement contre la légitimité dudit enfant, et il déclare par ces présentes, le désavouer, conformément au droit qui lui est conféré par l'art. 312, C. Nap.

Pour faire signifier ces présentes, tous pouvoirs sont donnés au porteur d'une expédition.

Dont acte, etc.

Enreg. : 2 fr. fixe. — [V. CLERC, Enreg., n. 544.]

Reconnaissance d'enfant naturel.

Par-devant Me..., et son collègue, notaires à....., soussignés, *A comparu* :

M. Jean Tardieu, docteur-médecin, demeurant à...,

Lequel a, par ces présentes, volontairement reconnu pour son fils naturel l'enfant inscrit aux registres des actes de l'état civil de..., à la date du..., sous les noms de Jean-Auguste, comme étant né le même jour, de demoiselle Augustine Silvant et de père inconnu,

Consentant qu'à l'avenir ledit enfant porte le nom de M. Tardieu, son père, et que mention des présentes soit faite sur tous registres et actes que besoin sera. Dont acte :

Fait et passé à...,

L'an 1863, le 6 mars.

Et le comparant a signé avec les notaires après lecture faite, même de la présente mention, et de celle qui va suivre.

La lecture du présent acte, par Me.... notaire, au comparant, et la signature par ce dernier, ont eu lieu en la présence de Me..., notaire en second (ou des deux témoins).

Enreg. : 5 fr. — [V. CLERC, Enreg., n. 340, et Form., p. 110.]

L'enfant qui réclamera sa mère sera tenu de prouver qu'il est identiquement le même que l'enfant dont elle est accouchée.

Il ne sera reçu à faire cette preuve par témoins que lorsqu'il aura déjà un commencement de preuve par écrit.

342. Un enfant ne sera jamais admis à la recherche, soit de la paternité, soit de la maternité, dans les cas où, suivant l'article 335, la reconnaissance n'est pas admise.

TITRE VIII.
DE L'ADOPTION ET DE LA TUTELLE OFFICIEUSE.

Décrété le 2 germinal an xi (23 mars 1803).—Promulgué le 12 germinal (2 avril).

CHAP. Ier. — DE L'ADOPTION.
SECT. I. — *De l'adoption et de ses effets.*

343. L'adoption n'est permise qu'aux personnes de l'un ou de l'autre sexe, âgées de plus de cinquante ans, qui n'auront, à l'époque de l'adoption, ni enfants, ni descendants légitimes, et qui auront au moins quinze ans de plus que les individus qu'elles se proposent d'adopter.

344. Nul ne peut être adopté par plusieurs, si ce n'est par deux époux.

Hors le cas de l'article 366, nul époux ne peut adopter qu'avec le consentement de l'autre conjoint.

345. La faculté d'adopter ne pourra être exercée qu'envers l'individu à qui l'on aura, dans sa minorité et pendant six ans au moins, fourni des secours et donné des soins non interrompus, ou envers celui qui aurait sauvé la vie à l'adoptant, soit dans un combat, soit en le retirant des flammes ou des flots.

Il suffira, dans ce deuxième cas, que l'adoptant soit majeur, plus âgé que l'adopté, sans enfants ni descendants légitimes; et, s'il est marié, que son conjoint consente à l'adoption.

346. L'adoption ne pourra, en aucun cas, avoir lieu avant la majorité de l'adopté. Si l'adopté, ayant encore ses père et mère, ou l'un des deux, n'a point accompli sa vingt-cinquième année, il sera tenu de rapporter le consentement donné à l'adoption par ses père et mère, ou par le survivant; et, s'il est majeur de vingt-cinq ans, de requérir leur conseil.

347. L'adoption conférera le nom de l'adoptant à l'adopté, en l'ajoutant au nom propre de ce dernier.

348. L'adopté restera dans sa famille naturelle, et y conservera tous ses droits; néanmoins le mariage est prohibé,

Entre l'adoptant, l'adopté et ses descendants;

Entre les enfants adoptifs du même individu;

Entre l'adopté et les enfants qui pourraient survenir à l'adoptant;

Entre l'adopté et le conjoint de l'adoptant, et réciproquement entre l'adoptant et le conjoint de l'adopté.

349. L'obligation naturelle, qui continuera d'exister entre l'adopté et ses père et mère, de se fournir des aliments dans les cas déterminés par la loi, sera considérée comme commune à l'adoptant et à l'adopté, l'un envers l'autre.

350. L'adopté n'acquerra aucun droit de successibilité sur les biens des parents de l'adoptant; mais il aura sur la succession de l'adoptant les mêmes droits que ceux qu'y aurait l'enfant né en mariage, même quand il y aurait d'autres enfants de cette dernière qualité, nés depuis l'adoption.

351. Si l'adopté meurt sans descendants légitimes, les choses données par l'adoptant, ou recueillies dans sa succession, et qui existeront en nature lors du décès de l'adopté, retourneront à l'adoptant ou à ses descendants, à la charge de contribuer aux dettes, et sans préjudice des droits des tiers.

Le surplus des biens de l'adopté appartiendra à ses propres parents; et ceux-ci excluront toujours, pour les objets même spécifiés au présent article, tous héritiers de l'adoptant autres que ses descendants.

352. Si, du vivant de l'adoptant, et après le décès de l'adopté, les enfants ou descendants laissés par celui-ci mouraient eux-mêmes sans postérité, l'adoptant succédera aux choses par lui données, comme il est dit en l'article précédent; mais ce droit sera inhérent à la personne de l'adoptant, et non transmissible à ses héritiers, même en ligne descendante.

SECT. II. — *Des formes de l'adoption.*

353. La personne qui se proposera d'adopter, et celle qui voudra être adoptée, se présenteront devant le juge de paix du domicile de l'adoptant, pour y passer acte de leurs consentements respectifs.

354. Une expédition de cet acte sera remise dans les dix jours suivants, par la partie la plus diligente, au procureur impérial près le tribunal de première instance dans le ressort duquel se trouvera le domicile de l'adoptant, pour être soumis à l'homologation de ce tribunal.

355. Le tribunal, réuni en la chambre du conseil, et après s'être procuré les renseignements convenables, vérifiera, — 1° si toutes les conditions de la loi sont remplies; — 2° si la personne qui se propose d'adopter jouit d'une bonne réputation.

356. Après avoir entendu le procureur impérial, et sans aucune autre forme de procédure, le tribunal prononcera, sans énoncer de motifs, en ces termes : *Il y a lieu* ou *Il n'y a pas lieu à l'adoption.*

357. Dans le mois qui suivra le jugement du tribunal de première instance, ce jugement sera, sur les poursuites de la partie la plus diligente, soumis à la Cour impériale, qui instruira dans les mêmes formes que le tribunal de première instance, et prononcera, sans énoncer de motifs : *Le jugement est confirmé,* ou *Le jugement est réformé; en conséquence, il y a lieu, ou il n'y a pas lieu à l'adoption.*

358. Tout arrêt de la Cour impériale qui admettra une adoption sera prononcé à l'audience, et affiché en tels lieux et en tel nombre d'exemplaires que le tribunal jugera convenable.

359. Dans les trois mois qui suivront ce jugement, l'adoption sera inscrite, à la réquisition de l'une ou de l'autre des parties, sur le registre de l'état civil du lieu où l'adoptant sera domicilié.

Cette inscription n'aura lieu que sur le vu d'une expédition, en forme, du jugement de la Cour impériale; et l'adoption restera sans effet si elle n'a été inscrite dans ce délai.

360. Si l'adoptant venait à mourir après que l'acte constatant la volonté de former le contrat d'adoption a été reçu par le juge de paix et porté devant les tribunaux, et avant que ceux-ci eussent définitivement prononcé, l'instruction sera continuée et l'adoption admise, s'il y a lieu.

Les héritiers de l'adoptant pourront, s'ils croient l'adoption inadmissible, remettre au procureur impérial tous mémoires et observations à ce sujet.

CHAP. II.—DE LA TUTELLE OFFICIEUSE.

361. Tout individu âgé de plus de cinquante ans, et sans enfants ni descendants légitimes, qui voudra, durant la minorité d'un individu, se l'attacher par un titre légal, pourra devenir son tuteur officieux, en obtenant le consentement des père et mère de l'enfant, ou du survivant d'entre eux, ou, à leur défaut, d'un conseil de famille, ou enfin, si l'enfant n'a point de parents connus, en obtenant le consentement des administrateurs de l'hospice où il aura été recueilli, ou de la municipalité du lieu de sa résidence.

362. Un époux ne peut devenir tuteur officieux qu'avec le consentement de l'autre conjoint.

363. Le juge de paix du domicile de l'enfant recevra tous les consentements et les consentements relatifs à la tutelle officieuse.

364. Cette tutelle ne pourra avoir lieu qu'au profit d'enfants âgés de moins de quinze ans.

Elle emportera avec soi, sans préjudice de toutes stipulations particulières, l'obligation de nourrir son pupille, de l'élever, de le mettre en état de gagner sa vie.

365. Si le pupille a quelque bien, et s'il était antérieurement en tutelle, l'administration de ses biens, comme celle de sa personne, passera au tuteur officieux, qui ne pourra néanmoins imputer les dépenses de l'éducation sur les revenus du pupille.

366. Si le tuteur officieux, après cinq ans révolus depuis la tutelle, et dans la prévoyance de son décès avant la majorité du pupille, lui confère l'adoption par acte testamentaire, cette disposition sera valable, pourvu que le tuteur officieux ne laisse point d'enfants légitimes.

367. Dans le cas où le tuteur officieux mourrait soit avant les cinq ans, soit après ce temps, sans avoir adopté son pupille, il sera fourni à celui-ci, durant sa minorité, des moyens de subsister, dont la quotité et l'espèce, s'il n'y a été antérieurement pourvu par une convention formelle, seront réglées soit amiablement entre les représentants respectifs du tuteur et du pupille, soit judiciairement, en cas de contestation.

368. Si à la majorité du pupille, son tuteur officieux veut l'adopter, et que le premier y consente, il sera procédé à l'adoption selon les formes prescrites au chapitre précédent, et les effets en seront, en tous points, les mêmes.

369. Si dans les trois mois qui suivront la majorité du pupille, les réquisitions par lui faites à son tuteur officieux, à fin d'adoption, sont restées sans effet, et que le pupille ne se trouve point en état de gagner sa vie, le tuteur officieux pourra être condamné à indemniser le pupille de l'incapacité où celui-ci pourrait se trouver de pourvoir à sa subsistance.

Cette indemnité se résoudra en secours propres à lui procurer un métier; le tout sans préjudice des stipulations qui auraient pu avoir lieu dans la prévoyance de ce cas.

370. Le tuteur officieux qui aurait eu l'administration de quelques biens pupillaires en devra rendre compte dans tous les cas. [Pr. 527, s.]

TITRE IX.
DE LA PUISSANCE PATERNELLE.

Décrété le 3 germinal an xi (24 mars 1803).—Promulgué le 13 germinal (3 avril).

371. L'enfant, à tout âge, doit honneur et respect à ses père et mère.

372. Il reste sous leur autorité jusqu'à sa majorité ou son émancipation. [Com. 2, s.]

373. Le père seul exerce cette autorité durant le mariage. [P. 335.]

374. L'enfant ne peut quitter la maison paternelle sans la permission de son père, si ce

---

342. . . . .

343 à 346. . . . . Form. **19.**

Consentement à adoption.

Par-devant Me..., etc., *Furent présents :*

M. Jules de Saint-Georges, etc..., et madame Sophie Lebrun, son épouse, qu'il autorise, demeurant à...,

Lesquels ont, par ces présentes, déclaré formellement consentir à ce que M. Ernest Colombus de Saint-Georges, leur fils majeur, licencié en droit, demeurant à..., soit adopté par M. Alphonse-Gustave de Merville, propriétaire, demeurant à...

Et qu'il soit procédé à cette adoption dans les formes indiquées par la loi. Dont acte. Fait à...

Enreg. : 2 fr. — [V. CLERC, Enreg., n. 164, et Form., p. 45.]

347 à 348; — **349** [V. 205, Form. 14], **350** [745 et s.], **351 à 360.** . . . . .

361. . . . . Form. **20.**

Consentement à tutelle officieuse.

Par-devant Me..., etc. *Fut présent :*

M. Charles-Edouard Vernois, ancien négociant, demeurant à..., etc.

Lequel a, par ces présentes, déclaré formellement consentir à ce que M. Auguste Terville, conseiller d'Etat, demeurant à Paris, rue..., soit déclaré tuteur officieux de Emile Vernois, fils mineur du comparant, issu de son mariage avec madame Ernestine Hubert, décédée.

Et, en conséquence, il s'oblige à remettre entre les mains de mondit sieur Terville l'administration des biens et de la personne dudit mineur,

Donnant tout pouvoir au porteur de réitérer ce consentement devant tout juge de paix, accepter toutes stipulations en faveur du mineur, signer tous actes et procès-verbaux. Dont acte.

Enreg. : 2 fr. — [V. CLERC, Enreg., n. 164, et Form., p. 46.]

362 à 369; — **370** [V. 469 et s., Form. 26]; — **371 à 373.** . . . .

374. . . . . Form. **21.**

Consentement à engagement militaire.

Par-devant Me..., etc., *Fut présent :*

M. Jacques-Silvain Desgranges, maître maçon, demeurant à...,

Lequel a, par ces présentes, déclaré consentir à

n'est pour enrôlement volontaire, après l'âge de dix-huit ans révolus.

375. Le père qui aura des sujets de mécontentement très-graves sur la conduite d'un enfant, aura les moyens de correction suivants.

376. Si l'enfant est âgé de moins de seize ans commencés, le père pourra le faire détenir pendant un temps qui ne pourra excéder un mois; et à cet effet, le président du tribunal d'arrondissement devra, sur sa demande délivrer l'ordre d'arrestation. [Pr. 334, 335.]

377. Depuis l'âge de seize ans commencés jusqu'à la majorité ou l'émancipation, le père pourra seulement requérir la détention de son enfant pendant six mois au plus; il s'adressera au président dudit tribunal, qui, après en avoir conféré avec le procureur impérial, délivrera l'ordre d'arrestation ou le refusera, et pourra, dans le premier cas, abréger le temps de la détention requis par le père. [P. 334, 335.]

378. Il n'y aura, dans l'un et l'autre cas, aucune écriture ni formalité judiciaire, si ce n'est l'ordre même d'arrestation, dans lequel les motifs n'en seront pas énoncés.

Le père sera seulement tenu de souscrire une soumission de payer tous les frais, et de fournir les aliments convenables.

379. Le père est toujours maître d'abréger la durée de la détention par lui ordonnée ou requise. Si, après sa sortie, l'enfant tombe dans de nouveaux écarts, la détention pourra être de nouveau ordonnée de la manière prescrite aux articles précédents.

380. Si le père est remarié, il sera tenu, pour faire détenir son enfant du premier lit, lors même qu'il serait âgé de moins de seize ans, de se conformer à l'article 377.

381. La mère survivante et non remariée ne pourra faire détenir un enfant qu'avec le concours des deux plus proches parents paternels, et par voie de réquisition, conformément à l'article 377.

382. Lorsque l'enfant aura des biens personnels, ou lorsqu'il exercera un état, sa détention ne pourra, même au-dessous de seize ans, avoir lieu que par voie de réquisition, en la forme prescrite par l'article 377.

L'enfant détenu pourra adresser un mémoire au procureur général près la Cour impériale. Celui-ci se fera rendre compte par le procureur impérial près le tribunal de première instance, et fera son rapport au président de la Cour impériale, qui, après en avoir donné avis au père, et après avoir recueilli tous les renseignements, pourra révoquer ou modifier l'ordre délivré par le président du tribunal de première instance.

383. Les articles 376, 377, 378 et 379, seront communs aux pères et mères des enfants naturels légalement reconnus.

384. Le père, durant le mariage, et après la dissolution du mariage, le survivant des père et mère, auront la jouissance des biens de leurs enfants jusqu'à l'âge de dix-huit ans accomplis, ou jusqu'à l'émancipation qui pourrait avoir lieu avant l'âge dix-huit ans. [P. 334, 335.]

385. Les charges de cette jouissance seront : 1° celles auxquelles sont tenus les usufruitiers; 2° la nourriture, l'entretien et l'éducation des enfants, selon leur fortune; 3° le paiement des arrérages ou intérêts des capitaux; 4° les frais funéraires et ceux de dernière maladie.

386. Cette jouissance n'aura pas lieu au profit de celui des père et mère contre lequel le divorce aurait été prononcé; et elle cessera à à l'égard de la mère dans le cas d'un second mariage. [P. 334, 335.]

387. Elle ne s'étendra pas aux biens que les enfants pourront acquérir par un travail et une industrie séparés, ni à ceux qui leur seront donnés ou légués sous la condition expresse que les père et mère n'en jouiront pas.

TITRE X.
DE LA MINORITÉ, DE LA TUTELLE ET DE L'ÉMANCIPATION.
Décrété le 5 germinal an XI (26 mars 1803).—Promulgué le 15 germinal (5 avril).

CHAP. I.—DE LA MINORITÉ.

388. Le mineur est l'individu de l'un et de l'autre sexe qui n'a point encore l'âge de vingt et un ans accomplis. [Pr. 285.]

CHAP. II.—DE LA TUTELLE.

SECT. I.—*De la tutelle des père et mère.*

389. Le père est, durant le mariage, administrateur des biens personnels de ses enfants mineurs. Il est comptable, quant à la propriété et aux revenus, des biens dont il n'a pas la jouissance; et, quant à la propriété seulement, de ceux des biens dont la loi lui donne l'usufruit. [Pr. 527.]

390. Après la dissolution du mariage, arrivée par la mort naturelle ou civile de l'un des époux, la tutelle des enfants mineurs et non émancipés appartient de plein droit au survivant des père et mère. [Pr. 28.]

391. Pourra néanmoins le père nommer à la mère survivante et tutrice un conseil spécial, sans l'avis duquel elle ne pourra faire aucun acte relatif à la tutelle.

Si le père spécifie les actes pour lesquels le conseil sera nommé, la tutrice sera habile à faire les autres sans son assistance.

392. Cette nomination de conseil ne pourra être faite que de l'une des manières suivantes :

1° Par acte de dernière volonté;

2° Par une déclaration faite ou devant le juge de paix assisté de son greffier, ou devant notaires.

393. Si, lors du décès du mari, la femme est enceinte, il sera nommé un curateur au ventre par le conseil de famille.

A la naissance de l'enfant, la mère en deviendra tutrice, et le curateur en sera de plein droit le subrogé tuteur. [Pr. 49, 83, 126, 132, 135, 853.]

394. La mère n'est point tenue d'accepter la tutelle; néanmoins, et en cas qu'elle la refuse, elle devra en remplir les devoirs jusqu'à ce qu'elle ait fait nommer un tuteur.

395. Si la mère tutrice veut se remarier, elle devra, avant l'acte de mariage, convoquer le conseil de famille, qui décidera si la tutelle doit lui être conservée.

A défaut de cette convocation, elle perdra la tutelle de plein droit, et son nouveau mari sera solidairement responsable de toutes les suites de la tutelle qu'elle aura indûment conservée.

396. Lorsque le conseil de famille, dûment convoqué, conservera la tutelle à la mère, il lui donnera nécessairement pour cotuteur le second mari, qui deviendra solidairement responsable, avec sa femme, de la gestion postérieure au mariage. [Pr. 126, 132, 135, 905.]

SECT. II. — *De la tutelle deférée par le père ou la mère.*

397. Le droit individuel de choisir un tuteur parent, ou même étranger, n'appartient qu'au dernier mourant des père et mère.

398. Ce droit ne peut être exercé que dans les formes prescrites par l'art. 392, et sous les exceptions et modifications ci-après.

399. La mère remariée, et non maintenue dans la tutelle des enfants de son premier mariage, ne peut leur choisir un tuteur.

400. Lorsque la mère remariée, et maintenue dans la tutelle, aura fait choix d'un tuteur aux enfants de son premier mariage, ce choix ne sera valable qu'autant qu'il sera confirmé par le conseil de famille.

401. Le tuteur élu par le père ou la mère n'est pas tenu d'accepter la tutelle, s'il n'est d'ailleurs dans la classe des personnes qu'à défaut de cette élection spéciale le conseil de famille eût pu en charger.

SECT. III. — *De la tutelle des ascendants.*

402. Lorsqu'il n'a pas été choisi au mineur un tuteur par le dernier mourant de ses père et mère, la tutelle appartient de droit à son aïeul paternel; à défaut de celui-ci, à son aïeul maternel, et ainsi en remontant, de manière que l'ascendant paternel soit toujours préféré à l'ascendant maternel du même degré.

403. Si, à défaut de l'aïeul paternel et de l'aïeul maternel du mineur, la concurrence se trouvait établie entre deux ascendants du degré supérieur, qui appartinssent tous deux à la ligne paternelle du mineur, la tutelle passera de droit à celui des deux qui se trouvera être l'aïeul paternel du père du mineur.

404. Si la même concurrence a lieu entre deux bisaïeuls de la ligne maternelle, la nomination sera faite par le conseil de famille, qui ne pourra néanmoins que choisir l'un de ces deux ascendants.

SECT. IV.—*De la tutelle déférée par le conseil de famille.*

405. Lorsqu'un enfant mineur et non émancipé restera sans père ni mère, ni tuteur élu par ses père et mère, ni ascendants mâles, comme aussi lorsque le tuteur de l'une des qualités ci-dessus exprimées se trouvera ou dans le cas des exclusions dont il sera parlé ci-après, ou valablement excusé, il sera pourvu, par un conseil de famille, à la nomination d'un tuteur. [Pr. 882, s.]

406. Ce conseil sera convoqué soit sur la réquisition et à la diligence des parents du mineur, de ses créanciers ou d'autres parties intéressées, soit même d'office et à la poursuite du juge de paix du domicile du mineur. Toute personne pourra dénoncer à ce juge de paix le fait qui donnera lieu à la nomination d'un tuteur. [Pr. 882, 910.]

407. Le conseil de famille sera composé, non compris le juge de paix, de six parents ou alliés, pris tant dans la commune où la tutelle sera ouverte, que dans la distance de deux myriamètres, moitié du côté paternel, moitié du côté maternel, et en suivant l'ordre de proximité dans chaque ligne.

Le parent sera préféré à l'allié du même degré; et, parmi les parents de même degré, le plus âgé à celui qui le sera le moins. [P. 42, 43, 335.]

408. Les frères germains du mineur et les maris des sœurs germaines sont seuls exceptés de la limitation de nombre posée en l'article précédent. S'ils sont six, ou au-delà, ils seront tous membres du conseil de famille, qu'ils composeront seuls, avec les veuves d'ascendants et les ascendants valablement excusés, s'il y en a. S'ils sont en nombre inférieur, les autres parents ne seront appelés que pour compléter le conseil.

409. Lorsque les parents ou alliés de l'une ou de l'autre ligne se trouveront en nombre in-

---

ce que le sieur Nicolas-Eustache Desgranges, son fils mineur, issu de son mariage avec la dame Elisabeth Landry, décédé, contracte tous engagements volontaires pour entrer au service de l'Etat, dans les armées françaises, et y rester le temps voulu par les lois et ordonnances,

L'autorisant, en conséquence, à signer à cet effet, tous actes, registres et procès-verbaux. Dont acte.

Fait et passé à...

Enreg. : 2 fr. — [V. CLERC, Enreg., n. 164, et Form., p. 46.]

375 à 388;—389 [V. 469, Form. 26], **390.**

391—392 1° [967] 2°. . Form. **22.**

Nomination de conseil de tutelle.

Par-devant Me..., *A comparu :*
Henri Levert, marchand, demeurant à...,
Lequel, usant de la faculté qui lui est accordée

par l'art. 391, C. Nap., a par ces présentes, déclaré nommer pour conseil spécial de tutelle à madame..., son épouse, M..., sans l'avis duquel il entend qu'elle ne puisse faire aucun acte relatif à la tutelle des enfants mineurs d'elle et du comparant ;

Ou : Sans l'avis duquel il entend qu'elle ne puisse faire aucun acte relatif à la gestion et administration des biens de ses enfants mineurs;

Ou encore : Sans l'avis duquel il entend qu'elle ne puisse recevoir aucun capital, ni en faire l'emploi, ni faire aucun bail à ferme ou à loyer des biens appartenant à ses enfants mineurs.

Dont acte :

Fait et passé à...

Enreg. : 2 fr. — [V. CLERC, Enreg., n. 544, et Form., p. 113.]

393 à 396;—397 [392, 398]........

---

398. . . . . Form. **23.**

Nomination de tuteur.

Par-devant Me..., *A comparu :*
M. Jules Bonneval, propriétaire, demeurant à....,

Lequel usant de la faculté qui lui est accordée par l'art. 397, C. Nap., a, par ces présentes, déclaré nommer pour tuteur de Félicité Bonneval et Xavier Bonneval, ses deux enfants mineurs issus de son mariage avec dame Félicité Lemire, décédée, M. Ernest Bonneval, son frère, négociant, demeurant à..., qu'il prie d'accepter cette charge, et auquel il confère tous pouvoirs pour l'exercer aux lieu et place du comparant et à compter du jour de son décès. Dont acte :

Fait et passé, etc.

Enreg. : 2 fr. fixe.—[V. CLERC, Enreg., n. 544, et Form., p. 113.]

399, 400 et **401** [392, 967], **402 à 409.**

suffisant sur les lieux, ou dans la distance désignée par l'article 407, le juge de paix appellera, soit des parents ou alliés domiciliés à de plus grandes distances, soit, dans la commune même, des citoyens connus pour avoir eu des relations habituelles d'amitié avec le père ou la mère du mineur.

410. Le juge de paix pourra, lors même qu'il y aurait sur les lieux un nombre suffisant de parents ou alliés, permettre de citer, à quelque distance qu'ils soient domiciliés, des parents ou alliés plus proches en degrés ou de mêmes degrés que les parents ou alliés présents, de manière toutefois que cela s'opère en retranchant quelques-uns de ces derniers, et sans excéder le nombre réglé par les précédents articles.

411. Le délai pour comparaître sera réglé par le juge de paix à jour fixe, mais de manière qu'il y ait toujours, entre la citation notifiée et le jour indiqué pour la réunion du conseil, un intervalle de trois jours au moins, quand toutes les parties citées résideront dans la commune, ou dans la distance de deux myriamètres. [Pr. 1, s., 9, s.]

Toutes les fois que, parmi les parties citées, il s'en trouvera de domiciliées au delà de cette distance, le délai sera augmenté d'un jour par trois myriamètres. [Pr. 1033.]

412. Les parents, alliés ou amis, ainsi convoqués, seront tenus de se rendre en personne, ou de se faire représenter par un mandataire spécial.

Le fondé de pouvoir ne peut représenter plus d'une personne.

413. Tout parent, allié ou ami, convoqué, et qui, sans excuse légitime ne comparaîtra point, encourra une amende qui ne pourra excéder cinquante francs, et sera prononcée sans appel par le juge de paix.

414. S'il y a excuse suffisante, et qu'il convienne soit d'attendre le membre absent, soit de le remplacer, en ce cas, comme en tout autre où l'intérêt du mineur semblera l'exiger, le juge de paix pourra ajourner l'assemblée ou la proroger.

415. Cette assemblée se tiendra de plein droit chez le juge de paix, à moins qu'il ne désigne lui-même un autre local. La présence des trois quarts au moins de ses membres convoqués sera nécessaire pour qu'elle délibère.

416. Le conseil de famille sera présidé par le juge de paix, qui y aura voix délibérative, et prépondérante en cas de partage. (Pr. 383, 388, 889.)

417. Quand le mineur, domicilié en France, possédera des biens dans les colonies, ou réciproquement, l'administration spéciale de ces biens sera donnée à un protuteur.

En ce cas, le tuteur et le protuteur seront indépendants, et non responsables l'un envers l'autre pour leur gestion respective.

418. Le tuteur agira et administrera, en cette qualité, du jour de sa nomination, si elle a lieu en sa présence; sinon, du jour qu'elle lui aura été notifiée. (Pr. 882, s.)

419. La tutelle est une charge personnelle qui ne passe point aux héritiers du tuteur. Ceux-ci seront seulement responsables de la gestion de leur auteur; et s'ils sont majeurs, ils seront tenus de la continuer jusqu'à la nomination d'un nouveau tuteur,

SECT. V.—*Du subrogé tuteur.*

420. Dans toute tutelle il y aura un subrogé tuteur, nommé par le conseil de famille.

Ses fonctions consisteront à agir pour les intérêts du mineur, lorsqu'ils seront en opposition avec ceux du tuteur. (Pr. 444.)

421. Lorsque les fonctions du tuteur seront dévolues à une personne de l'une des qualités exprimées aux sections I, II et III du présent chapitre, ce tuteur devra, avant d'entrer en fonctions, faire convoquer, pour la nomination du subrogé tuteur, un conseil de famille composé comme il est dit dans la section IV.

S'il s'est ingéré dans la gestion avant d'avoir rempli cette formalité, le conseil de famille, convoqué soit sur la réquisition des parents, créanciers ou autres parties intéressées, soit d'office par le juge de paix, pourra, s'il y a eu dol de la part du tuteur, lui retirer la tutelle, sans préjudice des indemnités dues au mineur.

422. Dans les autres tutelles, la nomination du subrogé tuteur aura lieu immédiatement après celle du tuteur.

423. En aucun cas, le tuteur ne votera pour la nomination du subrogé tuteur, lequel sera pris, hors le cas de frères germains, dans celle des deux lignes à laquelle le tuteur n'appartiendra point.

424. Le subrogé tuteur ne remplacera pas de plein droit le tuteur, lorsque la tutelle deviendra vacante, ou qu'elle sera abandonnée par absence; mais il devra, en ce cas, sous peine des dommages-intérêts qui pourraient en résulter pour le mineur, provoquer la nomination d'un nouveau tuteur. [Pr. 883.]

425. Les fonctions du subrogé tuteur cesseront à la même époque que la tutelle.

426. Les dispositions contenues dans les sections VI et VII du présent chapitre s'appliqueront aux subrogés tuteurs.

Néanmoins, le tuteur ne pourra provoquer la destitution du subrogé tuteur, ni voter dans les conseils de famille qui seront convoqués pour cet objet.

SECT. VI. — *Des causes qui dispensent de la tutelle.*

427. Sont dispensés de la tutelle,

Les personnes désignées dans les titres III, V, VI, VIII, IX, X et XI de l'acte du 18 mai 1804;

Les présidents et conseillers à la Cour de cassation, le procureur général et les avocats généraux en la même Cour;

Les préfets;

Tous citoyens exerçant une fonction publique dans un département autre que celui où la tutelle s'établit. [Pr. 882, s.]

428. Sont également dispensés de la tutelle,

Les militaires en activité de service, et tous autres citoyens qui remplissent, hors du territoire de l'Empire, une mission de l'Empereur. [Pr. 882, s.]

429. Si la mission est non authentique, la dispense ne sera prononcée qu'après la représentation faite par le réclamant, du certificat du ministre dans le département duquel se placera la mission articulée comme excuse.

430. Les citoyens de la qualité exprimée aux articles précédents, qui ont accepté la tutelle postérieurement aux fonctions, services ou missions qui en dispensent, ne seront plus admis à s'en faire décharger pour cette cause.

431. Ceux, au contraire, à qui lesdites fonctions, services ou missions, auront été conférés postérieurement à l'acceptation et gestion d'une tutelle, pourront, s'ils ne veulent pas la conserver, faire convoquer, dans le mois, un conseil de famille, pour y être procédé à leur remplacement.

Si, à l'expiration de ces fonctions, services ou missions, le nouveau tuteur réclame sa décharge, ou que l'ancien redemande la tutelle, elle pourra lui être rendue par le conseil de famille.

432. Tout citoyen non parent ni allié ne peut être forcé d'accepter la tutelle, que dans le cas où il n'existerait pas, dans la distance de quatre myriamètres, des parents ou alliés en état de gérer la tutelle. [Pr. 882, s.]

433. Tout individu âgé de soixante-cinq ans accomplis, peut refuser d'être tuteur. Celui qui aura été nommé avant cet âge, pourra, à soixante-dix ans, se faire décharger de la tutelle. [Pr. 882, s.]

434. Tout individu atteint d'une infirmité grave et dûment justifiée, est dispensé de la tutelle.

Il pourra même s'en faire décharger, si cette infirmité est survenue depuis sa nomination.

435. Deux tutelles sont, pour toutes personnes, une juste dispense d'en accepter une troisième.

Celui qui, époux ou père, sera déjà chargé d'une tutelle, ne pourra être tenu d'en accepter une seconde, excepté celle de ses enfants.

436. Ceux qui ont cinq enfants légitimes, sont dispensés de toute tutelle autre que celle desdits enfants.

Les enfants morts en activité de service dans les armées de l'Empereur, seront toujours comptés pour opérer cette dispense.

Les autres enfants morts ne seront comptés qu'autant qu'il auront eux-mêmes laissé des enfants actuellement existants.

437. La surveillance d'enfants pendant la tutelle ne pourra autoriser à l'abdiquer.

438. Si le tuteur nommé est présent à la délibération qui lui défère la tutelle, il devra sur-le-champ, et sous peine d'être déclaré non recevable dans toute réclamation ultérieure, proposer ses excuses, sur lesquelles le conseil de famille délibérera.

439. Si le tuteur nommé n'a pas assisté à la délibération qui lui a déféré la tutelle, il pourra faire convoquer le conseil de famille pour délibérer sur ses excuses.

Ses diligences à ce sujet devront avoir lieu dans le délai de trois jours, à partir de la notification qui lui aura été faite de sa nomination; lequel délai sera augmenté d'un jour par trois myriamètres de distance du lieu de son domicile à celui de l'ouverture de la tutelle : passé ce délai, il sera non recevable. [Pr. 882, 1033.]

440. Si ses excuses sont rejetées, il pourra se pourvoir devant les tribunaux pour les faire admettre; mais il sera, pendant le litige, tenu d'administrer provisoirement. [Pr. 135, 886, s.]

441. S'il parvient à se faire exempter de la tutelle, ceux qui auront rejeté l'excuse pourront être condamnés aux frais de l'instance.

S'il succombe, il y sera condamné lui-même. [Pr. 130, 131.]

SECT. VII. — *De l'incapacité, des exclusions et destitutions de la tutelle.*

442. Ne peuvent être tuteurs, ni membres des conseils de famille,

1° Les mineurs, excepté le père ou la mère;

2° Les interdits;

3° Les femmes, autres que la mère et les ascendantes;

4° Tous ceux qui ont ou dont les père ou mère ont avec le mineur un procès dans lequel l'état de ce mineur, sa fortune, ou une partie notable de ses biens, sont compromis.

443. La condamnation à une peine afflictive ou infamante emporte de plein droit l'exclusion de la tutelle. Elle emporte de même la destitution, dans le cas où il s'agirait d'une tutelle antérieurement déférée. [P. 7, 8, 28, 42, 43.]

444. Sont aussi exclus de la tutelle, et même destituables, s'ils sont en exercice,

1° Les gens d'une inconduite notoire;

2° Ceux dont la gestion attesterait l'incapacité ou l'infidélité. [Pr. 132.]

445. Tout individu qui aura été exclu ou destitué d'une tutelle, ne pourra être membre d'un conseil de famille.

446. Toutes les fois qu'il y aura lieu à une destitution de tuteur, elle sera prononcée par le conseil de famille, convoqué à la diligence du subrogé tuteur, ou d'office par le juge de paix.

Celui-ci ne pourra se dispenser de faire cette convocation, quand elle sera formellement requise par un ou plusieurs parents ou alliés du mineur, au degré de cousin germain ou à des degrés plus proches. [Pr. 889.]

447. Toute délibération du conseil de famille qui prononcera l'exclusion ou la destitution du tuteur, sera motivée, et ne pourra être prise qu'après avoir entendu ou appelé le tuteur.

448. Si le tuteur adhère à la délibération,

---

410 et **411**. . . . .

412. . . . . Form. **24**.

Procuration pour assister à un conseil de famille.

Devant Me...,   *A comparu* :
M...,

Lequel a, par ces présentes, constitué pour son mandataire spécial, M...,

A qui il donne pouvoir de représenter le constituant au conseil de famille de..., neveu du comparant, et enfant mineur de M... et de madame..., son épouse décédée; prendre part à toutes les délibérations, nommer pour subrogé tuteur celui des parents qu'il plaira au mandataire de désigner, accepter cette qualité pour le constituant, si elle lui est confiée; conférer audit sieur..., tuteur légal de son fils mineur, toutes les autorisations qui pourront être requises, ou les refuser, signer tous procès-verbaux et généralement, faire tout ce qui sera nécessaire. Dont acte.

Enreg. : 2 fr. — [V. Clerc, Enreg., n. 138, et Form., p. 32.]

413 à **448**. . . . .

il en sera fait mention, et le nouveau tuteur entrera aussitôt en fonctions.

S'il y a réclamation, le subrogé tuteur poursuivra l'homologation de la délibération devant le tribunal de première instance, qui prononcera sauf l'appel.

Le tuteur exclu ou destitué peut lui-même, en ce cas, assigner le subrogé tuteur pour se faire déclarer maintenu en la tutelle. [Pr. 883, s., 955, 992.]

449. Les parents ou alliés qui auront requis la convocation, pourront intervenir dans la cause, qui sera instruite et jugée comme affaire urgente. [Pr. 446, 382, 889.]

SECT. VIII. — *De l'administration du tuteur.*

450. Le tuteur prendra soin de la personne du mineur, et le représentera dans tous les actes civils.

Il administrera ses biens en bon père de famille, et répondra des dommages-intérêts qui pourraient résulter d'une mauvaise gestion.

Il ne peut ni acheter les biens du mineur, ni les prendre à ferme, à moins que le conseil de famille n'ait autorisé le subrogé tuteur à lui en passer bail, ni accepter la cession d'aucun droit ou créance contre son pupille. [Pr. 132, 414, 905.]

451. Dans les dix jours qui suivront celui de sa nomination, dûment connue de lui, le tuteur requerra la levée des scellés, s'ils ont été apposés, et fera procéder immédiatement à l'inventaire des biens du mineur, en présence du subrogé tuteur.

S'il lui est dû quelque chose par le mineur, il devra le déclarer dans l'inventaire, à peine de déchéance, et ce, sur la réquisition que l'officier public sera tenu de lui en faire, et dont mention sera faite au procès-verbal. [Pr. 931, s., 942, s.]

452. Dans le mois qui suivra la clôture de l'inventaire, le tuteur fera vendre, en présence du subrogé tuteur, aux enchères reçues par un officier public, et après des affiches ou publications dont le procès-verbal de vente fera mention, tous les meubles autres que ceux que le conseil de famille l'aurait autorisé à conserver en nature. [Pr. 946, s.]

453. Les père et mère, tant qu'ils ont la jouissance propre et légale des biens du mineur, sont dispensés de vendre les meubles, s'ils préfèrent les garder pour les remettre en nature.

Dans ce cas, ils en feront faire à leurs frais, une estimation à juste valeur, par un expert qui sera nommé par le subrogé tuteur et prêtera serment devant le juge de paix. Ils rendront la valeur estimative de ceux des meubles qu'ils ne pourraient représenter en nature.

454. Lors de l'entrée en exercice de toute tutelle, autre que celle des père et mère, le conseil de famille réglera par aperçu, et selon l'importance des biens régis, la somme à laquelle pourra s'élever la dépense annuelle du mineur, ainsi que celle d'administration de ses biens.

Le même acte spécifiera si le tuteur est autorisé à s'aider, dans sa gestion, d'un ou plusieurs administrateurs particuliers, salariés, et gérant sous sa responsabilité.

455. Ce conseil déterminera positivement la somme à laquelle commencera, pour le tuteur, l'obligation d'employer l'excédant des revenus sur la dépense : cet emploi devra être fait dans le délai de six mois, passé lequel le tuteur devra les intérêts à défaut d'emploi.

456. Si le tuteur n'a pas fait déterminer par le conseil de famille la somme à laquelle doit commencer l'emploi, il devra après le délai exprimé dans l'article précédent, les intérêts de toute somme non employée, quelque modique qu'elle soit.

457. Le tuteur, même le père ou la mère, ne peut emprunter pour le mineur, ni aliéner ou hypothéquer ses biens immeubles, sans y être autorisé par un conseil de famille.

Cette autorisation ne devra être accordée que pour cause d'une nécessité absolue, ou d'un avantage évident.

Dans le premier cas, le conseil de famille n'accordera son autorisation qu'après qu'il aura été constaté, par un compte sommaire présenté par le tuteur, que les deniers, effets mobiliers et revenus du mineur, sont insuffisants.

Le conseil de famille indiquera, dans tous les cas, les immeubles qui devront être vendus de préférence et toutes les conditions qu'il jugera utiles. [Pr. 954, s.; Com. 2, 6.]

458. Les délibérations du conseil de famille relatives à cet objet ne seront exécutées qu'après que le tuteur en aura demandé et obtenu l'homologation devant le tribunal civil de première instance, qui y statuera en la chambre du conseil, et après avoir entendu le procureur impérial. [Pr. 883, s., 954, s.]

459. La vente se fera publiquement, en présence du subrogé tuteur, aux enchères, qui seront reçues par un membre du tribunal de première instance ou par un notaire à ce commis, et à la suite de trois affiches apposées, par trois dimanches consécutifs, aux lieux accoutumés dans le canton.

Chacune de ces affiches sera visée et certifiée par le maire des communes où elles auront été apposées. [Pr. 956, s; P. 412.]

460. Les formalités exigées par les art. 457 et 458, pour l'aliénation des biens du mineur, ne s'appliquent point au cas où un jugement aurait ordonné la licitation sur la provocation d'un copropriétaire par indivis.

Seulement, et en ce cas, la licitation ne pourra se faire que dans la forme prescrite par l'article précédent : les étrangers y seront nécessairement admis.

461. Le tuteur ne pourra accepter ni répudier une succession échue au mineur sans une autorisation préalable du conseil de famille. L'acceptation n'aura lieu que sous bénéfice d'inventaire. [Pr. 997.]

462. Dans le cas où la succession répudiée au nom du mineur n'aurait pas été acceptée par un autre, elle pourra être reprise soit par le tuteur, autorisé à cet effet par une nouvelle délibération du conseil de famille, soit par le mineur devenu majeur, mais dans l'état où elle se trouvera lors de la reprise, et sans pouvoir attaquer les ventes et autres actes qui auraient été légalement faits durant la vacance.

463. La donation faite au mineur ne pourra être acceptée par le tuteur qu'avec l'autorisation du conseil de famille.

Elle aura, à l'égard du mineur, le même effet qu'à l'égard du majeur.

464. Aucun tuteur ne pourra introduire en justice une action relative aux droits immobiliers du mineur, ni acquiescer à une demande relative aux mêmes droits, sans l'autorisation du conseil de famille. [Com. 63.]

465. La même autorisation sera nécessaire au tuteur pour provoquer un partage; mais il pourra, sans cette autorisation, répondre à une demande en partage dirigée contre le mineur.

466. Pour obtenir à l'égard du mineur tout l'effet qu'il aurait entre majeurs, le partage devra être fait en justice, et précédé d'une estimation faite par experts nommés par le tribunal de première instance du lieu de l'ouverture de la succession.

Les experts, après avoir prêté, devant le président du même tribunal ou autre juge par lui délégué, le serment de bien et fidèlement remplir leur mission, procèderont à la division des héritages et à la formation des lots, qui seront tirés au sort, et en présence soit d'un membre du tribunal, soit d'un notaire par lui commis, lequel fera la délivrance des lots.

Tout autre partage ne sera considéré que comme provisionnel. [Pr. 968, s., 975, 984.]

467. Le tuteur ne pourra transiger au nom du mineur, qu'après y avoir été autorisé par le conseil de famille, et de l'avis de trois jurisconsultes désignés par le procureur impérial près le tribunal de première instance.

La transaction ne sera valable qu'autant qu'elle aura été homologuée par le tribunal de première instance, après avoir entendu le procureur impérial. [Pr. 1004; Com. 63; T. 76, 78.]

468. Le tuteur qui aura des sujets de mécontentement grave sur la conduite du mineur, pourra porter ses plaintes à un conseil de famille, et, s'il y est autorisé par ce conseil, provoquer la réclusion du mineur, conformément à ce qui est statué à ce sujet au titre *de la Puissance paternelle.*

SECT. IX. — *Des comptes de la tutelle.*

469. Tout tuteur est comptable de sa ges-

---

449 à 462. . . . .

463. . . . . Form. **25.**

Acceptation de donation par un tuteur autorisé à cet effet.

Par-devant Me..., notaire à..., soussigné,

A comparu :

M. Prosper-Auguste Norbert, inspecteur des eaux et forêts, demeurant à...,

Au nom et comme tuteur d'Alfred Lavigne, son neveu mineur, qualité à laquelle il a été nommé, et qu'il a acceptée suivant procès-verbal de délibération du conseil de famille dudit mineur, dressé par M. le juge de paix de..., le..., dûment enregistré,

Et, en outre, autorisé spécialement à l'effet de l'acceptation ci-après par une autre délibération du même conseil de famille reçue par le même juge de paix qui en a dressé procès-verbal le..., enregistré, et dont une expédition, représentée par le comparant, est demeurée ci-annexée après que dessus il en a été fait mention par le notaire soussigné.

Lequel, après avoir pris lecture sur l'expédition qui lui en a été remise, d'un acte passé devant Me..., notaire à..., le..., enregistré, contenant donation, par M..., audit mineur Lavigne, d'une somme de 12.000 fr. en toute propriété, aux charges et conditions ci-après exprimées, savoir : 1°...

Considérant que cette donation est avantageuse pour ledit mineur; a, par ces présentes, déclaré l'accepter pour lui et en son nom, sous l'obligation par ledit mineur d'exécuter toutes les charges et conditions de cette donation.

Pour faire signifier ces présentes à qui besoin fera, tout pouvoir est donné au porteur de l'expédition. Dont acte :

Fait et passé à..., en l'étude.

L'an..., le...

En présence de MM..., *(deux témoins),*

Témoins instrumentaires requis conformément à la loi.

Et le comparant a signé avec les témoins et le notaire après lecture faite même de la présente mention et de celle qui va suivre.

La lecture du présent acte, par le notaire, et la signature, par les parties, ont eu lieu en la présence réelle des témoins susnommés et soussignés.

Enreg. : Voy. art. 931, Form. 105. — [V. Clerc, Enreg., n. 456 et s., et Form., p. 473.]

464 à 466 [V. 815, Form. 80];—**467** [2044], **468.** . . . .

469 à 472. . . . . Form. **26.**

Comptes de tutelle.

Compte de tutelle rendu par un père à son fils.

PREMIÈRE PARTIE.

1° Récépissé du projet de compte et des pièces à l'appui.

Par-devant Me..., etc.,   *Fut présent :*

M. Achille-Louis Hamelin, licencié en droit, demeurant à....,

Actuellement majeur, étant né à Paris le 13 septembre 1842,

Lequel a, par ces présentes, reconnu que M. Joseph-Henri Hamelin, son père, demeurant à..., et à ce présent, lui a présentement remis, pour être examinés pendant les délais voulus par la loi :

Premièrement. Le projet du compte de l'administration que ce dernier a eue de la personne et des biens dudit sieur Achille-Louis Hamelin, son fils, comme son tuteur légal, depuis le..., jusqu'à sa majorité.

Deuxièmement. Et toutes les pièces justificatives à l'appui de ce compte.

Lesquelles pièces se composeront :

1° De l'expédition d'un procès-verbal dressé par Me..., notaire à..., commis à cet effet, le..., contenant liquidation et partage des biens dépendant de la communauté qui avait existé entre M. Hamelin père, et Mme Émilie Laserve, décédée, son épouse, et de la succession de cette dernière;

2° De... ;

3° Et d'une liasse de mémoires, quittances et factures, constatant les diverses dépenses personnelles de M. Hamelin fils, acquittées par son père et comprises audit compte.

M. Hamelin se réserve d'examiner, tant ledit compte que les pièces à l'appui, pendant le temps voulu par la loi, et d'approuver ou contester le tout, suivant qu'il y aura lieu. Dont acte :

Fait et passé, etc.

Enreg. : 2 fr. fixe. — [V. Clerc, Enreg., n. 857, et Form., p. 626.]

469 à 472 *(suite).* . . . . . Form. **27.**

DEUXIÈME PARTIE. — *2° État de compte.*

Compte rendu par M. Joseph-Henri Hamelin, propriétaire, demeurant à...,

A M. Achille-Louis Hamelin, son fils, licencié en droit, demeurant à...,

De l'administration qu'il a eue de ses personne et biens, comme son tuteur légal, depuis le..., jusqu'au 13 septembre 1863, jour de sa majorité.

tion lorsqu'elle finit. [Pr. 527, s., 905; Com. 612.]

470. Tout tuteur, autre que le père et la mère, peut être tenu, même durant la tutelle, de remettre au subrogé tuteur des états de situation de sa gestion, aux époques que le conseil

---

469 à 472 (*suite*). . . . .

OBSERVATIONS PRÉLIMINAIRES.

PREMIÈRE OBSERVATION.

Ouverture de la tutelle. — Décès de Mme Hamelin; opérations qui l'ont suivi.

Mme Émilie Laserve, épouse de M. Hamelin, est décédée à Paris, rue..., le...,

Et, par suite de ce décès, il a été procédé à un inventaire par Me... et son collègue, notaires à..., le... et jours suivants, à la requête :

1° De M. Hamelin, agissant en son nom personnel, à cause de la communauté de biens qui a existé entre lui et la feue dame son épouse, et comme donataire en usufruit de la moitié des biens de la succession de cette dame, aux termes de leur contrat de mariage, passé devant Me..., etc.;

Et au nom et comme tuteur légal de M. Achille-Louis Hamelin, son fils mineur;

2° Et de Mme Anatole Hamelin, veuve de M. Gustave Bertrand;

En présence de M. Amédée Laserve, rentier, demeurant à...,

En qualité de subrogé tuteur dudit mineur Hamelin, nommé par délibération du conseil de famille, etc.;

Mme Bertrand et le mineur Hamelin, seuls héritiers, chacun pour moitié, de Mme Hamelin leur mère.

En vertu d'une autorisation du conseil de famille, et suivant acte dressé au greffe du tribunal de... le..., M. Hamelin a déclaré pour son fils mineur, accepter la succession de madite dame Hamelin, sous bénéfice d'inventaire.

DEUXIÈME OBSERVATION.

Vente du mobilier. — Licitation des immeubles.

Suivant procès-verbal dressé par M..., commissaire-priseur, à Paris, le..., et jours suivants, enregistré, il a été procédé, à la requête de M. Hamelin père et de Mme veuve Bertrand, à la vente aux enchères de tout le mobilier compris en l'inventaire susénoncé, à l'exception de divers objets que M. Hamelin a conservés en nature, comme l'art. 454, C. Nap. lui en donnait le droit et qui ont été compris, pour le montant de leur estimation, au partage ci-après énoncé.

Cette vente a produit net, déduction de toutes les sommes et retenues que ledit M..., commissaire-priseur, avait à prélever, la somme de 12,760 francs, qui a été versée entre les mains de M. Hamelin, ainsi qu'il l'a reconnu par l'arrêté du compte dudit Me..., dressé par lui, le..., en suite du procès-verbal de vente.

Sur la demande en licitation et partage formée par Mme Bertrand, est intervenu un jugement rendu au tribunal civil de première instance de la Seine, le... par lequel il a été ordonné qu'il serait, à la poursuite et diligence de Mme Bertrand, procédé au partage ou à la licitation des différents immeubles dépendant desdites communauté et succession, et que, préalablement, ils seraient vus et estimés par M..., architecte, que le tribunal a commis à cet effet.

En conséquence du rapport de cet expert, les maisons situées à Paris, rues..., formant les sous-immeubles dépendant desdites communauté et succession, ont été adjugées en présence de M. Laserve, subrogé tuteur, par jugement rendu au même tribunal, le..., savoir :

La maison, rue..., à M. Leroy, moyennant 120,000 fr.

Et la maison rue..., à M. Hamelin, père, moyennant 210,000 fr.

L'entrée en jouissance, pour les adjudicataires, a été fixée au...

TROISIÈME OBSERVATION.

Liquidation et partage.

Suivant procès-verbal dressé le..., par Me..., notaire à Paris, soussigné, commis à cet effet par le jugement énoncé dans la précédente observation, et par une ordonnance de renvoi rendue par M..., juge audit tribunal, le..., il a été procédé à la liquidation et au partage des biens dépendant de la communauté qui avait existé entre M. Hamelin et la dame décédée son épouse, et de la succession de cette dernière.

Ces opérations ont eu lieu entre : 1° M. Hamelin père, agissant dans les qualités ci-devant exprimées; 2° Mme Bertrand; 3° et M. Laserve, comme représentant le mineur Hamelin.

Il n'a été établi aucun compte des fruits et revenus, attendu que M. Hamelin ayant la jouissance légale des biens de son fils mineur, avait droit aux revenus et intérêts de la portion revenant à ce dernier, et qu'à l'égard de Mme Bertrand, M. Hamelin lui avait fait compte particulièrement de ce qui pouvait lui être dû pour sa part de revenus. L'opération n'a donc compris que des capitaux.

Les droits du mineur Hamelin ont été fixés, savoir :

En toute propriété, à la somme de 102,500 fr.;

Et en nue propriété, pour y réunir la jouissance au décès de son père, usufruitier, à la même somme de 102,500 fr.

Pour fournir au mineur Hamelin la somme de 102,500 fr., lui revenant en toute propriété, il lui a été abandonné :

1° La somme de 80,000 fr., à prendre dans le prix de M. Leroy, ci. . . . . . 80,000 f. » c.

2° La somme de 10,000 fr., à prendre sur le prix de la maison adjugée à M. Hamelin père ci. . . . 10,000 »

3° Et la somme de 12,500 fr. à prendre dans le reliquat du compte rendu par M. Hamelin, des diverses sommes par lui reçues pour lesdites communauté et succession, ci. . . . 12,500 »

Total égal. . . . . 102,500 »

Pour fournir au mineur Hamelin une pareille somme lui revenant en nue propriété, il lui a été abandonné 102,500 fr. à prendre sur le prix de la maison adjugée à M. Hamelin, laquelle est demeurée affectée, par privilége, à la garantie de cette somme, au moyen de l'inscription qui a été prise au bureau des hypothèques à Paris, le..., vol..., n°..., au profit dudit mineur, contre son père.

Dans un dernier chapitre, il a été fait la récapitulation des diverses créances laissées en commun, comme étant d'un recouvrement incertain; M. Hamelin a été chargé d'en suivre la rentrée; tous les pouvoirs nécessaires lui ont été donnés à cet effet, et il a été dit que les sommes recouvrées appartiendraient aux parties, dans la proportion de leurs droits, par conséquent, au mineur Hamelin, pour un huitième en propriété, et un huitième en nue propriété.

Ces opérations de liquidation et partage ont été homologuées par jugement rendu au tribunal de première instance de la Seine..., le..., pour être exécutées selon leurs forme et teneur.

QUATRIÈME OBSERVATION.

Emploi et placement de fonds.

M. Hamelin n'a pas fait déterminer, par un conseil de famille, quelle somme il pourrait employer chaque année aux dépenses d'entretien et d'éducation de son fils, ou à quelle somme commencerait pour lui l'obligation de faire emploi de l'excédant des revenus sur la dépense : en conséquence, M. Hamelin était dans la nécessité, d'une part, de renfermer les dépenses du mineur dans les limites de ses revenus, et, de l'autre, de faire emploi de toute somme, quelque modique qu'elle fût, restée entre ses mains, comme excédant de recette, ou d'en payer l'intérêt à défaut d'emploi dans les six mois.

M. Hamelin a fait emploi de différentes sommes, à mesure de leurs rentrées, soit en acquisition de rentes sur l'État, soit en placements sur particuliers et par hypothèque, ainsi qu'il sera expliqué dans le courant du compte.

DIVISION DU COMPTE.

Le compte sera divisé en autant de sections qu'il comprendra d'années.

Chaque année aura un chapitre de recettes et un chapitre de dépenses.

Les recettes seront établies sur deux colonnes : l'une, pour les revenus, et l'autre pour les capitaux.

Les dépenses seront également réparties en deux colonnes : l'une, pour les dépenses à la charge des revenus, et l'autre, pour les dépenses à la charge des capitaux.

On terminera par une récapitulation de l'actif, tant réalisé que restant à recouvrer, et l'indication du passif restant à acquitter, s'il y a lieu.

Il est observé que le compte ne commencera qu'au 13 septembre 1860, époque à laquelle M. Hamelin fils a atteint sa dix-huitième année, attendu que, jusque-là, son père ayant eu la jouissance légale de tous ses biens, sous la condition d'en supporter les charges, et de pourvoir aux dépenses de nourriture, d'entretien et d'éducation de son fils, il n'y a aucun compte de revenus à faire pendant ce temps.

Mais, dans une première section, on présentera l'état de situation de la fortune du mineur Hamelin, à l'époque de l'ouverture du compte.

COMPTE.

PREMIÈRE SECTION.

État de situation à l'époque de l'ouverture du compte.

La fortune du mineur Hamelin se composait uniquement de ses droits dans la succession de sa mère, pour raison desquels il lui a été abandonné, ainsi qu'on l'a vu dans la troisième observation préliminaire, une somme de 102,500 fr., en toute propriété en diverses valeurs, indépendamment de ses droits dans différentes créances laissées en commun.

Il revenait encore audit mineur, en nue propriété seulement, pareille somme de 102,500 fr.; mais, comme l'usufruit de cette somme reposant

. . . . . . Form. 27 (*suite*).

sur la tête de M. Hamelin père subsiste encore, il n'y a pas lieu de s'en occuper dans le présent compte.

M. Hamelin se trouvait comptable ou débiteur envers son fils, par l'événement du partage :

1° De la somme de 12,500 francs, qui avait été abandonnée à ce dernier, à prendre dans les sommes touchées par le rendant compte, ci. . . . 12,500 »

2° Et de la somme de 10,000 fr., abandonnée au même, à prendre sur le prix, moyennant lequel le rendant compte avait acquis la maison sise à. . . . ci. 10,000 »

Depuis ce partage, et suivant quittance reçue par Me..., notaire à..., le..., le rendant compte a reçu de M. Leroy la somme principale de 50,000 fr., à valoir sur les 80,000 fr., abandonnés au mineur Hamelin, dans le prix de l'adjudication faite au profit de M. Leroy, de la maison sise, à. . . . ci. 50,000 »

Total des sommes dues dont M. Hamelin avait fait recette antérieurement à l'ouverture du compte. . 72,500 »

Si l'on ajoute à cette somme les 30,000 fr. que M. Leroy restait devoir au mineur, ci. . . . . 30,000 »

On trouve un total égal au montant des abandonnements faits à ce dernier en propriété, ci. . . . . 102,500 »

M. Hamelin a fait dépense, antérieurement à l'ouverture du compte :

1° De la somme de 32 fr. 50 c. pour la délibération du conseil de famille qui a nommé M. Laserve subrogé tuteur, ci. 32 50

2° Et de la somme de 567 francs 50 c., payée pour droits de mutation à la charge du mineur, par suite du décès de Mme Hamelin, sa mère, ci. 567 50

Ensemble. . . . . 600 »

Ainsi, sur les 72,500 fr. dont le rendant avait fait recette, ci. . . . . 72,500 »

Déduisant ces dépenses de 600 fr. à la charge des capitaux, ci. . . . . 600 »

Il en résulte qu'à l'époque de l'ouverture du compte, le rendant était comptable d'une somme de 71,900 fr., dont il devait l'intérêt à défaut d'emploi, ci. . . . . 71,900 »

Il est observé que les frais funéraires, ceux de dernière maladie et autres occasionnés par le décès de Mme Hamelin, n'ont point été compris au partage précédemment analysé, et qu'ils ne doivent point figurer au présent compte, attendu que M. Hamelin, à cause de la jouissance légale qu'il a eue des biens de son fils, était tenu de supporter la portion à la charge de ce dernier, dans ces divers frais.

DEUXIÈME SECTION.

Première année.

Du 13 sept. 1860 au 12 sept. 1861.

CHAP. Ier.—RECETTES.

ART. 1er. — *Capitaux dus par le rendant.*

Fait recette, sous le présent article :

De la somme de 71,900 fr., dont il se trouvait comptable, lors de l'ouverture du compte, ainsi qu'il est établi dans la section précédente, ci. . . . .

ART. 2. — *Intérêts dus par le rendant.*

Fait recette, le rendant, sous le présent article :

1° De la somme de 1,590 fr. pour les intérêts de ces 71,900 fr. calculés depuis le 13 sept. 1860, date de l'ouverture du compte, jusqu'au 23 fév. 1861, époque à laquelle le rendant a fait emploi d'une somme de 69,900 fr. en acquisition de rente sur l'État, au nom du mineur, ainsi qu'on le dira ci-après, ci. . . . .

2° Et de la somme de 55 fr. restés sans emploi entre les mains du rendant, calculés depuis ledit jour 23 fév. jusqu'au 12 sept. 1861, ci. . . . .

ART. 3.—*Intérêts de la créance Leroy.*

Fait recette le rendant, sous le présent article, de la somme

	REVENUS fr.	REVENUS c.	CAPITAUX fr.	CAPITAUX c.
Art. 1er (71,900 fr.)			71900	
Art. 2, 1° (1,590 fr.)	1590	»		
Art. 2, 2° (55 fr.)	55	50		
A reporter. . . .	1645	50	71900	

de famille aurait jugé à propos de fixer sans néanmoins que le tuteur puisse être astreint à en fournir plus d'un chaque année.

Ces états de situation seront rédigés, et remis sans frais, sur papier non timbré, et sans aucune formalité de justice.

471. Le compte définitif de tutelle sera rendu aux dépens du mineur, lorsqu'il aura atteint sa majorité ou obtenu son émancipation. Le tuteur en avancera les frais.

On y allouera au tuteur toutes dépenses suffi-

469 à 472 (suite) . . . . Form. 28.

	REVENUS.	CAPITAUX.
	fr. c.	fr. c.
Report.	1645 50	71900 »
1,196 fr., pour intérêts des 30,000 fr. restés dus par M. Leroy, calculés depuis le 13 sept. 1860, date de l'ouverture du compte, jusqu'au 1er juill. 1861, échéance de l'année de ces intérêts, ci.	1196 »	
ART. 4.—*Arrérages de rente sur l'État.* Fait recette, le rendant, sous le présent article, de la somme de 1,750 fr., pour un semestre échu le 22 mars 1861, des arrérages de l'inscription de 3,500 fr. de rente sur l'État, acquise au nom de l'oyant compte, ainsi qu'il sera dit ci-après, ci.	1750 »	
ART. 5.—*Recouvrements.* Fait recette, le rendant, de la somme de 300 fr., formant la portion de l'oyant compte, dans diverses sommes recouvrées, dans le courant de l'année, sur les créances laissées en commun par la liquidation susénoncée, ci, à porter dans la colonne des capitaux.		300 »
Total des recettes de la première année : En capitaux.		72200 »
En revenus.	4591 50	
CHAP. II.—DÉPENSES. ART. 1er.—*Emploi de fonds.*	DÉPENSES A LA CHARGE des revenus. fr. c.	DÉPENSES A LA CHARGE des capitaux. fr. c.
Fait dépense, le rendant, sous le présent article, à la date du 23 fév. 1861, de la somme de 69,900 fr., employée par lui à l'acquisition d'une inscription de 3,500 fr. de rente sur l'État, 4 1/2 p. 100, portée sous le n°..., au nom du mineur Hamelin, sous la tutelle légale de son père. Cette acquisition a été faite par le ministère de M..., agent de change, au cours de..., les 4 fr. 50 de rente, ci.		69900 »
ART. 2.—*Dépenses d'entretien.* Fait dépense, le rendant, sous le présent article, de la somme de 800 fr., à laquelle se sont élevées les dépenses d'entretien du mineur Hamelin pendant l'année, suivant le compte détaillé faisant partie des pièces justificatives à l'appui du présent compte, ci.	800 »	
ART. 3.—*Dépenses d'éducation.* Fait dépense, le rendant, de la somme de 1,200 fr., à laquelle se sont élevées, pendant l'année, les dépenses faites pour l'éducation du mineur et achat de livres, suivant l'état détaillé, faisant aussi partie des pièces justificatives, ci.	1200 »	
ART. 4.—*Dépenses de nourriture.* Le mineur Hamelin, ayant continué jusqu'à sa majorité à habiter chez son père, et à prendre ses repas avec lui, le rendant compte ne porte en dépense aucune somme pour cet objet, faisant remise à son fils de toutes choses à cet égard, et, en conséquence, il n'en sera plus question dans les années suivantes.		
ART. 5.—*Sommes remises pour menues dépenses.* Fait dépense, le rendant compte, de la somme de 600 fr. remise, dans le courant de l'année, au mineur, à raison de 50 fr. par mois pour ses plaisirs et menues dépenses, ci.	600 »	
Total des dépenses de la première année : A la charge des revenus.	2600 »	
A la charge des capitaux.		69900 »

	REVENUS.	CAPITAUX.
	fr. c.	fr. c.
BALANCE. Recettes de la première année.	4591 50	72200 »
Dépenses de la première année.	2600 »	69900 »
Il restait donc à la fin de cette année, entre les mains du rendant compte : En capitaux, une somme de.		2300 »
Et en excédant de revenus, une somme de.	1991 50	1991 50
Cette somme doit être portée dans la seconde colonne, pour augmenter les capitaux, qui s'élèvent en conséquence à la somme de.		4291 50
TROISIÈME SECTION. *Deuxième année.* Du 13 sept. 1861 au 12 sept. 1862. CHAP. Ier.—RECETTES. ART. 1er.—*Reliquat du compte ci-dessus.* Fait recette, le rendant, sous le présent article, de la somme de 4,291 fr. 50 cent., formant le reliquat du compte de l'année qui précède, ci.		4291 50
ART. 2.—*Intérêt du même reliquat.* Fait recette, le rendant compte, sous le présent article : 1° De 115 fr. pour une année d'intérêts de la somme de 2,300 fr. formant le reliquat, en capital, du compte de l'année qui précède, ci.	115 »	
2° Et de 49 fr. 75 c., pour intérêts, calculés depuis le 13 mars 1862, de la somme de 1,991 fr. 50 c., formant l'excédant des revenus dans le même compte, et dont le rendant doit les intérêts à défaut d'emploi dans six mois, ci.	49 75	
ART. 3.—*Intérêts de la créance Leroy.* Fait recette, le rendant, sous le présent article, de la somme de 1,500 f., due par M. Leroy, ci.	1500 »	
ART. 4.—*Arrérages de rentes sur l'État.* Fait recette, le rendant compte, sous le présent article, de la somme de 3,500 fr. pour une année échue le 22 mars 1862, des arrérages de l'inscription de rente sur l'État, 4 1/2 p. 100, appartenant au mineur Hamelin, ci.	3500 »	
Total des recettes de la deuxième année : En capitaux.		4291 50
En revenus.	5164 75	
CHAP. II.—DÉPENSES. ART. 1.—*Dépenses d'entretien.* Fait dépense, le rendant compte, etc.	950 »	
ART. 2.—*Dépenses d'éducation.* Fait dépense, le rendant compte, etc.	1250 »	
ART. 3.—*Frais de voyage.* Fait dépense, le rendant compte, sous le présent article, de la somme de 2,000 fr., employée pour les frais d'un voyage d'agrément fait par ledit mineur en France et en Suisse, ci.	2000 »	
ART. 4.—*Sommes remises pour menues dépenses.* Fait dépense, le rendant compte, de la somme de 600 fr., etc.	600 »	
Total des dépenses de la seconde année, à la charge seulement des revenus.	4800 »	
BALANCE POUR LES REVENUS. Les recettes pour les revenus se sont élevées à.	5164 75	
Les dépenses à la charge des revenus sont de.	4800 »	
Il est resté un excédant de revenus de.	364 75	

	REVENUS.	CAPITAUX.
	fr. c.	fr. c.
La recette en capitaux est restée fixée à.		4291 50
A quoi il convient d'ajouter l'excédant des revenus.		364 75
Au moyen de quoi le reliquat du compte de la seconde année est de.		4656 25
QUATRIÈME SECTION. *Troisième et dernière année.* Du 13 sept. 1862 au 12 sept. 1863. CHAP. Ier.—RECETTES. ART. 1er.—*Reliquat du compte précédent.* Fait recette, le rendant compte, sous le présent article, de la somme de..., etc. (*Continuer d'après la marche suivie pour les années précédentes.*)		
CHAP. II.—DÉPENSES. ART. 1er.—*Dépenses d'entretien.* Fait dépense, le rendant compte, de la somme de..., etc. (*Continuer également d'après le mode suivi pour les années précédentes.*)		
BALANCE. Les recettes de la troisième année s'élèvent : En capitaux, à.		4656 25
En revenus, à.	5164 75	
Les dépenses se sont élevées : A la charge des capitaux, à.		2000 »
A la charge des revenus, à.	4164 75	
Il est, par conséquent, resté entre les mains de M. Hamelin, à l'expiration de la tutelle : En capitaux.		2656 25
En excédant de revenus.	1000 »	1000 »
Ces deux sommes réunies forment celle de.		3656 25
Dont M. Hamelin est comptable envers son fils.		

RÉCAPITULATION.

Actif composant la fortune de l'oyant compte.

La fortune de M. Hamelin fils se compose, d'après le compte qui précède :

1° De la somme de 3,656 fr. 25 c., formant le reliquat actif de ce compte resté entre les mains de M. Hamelin père, ci. . . . 3,656 fr. 25 c.

2° De la somme de 30,000 fr. qui lui est due par M. Leroy, adjudicataire de la maison rue..., avec les intérêts depuis le. . . . 30,000 »

3° De l'inscription de 3,500 fr. de rente sur l'État, 4 1/2 p. 100 pour lui acquise par son père, ci. *Rentes sur l'État.*

4° De la somme de 102,500 fr. en nue propriété, dont son père a l'usufruit, et qui lui a été abandonnée à prendre sur le prix de la maison sise à..., ci. *Nue propriété.*

5° Et de ses droits dans les créances laissées en commun par le partage, et dont M. Hamelin père est chargé de suivre le recouvrement, ci. *Créances en commun.*

PASSIF RESTANT A ACQUITTER.

M. Hamelin fils aura à acquitter :

1° Les frais et honoraires auxquels le présent compte pourra donner ouverture;

2° La somme de 300 fr. restant due sur le mémoire de Froger, tailleur, acquitté seulement en partie par le tuteur;

3° La somme de..., etc.

Certifié véritable.   *(Signature.)*

469 à 472 (suite) . . . . . Form. 28.

3° Arrêté de compte.

Et le...

Par-devant Me...,   *Ont comparu :*

M. Joseph-Henri Hamelin, propriétaire, demeurant à..., *d'une part;*

Et M. Achille-Louis Hamelin, son fils, licencié en droit, demeurant à..., *d'autre part;*

Lesquels ont dit et arrêté ce qui suit :

Aux termes d'un acte passé devant Me..., l'un des notaires soussignés, le..., dont la minute enregistrée précède (ou : aux termes d'un acte sous signature privée, en date à..., du..., portant cette mention : enregistré à..., etc., dont l'original est demeuré ci-annexé, après avoir été par les compa-

samment justifiées, et dont l'objet sera utile. [Pr. 527, s.]

472. Tout traité qui pourra intervenir entre le tuteur et le mineur devenu majeur, sera nul, s'il n'a été précédé de la reddition d'un compte détaillé, et de la remise des pièces justificatives ; le tout constaté par un récépissé de l'ayant compte, dix jours au moins avant le traité.

469 à 472 (*suite*). . . . . Form. **29**.

rapts, certifié véritable et signé en présence des notaires soussignés), M. Hamelin père a remis à son fils pour être examinés pendant le délai voulu par la loi : 1° le projet du compte de la gestion et administration qu'il a eues de la personne et des biens de ce dernier, comme son tuteur légal, depuis le..., jusqu'au 12 sept. 1863, époque de la majorité de M. Hamelin fils et de l'expiration de la tutelle ; 2° et toutes les pièces à l'appui de ce compte, dont l'original, représenté à l'instant par M. Hamelin père, est demeuré ci-annexé après avoir été par les comparants certifié véritable et approuvé en présence des notaires soussignés.

Au moyen de cette remise, M. Hamelin fils reconnaît avoir suffisamment examiné le tout, et en avoir pris amplement connaissance.

Il déclare avoir pris présentement une nouvelle communication du tout, tant par lui-même que par la lecture à lui faite par Me..., dudit compte de tutelle, dont l'original comparé et vérifié, s'est trouvé parfaitement conforme au projet qui en avait été remis à M. Hamelin fils.

M. Hamelin père a présentement affirmé, en présence des notaires soussignés, que le compte présenté par lui est sincère et véritable.

En conséquence, ayant vérifié tous les calculs, et les ayant trouvés justes et exacts, M. Hamelin fils déclare approuver ce compte de tutelle dans son ensemble, comme dans ses diverses parties, et dans les résultats qu'il présente.

Par suite, les parties, d'un commun accord, fixent et arrêtent définitivement le reliquat actif de ce compte à la somme de 3,656 fr. 25 c., dont M. Hamelin père se trouve comptable envers son fils, indépendamment des autres valeurs actives, détaillées dans la récapitulation qui termine ce compte et dont il va faire la remise.

À l'instant, M. Hamelin père a remis à son fils, qui le reconnaît :

1° Ladite somme de 3,656 fr. 25 cent., formant, comme on vient de le dire, le reliquat actif du compte, et comptée en espèces de monnaie à la vue des notaires soussignés ;

2° L'inscription de 3,500 fr. de rente, 4 1/2 p. 100, acquise, à son nom, dans le cours de la tutelle ;

3° Les titres de la créance de 30,000 fr. sur M. Leroy ;

4° Et un extrait de partage établissant qu'il a droit, en nue propriété, à une somme de 102,500 francs, dont M. Hamelin père a l'usufruit, et l'inscription qui a été prise sur la maison sise à ..., pour conservation du privilège attaché à cette créance.

De laquelle somme de 3,656 fr. 25 cent., et desquelles pièces M. Hamelin quitte et décharge M. son père, ainsi que de toutes choses généralement quelconques, au sujet du compte qu'il lui devait, reconnaissant qu'il n'a plus aucune espèce de réclamation à former contre lui, sous la réserve toutefois de ses droits, à l'égard des 102,500 fr., dont M. Hamelin père jouit en usufruit et dont la nue propriété appartient à son fils.

Par suite, il se désiste de tout droit d'hypothèque légale qu'il avait sur les biens de son père, et il fait mainlevée définitive de toutes inscriptions qui pourraient avoir été prises en son nom, pour raison de ladite tutelle, à tels bureaux, sous tels volumes et numéros que ce puisse être, autorisant tous conservateurs à en faire la radiation partout où besoin sera.

Toutefois, M. Hamelin fils fait réserve expresse de l'effet de l'inscription de privilège prise à son profit, au bureau des hypothèques de..., le..., contre M. Hamelin, son père, pour les 102,500 fr., en nue propriété, dont il est ci-dessus parlé ; laquelle inscription devra continuer à avoir tout son effet.

Consentent, les parties, que mention des présentes soit faite sur toutes pièces que besoin sera, par tous notaires et officiers requis.

Dont acte :

Fait et passé.

Enreg. : 2 fr. fixe si le reliquat est payé comptant ; 1 p. 100 si le reliquat n'est pas soldé immédiatement. — [V. CLERC, Enreg., n. 857, et Form., p. 626.]

469 à 472 (*suite*). . . . . Form. **29**.

Compte de tutelle rendu par un tuteur datif à deux mineurs, l'un devenu majeur, l'autre émancipé.

PREMIÈRE PARTIE.—*Récépissé.*

(*Voir la Formule 26.*)

DEUXIÈME PARTIE.—*État de compte.*

Compte rendu par M. Elie de Beaumont, conseiller d'État, demeurant à...;

1° A M. Gustave Villeroy, majeur ;

2° Et à M. Adolphe Villeroy, mineur émancipé, mais assisté de M. Delapalme, son curateur,

De l'administration qu'il a eue des personnes et biens de MM. Villeroy, ses neveux, comme leur tuteur,

Depuis le 14 janv. 1860 jusqu'au jour de la majorité ou de l'émancipation de chacun d'eux.

OBSERVATIONS PRÉLIMINAIRES.

PREMIÈRE OBSERVATION.

Ouverture de la tutelle.—Autorisations données au tuteur.

Suivant une délibération du conseil de famille, reçue et présidée par M. le juge de paix du troisième arrondissement de la ville de Paris, aux termes de son procès-verbal, en date du 14 janv. 1860, enregistré, M. de Beaumont a été nommé tuteur des mineurs Gustave Villeroy et Adolphe Villeroy, ses neveux, en remplacement de M. de Rivière précédemment leur tuteur, et décédé.

M. de Beaumont a accepté cette qualité de tuteur par le procès-verbal même qui l'a nommé ; et il n'y avait pas lieu à la nomination d'un subrogé tuteur, attendu que M. Merville, nommé par une délibération précédente, conservait naturellement et de droit ses fonctions.

Le conseil de famille a autorisé M. de Beaumont à entendre, débattre et arrêter le compte que les héritiers et représentants de M. de Rivière avaient à rendre de la tutelle des mineurs Villeroy dont ce dernier avait été chargé.

Le même conseil de famille a déterminé que la dépense annuelle d'entretien et d'éducation de chacun des mineurs pourrait s'élever à la somme de 1,000 fr., et que le tuteur aurait droit de prendre les sommes nécessaires sur les capitaux leur appartenant dans le cas où leurs revenus seraient insuffisants.

DEUXIÈME OBSERVATION.

Compte rendu par les héritiers de M. de Rivière, premier tuteur.

Par acte passé devant Me..., notaire à Paris, le 25 février 1860, enregistré, les héritiers et représentants de M. de Rivière ont rendu compte à M. de Beaumont, en présence de M. Merville, subrogé tuteur, de l'administration que M. de Rivière avait eue, en sa qualité de tuteur des mineurs Villeroy, depuis le 15 août 1856 jusqu'au 6 janvier 1860, jour de son décès.

Il résulte de ce compte que les biens des mineurs Villeroy se composaient uniquement, savoir :

1° De la somme de 12,680 fr., formant le reliquat, en deniers, dudit compte, et appartenant au mineur Gustave Villeroy, pour 6,200 fr., et à son frère, pour 6,480 fr. ;

2° Et d'une inscription de 200 fr. de rente sur l'État, 4 1/2 p. 100, n° 4200, au nom des mineurs Villeroy, chacun pour moitié.

Cette inscription, ainsi que la somme de 12,680 francs, a été remise par les héritiers et représentants de feu M. de Rivière à M. de Beaumont, qui s'en est chargé et leur a donné décharge par ledit compte.

TROISIÈME OBSERVATION.

Succession de Mme Desormes échue aux mineurs Villeroy.

Mme Béatrix de Rivière, veuve de M. Philippe Desormes, tante des mineurs Villeroy, est décédée en sa demeure, à Paris, rue Ventadour, n° 9, le 27 juillet 1862.

Par son testament olographe, en date, à Paris, du 1er du même mois de juillet, dont l'original a été déposé pour minute à Me..., notaire à Paris, par ordonnance du président du tribunal de première instance de la Seine, rendue le 1er août 1862, Mme veuve Desormes avait institué les mineurs Villeroy, conjointement ses légataires universels en toute propriété.

Un acte de notoriété passé devant le même notaire, le 31 dudit mois de juillet, ayant constaté que cette dame n'avait laissé aucun héritier à réserve, les mineurs Villeroy ont été envoyés en possession du legs universel à eux fait, suivant une ordonnance rendue par le président du même tribunal, le 3 août 1862.

Et il a été procédé à l'inventaire, après le décès de Mme veuve Desormes, par Me..., notaire à Paris, le 6 du même mois d'août et jours suivants, à la requête de M. de Beaumont, comme tuteur des mineurs Villeroy, et en présence de M. Merville, en sa qualité de subrogé tuteur.

Tout le contenu en cet inventaire est demeuré en la garde et possession de M. de Beaumont, qui s'en est chargé par la clôture.

Pour connaître l'importance des biens recueillis par les mineurs Villeroy dans la succession de Mme Desormes, il est nécessaire de faire le dépouillement de l'inventaire susénoncé.

Il sera établi sur deux colonnes ; l'une pour l'actif, l'autre pour le passif.

DÉPOUILLEMENT.

MOBILIER.

COTES.	PIÈCES.		ACTIF. fr. c.	PASSIF. fr. c.
		Le mobilier compris audit inventaire a été prisé à la somme de 22,700 fr. ; mais la vente qui en a été faite, ainsi qu'il sera énoncé ci-après, a produit net, déduction faite de tous frais de vente, 30,500 fr. : c'est donc cette dernière somme qu'il convient de comprendre ici, ci. . . .	30500 »	

PAPIERS.

COTES.	PIÈCES.		ACTIF.	PASSIF.
1	18	Titres de propriété de la maison rue Ventadour, n° 9, dépendant de ladite succession. Cette maison appartenant encore aux mineurs Villeroy, sera portée ici comme objet en nature, ci. . . .	*Maison rue Ventadour.*	
2	30	Anciens titres de propriété de la même maison, dont il n'est fait mention que pour ordre, ci. *ordre.* Cette maison était occupée en totalité par Mme veuve Desormes, en sorte que, lors de son décès, il n'était dû, pour cet immeuble, aucun loyer ; mais depuis il a été mis en valeur, et les revenus en seront compris dans le présent compte.		
3	12	Titres de propriété de la ferme de Novillars, située à..., arrondissement de... Cette ferme appartient encore aux mineurs Villeroy, ci. . . .	*Ferme de Novillars.*	
4	2	Bail de la ferme de Novillars, loué aux sieur et dame Masson, moyennant 12,000 fr. de fermage annuel, et à la charge d'acquitter les impositions de toute nature. Ce fermage est payable en deux termes : à Pâques et à Noël. Lors du décès, il n'était dû que le terme courant.		

PAPIERS.

COTES.	PIÈCES.		ACTIF.	PASSIF.
5	15	Titres de propriété d'une maison de campagne située à Meudon, près Paris. Cette maison a été vendue ainsi qu'on le verra ci-après, moyennant la somme de 52,000 fr., que M. de Beaumont a touché, et qui est tirée hors ligne, ci.	52000 »	
6	8	Avertissements et quittances des contributions que pouvait devoir Mme Desormes. Sa contribution personnelle et mobilière s'élevait à la somme de 225 fr., et avait été payée pour l'année entière. Les impôts de la maison rue Ventadour s'élevaient, pour l'année 1862, à 820 fr., et 410 fr. avaient été payés pour les six premiers mois. Les impôts de la maison de campagne de Meudon s'élevaient à 170 fr. ; ils avaient été payés également jusqu'au 1er juillet.		
7	7	Inscription de 3,000 fr. de rente sur l'État, n°..., au nom de Mme veuve Desormes, ci. . . . Les arrérages de cette rente étaient dus depuis le 22 mars 1862.	*Rentes sur l'État.*	
8	4	Quatre actions de 2,500 fr. chacune, dans la compagnie des mines de Cublac, dont le siège est à Paris, ci. Sur le montant de ces actions, il n'avait été payé que 5,000 fr. Les 5 autres mille francs restaient à payer au fur et à mesure des besoins de la société, ci.	*Actions des mines de Cublac.* 5000 »	
9	3	Obligation de 50,000 fr., souscrite au profit de Mme veuve Desormes, par M. et Mme Petit-Jean, ci. Les intérêts étaient dus depuis le... Etc., etc.	50000 »	

469 à 472 (*suite*). . . . . Form. **20** (*suite*).

Continuer ainsi le dépouillement de l'inventaire, de manière à en faire ressortir l'actif et le passif, et rendre, par ce moyen, plus facile l'intelligence du compte.

QUATRIÈME OBSERVATION.
Autorisation conférée au tuteur par le conseil de famille.

Suivant une délibération constatée par procès-verbal du juge de paix du troisième arrondissement de Paris, en date du 25 août 1862, le conseil de famille des mineurs Villeroy, après avoir pris communication de l'inventaire fait après le décès de Mme veuve Desormes, et considérant l'importance des biens composant sa succession, l'augmentation de revenus qui en résultait pour les mineurs Villeroy, et d'un autre côté les embarras d'une semblable administration, a autorisé M. de Beaumont, leur tuteur :

1° A accepter, en leur nom, sous bénéfice d'inventaire, conformément à la loi, la succession de Mme veuve Desormes;

2° A faire délivrance aux légataires particuliers de cette dame des legs que son testament contient en leur faveur;

3° A vendre par adjudication aux enchères, et en suivant les formalités voulues, par la loi, la maison de campagne de Meudon, qui ne produisait aucun revenu, et dont l'entretien nécessitait des dépenses importantes;

4° Et à se faire aider dans sa gestion et administration par une ou plusieurs personnes, selon le besoin.

Enfin, le conseil de famille a réglé par aperçu la dépense personnelle de chacun des mineurs Villeroy à 4,000 fr. par année.

Il a déterminé que les frais d'administration pour les deux mineurs ne dépasseraient pas 600 francs par an, et que le tuteur serait tenu de faire emploi dans les six mois de toute somme étant entre ses mains dès qu'elle dépasserait 3,000 fr. pour chaque mineur, passé lequel délai il en devrait les intérêts.

CINQUIÈME OBSERVATION.
Acceptation bénéficiaire.—Vente du mobilier.

Suivant acte dressé au greffe du tribunal de première instance de la Seine, le..., enregistré, M. de Beaumont, au nom de ses pupilles, a déclaré accepter, sous bénéfice d'inventaire, la succession de Mme Desormes.

En cette qualité, il a fait procéder à la vente du mobilier dépendant de cette succession par le ministère de M..., commissaire-priseur à Paris, qui en a dressé procès-verbal le... et jours suivants, enregistré.

Cette vente a produit la somme de. . . 33100 »
Mais ledit Me..., a retenu, pour ses vacations à l'inventaire, frais, droits de vente. 2600 »
En sorte qu'il est resté net la somme de. 30500 »

Cette somme a été remise à M. de Beaumont qui s'en est chargé, aux termes de l'arrêté du compte dressé par ledit Me..., le..., en suite de son procès-verbal de vente.

SIXIÈME OBSERVATION.
Délivrance de legs aux légataires particuliers de Mme Desormes.

Le testament de Mme veuve Desormes, énoncé sous la troisième observation qui précède, contient les dispositions suivantes :

Je donne et lègue à mademoiselle Ernestine-Béatrix Leriche, ma filleule, une somme de 10,000 fr. ;

A François Bertrand, mon domestique, une somme de 2,000 fr. ;

A Nanette Leroux, sa femme, ma cuisinière, 400 fr. de rente annuelle et viagère, incessible et insaisissable, et qu'elle pourra toucher sur ses simples quittances ;

Et à Catherine Perrin, ma femme de chambre, 600 fr. de rente annuelle et viagère sur sa tête et pendant sa vie.

Ces rentes viagères courront du jour de mon décès, sans qu'il soit besoin d'en faire la demande.

Je veux que les divers legs ci-dessus soient délivrés francs et quittes de toutes charges et droits de mutation.

En vertu de l'autorisation à lui conférée par le conseil de famille, et suivant acte passé devant Me..., notaire à Paris, le 27 août 1862, M. de Beaumont, en sa qualité de tuteur des mineurs Villeroy, a fait délivrance aux divers légataires particuliers de leurs legs susénoncés, ce qu'ils ont tous accepté par le même acte.

Et, en conséquence, il a sur-le-champ payé à mademoiselle Leriche et à François Bertrand les sommes de 10,000 fr. et de 2,000 fr., à eux léguées.

SEPTIÈME OBSERVATION.
Vente de la maison de Meudon.

En vertu de la délibération du conseil de famille, énoncée sous la quatrième observation, et d'un jugement rendu au tribunal de première instance de la Seine, le..., qui a homologué cette délibération, M. de Beaumont a poursuivi la vente de la maison de campagne située à Meudon.

Après l'accomplissement de toutes les formalités voulues par la loi, l'adjudication de cette maison a eu lieu, en présence de M. Merville, subrogé tuteur, suivant procès-verbal dressé le..., par Me..., notaire à Paris, commis à cet effet par le tribunal, au profit de M. Saint-Aignan, moyennant la somme principale de 52,000 fr.

L'entrée en jouissance a été fixée au lendemain de l'adjudication, et le prix a été stipulé productif d'intérêts, depuis le même jour.

Les impositions ont été mises à la charge de l'adjudicataire, à partir du commencement de l'année.

M. Saint-Aignan s'est libéré de la totalité de son prix en principal et intérêts, entre les mains de M. de Beaumont, suivant quittance reçue par Me..., notaire à Paris, le...

HUITIÈME OBSERVATION.
Émancipation de M. Adolphe Villeroy.

M. Adolphe Villeroy, ayant plus de dix-huit ans, a été émancipé sur la demande de M. de Beaumont, son tuteur, suivant la déclaration faite par le juge de paix du troisième arrondissement de Paris, en vertu de l'autorisation du conseil de famille, ainsi que le tout résulte du procès-verbal dressé par le juge de paix, le...

Par la même délibération, M. Delapalme a été nommé curateur audit mineur Villeroy.

PLAN DE L'OPÉRATION.

On voit facilement, d'après les observations qui précèdent, que la tutelle comprend deux périodes bien distinctes, l'une antérieure à l'ouverture de la succession de Mme Desormes, alors que les mineurs Villeroy n'avaient pas des revenus suffisants pour leurs dépenses, et l'autre postérieure au décès de cette dame, époque à laquelle les revenus des mineurs se sont trouvés de beaucoup supérieurs à leurs dépenses.

On suivra dans le compte cette division naturelle; il comprendra donc deux parties principales : la première destinée au compte de la période qui a précédé le décès de Mme Desormes, et la seconde au compte de la période qui l'a suivi.

Les recettes seront établies avec distinction entre les revenus et les capitaux, et séparément pour chacun des mineurs, on distinguera également dans les dépenses celles à la charge des revenus, et celles à la charge des capitaux.

PREMIÈRE PARTIE.

PÉRIODE DE LA TUTELLE ANTÉRIEURE AU DÉCÈS DE Mme DESORMES.

Première année.—Du 14 janvier 1860 au 13 janvier 1861.

RECETTES.

	REVENUS — Gustave Villeroy (fr. c.)	REVENUS — Adolphe Villeroy (fr. c.)	CAPITAUX — Gustave Villeroy (fr. c.)	CAPITAUX — Adolphe Villeroy (fr. c.)
ART. 1er. — *Reliquat du compte du premier tuteur.* Fait recette, le rendant compte, sous le présent article, de la somme de 12,680 fr., formant le reliquat en deniers du compte de tutelle rendu par les héritiers et représentants de M. de Rivière, premier tuteur.				
Cette somme appartenait au mineur Gustave Villeroy, pour 6,200 fr. ci.			6200 »	
Et à son frère, pour les 6,480 fr. de surplus, ci.				6480 »
ART. 2.—*Intérêts des sommes composant l'article premier.* Fait recette, le rendant compte, sous le présent article, de la somme de 634 fr. pour une année d'intérêts de 12,680 fr. composant l'art. 1er, et restés entre ses mains sans emploi au nom des mineurs.				
Ces intérêts appartenaient au mineur Gustave Villeroy pour 310 fr. ci.	310 »			
Et à son frère, pour les 324 fr. de surplus, ci.		324 »		
ART. 3.—*Arrérages de rentes.* Fait recette, le rendant compte, sous le présent article, de la somme de 200 fr., pour une année échue le 22 sept. 1860, des arrérages de l'inscription de rente sur l'État, appartenant auxdits mineurs, chacun pour moitié, ci.	100 »	100 »		
Total des recettes de la première année : En capitaux : Pour M. Gustave Villeroy.			6200 »	
Pour M. Adolphe Villeroy.				6480 »
En revenus : Pour M. Gustave Villeroy.	410 »			
Et pour M. Adolphe Villeroy.		424 »		

DÉPENSES.

ART. 1er.—*Dépenses communes.*

Fait dépense, le rendant compte, sous le présent article :

1° De la somme de 200 fr., payée pour les frais du compte de tutelle rendu par les héritiers de M. de Rivière, premier tuteur, ci. . . . 200 »
2° Et de 30 fr. payés pour la délibération qui a nommé M. de Beaumont comme tuteur desdits mineurs, ci. . . . . . . 30 »
Ensemble. 230 »

ART. 2.—*Dépenses du mineur Gustave Villeroy.*

Les dépenses faites pendant cette année pour l'entretien et l'éducation du mineur Gustave Villeroy ayant dépassé la somme de 1,000 fr. fixée pour ces dépenses par le conseil de famille, l'excédant reste à la charge de M. Beaumont, tuteur, et il n'est employé dans le présent compte que la somme de. . . 1000

ART. 3.—*Dépenses du mineur Adolphe Villeroy.*

Fait dépense, le rendant compte de la somme de 350 fr. à laquelle se sont élevées pendant cette année les dépenses d'entretien du mineur Adolphe Villeroy, ci. 350

ART. 4. — *Dépenses d'éducation du même.*

Fait dépense, le rendant, de 580 fr. à laquelle se sont élevées pendant cette année les frais de pension, répétition et autres frais pour l'éducation du mineur Adolphe Villeroy. 580

Total des dépenses de la première année :
A la charge des capitaux : Pour M. Gustave Villeroy. — Pour M. Adolphe Villeroy.
A la charge des revenus : Pour M. Gustave Villeroy. — Et pour M. Adolphe Villeroy.

DÉPENSES À LA CHARGE

	DES REVENUS — Gustave Villeroy (fr. c.)	DES REVENUS — Adolphe Villeroy (fr. c.)	DES CAPITAUX — Gustave Villeroy (fr. c.)	DES CAPITAUX — Adolphe Villeroy (fr. c.)
Dépenses communes (Ensemble 230)			115 »	115 »
Art. 2.—Dépenses du mineur Gustave Villeroy	1000			
Art. 3.—Dépenses du mineur Adolphe Villeroy		350		
Art. 4.—Dépenses d'éducation du même		580		
Total : A la charge des capitaux — Pour M. Gustave Villeroy			115 »	
Pour M. Adolphe Villeroy				115
A la charge des revenus — Pour M. Gustave Villeroy	1000			
Et pour M. Adolphe Villeroy		930		

BALANCE.

	Revenus — Gustave Villeroy	Revenus — Adolphe Villeroy	Capitaux — Gustave Villeroy	Capitaux — Adolphe Villeroy
Les recettes se sont élevées à.	410 »	424 »	6290 »	6800 »
Les dépenses se sont élevées à.	1000 »	930 »	115 »	115 »
Il reste en capitaux.			6085 »	6675 »
Et il en résulte un excédant de dépense sur les revenus de.	590 »	506 »	590 »	506 »
Cet excédant de dépense doit être prélevé sur les capitaux qui se trouvent ainsi réduits à.			5495 »	5859 »

473. Si le compte donne lieu à des contestations, elles seront poursuivies et jugées comme les autres contestations en matière civile. [Pr. 527, 8.]

474. La somme à laquelle s'élèvera le reliquat dû par le tuteur portera intérêt, sans demande, à compter de la clôture du compte.

Les intérêts de ce qui sera dû au tuteur par le mineur, ne courront que du jour de la sommation de payer qui aura suivi la clôture du compte. [Pr. 126, 542, 905; Com. 575, 612.]

475. Toute action du mineur contre son tuteur, relativement aux faits de la tutelle, se prescrit par dix ans, à compter de la majorité.

473 à 475 (suite). . . . . Form. 29 (suite).

(Les montants sont portés en deux colonnes : Gustave Villeroy | Adolphe Villeroy, en fr. et c.)

DEUXIÈME ANNÉE.
(Continuer sur les mêmes bases le reste de la première période.)

DEUXIÈME PARTIE

PÉRIODE DE LA TUTELLE POSTÉRIEURE AU DÉCÈS DE MADAME DESORMES.

Première année.

Du 27 juill. 1862 au 26 juill. 1863.

RECETTES.

PREMIÈRE SECTION. — RECETTES DE CAPITAUX.

ART. 1er. — *Reliquat du compte de la première période.*

Le rendant compte se charge, en recette, sous le présent article, du reliquat du compte de la première période ci-dessus établi, et qui s'élève à. . . . — 4920 » | 5000 »

ART. 2. — *Deniers comptants.*

Fait recette, le rendant compte, sous le présent article, de la somme de 4,000 fr., montant des deniers comptants trouvés lors du décès de Mme Desormes, ci. . . . — 2000 » | 2000 »

ART. 3. — *Prix du mobilier.*

Fait recette, le rendant, sous le présent article, de la somme de 30,500 fr. reçue par lui, pour le produit net de la vente du mobilier, ci. . . . — 15250 » | 15250 »

ART. 4. — *Prix de la maison de Meudon.*

Fait recette, le rendant, etc. — 26000 » | 26000 »

ART. 5. — *Remboursement de la créance Petitjean.*

Fait recette, le rendant, de la somme principale de 50,000 fr., etc., etc. . . . — 25000 » | 25000 »

Total des recettes de la première section. — 73170 » | 73250 »

DEUXIÈME SECTION. — RECETTES DE REVENUS.

ART. 1er. — *Maison rue Ventadour.*

La maison rue Ventadour, qui était occupée en totalité par Mme Desormes, n'a pu être louée que pour le terme de janvier 1863, en sorte que le rendant n'a touché que six mois de loyers, dont il a fait recette, et qui s'élèvent à 3,000 fr., ci. — 1500 » | 1500 »

ART. 2. — *Ferme de Novillars.*

Fait recette, le rendant, de la somme de 12,000 fr. pour une année échue à Pâques 1863 des fermages dus pour la ferme de Novillars, ci. — 6000 » | 6000 »

ART. 3. — *Arrérages de rente.*

. . . . — » | »

ART. 4. — *Intérêts dus par le tuteur.*

Fait recette, le rendant, sous le présent article : 1° d'une année d'intérêts des sommes formant le reliquat du compte de la première période. . . . 2° Et d'un mois d'intérêts, sur la somme de 34,500 fr., montant des deniers comptants et du produit de la vente du mobilier, calculés depuis le 23 janvier 1863, époque à laquelle finissait le délai de six mois, pendant lequel il devait faire emploi, jusqu'au 23 février suivant, jour où il a placé les 34,500 fr., comme il sera dit ci-après, ci. — 241 » | 270 »

ART. 5. — *Intérêts du prix de la maison de Meudon.*

Fait recette, le rendant compte de la somme de 1,860 fr., qu'il a reçue de M. Saint-Aignan, pour intérêts du prix de la maison de Meudon, jusqu'au

A reporter. . . . — 7812 85 | 7812 85

Report. . . . jour du paiement de ce prix, ci. — 7812 85 | 7812 83 — 900 » | 900 »

Le jour même de ce paiement il a été fait emploi du principal, ainsi qu'il sera expliqué ci-après : en conséquence, le rendant ne doit pas d'intérêts sur cette somme.

INTÉRÊTS DE CRÉANCES.

ART. 6. — *Intérêts de la créance Petitjean.*

. . . . — » | »

Total des recettes de la 2e section. . . . — 8712 85 | 8741 8?

DÉPENSES.

PREMIÈRE SECTION. — DÉPENSES A LA CHARGE DES CAPITAUX.

ART. 1er. — *Frais d'inventaire.*

Fait dépense, le rendant, sous le présent article, de la somme de 1,600 fr., payée pour frais de l'inventaire fait après le décès de Mme Desormes, ci. — 800 » | 800 »

ART. 2. — *Droits de mutation.*

Cet article est composé :

1° De la somme de 15,000 fr., payée à Paris pour droits de mutation occasionnés par le décès de Mme Desormes, ci. 15000

2° Et de la somme de 11,000 fr., payée pour le même objet au bureau de..., à cause de la ferme de Novillars, ci. 11000

Ensemble. . 26000 — 13000 » | 13000 »

ART. 3. — *Paiement des legs particuliers.*

Cet article est composé des sommes payées aux divers légataires particuliers de Mme Desormes, pour leurs legs en argent, savoir :

1° A mademoiselle Leriche, 10,000 fr., ci. 10000

2° A M..., etc. . . . . . »

Total. . . . »

Il est observé que le montant des deux articles qui précèdent a été acquitté avec les 52,000 fr. reçus de M. Saint-Aignan pour le prix de la maison de Meudon.

Et que les frais faits pour parvenir à la vente de cette maison, y compris ceux du conseil de famille qui l'a autorisée, ont été mis à la charge de l'adjudicataire.

ART. 4. — *Emploi de fonds.*

Fait dépense, le rendant, sous le présent article, à la date du 23 février 1863, de la somme de 34,500 fr., employée par lui en une obligation de pareille somme souscrite, au profit des mineurs Villeroy, chacun pour moitié, par M. et Mme Berigny, devant Me..., notaire à Paris, avec hypothèque sur..., ci. . . . — 17250 » | 17250 »

Etc., etc.

Total des dépenses de la 1re section. . . . — 31050 » | 31050 »

DEUXIÈME SECTION. — DÉPENSES A LA CHARGE DES REVENUS.

§ 1er. — Charges des immeubles.

ART. 1er. — *Contributions.*

Fait dépense, le rendant, sous le présent article, de la somme de 820 fr., payée pour une année des impositions de la maison rue Ventadour. . . — 410 » | 410 »

Quant aux impositions de la ferme de Novillars, elles sont

A reporter. . . . — 410 » | 410 »

Report. . . . — 410 » | 410 »

à la charge du fermier : ainsi, il n'en est ici question que pour ordre.

ART. 2. — *Réparations.*

Cet article sera composé des sommes ci-après payées, d'après mémoires réglés par M...., architecte, pour réparations à la maison rue Ventadour et aux bâtiments de la ferme de Novillars, savoir :

1° A M. Auboin, maçon, etc.

ART. 3. — *Gages de concierge*

. . . . — » | »

ART. 4. — *Assurances.*

. . . . — » | »

§ 2. — Service des rentes. ART. 1er.

. . . . — » | »

§ 3. — Frais de gestion.

Fait dépense, le rendant, de la somme de 600 fr., employée par lui en divers frais de gestion, d'après l'autorisation du conseil de famille. . . — 300 » | 300 »

§ 4. — Dépenses personnelles.

ART. 1er. — *Logement, nourriture, entretien et frais de maladie.*

Fait dépense, le rendant, sous le présent article, de la somme de..., payée par lui pour les dépenses de logement, nourriture et entretien des deux mineurs Villeroy, pendant cette année, d'après le détail ci-après, savoir :

Pour M. Gustave Villeroy, la somme de..., composée :

1° De. . . . . — » | »

Et pour M. Adolphe Villeroy, la somme de..., composée : De. . . . . — 1800 » | 1900 »

ART. 2. — *Dépenses d'éducation et d'agrément.*

. . . . — 2100 » | 1600 »

Total des dépenses de la 2e section. . . . — 8197 85 | 8208 85

BALANCE.

Les recettes s'élèvent, en capitaux, à. . . . — 73170 » | 73750 »

Les dépenses, à la charge des capitaux sont de. . . . — 31050 » | 31050 »

Il reste en capitaux. . . . — 42120 » | 42700 »

Les recettes en revenus se sont élevées, pour M. Gustave Villeroy, à. . 8712 83

Et pour son frère, à. . . . 8741 85

Les dépenses à la charge des revenus montant à. . . . . . 8197 85 | 2202 85

Il en résulte qu'il y a excédant de recettes de. . 515 » | 589 »

Cet excédant étant ajouté au compte des capitaux. . . . — 515 » | 539 »

Il en résulte que le rendant est reliquataire, pour la première année de la deuxième période, de. . . . — 42635 » | 43239 »

DEUXIÈME ANNÉE.

Continuer le compte d'après la marche qui vient d'être indiquée, et terminer par une récapitulation des biens de chaque mineur et du passif restant à acquitter.

ARRÊTÉ DE COMPTE.

Voy. Form. 27 et 28, art. 469 à 472.

Enreg. : comme ci-dessus. — [V. CLERC, Enreg., n. 857, et Form., p. 633.]

473 à 475 [V. 472, Form. 27]. . . . . . .

CHAP. III.—DE L'ÉMANCIPATION.

476. Le mineur est émancipé de plein droit par le mariage.

477. Le mineur, même non marié, pourra être émancipé par son père, ou, à défaut de père, par sa mère, lorsqu'il aura atteint l'âge de quinze ans révolus.

Cette émancipation s'opérera par la seule déclaration du père ou de la mère, reçue par le juge de paix assisté de son greffier.

478. Le mineur resté sans père ni mère pourra aussi, mais seulement à l'âge de dix-huit ans accomplis, être émancipé, si le conseil de famille l'en juge capable.

En ce cas, l'émancipation résultera de la délibération qui l'aura autorisée, et de la déclaration que le juge de paix, comme président du conseil de famille, aura faite dans le même acte, *que le mineur est émancipé.* [Pr. 888, s. ; Com. 2, s.]

479. Lorsque le tuteur n'aura fait aucune diligence pour l'émancipation du mineur dont il est parlé dans l'article précédent, et qu'un ou plusieurs parents ou alliés de ce mineur, au degré de cousin germain ou à des degrés plus proches, le jugeront capable d'être émancipé, ils pourront requérir le juge de paix de convoquer le conseil de famille pour délibérer à ce sujet.

Le juge de paix devra déférer à cette réquisition.

480. Le compte de tutelle sera rendu au mineur émancipé, assisté d'un curateur qui lui sera nommé par le conseil de famille. [Pr. 527 s.]

481. Le mineur émancipé passera les baux dont la durée n'excédera point neuf ans ; il recevra ses revenus, en donnera décharge, et fera tous les actes qui ne sont que de pure administration, sans être restituable contre ces actes dans tous les cas où le majeur ne le serait pas lui-même. [Pr. 910.]

482. Il ne pourra intenter une action immobilière ni y défendre, même recevoir et donner décharge d'un capital mobilier, sans l'assistance de son curateur, qui, au dernier cas, surveillera l'emploi du capital reçu.

483. Le mineur émancipé ne pourra faire d'emprunts, sous aucun prétexte, sans une délibération du conseil de famille, homologuée par le tribunal de première instance, après avoir entendu le procureur impérial. [Pr. 885.]

484. Il ne pourra non plus vendre ni aliéner ses immeubles ni faire aucun acte autre que ceux de pure administration, sans observer les formes prescrites au mineur non émancipé.

A l'égard des obligations qu'il aurait contractées par voie d'achats ou autrement, elles seront réductibles en cas d'excès : les tribunaux prendront, à ce sujet, en considération la fortune du mineur, la bonne ou mauvaise foi des personnes qui auront contracté avec lui, l'utilité ou l'inutilité des dépenses.

485. Tout mineur émancipé, dont les engagements auraient été réduits en vertu de l'article précédent, pourra être privé du bénéfice de l'émancipation, laquelle lui sera retirée en suivant les mêmes formes que celles qui auront eu lieu pour la lui conférer.

486. Dès le jour où l'émancipation aura été révoquée, le mineur rentrera en tutelle, et y restera jusqu'à sa majorité accomplie.

487. Le mineur émancipé qui fait un commerce est réputé majeur pour les faits relatifs à ce commerce. [Com. 2, 3, 6.]

TITRE XI.

DE LA MAJORITÉ, DE L'INTERDICTION ET DU CONSEIL JUDICIAIRE.

Décrété le 8 germinal an XI (29 mars 1803).—Promulgué le 18 germinal (8 avril).

CHAP. Ier.—DE LA MAJORITÉ.

488. La majorité est fixée à vingt-un ans accomplis ; à cet âge on est capable de tous les actes de la vie civile, sauf la restriction portée au titre *du Mariage.* [Pr. 746, 747, 1913.]

CHAP. II.—DE L'INTERDICTION.

489. Le majeur qui est dans un état habituel d'imbécillité, de démence ou de fureur, doit être interdit, même lorsque cet état présente des intervalles lucides. [Pr. 890, s. ; T. 117, s.]

490. Tout parent est recevable à provoquer l'interdiction de son parent. Il en est de même de l'un des époux à l'égard de l'autre. [Pr. 890, s., 910.]

491. Dans le cas de fureur, si l'interdiction n'est provoquée, ni par l'époux, ni par les parents, elle doit l'être par le procureur impérial, qui, dans les cas d'imbécillité ou de démence, peut aussi la provoquer contre un individu qui n'a ni époux, ni épouse, ni parents connus. [P. 64.]

492. Toute demande en interdiction sera portée devant le tribunal de première instance [Pr. 59, 61, 69.]

493. Les faits d'imbécillité, de démence ou de fureur, seront articulés par écrit. Ceux qui poursuivront l'interdiction présenteront les témoins et les pièces. [Pr. 890, s]

494. Le tribunal ordonnera que le conseil de famille, formé selon le mode déterminé à la section IV du chapitre II du titre *de la Minorité, de la Tutelle et de l'Emancipation* donne son avis sur l'état de la personne dont l'interdiction est demandée. [Pr. 892.]

495. Ceux qui auront provoqué l'interdiction ne pourront faire partie du conseil de famille ; cependant l'époux ou l'épouse, et les enfants de la personne dont l'interdiction sera provoquée, pourront y être admis sans y avoir voix délibérative.

496. Après avoir reçu l'avis du conseil de famille, le tribunal interrogera le défendeur à la chambre du conseil ; s'il ne peut s'y présenter, il sera interrogé dans sa demeure par l'un des juges à ce commis, assisté du greffier. Dans tous les cas, le procureur impérial sera présent à l'interrogatoire. [Pr. 893.]

497. Après le premier interrogatoire, le tribunal nommera, s'il y a lieu, un administrateur provisoire, pour prendre soin de la personne et des biens du défendeur. [Pr. 895, s.]

498. Le jugement sur une demande en interdiction ne pourra être rendu qu'à l'audience publique, les parties entendues ou appelées.

499. En rejetant la demande en interdiction, le tribunal pourra néanmoins, si les circonstances l'exigent, ordonner que le défendeur ne pourra désormais plaider, transiger, emprunter, recevoir un capital mobilier, ni en donner décharge, aliéner, ni grever ses biens d'hypothèques, sans l'assistance d'un conseil qui lui sera nommé par le même jugement. [Pr. 897.]

500. En cas d'appel du jugement rendu en première instance, la Cour impériale pourra, si elle le juge nécessaire, interroger de nouveau, ou faire interroger par un commissaire, la personne dont l'interdiction est demandée. [Pr. 194, s.]

501. Tout arrêt ou jugement portant interdiction, ou nomination d'un conseil, sera à la diligence des demandeurs, levé, signifié à partie, et inscrit, dans les dix jours, sur les tableaux qui doivent être affichés dans la salle de l'auditoire et dans les études des notaires de l'arrondissement. [Pr. 890, 197 ; T. 92, 175.]

502. L'interdiction ou la nomination d'un conseil aura son effet du jour du jugement. Tous actes passés postérieurement par l'interdit, ou sans l'assistance du conseil, seront nuls de droit. [Pr. 342.]

503. Les actes antérieurs à l'interdiction pourront être annulés, si la cause de l'interdiction existait notoirement à l'époque où ces actes ont été faits.

504. Après la mort d'un individu, les actes par lui faits ne pourront être attaqués pour cause de démence, qu'autant que son interdiction aurait été prononcée ou provoquée avant son décès ; à moins que la preuve de la démence ne résulte de l'acte même qui est attaqué.

505. S'il n'y a pas d'appel du jugement d'interdiction rendu en première instance, ou s'il est confirmé sur l'appel, il sera pourvu à la nomination d'un tuteur et d'un subrogé tuteur à l'interdit, suivant les règles prescrites au titre *de la Minorité, de la Tutelle et de l'Emancipation.* L'administrateur provisoire cessera ses fonctions, et rendra compte au tuteur, s'il ne l'est pas lui-même. [Pr. 527, s., 822, s., 894, 895.]

506. Le mari est, de droit, le tuteur de sa femme interdite.

507. La femme pourra être nommée tutrice de son mari. En ce cas, le conseil de famille réglera la forme et les conditions de l'administration, sauf le recours devant les tribunaux de la part de la femme qui se croirait lésée par l'arrêté de la famille.

508. Nul, à l'exception des époux, des ascendants et descendants, ne sera tenu de conserver la tutelle d'un interdit au delà de dix ans. A l'expiration de ce délai, le tuteur pourra demander et devra obtenir son remplacement.

509. L'interdit est assimilé au mineur, pour sa personne et pour ses biens : les lois sur la tutelle des mineurs s'appliqueront à la tutelle des interdits.

510. Les revenus d'un interdit doivent être essentiellement employés à adoucir son sort et à accélérer sa guérison. Selon les caractères de sa maladie et l'état de sa fortune, le conseil de famille pourra arrêter qu'il sera traité dans son domicile, ou qu'il sera placé dans une maison de santé, et même dans un hospice.

511. Lorsqu'il sera question du mariage de l'enfant d'un interdit, la dot, ou l'avancement d'hoirie, et les autres conventions matrimoniales, seront réglés par un avis du conseil de famille, homologué par le tribunal sur les conclusions du procureur impérial. [Pr. 883, 885, s.]

512. L'interdiction cesse avec les causes qui l'ont déterminée : néanmoins, la mainlevée ne sera prononcée qu'en observant les formalités prescrites pour parvenir à l'interdiction, et l'interdit ne pourra reprendre l'exercice de ses droits qu'après le jugement de mainlevée. [Pr. 891, s., 896.]

CHAP. III. — DU CONSEIL JUDICIAIRE.

513. Il peut être défendu aux prodigues de plaider, de transiger, d'emprunter, de recevoir un capital mobilier et d'en donner décharge, d'aliéner, ni de grever leurs biens d'hypothèques, sans l'assistance d'un conseil qui leur est nommé par le tribunal. [Pr. 1090, s.]

514. La défense de procéder sans l'assistance d'un conseil, peut être provoquée par ceux qui ont droit de demander l'interdiction ; leur demande doit être instruite et jugée de la même manière.

Cette défense ne peut être levée qu'en observant les mêmes formalités. [Pr. 890.]

515. Aucun jugement, en matière d'interdiction ou de nomination de conseil, ne pourra être rendu, soit en première instance, soit en cause d'appel, que sur les conclusions du ministère public. [Pr. 83, 892.]

LIVRE DEUXIÈME.

DES BIENS ET DES DIFFÉRENTES MODIFICATIONS DE LA PROPRIÉTÉ.

TITRE Ier.

DE LA DISTINCTION DES BIENS.

Décrété le 4 pluviôse an XII (25 janvier 1804).—Promulgué le 14 pluviôse (4 février).

516. Tous les biens sont meubles ou immeubles.

Autorisation à un mineur pour faire le commerce.

Par-devant Me..., etc.,   A comparu :

M. Denis-Louis Maillard, libraire, demeurant à..., Lequel a, par ces présentes, déclaré autoriser spécialement M. Auguste Maillard, son fils mineur, commis-libraire, demeurant à..., âgé de dix-huit ans révolus et émancipé suivant la déclaration faite par le comparant devant le juge de paix de..., le...,

A exercer la profession de libraire-éditeur et à faire, relativement à cette profession, toutes opérations commerciales sans exception :

En conséquence, vendre et acheter, faire tous marchés, toutes entreprises et fournitures, souscrire et endosser tous billets, lettres de change et effets de commerce, faire tous recouvrements ainsi que toutes poursuites et exécutions, et généralement prendre tous engagements et faire tous actes permis par les lois aux commerçants.

Pour faire publier ces présentes partout où besoin sera, tout pouvoir est donné au porteur d'une expédition. Dont acte :

Fait et passé, etc.

Enreg. : droit fixe, 2 fr. — [V. Clerc, Enreg., n. 152, et Form., p. 112.]

CHAP. Ier. — DES IMMEUBLES.

517. Les biens sont immeubles, ou par leur nature, ou par leur destination, ou par l'objet auquel ils s'appliquent.

518. Les fonds de terre et les bâtiments sont immeubles par leur nature.

519. Les moulins à vent ou à eau, fixés sur piliers et faisant partie du bâtiment, sont aussi immeubles par leur nature.

520. Les récoltes pendantes par les racines et les fruits des arbres non encore recueillis, sont pareillement immeubles.

Dès que les grains sont coupés et les fruits détachés, quoique non enlevés, ils sont meubles.

Si une partie seulement de la récolte est coupée, cette partie seule est meuble. [P. 626, s.]

521. Les coupes ordinaires des bois taillis ou de futaies mises en coupes réglées ne deviennent meubles qu'au fur et à mesure que les arbres sont abattus.

522. Les animaux que le propriétaire du fonds livre au fermier ou au métayer pour la culture, estimés ou non, sont censés immeubles tant qu'ils demeurent attachés au fonds par l'effet de la convention.

Ceux qu'il donne à cheptel, à d'autres qu'au fermier ou au métayer, sont meubles.

523. Les tuyaux servant à la conduite des eaux dans une maison ou autre héritage sont immeubles, et font partie du fonds auquel ils sont attachés.

524. Les objets que le propriétaire d'un fonds y a placés, pour le service et l'exploitation de ce fonds, sont immeubles par destination.

Ainsi, sont immeubles par destination, quand ils ont été placés par le propriétaire pour le service et l'exploitation du fonds :

Les animaux attachés à la culture;

Les ustensiles aratoires;

Les semences données aux fermiers ou colons partiaires;

Les pigeons des colombiers;

Les lapins des garennes; les ruches à miel;

Les poissons des étangs;

Les pressoirs, chaudières, alambics, cuves et tonnes;

Les ustensiles nécessaires à l'exploitation des forges, papeteries et autres usines;

Les pailles et engrais.

Sont aussi immeubles par destination, tous effets mobiliers que le propriétaire a attachés au fonds à perpétuelle demeure. [Pr. 592.]

525. Le propriétaire est censé avoir attaché à son fonds des effets mobiliers à perpétuelle demeure, quand ils y sont scellés en plâtre ou à chaux ou à ciment, ou lorsqu'ils ne peuvent être détachés sans être fracturés et détériorés, ou sans briser ou détériorer la partie du fonds à laquelle ils sont attachés.

Les glaces d'un appartement sont censées mises à perpétuelle demeure, lorsque le parquet sur lequel elles sont attachées fait corps avec la boiserie.

Il en est de même des tableaux et autres ornements.

Quant aux statues, elles sont immeubles lorsqu'elles sont placées dans une niche pratiquée exprès pour les recevoir, encore qu'elles puissent être enlevées sans fracture ou détérioration.

526. Sont immeubles, par l'objet auquel ils s'appliquent :

L'usufruit des choses immobilières;

Les servitudes ou services fonciers;

Les actions qui tendent à revendiquer un immeuble. [Pr. 682.]

CHAP. II. — DES MEUBLES.

527. Les biens sont meubles par leur nature, ou par la détermination de la loi.

528. Sont meubles par leur nature les corps qui peuvent se transporter d'un lieu à un autre, soit qu'ils se meuvent par eux-mêmes, comme les animaux, soit qu'ils ne puissent changer de place que par l'effet d'une force étrangère, comme les choses inanimées. [Comm. 190.].

529. Sont meubles par la détermination de la loi les obligations et actions qui ont pour objet des sommes exigibles ou des effets mobiliers, les actions ou intérêts dans les compagnies de finance, de commerce ou d'industrie, encore que des immeubles dépendants de ces entreprises appartiennent aux compagnies. Ces actions ou intérêts sont réputés meubles à l'égard de chaque associé seulement, tant que dure la société.

Sont aussi meubles par la détermination de la loi les rentes perpétuelles ou viagères, soit sur l'Etat, soit sur des particuliers.

ART. 530.

Décrété le 30 ventôse an XII (21 mars 1804).—Promulgué le 10 germinal (31 mars).

530. Toute rente établie à perpétuité pour le prix de la vente d'un immeuble, ou comme condition de la cession, à titre onéreux ou gratuit, d'un fonds immobilier, est essentiellement rachetable.

Il est néanmoins permis au créancier de régler les clauses et conditions du rachat.

Il lui est aussi permis de stipuler que la rente ne pourra lui être remboursée qu'après un certain terme, lequel ne peut jamais excéder trente ans; toute stipulation contraire est nulle. [Pr. 636.]

531. Les bateaux, bacs, navires, moulins et bains sur bateaux, et généralement toutes usines non fixées par des piliers, et ne faisant point partie de la maison, sont meubles: la saisie de quelques-unes de ces objets peut cependant, à cause de leur importance, être soumise à des formes particulières, ainsi qu'il sera expliqué dans le Code de procédure civile. [Pr. 620; Comm. 190; 215; P. 457.]

532. Les matériaux provenant de la démolition d'un édifice, ceux assemblés pour en construire un nouveau, sont meubles jusqu'à ce qu'ils soient employés par l'ouvrier dans une construction.

533. Le mot *meuble*, employé seul dans les dispositions de la loi ou de l'homme, sans autres addition ni désignation, ne comprend pas l'argent comptant. les pierreries, les dettes actives, les livres, les médailles, les instruments des sciences, des arts et métiers, le linge de corps, les chevaux, équipages, armes, grains, vins, foins et autres denrées; il ne comprend pas aussi ce qui fait l'objet d'un commerce. [Com. 632, 633.]

534. Les mots *meubles meublants* ne comprennent que les meubles destinés à l'usage et à l'ornement des appartements, comme tapisseries, lits, sièges, glaces, pendules, tables, porcelaines et autres objets de cette nature.

Les tableaux et les statues qui font partie du meuble d'un appartement y sont aussi compris, mais non les collections de tableaux qui peuvent être dans les galeries ou pièces particulières.

Il en est de même des porcelaines : celles seulement qui font partie de la décoration d'un appartement, sont comprises sous la dénomination de *meubles meublants*.

535. L'expression *biens meubles*, celle de *mobilier* ou d'*effets mobiliers*, comprennent généralement tout ce qui est censé meuble d'après les règles ci-dessus établies.

La vente ou le don d'une maison meublée ne comprend que les meubles meublants.

536. La vente ou le don d'une maison avec tout ce qui s'y trouve, ne comprend pas l'argent content, ni les dettes actives et autres droits dont les titres peuvent être déposés dans la maison; tous les autres effets mobiliers y sont compris.

CHAP. III.—DES BIENS DANS LEUR RAPPORT AVEC CEUX QUI LES POSSÈDENT.

537. Les particuliers ont la libre disposition des biens qui leur appartiennent, sous les modifications établies par les lois.

Les biens qui n'appartiennent pas à des particuliers, sont administrés et ne peuvent être aliénés que dans les formes et suivant les règles qui leur sont particulières.

538. Les chemins, routes et rues à la charge de l'Etat, les fleuves et rivières navigables ou flottables, les rivages, lais et relais de la mer, les ports, les havres, les rades, et généralement toutes les portions du territoire français qui ne sont pas susceptibles d'une propriété privée, sont considérés comme des dépendances du domaine public. [Pr. 83.]

539. Tous les biens vacants et sans maître, et ceux des personnes qui décèdent sans héritiers, ou dont les successions sont abandonnées, appartiennent au domaine public.

540. Les portes, murs, fossés, remparts des places de guerre et des forteresses, font aussi partie du domaine public.

541. Il en est de même des terrains, des fortifications et remparts des places qui ne sont plus places de guerre : ils appartiennent à l'Etat, s'ils n'ont été valablement aliénés, ou si la propriété n'en a pas été prescrite contre lui.

542. Les biens communaux sont ceux à la propriété ou au produit desquels les habitants d'une ou plusieurs communes ont un droit acquis.

543. On peut avoir sur les biens, ou un droit de propriété, ou un simple droit de jouissance, ou seulement des services fonciers à prétendre.

TITRE II.

DE LA PROPRIÉTÉ.

Décrété le 6 pluviôse an XII (27 janvier 1804). — Promulgué le 16 pluviôse (6 février.)

544. La propriété est le droit de jouir et disposer des choses de la manière la plus absolue, pourvu qu'on n'en fasse pas un usage prohibé par les lois ou par les règlements.

545. Nul ne peut être contraint de céder sa propriété, si ce n'est pour cause d'utilité publique, et moyennant une juste et préalable indemnité.

546. La propriété d'une chose, soit mobilière, soit immobilière, donne droit sur tout ce qu'elle produit, et sur ce qui s'y unit accessoirement, soit naturellement soit artificiellement. Ce droit s'appelle *droit d'accession*.

---

530. . . . . Form. 31.

Quittance de remboursement de rente.

Par-devant Me..., *Ont comparu :*

M. Jean-Baptiste Gombert, propriétaire, et dame Charlotte de Bauve, son épouse, qu'il autorise, demeurant à...,

Lesquels ont, par ces présentes, payé en espèces de monnaie, comptées et délivrées à la vue des notaires soussignés,

A M. Joseph-Théodore Leclercq, ancien négociant, demeurant à..., à ce présent, qui le reconnaît :

1° La somme principale de 12,500 fr. pour le rachat et l'extinction d'une rente annuelle et perpétuelle de 500 fr., créée et constituée par M. et Mme Gombert, au profit de M. Leclerc, suivant contrat passé devant Me..., notaire à..., le..., ci. 12500　»

2° Et la somme de 86 fr. 65 c.. pour arrérages de cette rente, courus jusqu'à ce jour, depuis le..., ci. 86 65

Ensemble, 12,586 fr. 65 c., ci. 12586 65

De laquelle somme ainsi payée, M. Leclerc quitte et libère M. et Mme Gombert, et tous autres, dont quittance, et il se désiste de tous droits de privilège attachés à sa créance par suite de l'emploi dont il va être parlé.

Dans le contrat de constitution susénoncé, M. et Mme Gombert s'étaient engagés à employer, jusqu'à due concurrence, les 12,500 fr. formant le prix de cette constitution, à payer, un reste de 10,000 fr. sur le prix de 80,000 fr., moyennant lequel ils avaient acquis la ferme des Fontaines, située commune de Frénou, arrondissement de Corbeil; département de Seine-et-Oise, suivant contrat passé devant Me..., notaire..., à..., le..., en suite du contrat de vente.

Cet emploi a eu lieu, en effet, aux termes d'une quittance de la somme de 10,000 fr. donnée à M. Gombert par M. et Mme Duval, ses vendeurs, devant Me..., notaire..., à..., le..., en suite du contrat de vente.

Dans cet acte, l'origine des deniers ayant été déclarée, M. Leclerc a été subrogé, jusqu'à concurrence de 10,000 fr., dans les droits et privilèges de M. et Mme Duval, vendeurs.

En conséquence, M. Leclerc se désiste de ses droits d'hypothèque, de privilège et d'action résolutoire, fait mainlevée définitive et sans réserve :

1° D'une inscription prise à son profit, au bureau des hypothèques de Corbeil, le..., vol..., n°..., contre M. et Mme Gombert;

2° En ce qu'elle milite à son profit, de l'inscription faite d'office au même bureau, le..., vol..., n°..., au profit de M. et Mme Duval, contre M. Gombert;

3° Et de la subrogation mentionnée en marge de cette inscription, le..., au profit de M. Leclerc;

Consentant que ces inscription et subrogation soient rayées de tous registres et états, et que tout conservateur, en faisant cette radiation, soit valablement déchargé.

Reconnaissent M. et Mme Gombert que M. Leclerc leur a remis :

La grosse de son état de constitution;

Un bordereau et un état d'inscriptions;

Un extrait de la quittance ci-devant énoncée,

Et un certificat de subrogation. *Dont décharge.*

Consentent, les parties, que mention des présentes, etc. Dont acte, etc.

Enreg. : 0 fr. 50 cent. p. 100.—[V. Clerc, Enreg., n. 705, et Form., p. 245.]

CHAP. Ier.—DU DROIT D'ACCESSION SUR CE QUI EST PRODUIT PAR LA CHOSE.

547. Les fruits naturels ou industriels de la terre,

Les fruits civils,

Le croît des animaux,

Appartiennent au propriétaire par droit d'accession.

548. Les fruits produits par la chose n'appartiennent au propriétaire qu'à la charge de rembourser les frais des labours, travaux et semences faits par des tiers.

549. Le simple possesseur ne fait les fruits siens que dans le cas où il possède de bonne foi : dans le cas contraire, il est tenu de rendre les produits avec la chose au propriétaire qui la revendique.

550. Le possesseur est de bonne foi quand il possède comme propriétaire, en vertu d'un titre translatif de propriété dont il ignore les vices.

Il cesse d'être de bonne foi du moment où ces vices lui sont connus. (Pr. 129, 526.)

CHAP. II.—DU DROIT D'ACCESSION SUR CE QUI S'UNIT ET S'INCORPORE A LA CHOSE.

551. Tout ce qui s'unit et s'incorpore à la chose appartient au propriétaire, suivant les règles qui seront ci-après établies.

SECT. I. — *Du droit d'accession relativement aux choses immobilières.*

552. La propriété du sol emporte la propriété du dessus et du dessous.

Le propriétaire peut faire au-dessus toutes les plantations et constructions qu'il juge à propos, sauf les exceptions établies au titre *des Servitudes ou Services fonciers.*

Il peut faire au-dessous toutes les constructions et fouilles qu'il jugera à propos, et tirer de ces fouilles tous les produits qu'elles peuvent fournir, sauf les modifications résultant des lois et réglements relatifs aux mines, et des lois et réglements de police.

553. Toutes constructions, plantations et ouvrages sur un terrain ou dans l'intérieur sont présumés faits par le propriétaire à ses frais et lui appartenir, si le contraire n'est prouvé ; sans préjudice de la propriété qu'un tiers pourrait avoir acquise ou pourrait acquérir par prescription, soit d'un souterrain sous le bâtiment d'autrui, soit de toute autre partie du bâtiment.

554. Le propriétaire du sol qui a fait des constructions, plantations et ouvrages avec des matériaux qui ne lui appartenaient pas, doit en payer la valeur ; il peut aussi être condamné à des dommages et intérêts, s'il y a lieu : mais le propriétaire des matériaux n'a pas le droit de les enlever.

555. Lorsque les plantations, constructions et ouvrages ont été faits par un tiers et avec ses matériaux, le propriétaire du fonds a droit ou de les retenir, ou d'obliger ce tiers à les enlever.

Si le propriétaire du fonds demande la suppression des plantations et constructions, elle est aux frais de celui qui les a faites, sans aucune indemnité pour lui ; il peut même être condamné à des dommages et intérêts, s'il y a lieu, pour le préjudice que peut avoir éprouvé le propriétaire du fonds.

Si le propriétaire préfère conserver ces plantations et constructions, il doit le remboursement de la valeur des matériaux et du prix de la main-d'œuvre, sans égard à la plus ou moins grande augmentation de valeur que le fonds a pu recevoir. Néanmoins, si les plantations, constructions et ouvrages ont été faits par un tiers évincé, qui n'aurait pas été condamné à la restitution des fruits, attendu sa bonne foi, le propriétaire ne pourra demander la suppression desdits ouvrages, plantations et constructions ; mais il aura le choix, ou de rembourser la valeur des matériaux et du prix de la main-d'œuvre, ou de rembourser une somme égale à celle dont le fonds a augmenté de valeur.

556. Les atterrissements et accroissements qui se forment successivement et imperceptiblement aux fonds riverains d'un fleuve ou d'une rivière, s'appellent *alluvion.*

L'alluvion profite au propriétaire riverain, soit qu'il s'agisse d'un fleuve ou d'une rivière navigable, flottable ou non ; à la charge, dans le premier cas, de laisser le marchepied ou chemin de halage, conformément aux réglements.

557. Il en est de même des relais que forme l'eau courante qui se retire insensiblement de l'une de ses rives en se portant sur l'autre : le propriétaire de la rive découverte profite de l'alluvion, sans que le riverain du côté opposé y puisse venir réclamer le terrain qu'il a perdu.

Ce droit n'a pas lieu à l'égard des relais de la mer.

558. L'alluvion n'a pas lieu à l'égard des lacs et étangs, dont le propriétaire conserve toujours le terrain que l'eau couvre quand elle est à la hauteur de la décharge de l'étang, encore que le volume de l'eau vienne à diminuer.

Réciproquement le propriétaire de l'étang n'acquiert aucun droit sur les terres riveraines que son eau vient à couvrir dans des crues extraordinaires. [P. 461, 479.]

559. Si un fleuve ou une rivière, navigable ou non, enlève par une force subite une partie considérable et reconnaissable d'un champ riverain, et la porte vers un champ inférieur, ou sur la rive opposée, le propriétaire de la partie enlevée peut réclamer sa propriété ; mais il est tenu de former sa demande dans l'année : après ce délai, il n'y sera plus recevable, à moins que le propriétaire du champ auquel la partie enlevée a été unie n'eût pas encore pris possession de celle-ci.

560. Les îles, îlots, atterrissements, qui se forment dans le lit des fleuves ou des rivières navigables ou flottables, appartiennent à l'Etat, s'il n'y a titre ou prescription contraire.

561. Les îles et atterrissements qui se forment dans les rivières non navigables et non flottables, appartiennent aux propriétaires riverains du côté où l'île s'est formée : si l'île n'est pas formée d'un seul côté, elle appartient aux propriétaires riverains des deux côtés, à partir de la ligne qu'on suppose tracée au milieu de la rivière.

562. Si une rivière ou un fleuve, en se formant un bras nouveau, coupe et embrasse le champ d'un propriétaire riverain, et en fait une île, ce propriétaire conserve la propriété de son champ, encore que l'île se soit formée dans un fleuve ou dans une rivière navigable ou flottable.

563. Si un fleuve ou une rivière navigable, flottable ou non, se forme un nouveau cours en abandonnant son ancien lit, les propriétaires des fonds nouvellement occupés prennent, à titre d'indemnité, l'ancien lit abandonné, chacun dans la proportion du terrain qui lui a été enlevé.

564. Les pigeons, lapins, poissons, qui passent dans un autre colombier, garenne ou étang, appartiennent au propriétaire de ces objets, pourvu qu'ils n'y aient point été attirés par fraude et artifice. [P. 388, 452.]

SECT. II. — *Du droit d'accession relativement aux choses mobilières.*

565. Le droit d'accession, quand il a pour objet deux choses mobilières appartenant à deux maîtres différents, est entièrement subordonné aux principes de l'équité naturelle.

Les règles suivantes serviront d'exemple au juge pour se déterminer, dans les cas non prévus, suivant les circonstances particulières.

566. Lorsque deux choses appartenant à différents maîtres, qui ont été unies de manière à former un tout, sont néanmoins séparables, en sorte que l'une puisse subsister sans l'autre, le tout appartient au maître de la chose qui forme la partie principale, à la charge de payer à l'autre la valeur de la chose qui a été unie.

567. Est réputée partie principale celle à laquelle l'autre n'a été unie que pour l'usage, l'ornement ou le complément de la première.

568. Néanmoins, quand la chose unie est beaucoup plus précieuse que la chose principale, et quand elle a été employée à l'insu du propriétaire, celui-ci peut demander que la chose unie soit séparée pour lui être rendue, même quand il pourrait en résulter quelque dégradation de la chose à laquelle elle a été jointe.

569. Si de deux choses unies pour former un seul tout, l'une ne peut point être regardée comme l'accessoire de l'autre, celle-là est réputée principale qui est la plus considérable en valeur, ou en volume, si les valeurs sont à peu près égales.

570. Si un artisan ou une personne quelconque a employé une matière qui ne lui appartenait pas, à former une chose d'une nouvelle espèce, soit que la matière puisse ou non reprendre sa première forme, celui qui en était le propriétaire a le droit de réclamer la chose qui en a été formée, en remboursant le prix de la main-d'œuvre.

571. Si cependant la main-d'œuvre était tellement importante qu'elle surpassât de beaucoup la valeur de la matière employée, l'industrie serait alors réputée la partie principale, et l'ouvrier aurait le droit de retenir la chose travaillée en remboursant le prix de la matière au propriétaire.

572. Lorsqu'une personne a employé, en partie la matière qui lui appartenait, et en partie celle qui ne lui appartenait pas, à former une chose d'une espèce nouvelle, sans que ni l'une ni l'autre des deux matières soient entièrement détruite, mais de manière qu'elles ne puissent pas se séparer sans inconvénient, la chose est commune aux deux propriétaires, en raison, quant à l'un, de la matière qui lui appartenait ; quant à l'autre, en raison à la fois et de la matière qui lui appartenait, et du prix de sa main-d'œuvre.

573. Lorsqu'une chose a été formée par le mélange de plusieurs matières appartenant à différents propriétaires, mais dont aucune ne peut être regardée comme la matière principale, si les matières peuvent être séparées, celui à l'insu duquel les matières ont été mélangées peut en demander la division.

Si les matières ne peuvent plus être séparées sans inconvénient, ils en acquièrent en commun la propriété dans la proportion de la quantité, de la qualité et de la valeur des matières appartenant à chacun d'eux.

574. Si la matière appartenant à l'un des propriétaires était de beaucoup supérieure à l'autre par la quantité et le prix, en ce cas le propriétaire de la matière supérieure en valeur pourrait réclamer la chose provenue du mélange, en remboursant à l'autre la valeur de sa matière.

575. Lorsque la chose reste en commun entre les propriétaires des matières dont elle a été formée, elle doit être licitée au profit commun.

576. Dans tous les cas où le propriétaire dont la matière a été employée, à son insu, à former une chose d'une autre espèce, peut réclamer la propriété de cette chose, il a le choix de demander la restitution de sa matière en même nature, quantité, poids, mesure et bonté, ou sa valeur.

577. Ceux qui auront employé des matières appartenant à d'autres, et à leur insu, pourront aussi être condamnés à des dommages et intérêts, s'il y a lieu, sans préjudice des poursuites par voie extraordinaire, si le cas y échet. [P. 379, s.]

TITRE III.

DE L'USUFRUIT, DE L'USAGE ET DE L'HABITATION.

Décrété le 9 pluviôse an XII (30 janvier 1804). — Promulgué le 19 pluviôse (9 février).

CHAP. Ier. — DE L'USUFRUIT.

578. L'usufruit est le droit de jouir des choses dont un autre a la propriété, comme le propriétaire lui-même, mais à la charge d'en conserver la substance.

579. L'usufruit est établi par la loi, ou par la volonté de l'homme.

580. L'usufruit peut être établi, ou purement ou à certain jour, ou à condition.

581. Il peut être établi sur toute espèce de biens meubles ou immeubles.

SECT. I. — *Des droits de l'usufruitier.*

582. L'usufruitier a le droit de jouir de toute espèce de fruits, soit naturels, soit industriels, soit civils, que peut produire l'objet dont il a l'usufruit.

583. Les fruits naturels sont ceux qui sont le produit spontané de la terre. Le produit et le croît des animaux sont aussi des fruits naturels.

Les fruits industriels d'un fonds sont ceux qu'on obtient par la culture.

584. Les fruits civils sont les loyers des maisons, les intérêts des sommes exigibles, les arrérages des rentes.

Le prix des baux à ferme sont aussi rangés dans la classe des fruits civils.

585. Les fruits naturels et industriels, pendants par branches ou par racines au moment où l'usufruit est ouvert, appartiennent à l'usufruitier.

Ceux qui sont dans le même état au moment où finit l'usufruit appartiennent au propriétaire, sans récompense de part ni d'autre des labours et des semences, mais aussi sans préjudice de la portion des fruits qui pourrait être acquise au colon partiaire, s'il en existait un au commencement ou à la cessation de l'usufruit.

586. Les fruits civils sont réputés s'acquérir jour par jour, et appartiennent à l'usufruitier, à proportion de la durée de son usufruit. Cette règle s'applique aux prix des baux à ferme, comme aux loyers des maisons et aux autres fruits civils.

587. Si l'usufruit comprend des choses dont on ne peut faire usage sans les consommer, comme l'argent, les grains, les liqueurs, l'usufruitier a le droit de s'en servir, mais à la charge d'en rendre de pareilles quantité, qualité et valeur, ou leur estimation, à la fin de l'usufruit.

588. L'usufruit d'une rente viagère donne aussi à l'usufruitier, pendant la durée de son usufruit, le droit d'en percevoir les arrérages, sans être tenu à aucune restitution.

589. Si l'usufruit comprend des choses qui, sans se consommer de suite, se détériorent peu à peu par l'usage, comme du linge, des meubles meublants, l'usufruitier a le droit de s'en servir pour l'usage auquel elles sont destinées, et n'est obligé de les rendre, à la fin de l'usufruit, que dans l'état où elles se trouvent, non détériorées par son dol ou par sa faute.

590. Si l'usufruit comprend des bois taillis, l'usufruitier est tenu d'observer l'ordre et la quotité des coupes, conformément à l'aménagement ou à l'usage constant des propriétaires; sans indemnité toutefois en faveur de l'usufruitier ou de ses héritiers, pour les coupes ordinaires, soit de taillis, soit de baliveaux, soit de futaie, qu'il n'aurait pas faites pendant sa jouissance.

Les arbres qu'on peut tirer d'une pépinière sans la dégrader, ne font aussi partie de l'usufruit qu'à la charge par l'usufruitier de se conformer aux usages des lieux pour le remplacement.

591. L'usufruitier profite encore, toujours en se conformant aux époques et à l'usage des anciens propriétaires, des parties de bois de haute futaie qui ont été mises en coupes réglées, soit que ces coupes se fassent périodiquement sur une certaine étendue de terrain, soit qu'elles se fassent d'une certaine quantité d'arbres pris indistinctement sur toute la surface du domaine.

592. Dans tous les autres cas, l'usufruitier ne peut toucher aux arbres de haute futaie : il peut seulement employer, pour faire les réparations dont il est tenu, les arbres arrachés ou brisés par accident; il peut même, pour cet objet, en faire abattre s'il est nécessaire, mais à la charge d'en faire constater la nécessité avec le propriétaire.

593. Il peut prendre, dans les bois, des échalas pour les vignes; il peut aussi prendre sur les arbres, des produits annuels ou périodiques; le tout suivant l'usage du pays ou la coutume des propriétaires.

594. Les arbres fruitiers qui meurent, ceux même qui sont arrachés ou brisés par accident,

appartiennent à l'usufruitier, à la charge de les remplacer par d'autres.

595. L'usufruitier peut jouir par lui-même, donner à ferme à un autre, ou même vendre ou céder son droit à titre gratuit. S'il donne à ferme, il doit se conformer, pour les époques où les baux doivent être renouvelés, et pour leur durée, aux règles établies pour le mari à l'égard des biens de la femme, au titre *du Contrat de mariage et des droits respectifs des époux.*

596. L'usufruitier jouit de l'augmentation survenue par alluvion à l'objet dont il a l'usufruit.

597. Il jouit des droits de servitude, de passage, et généralement de tous les droits dont le propriétaire peut jouir, et il en jouit comme le propriétaire lui-même.

598. Il jouit aussi, de la même manière que le propriétaire, des mines et carrières qui sont en exploitation à l'ouverture de l'usufruit; et néanmoins, s'il s'agit d'une exploitation qui ne puisse être faite sans une concession, l'usufruitier ne pourra en jouir qu'après en avoir obtenu la permission de l'Empereur.

Il n'a aucun droit aux mines et carrières non encore ouvertes, ni aux tourbières dont l'exploitation n'est point encore commencée, ni au trésor qui pourrait être découvert pendant la durée de l'usufruit.

599. Le propriétaire ne peut, par son fait, ni de quelque manière que ce soit, nuire aux droits de l'usufruitier.

De son côté, l'usufruitier ne peut, à la cessation de l'usufruit, réclamer aucune indemnité pour les améliorations qu'il prétendrait avoir faites, encore que la valeur de la chose en fût augmentée.

Il peut cependant, ou ses héritiers, enlever les glaces, tableaux et autres ornements qu'il aurait fait placer, mais à la charge de rétablir les lieux dans leur premier état.

SECT. II. — *Des obligations de l'usufruitier.*

600. L'usufruitier prend les choses dans l'état où elles sont; mais il ne peut entrer en jouissance qu'après avoir fait dresser, en présence du propriétaire, ou lui dûment appelé, un inventaire des meubles et un état des immeubles sujets à l'usufruit. [Pr. 943, s.]

601. Il donne caution de jouir en bon père de famille, s'il n'en est dispensé par l'acte constitutif de l'usufruit; cependant, les père et mère ayant l'usufruit légal du bien de leurs enfants, le vendeur ou le donateur sous réserve d'usufruit, ne sont pas tenus de donner caution. [Pr. 518, s.]

602. Si l'usufruitier ne trouve pas de caution, les immeubles sont donnés à ferme ou mis en séquestre;

Les sommes comprises dans l'usufruit sont placées;

Les denrées sont vendues, et le prix en provenant est pareillement placé;

Les intérêts de ces sommes et les prix des fermes appartiennent, dans ce cas, à l'usufruitier. [Pr. 945, s.]

603. A défaut d'une caution de la part de l'usufruitier, le propriétaire peut exiger que les meubles qui dépérissent par l'usage soient vendus, pour le prix en être placé comme celui des denrées; et alors l'usufruitier jouit de l'intérêt pendant son usufruit : cependant l'usufruitier pourra demander, et les juges pourront ordonner, suivant les circonstances, qu'une partie des

meubles nécessaires pour son usage lui soit délaissée, sous sa simple caution juratoire, et à la charge de les représenter à l'extinction de l'usufruit.

604. Le retard de donner caution ne prive pas l'usufruitier des fruits auxquels il peut avoir droit; ils lui sont dus du moment où l'usufruit a été ouvert.

605. L'usufruitier n'est tenu qu'aux réparations d'entretien.

Les grosses réparations demeurent à la charge du propriétaire, à moins qu'elles n'aient été occasionnées par le défaut de réparations d'entretien, depuis l'ouverture de l'usufruit; auquel cas l'usufruitier en est aussi tenu.

606. Les grosses réparations sont celles des gros murs et des voûtes, le rétablissement des poutres et des couvertures entières;

Celui des digues et des murs de soutènement et de clôture aussi en entier.

Toutes les autres réparations sont d'entretien.

607. Ni le propriétaire, ni l'usufruitier, ne sont tenus de rebâtir ce qui est tombé de vétusté, ou ce qui a été détruit par cas fortuit.

608. L'usufruitier est tenu, pendant sa jouissance, de toutes les charges annuelles de l'héritage, telles que les contributions et autres qui, dans l'usage, sont censées charges des fruits.

609. A l'égard des charges qui peuvent être imposées sur la propriété pendant la durée de l'usufruit, l'usufruitier et le propriétaire y contribuent ainsi qu'il suit :

Le propriétaire est obligé de les payer, et l'usufruitier doit lui tenir compte des intérêts;

Si elles sont avancées par l'usufruitier, il a la répétition du capital à la fin de l'usufruit.

610. Le legs fait par un testateur, d'une rente viagère ou pension alimentaire, doit être acquitté par le légataire universel de l'usufruit dans son intégrité, et par le légataire à titre universel de l'usufruit, dans la proportion de sa jouissance, sans aucune répétition de leur part.

611. L'usufruitier à titre particulier n'est pas tenu des dettes auxquelles le fonds est hypothéqué : s'il est forcé de les payer, il a son recours contre le propriétaire, sauf ce qui est dit à l'art. 1020, au titre *des Donations entrevifs et des Testaments.*

612. L'usufruitier, ou universel, ou à titre universel, doit contribuer avec le propriétaire au paiement des dettes, ainsi qu'il suit :

On estime la valeur du fonds sujet à usufruit; on fixe ensuite la contribution aux dettes à raison de cette valeur.

Si l'usufruitier veut avancer la somme pour laquelle le fonds doit contribuer, le capital lui en est restitué à la fin de l'usufruit, sans aucun intérêt.

Si l'usufruitier ne veut pas faire cette avance, le propriétaire a le choix, ou de payer cette somme, et, dans ce cas, l'usufruitier lui tient compte des intérêts pendant la durée de l'usufruit, ou de faire vendre jusqu'à due concurrence une portion des biens soumis à l'usufruit.

613. L'usufruitier n'est tenu que des frais des procès qui concernent la jouissance, et des autres condamnations auxquelles ces procès pourraient donner lieu. [Pr. 130.]

614. Si, pendant la durée de l'usufruit, un tiers commet quelque usurpation sur le fonds, ou attente autrement aux droits du propriétaire, l'usufruitier est tenu de le dénoncer à celui-ci :

---

586 à 594 . . . .

595 [578, 1607]. . . . . . Form. 32.

Vente d'usufruit.

Par-devant M°..., *Furent présents :*
M. Hippolyte Garnon, propriétaire, et Mme Henriette Villard, son épouse, qu'il autorise, demeurant à...

Lesquels ont, par ces présentes, vendu, cédé et abandonné, et se sont obligés, solidairement entre eux, à garantir de tous troubles, évictions et empêchements quelconques,

A M. Mathurin Rousseau, rentier, demeurant à...,

A ce présent et acceptant.

DÉSIGNATION.

L'usufruit *et jouissance*, pendant la vie de M. Rousseau, acquéreur, d'une maison, située à..., etc.

Ainsi que le tout se poursuit et comporte, sans aucune exception.

PROPRIÉTÉ.

M. et Mme Garnon sont propriétaires de cette maison au moyen de l'acquisition qu'ils en ont faite, etc. (*Voir formule de vente, n° 244*).

JOUISSANCE.

L'usufruit de M. Rousseau commencera par la jouissance de ladite maison et la perception des loyers et revenus qu'elle produit, à partir du 1er avril prochain jusqu'au jour de son décès, époque à laquelle cet usufruit sera éteint, et M. et Mme Garnon reprendront de nouveau la jouissance de leur maison.

CHARGES ET CONDITIONS.

La présente vente est faite à la charge par l'acquéreur qui s'y oblige :

1° De prendre ladite maison dans l'état où elle se trouve actuellement, de l'entretenir, pendant toute la durée de l'usufruit, de toutes les réparations d'entretien, et de la laisser, à la fin de sa jouissance, conforme à l'état qui en sera dressé sous quinzaine, aux frais de l'acquéreur.

2° De jouir de ladite maison en bon père de famille, sans pouvoir faire aucun changement de distribution ni percement de mur, et en se conformant, pour les baux et locations, aux règles prescrites par la loi,

3° De souffrir les grosses réparations qu'il serait

nécessaire de faire à ladite maison, quelle que soit leur durée, et sans pouvoir réclamer aucune indemnité pour privation de jouissance.

4° D'exécuter les baux et locations qui peuvent exister de tout ou partie de ladite maison, de manière que les vendeurs ne soient point inquiétés ni recherchés à cet égard.

5° D'acquitter, à partir du 1er avril prochain, les contributions foncières et autres auxquelles cette maison peut être assujettie;

6° Enfin, de supporter tous les frais et honoraires des présentes.

PRIX.

La présente vente est faite, en outre, moyennant la somme de 20,000 fr., que M. Rousseau a, à l'instant, payée à M. et Mme Garnon, qui le reconnaissent et lui donnent quittance définitive.

TRANSCRIPTION ET PURGE LÉGALE.
(*Pour la suite, V. les formules de vente, n°s 244 et s.*).

Enreg. : 5 fr 50 c. p. 100. — [V. CLERC, Enreg., n. 2003. et Form., p. 369.]

595 à 614 . . . .

faute de ce, il est responsable de tout le dommage qui peut en résulter pour le propriétaire, comme il le serait de dégradations commises par lui-même.

615. Si l'usufruit n'est établi que sur un animal qui vient à périr sans la faute de l'usufruitier, celui-ci n'est pas tenu d'en rendre un autre, ni d'en payer l'estimation.

616. Si le troupeau sur lequel un usufruit a été établi périt entièrement par accident ou par maladie, et sans la faute de l'usufruitier, celui-ci n'est tenu envers le propriétaire que de lui rendre compte des cuirs ou de leur valeur.

Si le troupeau ne périt pas entièrement, l'usufruitier est tenu de remplacer, jusqu'à concurrence du croît, les têtes des animaux qui ont péri.

SECT. III. — *Comment l'usufruit prend fin.*

617. *L'usufruit s'éteint,*
Par la mort naturelle et par la mort civile de l'usufruitier ;
Par l'expiration du temps pour lequel il a été accordé ;
Par la consolidation ou la réunion, sur la même tête, des deux qualités d'usufruitier et de propriétaire ;
Par le non-usage du droit pendant trente ans ;
Par la perte totale de la chose sur laquelle l'usufruit est établi.

618. L'usufruit peut aussi cesser par l'abus que l'usufruitier fait de sa jouissance, soit en commettant des dégradations sur le fonds, soit en le laissant dépérir faute d'entretien.

Les créanciers de l'usufruitier peuvent intervenir dans les contestations, pour la conservation de leurs droits ; il peuvent offrir la réparation des dégradations commises, et des garanties pour l'avenir.

Les juges peuvent, suivant la gravité des circonstances, ou prononcer l'extinction absolue de l'usufruit, ou n'ordonner la rentrée du propriétaire dans la jouissance de l'objet qui en est grevé, que sous la charge de payer annuellement à l'usufruitier, ou à ses ayants cause, une somme déterminée jusqu'à l'instant où l'usufruit aurait dû cesser.

619. L'usufruit qui n'est pas accordé à des particuliers ne dure que trente ans.

620. L'usufruit accordé jusqu'à ce qu'un tiers ait atteint un âge fixe, dure jusqu'à cette époque, encore que le tiers soit mort avant l'âge fixé.

621. La vente de la chose sujette à usufruit ne fait aucun changement dans le droit de l'usufruitier ; il continue de jouir de son usufruit, s'il n'y a pas formellement renoncé.

622. Les créanciers de l'usufruitier peuvent faire annuler la renonciation qu'il aurait faite à leur préjudice.

623. Si une partie seulement de la chose soumise à l'usufruit est détruite, l'usufruit se conserve sur ce qui reste.

624. Si l'usufruit n'est établi que sur un bâtiment, et que ce bâtiment soit détruit par un incendie ou autre accident, ou qu'il s'écroule de vétusté, l'usufruitier n'aura le droit de jouir ni du sol ni des matériaux.

Si l'usufruit était établi sur un domaine dont le bâtiment faisait partie, l'usufruitier jouirait du sol et des matériaux.

CHAP. II.—DE L'USAGE ET DE L'HABITATION.

625. Les droits d'usage et d'habitation s'établissent et se perdent de la même manière que l'usufruit.

626. On ne peut en jouir, comme dans le cas de l'usufruit, sans donner préalablement caution, et sans faire des états et inventaires.

627. L'usager et celui qui a un droit d'habitation, doivent jouir en bons pères de famille.

628. Les droits d'usage et d'habitation se règlent par le titre qui les a établis, et reçoivent, d'après ses dispositions, plus ou moins d'étendue.

629. Si le titre ne s'explique pas sur l'étendue de ces droits, ils sont réglés ainsi qu'il suit.

630. Celui qui a l'usage des fruits d'un fonds, ne peut en exiger qu'autant qu'il lui en faut pour ses besoins et ceux de sa famille.

Il peut en exiger pour les besoins même des enfants qui lui sont survenus depuis la concession de l'usage.

631. L'usager ne peut céder ni louer son droit à un autre.

632. Celui qui a un droit d'habitation dans une maison, peut y demeurer avec sa famille, quand même il n'aurait pas été marié à l'époque où ce droit lui a été donné.

633. Le droit d'habitation se restreint à ce qui est nécessaire pour l'habitation de celui à qui ce droit est concédé, et de sa famille.

634. Le droit d'habitation ne peut être ni cédé ni loué.

635. Si l'usager absorbe tous les fruits du fonds, ou s'il occupe la totalité de la maison, il est assujetti aux frais de culture, aux réparations d'entretien, et au paiement des contributions, comme l'usufruitier.

S'il ne prend qu'une partie des fruits, ou s'il n'occupe qu'une partie de la maison, il contribue au prorata de ce dont il jouit.

636. L'usage des bois et forêts est réglé par des lois particulières. [C. for.]

TITRE IV.

DES SERVITUDES OU SERVICES FONCIERS.
Décrété le 10 pluviôse an XII (31 janvier 1804).—Promulgué le 20 pluviôse (10 février).

637. Une servitude est une charge imposée sur un héritage pour l'usage et l'utilité d'un héritage appartenant à un autre propriétaire.

638. La servitude n'établit aucune prééminence d'un héritage sur l'autre.

639. Elle dérive ou de la situation naturelle des lieux, ou des obligations imposées par la loi, ou des conventions entre les propriétaires.

CHAP. Ier. — DES SERVITUDES QUI DÉRIVENT DE LA SITUATION DES LIEUX.

640. Les fonds inférieurs sont assujettis, envers ceux qui sont plus élevés, à recevoir les eaux qui en découlent naturellement sans que la main de l'homme y ait contribué.

Le propriétaire inférieur ne peut point élever de digue qui empêche cet écoulement.

Le propriétaire supérieur ne peut rien faire qui aggrave la servitude du fonds inférieur.

641. Celui qui a une source dans son fonds peut en user à sa volonté, sauf le droit que le propriétaire du fonds inférieur pourrait avoir acquis par titre ou par prescription.

642. La prescription, dans ce cas, ne peut s'acquérir que par une jouissance non interrompue pendant l'espace de trente années, à compter du moment où le propriétaire du fonds inférieur a fait et terminé des ouvrages apparents destinés à faciliter la chute et le cours de l'eau dans sa propriété.

643. Le propriétaire de la source ne peut en changer le cours, lorsqu'il fournit aux habitants d'une commune, village ou hameau, l'eau qui leur est nécessaire ; mais, si les habitants n'en ont pas acquis ou prescrit l'usage, le propriétaire peut réclamer une indemnité. laquelle est réglée par experts.

644. Celui dont la propriété borde une eau courante, autre que celle qui est déclarée dépendance du domaine public par l'article 538 au titre *de la Distinction des biens*, peut s'en servir à son passage pour l'irrigation de ses propriétés.

Celui dont cette eau traverse l'héritage peut même en user dans l'intervalle qu'elle y parcourt, mais à la charge de la rendre, à la sortie de ses fonds, à son cours ordinaire.

645. S'il s'élève une contestation entre les propriétaires auxquels ces eaux peuvent être utiles, les tribunaux, en prononçant, doivent concilier l'intérêt de l'agriculture avec le respect dû à la propriété ; et, dans tous les cas, les règlements particuliers et locaux sur le cours et l'usage des eaux doivent être observés.

646. Tout propriétaire peut obliger son voisin au bornage de leurs propriétés contiguës. Le bornage se fait à frais communs.

647. Tout propriétaire peut clore son héritage, sauf l'exception portée en l'article 682.

648. Le propriétaire qui veut se clore, perd son droit aux parcours et vaine pâture, en proportion du terrain qu'il y soustrait.

CHAP. II. — DES SERVITUDES ÉTABLIES PAR LA LOI.

649. Les servitudes établies par la loi ont pour objet l'utilité publique ou communale, ou l'utilité des particuliers.

650. Celles établies pour l'utilité publique ou communale ont pour objet le marchepied le long des rivières navigables ou flottables, la construction ou réparation des chemins et autres ouvrages publics ou communaux.

Tout ce qui concerne cette espèce de servitude est déterminé par des lois ou des règlements particuliers.

651. La loi assujettit les propriétaires à différentes obligations l'un à l'égard de l'autre, indépendamment de toute convention.

Bornage.

1.—Nomination d'experts.

Par-devant Me..., etc.   *Furent présents :*
M. Pierre-Etienne Leblanc, propriétaire, demeurant à..., *d'une part,*
Et M. Claude Delacour, meunier, demeurant à..., *d'autre part,*

Lesquels ont exposé qu'ils sont dans l'intention de faire procéder au bornage, à l'amiable entre eux, de deux pièces de terre contiguës, situées à..., lieu dit..., et appartenant, l'une au sieur Leblanc, au moyen de l'acquisition qu'il en a faite du sieur..., suivant contrat passé..., et l'autre au sieur Delacour, comme lui ayant été abandonnée par le partage de la succession de son père, passé devant Me..., etc. ;

Sur la contenance respective desquelles pièces les comparants ne sont pas d'accord, chacun se prévalant contre l'autre des énonciations de son titre, qui ne peuvent pas concorder avec celles de l'autre titre.

En conséquence, ils ont, par ces présentes, nommé pour leurs experts, savoir : M. Leblanc, M..., et M. Delacour, le sieur..., auxquels ils donnent conjointement tous pouvoirs à l'effet de procéder, tant à l'arpentage desdites deux pièces de terre, qu'à leur bornage sur la ligne qui doit les séparer l'une de l'autre, avec faculté, par eux, de s'adjoindre un troisième expert dans le cas où ils ne s'accorderaient pas ; desquelles opérations il sera dressé, par ces experts, en la présence des parties, où elles dûment appelées, un procès-verbal qui sera déposé pour minute en suite des présentes, les comparants s'engageant réciproquement à exécuter ce rapport en tout son contenu, comme décision en dernier ressort et sans appel.

Et, pour faciliter le travail des experts, les comparants s'engagent à leur remettre, avant le jour ci-après indiqué. leurs divers titres de propriété, concernant lesdites deux pièces de terre afin qu'ils puissent s'en aider réciproquement, dans le cours de leurs opérations.

Les choses ainsi convenues, les comparants se sont ajournés d'un commun accord, pour procéder à ces opérations, sur les lieux, au..., heure de..., s'obligeant à y faire trouver leurs experts respectifs, sans qu'il soit besoin d'une sommation, et étant bien convenu que faute par l'une des parties d'être présente aux jour, lieu et heure indiqués, il sera procédé, en son absence auxdites opérations, sans nouvel ajournement. Dont acte : Fait et passé, etc.

Enreg. : 3 fr. fixe pour nomination d'arbitres. — [V. Clerc, Enreg., n. 544, et Form., p. 510.]

2.—Dépôt du rapport des experts, et adhésion des parties.

Et le...,

Par-devant Me...,   *Ont comparu :*
MM. Leblanc et Delacour (*noms, prénoms, professions et demeures*).

Lesquels ont, par ces présentes, déposé à Me..., l'un des notaires soussignés, pour rester au rang de ses minutes, le procès-verbal dressé par MM..., le..., des opérations d'arpentage et de bornage auxquelles ils ont procédé à la requête et en présence des comparants, pour deux pièces contiguës appartenant à ces derniers, situées territoire de..., lieu dit...

Ce procès-verbal, au bas duquel est écrit : Enregistré..., etc. (ou qui sera enregistré avec ces présentes), est demeuré ci-annexé, après avoir été, par les comparants, certifié véritable et signé en présence des notaires soussignés.

Et MM. Leblanc et Delacour, après en avoir de nouveau pris lecture, ont déclaré approuver ce procès-verbal en tout son contenu, et ont consenti à ce qu'il fût exécuté selon sa forme et teneur, comme titre de propriété.

Les frais des présentes et ceux d'expertise seront supportés pour moitié par chacune des parties.

Pour l'exécution des présentes, les parties font élection de domicile, etc. Dont acte :
Fait et passé, etc.

Enreg. : Procès-verbal de bornage, 2 fr. fixe, quel que soit le nombre des propriétaires riverains qui y acquiescent ; et pour le dépôt, 2 fr. — [V. Clerc, Enreg., n. 165, et Form., p. 510.]

652. Partie de ces obligations est réglée par les lois sur la police rurale;

Les autres sont relatives au mur et au fossé mitoyens, au cas où il y a lieu à contre-mur, aux vues sur la propriété du voisin, à l'égout des toits, au droit de passage.

SECT. I. — *Du mur et du fossé mitoyens.*

653. Dans les villes et les campagnes, tout mur servant de séparation entre bâtiments jusqu'à *l'héberge*, ou entre cours et jardins, et même entre enclos dans les champs, est présumé mitoyen, s'il n'y a titre ou marque du contraire.

654. Il y a marque de non-mitoyenneté lorsque la sommité du mur est droite et à plomb de son parement d'un côté, et présente de l'autre un plan incliné;

Lors encore qu'il n'y a que d'un côté ou un *chaperon* ou des *filets* et *corbeaux de pierre* qui y auraient été mis en bâtissant le mur.

Dans ces cas, le mur est censé appartenir exclusivement au propriétaire du côté duquel sont l'égout ou les corbeaux et filets de pierre.

655. La réparation et la reconstruction du mur mitoyen sont à la charge de tous ceux qui y ont droit, et proportionnellement au droit de chacun.

656. Cependant tout copropriétaire d'un mur mitoyen peut se dispenser de contribuer aux réparations et reconstructions en abandonnant le droit de mitoyenneté, pourvu que le mur mitoyen ne soutienne pas un bâtiment qui lui appartienne.

657. Tout copropriétaire peut faire bâtir contre un mur mitoyen, et y faire placer des poutres ou solives dans toute l'épaisseur du mur, à cinquante-quatre millimètres (deux pouces) près, sans préjudice du droit qu'a le voisin de faire réduire à l'ébauchoir la poutre jusqu'à la moitié du mur, dans le cas où il voudrait lui-même asseoir des poutres dans le même lieu, ou y adosser une cheminée.

658. Tout copropriétaire peut faire exhausser le mur mitoyen; mais il doit payer seul la dépense de l'exhaussement, les réparations d'entretien au-dessus de la hauteur de la clôture commune, et en outre l'indemnité de la charge en raison de l'exhaussement et suivant la valeur.

659. Si le mur mitoyen n'est pas en état de supporter l'exhaussement, celui qui veut l'exhausser doit le faire reconstruire en entier à ses frais, et l'excédant d'épaisseur doit se prendre de son côté.

660. Le voisin qui n'a pas contribué à l'exhaussement peut en acquérir la mitoyenneté en payant la moitié de la dépense qu'il a coûté, et la valeur de la moitié du sol fourni pour l'excédant d'épaisseur, s'il y en a.

661. Tout propriétaire joignant un mur a de même la faculté de le rendre mitoyen en tout ou en partie, en remboursant au maître du mur la moitié de sa valeur, ou la moitié de la valeur de la portion qu'il veut rendre mitoyenne, et moitié de la valeur du sol sur lequel le mur est bâti.

662. L'un des voisins ne peut pratiquer dans le corps d'un mur mitoyen aucun enfoncement, ni appliquer ou appuyer aucun ouvrage sans le consentement de l'autre, ou sans avoir, à son refus, fait régler par experts les moyens nécessaires pour que le nouvel ouvrage ne soit pas nuisible aux droits de l'autre.

663. Chacun peut contraindre son voisin, dans les villes et faubourgs, à contribuer aux constructions et réparations de la clôture faisant séparation de leurs maisons, cours et jardins assis ésdites villes et faubourgs : la hauteur de la clôture sera fixée suivant les règlements particuliers ou les usages constants et reconnus; et, à défaut d'usages et de règlements, tout mur de séparation entre voisins, qui sera construit ou rétabli à l'avenir, doit avoir au moins trente-deux décimètres (dix pieds) de hauteur, compris le chaperon, dans les villes de cinquante mille âmes et au-dessus, et vingt-six décimètres (huit pieds) dans les autres.

664. Lorsque les différents étages d'une maison appartiennent à divers propriétaires, si les titres de propriété ne règlent pas le mode de réparations et reconstructions, elles doivent être faites ainsi qu'il suit :

Les gros murs et le toit sont à la charge de tous les propriétaires, chacun en proportion de la valeur de l'étage qui lui appartient.

Le propriétaire de chaque étage fait le plancher sur lequel il marche.

Le propriétaire du premier étage fait l'escalier qui y conduit : le propriétaire du second étage fait, à partir du premier, l'escalier qui conduit chez lui, et ainsi de suite.

665. Lorsqu'on reconstruit un mur mitoyen ou une maison, les servitudes actives et passives se continuent à l'égard du nouveau mur ou de la nouvelle maison, sans toutefois qu'elles puissent être aggravées, et pourvu que la reconstruction se fasse avant que la prescription soit acquise.

666. Tous fossés entre deux héritages sont présumés mitoyens s'il n'y a titre ou marque du contraire. [P. 455.]

667. Il y a marque de non-mitoyenneté lorsque la levée ou le rejet de la terre se trouve d'un côté seulement du fossé. [P. 456.]

668. Le fossé est censé appartenir exclusivement à celui du côté duquel le rejet se trouve. [P. 456.]

669. Le fossé mitoyen doit être entretenu à frais communs.

670. Toute haie qui sépare des héritages est réputée mitoyenne, à moins qu'il n'y ait qu'un seul des héritages en état de clôture, ou s'il n'y a titre ou possession suffisante au contraire. [P. 456.]

671. Il n'est permis de planter des arbres de haute tige qu'à la distance prescrite par les règlements particuliers actuellement existant, ou par les usages constants et reconnus; et, à défaut de règlements et usages, qu'à la distance de deux mètres de la ligne séparative des deux héritages, pour les arbres à haute tige, et à la distance d'un demi-mètre, pour les autres arbres et haies vives.

672. Le voisin peut exiger que les arbres et haies plantés à une moindre distance soient arrachés.

Celui sur la propriété duquel avancent les branches des arbres du voisin, peut contraindre celui-ci à couper ces branches.

Si ce sont les racines qui avancent sur son héritage, il a le droit de les y couper lui-même.

673. Les arbres qui se trouvent dans la haie mitoyenne, sont mitoyens comme la haie; et chacun des deux propriétaires a droit de requérir qu'ils soient abattus.

SECT. II. — *De la distance et des ouvrages intermédiaires requis pour certaines constructions.*

674. Celui qui fait creuser un puits ou une fosse d'aisance près d'un mur mitoyen ou non,

Celui qui veut y construire cheminée ou âtre, forge, four ou fourneau,

Y adosser une étable,

Ou établir contre ce mur un magasin de sel ou amas de matières corrosives,

Est obligé à laisser la distance prescrite par les règlements et usages particuliers sur ces objets, ou à faire les ouvrages prescrits par les mêmes règlements et usages, pour éviter de nuire au voisin.

SECT. III. — *Des vues sur la propriété de son voisin.*

675. L'un des voisins ne peut, sans le consentement de l'autre, pratiquer dans le mur mitoyen aucune fenêtre ou ouverture, en quelque manière que ce soit, même à *verre dormant*.

676. Le propriétaire d'un mur non mitoyen, joignant immédiatement l'héritage d'autrui, peut pratiquer dans ce mur des jours ou fenêtres à fer *maillé* et verre dormant.

Ces fenêtres doivent être garnies d'un treillis de fer, dont les mailles auront un décimètre (environ trois pouces huit lignes) d'ouverture au plus, et d'un châssis à verre dormant.

677. Ces fenêtres ou jours ne peuvent être établis qu'à vingt-six décimètres (huit pieds) au-dessus du plancher ou sol de la chambre qu'on veut éclairer, si c'est à rez-de-chaussée, et à dix-neuf décimètres (six pieds) au-dessus du plancher, pour les étages supérieurs.

678. On ne peut avoir des vues droites ou fenêtres d'aspect, ni balcons ou autres semblables saillies sur l'héritage clos ou non clos de son voisin, s'il n'y a dix-neuf décimètres (six pieds) de distance entre le mur où on les pratique et ledit héritage.

679. On ne peut avoir des vues par côté ou obliques sur le même héritage, s'il n'y a six décimètres (deux pieds) de distance.

680. La distance dont il est parlé dans les deux articles précédents, se compte depuis le parement extérieur du mur où l'ouverture se fait, et, s'il y a balcons ou autres semblables saillies, depuis leur ligne extérieure, jusqu'à la ligne de séparation des deux propriétés.

SECT. IV. — *De l'égout des toits.*

681. Tout propriétaire doit établir des toits de manière que les eaux pluviales s'écoulent sur son terrain ou sur la voie publique; il ne peut les faire verser sur le fonds de son voisin.

---

652 à **655** ;—**656** [V. 660, 661, Form. 35]; **657** à **659** . . . .

660 et **661** . . . . Form. **35**.

Vente de mitoyenneté de mur.

Par-devant M°..., *Furent présents :*

M. Alexandre Pruneau, propriétaire, et madame Louise Cornet, son épouse, qu'il autorise, demeurant à...,

Lesquels ont, par ces présentes, vendu, cédé et abandonné avec garantie solidaire de toutes dettes, hypothèques, évictions et autres empêchements quelconques,

A M. Auguste Belvaux, propriétaire, demeurant à..., à ce présent et acceptant,

La mitoyenneté entière, tant du mur du pignon de la maison de M. et Mme Pruneau, située à Paris, rue Cassette, n° 8, que du mur de clôture de la cour de cette maison, le tout séparant la propriété des vendeurs de celle de M. Belvaux, située rue Cassette, n° 10, plus la moitié du terrain sur lequel ledit mur est élevé.

Ce mur est entièrement construit en moellons. Il a 74 centimètres d'épaisseur et 5 mètres 84 centimètres de fondation, dans la partie formant pignon, et 40 centimètres d'épaisseur et 1 mètre 94 centimètres de fondation dans la partie servant de clôture à la cour. Cette dernière partie a 2 mètres 59 centimètres de hauteur, et sa longueur est de 6 mètres 48 centimètres. Le mur de pignon a 7 mètres 77 centimètres de longueur sur 16 mètres 84 centimètres d'élévation.

Ainsi, d'ailleurs, que le tout est détaillé en un plan que les parties en ont fait dresser par M. Dufresnoy, architecte, qui demeure ci-annexé, après avoir été certifié véritable et signé par les parties en présence des notaires soussignés. M. Belvaux déclare, au surplus, parfaitement connaître les deux murs dont il s'agit pour les avoir vus et fait examiner.

M. Belvaux pourra disposer du droit de mitoyenneté à lui présentement cédé, ainsi qu'il avisera, à compter de ce jour.

M. et Mme Pruneau sont propriétaires du mur dont ils cèdent une partie par ces présentes, et du terrain sur lequel il est construit, comme dépendant de la maison rue Cassette, n° 8, qu'ils ont acquise de M..., etc.

Au moyen de ces présentes, M. Belvaux exercera sur ledit mur tous les droits que peut conférer le droit de mitoyenneté : en conséquence, les jours actuellement existant dans le mur de pignon, seront bouchés aux frais de M. et Mme Pruneau, qui n'auront pas le droit d'en ouvrir d'autres; de même, M. Belvaux ne pourra pratiquer aucune ouverture dans ledit mur, à l'exception, toutefois, de ce qui sera nécessité pour l'établissement des poutres du bâtiment qu'il aura la faculté d'adosser contre le mur, en se conformant aux dispositions de l'art. 657, C. Nap.

L'entretien des murs dont la mitoyenneté est présentement cédée aura lieu à frais communs; mais les dégradations occasionnées par le fait de l'un des propriétaires seront réparées à ses frais.

Chacun des copropriétaires pourra faire exhausser le mur mitoyen, à la charge de payer seul la dépense de l'exhaussement, les réparations d'entretien au-dessus de la hauteur actuelle, et, en outre, l'indemnité à laquelle la surcharge pourra donner lieu.

Les frais et honoraires des présentes seront à la charge de M. Belvaux.

Indépendamment des conventions ci-dessus, la présente vente est encore faite moyennant la somme de..., que M. Belvaux s'oblige à payer à M. et Mme Pruneau, en leur demeure à..., ou au porteur de leurs titres et pouvoirs, le..., sans intérêts, pourvu que, à la transcription des présentes, il ne soit surtout survenu aucune inscription du chef des vendeurs ou de leurs auteurs, ou après le rapport du certificat de radiation de celles qui se seraient trouvées lors de l'accomplissement des formalités.

Enreg. : 5 fr. 50 p. 100. — [V. Clerc, Enreg., n. 1600, et Form., p. 381.]

662 à **681** . . . .

SECT. v.—*Du droit de passage.*

682. Le propriétaire dont les fonds sont enclavés, et qui n'a aucune issue sur la voie publique, peut réclamer un passage sur les fonds de ses voisins pour l'exploitation de son héritage, à la charge d'une indemnité proportionnée au dommage qu'il peut occasionner.

683. Le passage doit régulièrement être pris du côté où le trajet est le plus court du fonds enclavé à la voie publique.

684. Néanmoins il doit être fixé dans l'endroit le moins dommageable à celui sur le fonds duquel il est accordé.

685. L'action en indemnité, dans le cas prévu par l'article 682, est prescriptible; et le passage doit être continué, quoique l'action en indemnité ne soit plus recevable.

CHAP. III.—DES SERVITUDES ÉTABLIES PAR LE FAIT DE L'HOMME.

SECT. I.—*Des diverses espèces de servitudes qui peuvent être établies sur les biens.*

686. Il est permis aux propriétaires d'établir sur leurs propriétés, ou en faveur de leurs propriétés, telles servitudes que bon leur semble, pourvu néanmoins que les services établis ne soient imposés ni à la personne, ni en faveur de la personne, mais seulement à un fonds et pour un fonds, et pourvu que ces services n'aient d'ailleurs rien de contraire à l'ordre public.

L'usage et l'étendue des servitudes ainsi établies se règlent par le titre qui les constitue; à défaut de titre, par les règles ci-après.

687. Les servitudes sont établies ou pour l'usage des bâtiments, ou pour celui des fonds de terre.

Celles de la première espèce s'appellent *urbaines*, soit que les bâtiment auxquels elles sont dues soient situés à la ville ou à la campagne.

Celles de la seconde espèce se nomment *rurales.*

688. Les servitudes sont, ou continues ou discontinues.

Les servitudes continues sont celles dont l'usage est ou peut être continuel sans avoir besoin du fait actuel de l'homme: tels sont les conduites d'eau, les égouts, les vues et autres de cette espèce.

Les servitudes discontinues sont celles qui ont besoin du fait actuel de l'homme pour être exercées: tels sont les droits de passage, puisage, pacage et autres semblables.

689. Les servitudes sont apparentes, ou non apparentes.

Les servitudes apparentes sont celles qui s'annoncent par des ouvrages extérieurs, tels qu'une porte, une fenêtre, un aqueduc.

Les servitudes non apparentes sont celles qui n'ont pas de signe extérieur de leur existence, comme, par exemple, la prohibition de bâtir sur un fonds, ou de ne bâtir qu'à une hauteur déterminée.

SECT. II. — *Comment s'établissent les servitudes.*

690. Les servitudes continues et apparentes s'acquièrent par titre, ou par la possession de trente ans.

691. Les servitudes continues non apparentes, et les servitudes discontinues apparentes ou non apparentes ne peuvent s'établir que par des titres.

La possession même immémoriale ne suffit pas pour les établir; sans cependant qu'on puisse attaquer aujourd'hui les servitudes de cette nature déjà acquises par la possession dans les pays où elles pouvaient s'acquérir de cette manière,

692. La destination du père de famille vaut titre à l'égard des servitudes continues et apparentes.

693. Il n'y a destination du père de famille que lorsqu'il est prouvé que les deux fonds actuellement divisés ont appartenu au même propriétaire, et que c'est par lui que les choses ont été mises dans l'état duquel résulte la servitude.

694. Si le propriétaire de deux héritages entre lesquels il existe un signe apparent de servitude, dispose de l'un des héritages sans que le contrat contienne aucune convention relative à la servitude, elle continue d'exister activement ou passivement en faveur du fonds aliéné ou sur le fonds aliéné.

695. Le titre constitutif de la servitude, à l'égard de celles qui ne peuvent s'acquérir par la prescription, ne peut être remplacé que par un titre récognitif de la servitude, et émané du propriétaire du fonds asservi.

696. Quand on établit une servitude, on est censé accorder tout ce qui est nécessaire pour en user.

Ainsi la servitude de puiser de l'eau à la fontaine d'autrui, emporte nécessairement le droit de passage.

SECT. III.—*Des droits du propriétaire du fonds auquel la servitude est due.*

697. Celui auquel est due une servitude, a droit de faire tous les ouvrages nécessaires pour en user et pour la conserver.

698. Ces ouvrages sont à ses frais, et non à ceux du propriétaire du fonds assujetti: à moins que le titre d'établissement de la servitude ne dise le contraire.

699. Dans le cas même où le propriétaire du fonds assujetti est chargé par le titre de faire à ses frais les ouvrages nécessaires pour l'usage ou la conservation de la servitude, il peut toujours s'affranchir de la charge, en abandonnant le fonds assujetti au propriétaire du fonds auquel la servitude est due.

700. Si l'héritage pour lequel la servitude a été établie vient à être divisé, la servitude reste due pour chaque portion, sans néanmoins que la condition du fonds assujetti soit aggravée.

Ainsi, par exemple, s'il s'agit d'un droit de passage, tous les copropriétaires seront obligés de l'exercer par le même endroit.

701. Le propriétaire du fonds débiteur de la servitude ne peut rien faire qui tende à en diminuer l'usage ou à le rendre plus incommode.

Ainsi, il ne peut changer l'état des lieux, ni transporter l'exercice de la servitude dans un endroit différent de celui où elle a été primitivement assignée.

Mais cependant, si cette assignation primitive était devenue plus onéreuse au propriétaire du fonds assujetti, ou si elle l'empêchait d'y faire des réparations avantageuses, il pourrait offrir au propriétaire de l'autre fonds un endroit aussi commode pour l'exercice de ses droits, et celui-ci ne pourrait pas le refuser.

702. De son côté, celui qui a un droit de servitude, ne peut en user que suivant son titre, sans pouvoir faire, ni dans le fonds qui doit la servitude, ni dans le fonds à qui elle est due, de changement qui aggrave la condition du premier.

SECT. IV.— *Comment les servitudes s'éteignent.*

703. [Les servitudes cessent lorsque les choses se trouvent en tel état qu'on ne peut plus en user.

704. Elles revivent si les choses sont rétablies de manière qu'on puisse en user; à moins qu'il ne se soit déjà écoulé un espace de temps suffisant pour faire présumer l'extinction de la servitude, ainsi qu'il est dit à l'article 707.

705. Toute servitude est éteinte lorsque le fonds à qui elle est due, et celui qui la doit, sont réunis dans la même main.

706. La servitude est éteinte par le non-usage pendant trente ans.

707. Les trente ans commencent à courir, selon les diverses espèces de servitudes, ou du jour où l'on a cessé d'en jouir, lorsqu'il s'agit de servitudes discontinues, ou du jour où il a été fait un acte contraire à la servitude, lorsqu'il s'agit de servitudes continues.

708. Le mode de la servitude peut se prescrire comme la servitude même, et de la même manière.

709. Si l'héritage en faveur duquel la servitude est établie, appartient à plusieurs par indivis, la jouissance de l'un empêche la prescription à l'égard de tous.

710. Si parmi les copropriétaires il s'en trouve un contre lequel la prescription n'ait pu courir, comme un mineur, il aura conservé le droit de tous les autres.

LIVRE TROISIÈME.

DES DIFFÉRENTES MANIÈRES DONT ON ACQUIERT LA PROPRIÉTÉ.

DISPOSITIONS GÉNÉRALES.

Décrétées le 29 germinal an XI (19 avril 1803). — Promulguées le 9 floréal (29 avril).

711. La propriété des biens s'acquiert et se transmet par succession, par donation entre-vifs ou testamentaire, et par l'effet des obligations.

712. La propriété s'acquiert aussi par accession ou incorporation, et par prescription.

713. Les biens qui n'ont pas de maître, appartiennent à l'Etat.

714. Il est des choses qui n'appartiennent à personne et dont l'usage est commun à tous.

Des lois de police règlent la manière d'en jouir.

715. La faculté de chasser ou de pêcher est également réglée par des lois particulières.

716. La propriété d'un trésor appartient à celui qui le trouve dans son propre fonds: si le trésor est trouvé dans le fonds d'autrui, il appartient pour moitié à celui qui l'a découvert, et pour l'autre moitié au propriétaire du fonds.

Le trésor est toute chose cachée ou enfouie sur laquelle personne ne peut justifier sa propriété, et qui est découverte par le pur effet du hasard.

717. Les droits sur les effets jetés à la mer, sur les objets que la mer rejette, de quelque nature qu'ils puissent être, sur les plantes et herbages qui croissent sur les rivages de la mer, sont aussi réglés par des lois particulières.

Il en est de même des choses perdues dont le maître ne se représente pas.

TITRE Iᵉʳ.

DES SUCCESSIONS.

Décrété le 29 germinal an XI (19 avril 1803). —Promulgué le 9 floréal (29 avril).

CHAP. Iᵉʳ. — DE L'OUVERTURE DES SUCCESSIONS, ET DE LA SAISINE DES HÉRITIERS.

718. Les successions s'ouvrent par la mort naturelle et par la mort civile.

719. La succession est ouverte par la *mort civile*, du moment où cette mort est encourue conformément aux dispositions de la section II du chapitre II du titre *de la Jouissance et la Privation des droits civils.*

720. Si plusieurs personnes respectivement appelées à la succession l'une de l'autre, périssent dans un même événement, sans qu'on puisse reconnaître laquelle est décédée la première, la présomption de survie est déterminée par les

---

682 à 686 [845, 1075 et s.];—687 à 692 [686, 845, 1075 et s., 1079];— 693 à 698 . . . .

699 [655, 705] . . . . Form. 36.

Abandon de fonds grevé de servitude.

Par-devant Mᵉ Ulysse Eydt, notaire à Loos (Nord), soussigné,   *A comparu:*

M. Léon Collot, cultivateur, demeurant à..., propriétaire d'une pièce de terre sise à Larguy, lieu dit *la Maladrerie*, contenant 31 ares, tenant du nord à M. Estève, du midi au même; ladite pièce grevée d'une servitude de passage de l'un à l'autre de ces héritages contigus, et de l'obligation, par le propriétaire du fonds grevé, d'entretenir ledit passage à ses frais, le tout en vertu d'un partage reçu par Mᵉ N..., le...;

Lequel, désirant s'affranchir de la servitude sus-énoncée, et usant du bénéfice de l'art. 699, C. Nap., a, par ces présentes, abandonné purement et simplement à M. Estève, demeurant à..., à ce présent et qui accepte, la portion de l'immeuble ci-dessus désignée sur laquelle s'exerce la servitude de passage dont s'agit, et qui est d'une largeur de trois mètres sur une longueur de trente-cinq mètres, limitée par des haies qui closent actuellement de chaque côté le sol sur lequel le passage est pratiqué.

En conséquence, le comparant déclare renoncer à prétendre désormais aucun droit de propriété sur la portion abandonnée.

L'immeuble dont fait partie cette portion appartient en propre à M. Collot au moyen, etc. (*établir la propriété*).

Pour la perception des droits d'enregistrement, la portion abandonnée est évaluée à la somme de...

M. Collot déclare: — qu'il est célibataire et n'a jamais été tuteur ni chargé de fonctions emportant hypothèque légale. Dont acte.

Fait et passé à Loos, en l'étude,

L'an mil huit cent soixante-trois, le 15 mai.

En présence de MM... (*deux témoins*).

Et les parties ont signé avec les témoins et le notaire après lecture faite.

Enreg. : S'il y a acceptation, 5 fr. 50 c. p. 100.— Sans acceptation, 2 fr. fixe. — [V. CLERC, Enreg., n. 1599.]

700 à 705 [V. 655, 699, Form. 36];—706 à 711 [V. 1102, 1104, 1106, 1121, Form. 144];—712 à 720 . . . .

circonstances du fait, et, à leur défaut, par la force de l'âge ou du sexe.

721. Si ceux qui ont péri ensemble, avaient moins de quinze ans, le plus âgé sera présumé avoir survécu.

S'ils étaient tous au-dessus de soixante ans, le moins âgé sera présumé avoir survécu.

Si les uns avaient moins de quinze ans, et les autres plus de soixante, les premiers seront présumés avoir survécu.

722. Si ceux qui ont péri ensemble, avaient quinze ans accomplis et moins de soixante, le mâle est toujours présumé avoir survécu, lorsqu'il y a égalité d'âge, ou si la différence qui existe n'excède pas une année.

S'ils étaient du même sexe, la présomption de survie, qui donne ouverture à la succession dans l'ordre de la nature, doit être admise : ainsi le plus jeune est présumé avoir survécu au plus âgé.

723. La loi règle l'ordre de succéder entre les héritiers légitimes : à leur défaut, les biens passent aux enfants naturels, ensuite à l'époux survivant ; et s'il n'y en a pas, à l'Etat.

724. Les héritiers légitimes sont saisis de plein droit des biens, droits et actions du défunt, sous l'obligation d'acquitter toutes les charges de la succession : les enfants naturels, l'époux survivant et l'Etat, doivent se faire envoyer en possession par justice dans les formes qui seront déterminées.

CHAP. II. — DES QUALITÉS REQUISES POUR SUCCÉDER.

725. Pour succéder, il faut nécessairement exister à l'instant de l'ouverture de la succession.

Ainsi, sont incapables de succéder,

1° Celui qui n'est pas encore conçu ;

2° L'enfant qui n'est pas né viable ;

3° Celui qui est mort civilement.

726. Un étranger n'est admis à succéder aux biens que son parent, étranger ou Français, possède dans le territoire de l'empire, que dans les cas et de la manière dont un Français succède à son parent possédant des biens dans le *pays de cet étranger, conformément aux dispositions de l'art. 11, au titre de la Jouissance et de la Privation des droits civils.*

727. Sont indignes de succéder, et, comme tels, exclus des successions,

1° Celui qui serait condamné pour avoir donné ou tenté de donner la mort au défunt ;

2° Celui qui a porté contre le défunt une accusation capitale jugée calomnieuse ;

3° L'héritier majeur qui, instruit du meurtre du défunt ne l'aura pas dénoncé à la justice. [I. Cr. 30 s., 358 ; P. 59 s., 295 s., 319, 321 s.]

728. Le défaut de dénonciation ne peut être opposé aux ascendants et descendants du meurtrier, ni à ses alliés au même degré, ni à son époux ou à son épouse, ni à ses frères ou sœurs, ni à ses oncles et tantes, ni à ses neveux et nièces.

729. L'héritier exclu de la succession pour cause d'indignité, est tenu de rendre tous les fruits et les revenus dont il a eu la jouissance depuis l'ouverture de la succession. [Pr. 129, 126, s.]

730. Les enfants de l'indigne, venant à la succession de leur chef, et sans le secours de la représentation, ne sont pas exclus pour la faute de leur père : mais celui-ci ne peut, en aucun cas, réclamer, sur les biens de cette succession, l'usufruit que la loi accorde aux pères et mères sur les biens de leurs enfants.

CHAP. III.—DES DIVERS ORDRES DE SUCCESSION.

SECT. Ire. —Dispositions générales.

731. Les successions sont déférées aux enfants et descendants du défunt, à ses ascendants et à ses parents collatéraux, dans l'ordre et suivant les règles ci-après déterminés.

732. La loi ne considère ni la nature ni l'origine des biens pour en régler la succession.

733. Toute succession échue à des ascendants ou à des collatéraux, se divise en deux parts égales ; l'une pour les parents de la ligne paternelle, l'autre pour les parents de la ligne maternelle.

Les parents utérins ou consanguins ne sont pas exclus par les germains ; mais ils ne prennent part que dans leur ligne, sauf ce qui sera dit à l'art. 752. Les germains prennent part dans les deux lignes.

Il ne se fait aucune dévolution d'une ligne à l'autre, que lorsqu'il ne se trouve aucun ascendant ni collatéral de l'une des deux lignes.

734. Cette première division opérée entre les lignes paternelle et maternelle, il ne se fait plus de division entre les diverses branches ; mais la moitié dévolue à chaque ligne appartient à l'héritier ou aux héritiers les plus proches en degrés, sauf le cas de la représentation, ainsi qu'il sera dit ci-après.

735. La proximité de parenté s'établit par le nombre de générations ; chaque génération s'appelle un *degré*.

736. La suite des degrés forme la ligne : on appelle *ligne directe* la suite des degrés entre personnes qui descendent l'une de l'autre ; *ligne collatérale* la suite des degrés entre personnes qui ne descendent pas les unes des autres, mais qui descendent d'un auteur commun.

On distingue la ligne directe, en ligne directe descendante et ligne directe ascendante.

La première est celle qui lie le chef avec ceux qui descendent de lui : la deuxième est celle qui lie une personne avec ceux dont elle descend.

737. En ligne directe, on compte autant de degrés qu'il y a de générations entre les personnes : ainsi le fils est, à l'égard du père, au premier degré ; le petit-fils au second ; et réciproquement du père et de l'aïeul à l'égard des fils et petits-fils.

738. En ligne collatérale, les degrés se comptent par les générations, depuis l'un des parents jusques et non compris l'auteur commun, et depuis celui-ci jusqu'à l'autre parent.

Ainsi, deux frères sont au deuxième degré ; l'oncle et le neveu sont au troisième degré ; les cousins germains au quatrième ; ainsi de suite.

SECT. II.—De la représentation.

739. La représentation est une fiction de la loi, dont l'effet est de faire entrer les représentants dans la place, dans le degré et dans les droits du représenté.

740. La représentation a lieu à l'infini dans la ligne directe descendante.

Elle est admise dans tous les cas, soit que les enfants du défunt concourent avec les descendants d'un enfant prédécédé, soit que tous les enfants du défunt étant morts avant lui, les descendants desdits enfants se trouvent entre eux en degrés égaux ou inégaux.

741. Le représentation n'a pas lieu en faveur des ascendants : le plus proche, dans chacune des deux lignes, exclut toujours le plus éloigné.

742. En ligne collatérale, la représentation est admise en faveur des enfants et descendants de frères ou sœurs du défunt, soit qu'ils viennent à sa succession concurremment avec des oncles ou tantes, soit que tous les frères et sœurs du défunt étant prédécédés, la succession se trouve dévolue à leurs descendants en degrés égaux ou inégaux.

743. Dans tous les où la représentation est admise, le partage s'opère par souche : si une même souche a produit plusieurs branches, la subdivision se fait aussi par souche dans chaque branche, et les membres de la même branche partagent entre eux par tête.

744. On ne représente pas les personnes vivantes, mais seulement celles qui sont mortes naturellement ou civilement.

On peut représenter celui à la succession duquel on a renoncé.

SECT. III. — Des successions déférées aux descendants.

745. Les enfants ou leurs descendants succèdent à leurs père ou mère, aïeuls, aïeules, ou autres ascendants, sans distinction de sexe ni de primogéniture, et encore qu'ils soient issus de différents mariages.

Ils succèdent par égales portions et par tête, quand ils sont tous au premier degré et appelés de leur chef : ils succèdent par souche, lorsqu'ils viennent tous ou en partie par représentation.

SECT. IV. — Des successions déférées aux ascendants.

746. Si le défunt n'a laissé ni postérité, ni frère, ni sœur, ni descendants d'eux, la succession se divise par moitié entre les ascendants de la ligne paternelle, et les ascendants de la ligne maternelle.

L'ascendant qui se trouve au degré le plus proche, recueille la moitié affectée à sa ligne, à l'exclusion de tous autres.

Les ascendants au même degré succèdent par tête.

747. Les ascendants succèdent, à l'exclusion de tous autres, aux choses par eux données à leurs enfants ou descendants décédés sans postérité, lorsque les objets donnés se retrouvent en nature dans la succession.

Si les objets ont été aliénés, les ascendants recueillent le prix qui peut en être dû. Ils succèdent aussi à l'action en reprise que pouvait avoir le donataire.

748. Lorsque les père et mère d'une personne morte sans postérité lui ont survécu, si elle a laissé des frères, sœurs, ou des descendants d'eux, la succession se divise en deux portions égales, dont moitié seulement est déférée au père et à la mère, qui la partagent entre eux également.

L'autre moitié appartient aux frères, sœurs, ou descendants d'eux, ainsi qu'il sera expliqué à la section V du présent chapitre.

749. Dans le cas où la personne morte sans postérité laisse des frères, sœurs, ou des descendants d'eux, si le père ou la mère est prédécédé, la portion qui lui aurait été dévolue conformément au précédent article, se réunit à la moitié déférée aux frères, sœurs ou à leurs représentants, ainsi qu'il sera expliqué à la section V du présent chapitre.

SECT. V.—Des successions collatérales.

750. En cas de prédécès des père et mère d'une personne morte sans postérité, ses frères, sœurs ou leurs descendants sont appelés à la succession à l'exclusion des ascendants et des autres collatéraux.

Ils succèdent, ou de leur chef, ou par représentation, ainsi qu'il a été réglé dans la section II du présent chapitre.

751. Si les père et mère de la personne morte sans postérité lui ont survécu, ses frères, sœurs ou leurs représentants ne sont appelés qu'à la moitié de la succession. Si le père ou la mère seulement a survécu, ils sont appelés à recueillir les trois quarts.

752. Le partage de la moitié ou des trois quarts dévolus aux frères ou sœurs, aux termes de l'article précédent, s'opère entre eux par égales portions, s'ils sont tous du même lit ; s'ils sont de lits différents, la division se fait par moitié entre les deux lignes paternelle et maternelle du défunt ; les germains prennent part dans les deux lignes, et les utérins ou consanguins chacun dans leur ligne seulement : s'il n'y a de frères ou sœurs que d'un côté, ils succèdent à la totalité, à l'exclusion de tous autres parents de l'autre ligne.

753. A défaut de frères ou de sœurs ou de descendants d'eux, et à défaut d'ascendants dans l'une ou l'autre ligne, la succession est déférée pour moitié aux ascendants survivants ; et pour l'autre moitié, aux parents les plus proches de l'autre ligne.

S'il y a concours de parents collatéraux au même degré, ils partagent par tête.

754. Dans le cas de l'article précédent, le père ou la mère survivant a l'usufruit du tiers des biens auxquels il ne succède pas en propriété.

755. Les parents au delà du douzième degré ne succèdent pas.

A défaut de parents au degré successible dans une ligne, les parents de l'autre ligne succèdent pour le tout.

CHAP. IV. — DES SUCCESSIONS IRRÉGULIÈRES.

SECT. Ire. —Des droits des enfants naturels sur les biens de leur père ou mère, et de la succession aux enfants naturels décédés sans postérité.

756. Les enfants naturels ne sont point héritiers ; la loi ne leur accorde de droit sur les biens de leur père ou mère décédé, que lorsqu'ils ont été légalement reconnus. Elle ne leur accorde aucun droit sur les biens des parents de leur père ou mère.

757. Le droit de l'enfant naturel sur les

biens de ses père ou mère décédés, est réglé ainsi qu'il suit :

Si le père ou la mère a laissé des descendants légitimes, ce droit est d'un tiers de la portion héréditaire que l'enfant naturel aurait eue s'il eût été légitime ; il est de la moitié lorsque les père ou mère ne laissent pas de descendants, mais bien des ascendants ou des frères ou sœurs; il est des trois quarts lorsque les père ou mère ne laissent ni descendants ni ascendants, ni frères ni sœurs.

758. L'enfant naturel a droit à la totalité des biens, lorsque ses père ou mère ne laissent pas de parents au degré successible.

759. En cas de prédécès de l'enfant naturel, ses enfants ou descendants peuvent réclamer les droits fixés par les articles précédents.

760. L'enfant naturel ou ses descendants sont tenus d'imputer sur ce qu'ils ont droit de prétendre, tout ce qu'ils ont reçu du père ou de la mère dont la succession est ouverte, et qui serait sujet à rapport, d'après les règles établies à la section II du chapitre VI du présent titre.

761. Toute réclamation leur est interdite, lorsqu'ils ont reçu, du vivant de leur père ou de leur mère, la moitié de ce qui leur est attribué par les articles précédents, avec déclaration expresse, de la part de leur père ou mère, que leur intention est de réduire l'enfant naturel à la portion qu'ils lui ont assignée.

Dans le cas où cette portion serait inférieure à la moitié de ce qui devrait revenir à l'enfant naturel, il ne pourra réclamer que le supplément nécessaire pour parfaire cette moitié.

762. Les dispositions des articles 757 et 758 ne sont pas applicables aux enfants adultérins ou incestueux.

La loi ne leur accorde que des aliments.

763. Ces aliments sont réglés, eu égard aux facultés du père ou de la mère, au nombre et à la qualité des héritiers légitimes.

764. Lorsque le père ou la mère de l'enfant adultérin ou incestueux lui auront fait apprendre un art mécanique, ou lorsque l'un d'eux lui aura assuré des aliments de son vivant, l'enfant ne pourra élever aucune réclamation contre leur succession.

765. La succession de l'enfant naturel décédé sans postérité est dévolue au père ou à la mère qui l'a reconnu ; ou par moitié à tous les deux, s'il a été reconnu par l'un et par l'autre.

766. En cas de prédécès des père et mère de l'enfant naturel, les biens qu'il en avait reçus, passent aux frères ou sœurs légitimes, s'ils se retrouvent en nature dans la succession : les actions en reprise, s'il en existe, ou le prix de ces biens aliénés, s'il est encore dû, retournent également aux frères et sœurs légitimes. Tous les autres biens passent aux frères et sœurs naturels, ou à leurs descendants.

SECT. II.—*Des droits du conjoint survivant et de l'État.*

767. Lorsque le défunt ne laisse ni parents au degré successible, ni enfants naturels, les biens de sa succession appartiennent au conjoint non *divorcé* qui lui survit.

768. A défaut de conjoint survivant, la succession est acquise à l'État.

769. Le conjoint survivant et l'administration des domaines qui prétendent droit à la succession, sont tenus de faire apposer les scellés, et de faire faire inventaire dans les formes prescrites pour l'acceptation des successions sous bénéfice d'inventaire. [Pr. 907, s., 943, s.]

770. Ils doivent demander l'envoi en possession au tribunal de première instance dans le ressort duquel la succession est ouverte. Le tribunal ne peut statuer sur la demande qu'après trois publications et affiches dans les formes usitées, et après avoir entendu le procureur impérial. [Pr. 59, 83.]

771. L'époux survivant est encore tenu de faire emploi du mobilier, ou de donner caution suffisante pour en assurer la restitution, au cas où il se présenterait des héritiers du défunt. dans l'intervalle de trois ans : après ce délai, la caution est déchargée. [Pr. 518, s., 945, s.]

772. L'époux survivant ou l'administration des domaines qui n'auraient pas rempli les formalités qui leur sont respectivement prescrites, pourront être condamnés aux dommages et intérêts envers les héritiers, s'il s'en représente.

773. Les dispositions des articles 769, 770, 771 et 772, sont communes aux enfants naturels appelés à défaut de parents.

CHAP. V. — DE L'ACCEPTATION ET DE LA RÉPUDIATION DES SUCCESSIONS.

SECT. Ire.—*De l'acceptation.*

774. Une succession peut être acceptée purement et simplement, ou sous bénéfice d'inventaire.

775. Nul n'est tenu d'accepter une succession qui lui est échue.

776. Les femmes mariées ne peuvent pas valablement accepter une succession sans l'autorisation de leur mari ou de justice, conformément aux dispositions du chapitre VI du titre *du Mariage.*

Les successions échues aux mineurs et aux interdits ne pourront être valablement acceptées que conformément aux dispositions du titre *de la Minorité, de la Tutelle et de l'Émancipation.*

777. L'effet de l'acceptation remonte au jour de l'ouverture de la succession.

778. L'acceptation peut être expresse ou tacite : elle est expresse, quand on prend le titre ou la qualité d'héritier dans un acte authentique ou privé ; elle est tacite, quand l'héritier fait un acte qui suppose nécessairement son intention d'accepter, et qu'il n'aurait droit de faire qu'en sa qualité d'héritier.

779. Les actes purement conservatoires, de surveillance et d'administration provisoire, ne sont pas des actes d'adition d'hérédité. si l'on n'y a pas pris le titre ou la qualité d'héritier.

780. La donation, vente ou transport que fait de ses droits successifs un des cohéritiers, soit à un étranger, soit à tous ses cohéritiers, soit à quelques-uns d'eux, emporte de sa part acceptation de la succession.

Il en est de même, 1° de la renonciation, même gratuite, que fait un des héritiers au profit d'un ou de plusieurs de ses cohéritiers;

2° De la renonciation qu'il fait même au profit de tous ses cohéritiers indistinctement, lorsqu'il reçoit le prix de sa renonciation.

781. Lorsque celui à qui une succession est échue, est décédé sans l'avoir répudiée ou sans l'avoir acceptée expressément ou tacitement, ses héritiers peuvent l'accepter ou la répudier de son chef.

782. Si ces héritiers ne sont pas d'accord pour accepter ou pour répudier la succession, elle doit être acceptée sous bénéfice d'inventaire.

783. Le majeur ne peut attaquer l'acceptation expresse ou tacite qu'il a faite d'une succession, que dans le cas où cette acceptation aurait été la suite d'un dol pratiqué envers lui : il ne peut jamais réclamer sous prétexte de lésion, excepté seulement dans le cas où la succession se trouverait absorbée ou diminuée de plus de moitié, par la découverte d'un testament inconnu au moment de l'acceptation.

SECT. II.—*De la renonciation aux successions.*

784. La renonciation à une succession ne se présume pas : elle ne peut plus être faite qu'au greffe du tribunal de première instance dans l'arrondissement duquel la succession s'est ouverte, sur un registre particulier tenu à cet effet. [Pr. 997.]

785. L'héritier qui renonce, est censé n'avoir jamais été héritier.

786. La part du renonçant accroît à ses cohéritiers ; s'il est seul, elle est dévolue au degré subséquent.

787. On ne vient jamais par représentation d'un héritier qui a renoncé : si le renonçant est seul héritier de son degré, ou si tous ses cohéritiers renoncent, les enfants viennent de leur chef et succèdent par tête.

788. Les créanciers de celui qui renonce au préjudice de leurs droits, peuvent se faire autoriser en justice à accepter la succession du chef de leur débiteur, en son lieu et place.

Dans ce cas, la renonciation n'est annulée qu'en faveur des créanciers, et jusqu'à concurrence seulement de leurs créances : elle ne l'est pas au profit de l'héritier qui a renoncé.

789. La faculté d'accepter ou de répudier une succession se prescrit par le laps de temps requis pour la prescription la plus longue des droits immobiliers.

790. Tant que la prescription du droit d'accepter n'est pas acquise contre les héritiers qui ont renoncé, ils ont la faculté d'accepter encore la succession, si elle n'a pas été déjà acceptée par d'autres héritiers ; sans préjudice néanmoins des droits qui peuvent être acquis à des tiers sur les biens de la succession, soit par prescription, soit par actes valablement faits avec le curateur à la succession vacante.

791. On ne peut, même par contrat de mariage, renoncer à la succession d'un homme vivant, ni aliéner les droits éventuels qu'on peut avoir à cette succession.

Les héritiers qui auraient diverti ou recélé des effets d'une succession, sont déchus de la faculté d'y renoncer : ils demeurent héritiers purs et simples, nonobstant leur renonciation, sans pouvoir prétendre aucune part dans les objets divertis ou recélés. [P. 380.]

SECT. III.—*Du bénéfice d'inventaire, de ses effets, et des obligations de l'héritier bénéficiaire.*

793. La déclaration d'un héritier, qu'il entend ne prendre cette qualité que sous bénéfice d'inventaire, doit être faite au greffe du tribunal de première instance dans l'arrondissement duquel la succession s'est ouverte : elle doit être inscrite sur le registre destiné à recevoir les actes de renonciation. [Pr. 997; T. 1er, art. 94 § 18, 20.]

794. Cette déclaration n'a d'effet qu'autant qu'elle est précédée ou suivie d'un inventaire fidèle et exact des biens de la succession. dans les formes réglées par les lois sur la procédure, et dans les délais qui seront ci-après déterminés. [Pr. 941, s.; T. 1er, art. 91, § 18, 20.]

INVENTAIRES.

Inventaires après décès.

Intitulé d'inventaire fait à la requête d'une veuve commune en biens, donataire en usufruit et tutrice de ses enfants mineurs.—En présence du subrogé tuteur.—Sans scellés.

L'an mil huit cent soixante-trois, le jeudi vingt-sept août, onze heures du matin,

A la requête de Mme Amélie David, veuve de M. Jules-Louis Lebeaux, propriétaire, demeurant à...,

Agissant en son nom personnel,

1° A cause de la communauté de biens qui a existé entre elle et le feu sieur Lebeaux, son mari, aux termes de leur contrat de mariage, passé devant Me..., notaire à..., le..., enregistré (*ou bien :* A cause de la communauté de biens qui a existé entre elle et son mari, d'après les dispositions du Code Napoléon, à défaut de contrat qui ait réglé les clauses et conditions civiles de leur union); laquelle communauté elle se réserve d'accepter ou de répudier par la suite, ainsi qu'elle avisera;

2° A cause des reprises et créances qu'elle peut avoir à exercer contre ladite communauté ou la succession de son mari ;

3° Et comme donataire en usufruit de la moitié des biens composant la succession de son mari, aux termes du contrat de mariage susénoncé ;

Et encore au nom et comme tutrice légale de Paul-Louis Lebeaux, âgé de douze ans et demi, de Pauline Lebeaux, âgée de dix ans, et de Victor Lebeaux, âgé de sept ans, ses trois enfants, mineurs, issus de son mariage avec le feu sieur Lebeaux ;

Mme veuve Lebeaux, assistée de Me..., avoué près le tribunal de première instance de la Seine, demeurant à Paris, rue..., son conseil, à ce présent :

En présence de M. Hippolyte Hersent, propriétaire, demeurant à...,

Au nom et comme subrogé tuteur des mineurs Lebeaux, ses petits-neveux, nommé à cette qualité qu'il a acceptée par délibération du conseil de famille de ces mineurs, reçue et présidée par le juge de paix de..., suivant son procès-verbal dressé par lui, le..., enregistré ; de laquelle délibération une expédition a été représentée aux notaires soussignés, et par eux à l'instant rendue ;

Lesdits mineurs Lebeaux habiles à se dire et porter seuls héritiers, chacun pour un tiers, de M. Lebeaux, leur père;

A la conservation des droits et intérêts des parties, et de tous autres qu'il appartiendra, sans que les qualités ci-dessus exprimées puissent nuire ni préjudicier à qui que ce soit, il va être, par Me..., et son collègue, notaires à..., soussignés, procédé à l'inventaire fidèle et description exacte de tous les meubles meublants, habits, linge, hardes, bijoux, deniers comptants, titres, papiers, notes et renseignements dépendant de la communauté de biens qui a existé entre M. et Mme Lebeaux, et de la succession du feu sieur Lebeaux; le tout trouvé et étant dans les lieux ci-après désignés, faisant partie d'une maison sise à..., dont M..., est propriétaire, et où le sieur Lebeaux est décédé, le...;

Sur la représentation qui sera faite du tout par Mme veuve Lebeaux, après serment par elle prêté entre les mains des notaires soussignés, de bien et fidèlement montrer et déclarer tout ce qui, à sa connaissance, peut dépendre desdites communauté et succession, sans en avoir rien pris ni détourné, vu ni su qu'il en ait été rien pris, ni détourné, par qui que ce soit, directement ni indirectement, et ce, sous les peines de droit qui lui ont été expliquées par les notaires soussignés et qu'elle a dit bien comprendre.

La prisée des objets qui y sont sujets sera faite par Me..., commissaire-priseur à..., appelé par toutes les parties et à ce présent.

Si l'inventaire est fait par un seul notaire, en présence de témoins, on continue ainsi :

Ce fait en présence de MM... (*prénoms, noms, professions et demeures des témoins*), témoins instrumentaires, appelés à défaut d'un second notaire.

Et, sous toutes réserves respectives et de droit, les parties, leur conseil et le commissaire-priseur, ont signé avec les notaires (ou : avec le notaire et les témoins), après lecture faite.

794 (*suite*). . . . . . . Form. **38**.

Inventaire avec levée de scellés. — Une veuve séparée de biens et légataire.—Enfants majeurs.—Petits-enfants mineurs.—Un mari agissant seul pour sa femme. — Le subrogé tuteur représenté par un mandataire.

L'an mil huit cent..., le...

A la requête :

1o De Mme Caroline Viennet, veuve de M. Alphonse Delacroix, d'avec lequel elle était séparée, quant aux biens, aux termes de leur contrat de mariage, passé devant Me..., notaire à..., le..., enregistré (ou : suivant jugement rendu au tribunal de première instance de la Seine, séant à Paris, le..., dûment enregistré, signifié et exécuté;

Mme veuve Delacroix, demeurant à...,

Agissant en son nom personnel, tant à cause des reprises et créances qu'elle peut avoir à exercer contre la succession de son mari, que comme légataire, à titre universel, du feu sieur Delacroix; de la moitié, en usufruit, de tous ses biens meubles et immeubles, aux termes de son testament passé devant Me..., notaire à..., en présence de quatre témoins, le.... enregistré;

2o De M. Charles Delacroix, négociant, demeurant à..,

3o De M. Henri-Joseph Gallais, propriétaire, demeurant à...;

Agissant comme maître des actions mobilières et possessoires de Mme Adélaïde Delacroix, son épouse, avec laquelle il est commun en biens, aux termes de leur contrat de mariage passé devant Me..., notaire à..., le..., dont une expédition a été représentée aux notaires soussignés, et, par eux, à l'instant rendue;

Ou : Avec laquelle il est commun en biens, aux termes de la loi, à défaut de contrat de mariage qui ait réglé les clauses et conditions civiles de leur union, ainsi qu'il le déclare et que les autres parties le reconnaissent;

4o Et de M. Félix Lebrun, propriétaire, demeurant à...,

Au nom et comme tuteur légal de Marie-Félicité Lebrun, née à..., le..., et de Gustave Lebrun, né à..., le..., ses deux enfants mineurs, issus de son mariage avec Mme Clotilde-Angèle Delacroix, son épouse, décédée;

En présence de M..., demeurant à...,

Au nom et comme mandataire de M. Ambroise Sollier, propriétaire, demeurant à..., suivant la procuration que ce dernier lui a donnée par acte passé devant Me..., notaire à..., le..., enregistré.

Le brevet original de laquelle procuration, légalisé par le président du tribunal de..., est demeuré ci-annexé, après avoir été, par M..., certifié véritable et signé en présence des notaires soussignés.

Ledit sieur Sellier, subrogé tuteur des nommés Lebrun, nommé à cette qualité, qu'il a acceptée par délibération, etc.

Lesdits sieur Charles Delacroix et dame Gallais, frère et sœur germains, habiles à se dire et porter héritiers, chacun pour un tiers, du feu sieur Alphonse Delacroix, leur père, décédé à..., le..., suivant l'acte qui en a été dressé à la mairie de..., le..., dont une copie, délivrée par le maire, et légalisée par le sous-préfet, est demeurée ci-annexée, après mention par les notaires;

Et les mineurs Lebrun, habiles à se porter héritiers, conjointement pour un tiers, ou chacun pour un sixième, du feu sieur Delacroix, leur aïeul maternel, par représentation de ladite dame Lebrun, leur mère, fille de Mme Delacroix;

A la conservation des droits et intérêts des parties et de tous autres qu'il appartiendra, sans que les qualités ci-devant exprimées puissent nuire ni préjudicier à qui que ce soit, il va être, par Me..., et son collègue, notaires à..., soussignés, procédé à l'inventaire fidèle et description exacte des meubles meublants, effets mobiliers, habits, linge, hardes, bijoux, deniers comptants, titres papiers, notes et renseignements dépendant de la succession dudit sieur Delacroix, trouvés et étant dans les lieux ci-après désignés, faisant partie d'une maison sise à..., appartenant à M..., où le feu sieur Delacroix demeurait lors de son décès, arrivé à..., le...

Sur la représentation qui sera faite du tout, tant par Mme veuve Delacroix que par M. Léonard Dubois, concierge, demeurant à..., à ce présent, comme gardien des scellés dont il sera ci-après parlé; lesquels avertis du serment qu'ils auront à prêter à la fin des présentes, ont promis de montrer et déclarer fidèlement tout ce qui, à leur connaissance, peut dépendre de ladite succession.

La prisée des objets y sujets sera faite par Me... etc.

Cette prisée aura lieu au fur et à mesure que les scellés apposés par M. le juge de paix de..., suivant son procès-verbal en date du..., enregistré, auront été par lui reconnus sains et entiers, et comme tels, levés et ôtés, en conséquence de son procès-verbal de ce jour.

Et après lecture, les parties, le commissaire-priseur et le gardien des scellés ont signé avec les notaires, sous toutes réserves respectives et de droit.

794 (*suite*) [431]. . . . . Form. **39**.

Inventaire fait à la requête du mari survivant, ayant droit à la totalité des bénéfices de communauté.—D'un ascendant et de frères germains.

L'an mil huit cent..., le..., *A la requête :*

1o De M. Joseph-Honoré Villeneuve, propriétaire, demeurant à...,

Agissant en son nom personnel, tant à cause de la communauté de biens qui a existé entre lui et Mme Caroline Aubry, son épouse, décédée, aux termes de leur contrat de mariage passé devant Me..., notaire à..., le.., enregistré,

Que comme ayant droit, d'après le même contrat, à la totalité des bénéfices de ladite communauté, en qualité de survivant;

2o De M. Guillaume Aubry, propriétaire, demeurant à...;

3o De M. Paul-François Aubry, fils, négociant, demeurant à...;

4o Et de Mme Antoinette-Marie Aubry, veuve de M. Auguste Carpentier, propriétaire, demeurant à...,

Ledit sieur Guillaume Aubry père, habile à se porter héritier, pour un quart, de M. Villeneuve, sa fille;

Et M. Paul-François Aubry fils, et Mme veuve Carpentier, habiles à se porter héritiers de ladite dame Villeneuve, leur sœur germaine, pour les trois autres quarts, ou chacun pour trois huitièmes.

A la conservation des droits et intérêts des parties, etc. (*Voir les formules précédentes.*)

794 (*suite*). . . . . . . Form. **40**.

Inventaire fait à la requête d'une veuve mariée sous le régime dotal, en présence d'un curateur au ventre, et d'un notaire commis pour représenter un frère non présent.

L'an mil huit cent..., le...,

A la requête de Mme Julie Morand, veuve de M. Adrien Duvernois, propriétaire, d'avec lequel elle était mariée sous le régime dotal, suivant leur contrat de mariage passé devant Me..., notaire à..., le..., enregistré (ou : comme demeurant, lors de leur mariage, à..., qui était alors régi par le droit romain; ou bien : dans l'étendue de la coutume de..., dont le régime dotal était le droit commun);

Ladite dame demeurant à...,

Agissant en son nom, à cause des créances et droits matrimoniaux qu'elle peut avoir à exercer contre la succession de son mari.

S'il y a société d'acquêts, on ajoute :

Et à cause de la société d'acquêts qui a subsisté entre elle et son défunt mari, aux termes de leur contrat de mariage susénoncé, et qu'elle se réserve d'accepter ou de répudier, ainsi qu'elle avisera par la suite.

En présence : 1o De M...,

Au nom et comme curateur au ventre à l'enfant dont Mme veuve Duvernois a déclaré être enceinte des œuvres du feu sieur son mari, ledit sieur..., nommé à cette qualité qu'il a acceptée, suivant une délibération du conseil de famille réuni sous la présidence de M. le Juge de paix de..., aux termes de son procès-verbal, en date du..., enregistré, et dont une expédition a été représentée aux notaires soussignés, et par eux à l'instant rendue; ledit enfant à naître, pourvu qu'il naisse viable, habile à se dire et porter seul héritier du feu sieur Duvernois, son père;

2o Et de Me..., notaire à..., y demeurant, commis, à l'effet de représenter M. Edouard Duvernois, propriétaire, demeurant à... aux termes d'une ordonnance de M. le président du tribunal de première instance de..., en date du..., enregistrée, et dont l'original est demeuré ci-annexé, après que dessus il en a été fait mention par les notaires soussignés;

Ledit sieur Edouard Duvernois, habile à se dire et porter seul héritier du feu sieur Adrien Duvernois, son frère, mais pour le cas seulement où l'enfant dont Mme veuve Duvernois est enceinte ne naîtrait pas viable.

A la conservation des droits et intérêts des parties, etc., etc.

794 (*suite*) [820]. . . . . Form. **41**.

Inventaire à la requête d'un exécuteur testamentaire, de frère germain et utérin, l'un d'eux légataire à titre universel, en vertu de testament olographe. — En présence de créanciers opposants.

L'an mil huit cent..., le..., *A la requête:*

1o De M. Nicolas Ledru, propriétaire, demeurant à...;

Au nom et comme exécuteur testamentaire, avec saisine, de M. Gustave Bertrand, en son vivant, rentier, demeurant à... aux termes de son testament par lui fait olographe, en date à Paris, du..., enregistré, et déposé pour minute à Me..., l'un des notaires soussignés, par M. le président du tribunal de première instance de la Seine, aux termes de son procès-verbal d'ouverture et de description du testament en date du...;

2o De M. Alexis Bertrand, imprimeur, demeurant à...;

3o Et de M. César Leroy, négociant, demeurant à...;

Lesdits sieurs Alexis Bertrand et Leroy, habiles à se dire et porter seuls héritiers du feu sieur Gustave Bertrand, leur frère, savoir :

M. Bertrand, pour la totalité de la moitié dévolue à la ligne paternelle, et pour moitié de l'autre moitié dévolue à la ligne maternelle, ou pour trois quarts au total, en qualité de frère germain du défunt, comme étant issus l'un et l'autre du mariage de M. Félix Bertrand avec Mme Alexandrine Mancel, veuve en premières noces de M. Hector Leroy;

Et M. Leroy, pour moitié dans la moitié afférente à la ligne maternelle, ou un quart au total, en qualité de frère utérin dudit sieur Bertrand, comme étant issu du mariage de ladite dame Mancel avec le sieur Leroy.

De plus, ledit sieur Alexis Bertrand, légataire à titre universel du quart des biens meubles et immeubles composant la succession du défunt sieur Gustave Bertrand, aux termes de son testament olographe susénoncé.

En présence de MM...,

Créanciers opposants, aux termes des exploits, signifiés à leur requête, à MM. Bertrand et Leroy, par le ministère de..., huissier à Paris, en date du...

A la conservation des droits et intérêts des parties et de tous autres, etc.

On peut aussi, pour ne pas compliquer les qualités, renvoyer à la fin de l'intitulé l'intervention des créanciers, et on l'énonce ainsi :

Ce fait en présence de MM..., créanciers opposants, etc.

794 (*suite*). . . . . . . Form. **42**.

Inventaire à la requête des père et mère.—D'un frère consanguin, et d'un frère germain, mineur, représenté par son père, comme administrateur légal, en présence d'un subrogé tuteur ad hoc.

L'an mil huit cent..., le..., *A la requête :*

1o De M. André Boulard, propriétaire, et de Mme Catherine Paulin, son épouse, qu'il autorise à l'effet des présentes, demeurant ensemble à...,

Agissant en leurs noms personnels et respectifs, à cause de leur qualité d'héritier ci-après exprimée;

Et encore M. Boulard, au nom et comme administrateur légal des biens personnels de Philippe Boulard, âgé de douze ans et demi, son fils mineur, issu de son mariage avec ladite dame Catherine Paulin;

2o Et de M. Ferdinand Boulard, avocat, demeurant à...;

En présence de M...,

Au nom et comme subrogé tuteur ad hoc dudit mineur Boulard, nommé à l'effet d'assister au présent inventaire et aux opérations de la liquidation et partage qui en seront la suite, par une délibération du conseil de famille dudit mineur, reçue et présidée par M. le juge de paix de..., aux termes de son procès-verbal, en date du..., enregistré, dont une expédition a été représentée aux notaires soussignés, et, par eux, à l'instant rendue;

Lesdits sieur et dame Boulard, père et mère, habiles à se dire et porter héritiers, chacun pour un quart, ou 2/8, de M. Sébastien Boulard, leur fils, en son vivant, négociant, demeurant à.... soit ensemble.. . . . . 4/8
Le mineur Boulard, habile à se dire et porter héritier du feu sieur Sébastien Boulard, son frère germain, pour la totalité du quart dévolu à la ligne maternelle et pour la moitié du quart dévolu à la ligne paternelle, ou trois huitièmes au total, ci. 3/8
Et M. Ferdinand Boulard, habile à se dire et porter héritier du feu sieur Sébastien Boulard, son frère consanguin, pour la moitié du quart dévolu à la ligne paternelle, ou un huitième du total, comme étant issu du premier mariage de M. André Boulard, père du défunt, avec Mme Louise Grenet, décédée, ci. 1/8

Total égal à l'entier. 8/8

A la conservation des droits et intérêts des parties, etc.

794 (*suite*) [338]. . . . . Form. 43.

Inventaire fait à la requête d'un ascendant, seul héritier dans sa ligne.—Et de parents collatéraux dans l'autre ligne. — En présence d'un enfant naturel reconnu.

L'an mil huit cent..., le....   A la requête :
1° De M. Félix-Auguste Morel, propriétaire, demeurant à...;
2° De M. Antoine Joly, propriétaire, demeurant à...;
3° De Mme Félicité Joly, veuve de M. Célestin Durand, aubergiste, demeurant à...;
4° Et de M. Charles-Honoré Joly, cultivateur, demeurant à...;
En présence de M. Pierre-Joseph Morel, marchand épicier demeurant à...,
Enfant naturel du sieur Anatole-Louis Morel et de la demoiselle Joséphine Dupuis, reconnu suivant acte passé devant Me..., notaire à..., le..., enregistré,
En ces qualités :
M. Morel (Félix-Auguste), habile à se dire et porter héritier dudit sieur Anatole-Louis Morel, son fils, issu de son mariage avec dame Madeleine Joly, son épouse, décédée, pour la moitié dévolue à la ligne paternelle, et encore ayant droit à l'usufruit du tiers de la moitié dévolue aux héritiers collatéraux de la ligne maternelle, en vertu des art. 753 et 754 du Code Napoléon;
Et lesdits sieurs Joly et veuve Durand, habiles à se dire et porter seuls héritiers du sieur Anatole-Louis Morel, leur cousin, chacun pour un tiers dans la moitié afférente à la ligne maternelle qu'ils représentent seuls, sauf les droits d'usufruit de Morel père.
Le tout, sauf les droits dudit sieur Pierre-Joseph Morel, enfant naturel reconnu par le défunt, et, en cette qualité, habile à réclamer la moitié de toute la succession du feu sieur Anatole-Louis Morel, son père, en vertu de l'art. 757 du Code Napoléon.
Au moyen de quoi, M. Morel père ne se trouve avoir droit à la succession de son fils que pour un quart en propriété et un douzième en usufruit ;
Et lesdits sieur Joly et veuve Durand n'ont droit à la succession que pour deux douzièmes en propriété, et un douzième en nue propriété grevé de l'usufruit de M. Morel père, conjointement entre eux, ou chacun divisément pour deux trente-sixièmes en propriété, et un trente-sixième en nue propriété.
A la conservation des droits et intérêts, etc.

794 (*suite*) [769]. . . . . Form. 44.

Inventaire à la requête d'une veuve appelée à recueillir la succession à défaut d'héritier.

L'an 1863, le...,   A la requête :
De Mme Jean Fain, propriétaire, demeurant à..., veuve de M. Pol Doré, agissant :
1° A cause de la communauté qui a existé entre elle et son défunt mari, aux termes de son contrat de mariage, reçu...;
2° A cause des droits, reprises et créances qu'elle a ou peut avoir à exercer contre la communauté d'entre elle et son mari et contre la succession de ce dernier ;
3° Et comme appelée à recueillir la totalité de la succession de son mari, à défaut de parents au degré successible et d'enfant naturel, aux termes de l'art. 767 du C. Nap.
A la conservation des droits et intérêts des parties, etc.

794 (*suite*) [1058 à 1061, 1065]. F. 45.

Inventaire à la requête d'un frère, légataire universel grevé de restitution, en présence du tuteur à la substitution. — Testament olographe, envoi en possession.

L'an mil huit cent..., le...,   A la requête :
De M. Ambroise Sellier, capitaine au 4e régiment d'infanterie de ligne, en garnison à..., et présentement en cette ville,
Au nom et comme légataire universel, en toute propriété, des biens meubles et immeubles composant la succession de M. Victor-Joseph Sellier, son frère, en son vivant propriétaire, demeurant à...., mais à la charge de restitution, pour la totalité de ce qui fait l'objet de ce legs, au profit des enfants nés et à naître, aux termes du testament du feu sieur Sellier, par lui fait olographe, en date à... du..., enregistré, et déposé pour minute à Me..., l'un des notaires soussignés, suivant acte dressé par lui le..., enregistré, en vertu d'une ordonnance de M. le président du tribunal de première instance de..., contenue en son procès-verbal d'ouverture dudit testament, en date du..., enregistré ;
Duquel legs universel, M. Sellier, comparant, a été envoyé en possession, aux termes d'une ordonnance du même président, rendue le..., au moyen de ce que ledit feu sieur Sellier, son frère, n'a laissé aucun héritier à réserve, ainsi que le constate un acte de notoriété passé en minute devant Me..., l'un des notaires soussignés, le..., enregistré ;
En présence de M...,
Agissant comme tuteur chargé de l'exécution de ladite restitution, au profit des enfants nés et à naître de M. Ambroise Sellier, nommé à cette qualité par le testament ci-dessus énoncé et l'ayant acceptée, suivant déclaration par lui faite devant le juge de paix de..., le..., enregistrée.
A la conservation des droits et intérêts, etc.

794 (*suite*) [813, 814]. . . Form. 46.

Inventaire à la requête d'un curateur à une succession vacante.

L'an mil huit cent..., le..,   A la requête :
De M. Guillaume Martin, employé, demeurant à...
Agissant au nom et comme curateur à la succession réputée vacante de M. Louis Dufour, propriétaire, demeurant à..., décédé, sans que, pendant les délais de la loi personne se soit présenté, pour réclamer sa succession, et sans qu'aucun héritier se soit fait connaître depuis.
Ou bien : Décédé, ayant laissé pour seul et unique héritier connu M. Charles Dufour, son cousin, demeurant à..., lequel, par acte dressé au tribunal civil de première instance de..., le..., a renoncé purement et simplement à la succession dudit feu sieur Louis Dufour, son cousin, et sans que, depuis cette renonciation, personne se soit présenté, pendant les délais de la loi, pour réclamer ladite succession.
Ledit sieur Martin, nommé à cette qualité de curateur, suivant jugement rendu par le tribunal civil de première instance, séant à..., le..., enregistré ;
Laquelle qualité M. Martin a acceptée, suivant acte dressé au greffe du même tribunal, le..., enregistré.
A la conservation des droits et intérêts de qui il appartiendra, etc.

794 (*suite*) [769]. . . . . Form. 47.

Inventaire à la requête du domaine à défaut d'héritiers.

L'an mil huit cent..., le...,
En exécution d'un arrêté de M..., préfet du département de..., en date du 15 août présent mois ;
Et à la requête de M..., directeur général, et de MM. les administrateurs de la régie de l'enregistrement et des domaines, poursuite et diligence de M. Honoré Lebreton, vérificateur des domaines, demeurant à..., désigné à cet effet par M. le directeur particulier des domaines au département de..., suivant une autorisation en date du..., dont l'original enregistré à,.., etc., est demeuré ci-annexé, après que dessus il en a été fait mention par les notaires soussignés.
Ledit sieur Lebreton, stipulant les intérêts de l'Etat, appelé à recueillir, à titre de déshérence, la succession du sieur Mathurin Desrues, ancien employé, décédé sans qu'aucun héritier ni aucun ayant droit à sa succession se soit fait connaître.
A la conservation des droits de l'Etat et de tous autres qu'il appartiendra, etc.

794 (*suite*). . . . . . . Form. 48.

Inventaire après déclaration d'absence.

L'an mil huit cent..., le...,   A la requête :
1° De Mme Marie-Anne Quentin, veuve de M. Jean Lecomte, rentier, demeurant à...,
2° De M. Nicolas Lecomte, marchand de bois, demeurant à... ;
3° De Mme Antoinette Lecomte, épouse contractuellement séparée, quant aux biens, de M. Michel Ledru, pâtissier, demeurant à..., et de lui, à ce présent, dûment autorisée,
4° Et de M. Théodore Jarry, propriétaire, demeurant à.. ,
Agissant au nom et comme tuteur légal de Félicité Jarry et Adolphe Jarry, ses deux enfants mineurs, issus de son mariage avec dame Joséphine-Adrienne Lecomte, son épouse décédée ;
En présence de M. Joseph Lecomte, propriétaire, demeurant à...,
Au nom et comme subrogé tuteur desdits mineurs Jarry, ses neveux, nommé à cette qualité qu'il a acceptée, suivant délibération, etc.,
Et encore en présence de M..., juge de paix de..., requis à cet effet par M. le procureur impérial près le tribunal civil de première instance, séant à..., par son ordonnance en date du..., étant en suite de la requête à lui présentée à cet effet ;
Laquelle requête, ainsi que l'ordonnance en suite, sont demeurées ci-annexées, après que dessus il en a été fait mention par les notaires soussignés.
Ladite dame veuve Lecomte, habile à se dire et porter héritière présomptive pour un quart, ou deux huitièmes au total, de Jérôme Lecomte, son fils, dont l'absence a été déclarée, suivant un jugement rendu audit tribunal, le..., enregistré.
Lesdits sieur Nicolas Lecomte et dame Ledru, habiles à se dire et porter héritiers présomptifs, chacun pour un tiers dans les trois quarts ou deux huitièmes au total, dudit sieur Jérôme Lecomte, leur frère germain ;
Enfin, les mineurs Jarry, habiles à se dire et porter héritiers présomptifs dudit sieur Jérôme Lecomte, leur oncle maternel, conjointement pour le dernier tiers dans les trois quarts, ou chacun un huitième au total, par représentation de la dame Jarry, leur mère ci-dessus nommée, sœur dudit Jérôme Lecomte, décédée postérieurement à l'époque des dernières nouvelles de celui-ci, et de laquelle, au surplus, lesdits mineurs sont seuls héritiers chacun pour moitié, aux termes de l'inventaire fait après le décès de cette dame, par Me..., notaire à..., le...
La dame veuve Lecomte, le sieur Nicolas Lecomte, la dame Ledru et les mineurs Jarry, envoyés en possession provisoire des biens dudit Jérôme Lecomte, soldat au 3e régiment d'infanterie de ligne, envoyé à..., et dont on n'a pas eu de nouvelles depuis le..., époque à laquelle il a dû se rendre à son régiment à..., et déclaré absent, suivant jugement rendu par le tribunal de première instance séant à..., le..., enregistré.
A la conservation des droits et intérêts des parties susnommées et de tous autres qu'il appartiendra, sans que les qualités ci-dessus prises puissent nuire ou préjudicier à qui que ce soit, il va être par Me..., commis à cet effet par le jugement susénoncé, et son confrère, notaires à..., soussignés, procédé à l'inventaire fidèle et description exacte de tous les meubles, effets mobiliers, titres, papiers et renseignements pouvant appartenir audit sieur Jérôme Lecomte, ou le concerner.
Sur la représentation qui en sera faite par..., etc.
Ou bien : Sur les simples déclarations des parties, attendu que ledit sieur Jérôme Lecomte n'a laissé aucun meuble, effet mobilier ni papier quelconques.

794 (*suite*). . . . . . . Form. 49.

Inventaire après interdiction.

L'an mil huit cent..., le...,
A la requête de M. Auguste Fauchier, avocat, demeurant à...,
Agissant au nom et comme tuteur à l'interdiction de M. François-Etienne Thiébault, propriétaire, demeurant à..., nommé à cette qualité qu'il a acceptée par délibération du conseil de famille dudit interdit, etc. ;
Ladite interdiction prononcée par jugement rendu au tribunal de première instance de..., le.... enregistré et signifié ;
Extrait duquel jugement a été déposé au greffe du même tribunal et à la chambre des notaires de..., suivant deux actes, en date du..., enregistrés ;
Lequel jugement a été, en outre, publié et inséré par extrait dans le journal d'affiches de..., feuille du..., ainsi que le constate un exemplaire de ce journal, signé par l'imprimeur, visé par le maire de..., et enregistré à..., le..., au droit de un franc dix centimes ;
Et en présence de M. Léonard-Henri Gallois, ancien employé, demeurant à....,
Au nom et comme subrogé tuteur à l'interdiction du sieur Thiébault, nommé à cette qualité, qu'il a acceptée, par la délibération du conseil de famille ci-dessus énoncée.
A la conservation des droits et intérêts dudit sieur Thiébault et de tous autres qu'il appartiendra, il va être, par Me..., et son collègue, notaires à..., soussignés, procédé, en vertu du jugement d'interdiction susénoncé, à l'inventaire fidèle et description exacte des meubles meublants, effets mobiliers, etc., appartenant à M. Thiébault, le tout trouvé et étant dans les lieux ci-après désignés faisant partie d'une maison sise à..., rue..., et où demeure ledit sieur Thiébault.
Sur la représentation qui sera faite du tout par M..., comme ayant eu l'administration provisoire de la personne et des biens de M. Thiébault, en vertu d'un premier jugement rendu par ledit tribunal, le..., enregistré.
Ledit sieur..., averti du serment qu'il aura à prêter à la fin des présentes, a promis de bien et fidèlement montrer tout ce qui, à sa connaissance, peut appartenir à M. Thiébault, etc.

794 (*suite*). . . . . . . Form. 50.

Inventaire après séparation de biens.

L'an mil huit cent...,   A la requête :

1° De Mme Clémence Malouette, épouse séparée, quant aux biens, de M. Achille Dubled, entrepreneur de bâtiments, avec lequelle elle demeure à...,

Agissant en conséquence du jugement qui a prononcé leur séparation de biens, rendu au tribunal de première instance séant à..., le..., enregistré et signifié, et comme autorisée à la poursuite de ses droits et actions par ordonnance de M. le président du même tribunal, en date du..., enregistrée.

Mme Dubled, assistée de Me..., avoué près ledit tribunal, demeurant à..., son conseil ;

2° Et de M. Dubled, ci-dessus nommé,

Assisté de Me..., avoué près ledit tribunal, demeurant à..., son conseil ;

M. Dubled comparaissant volontairement sur la sommation qui lui a été faite à la requête de la dame son épouse, suivant exploit de..., huissier à..., en date du..., enregistré, de se trouver à ces jour, lieu et heure, pour assister et prendre part aux opérations d'inventaire dont il va être parlé.

L'original de laquelle sommation, représenté par Mme Dubled, est demeuré ci-annexé, après mention faite par les notaires soussignés.

A la conservation des droits et intérêts des parties et de qui il appartiendra, il va être, par Me... et son collègue, notaires à..., soussignés, procédé à l'inventaire fidèle et description exacte des objets mobiliers, marchandises, linge, hardes, bijoux, deniers comptants, titres, papiers et renseignements dépendant de la communauté de biens qui a existé entre M. et Mme Dubled, aux termes de leur contrat de mariage passé devant Me..., notaire à..., le..., enregistré, et pouvant servir à établir le compte de leurs reprises respectives ;

Laquelle communauté Mme Dubled se réserve d'accepter ou de répudier, ainsi qu'elle avisera.

Le tout trouvé et étant dans les lieux ci-après désignés, faisant partie d'une maison sise à..., appartenant à M..., et où M. et Mme Dubled ont leur habitation et leur principal établissement.

Sur la représentation qui sera faite par..., etc.

794 (suite). . . . . . . Form. 51.

Procès-verbal de défaut contre un héritier sommé de comparaître, et défaillant.

L'an mil huit cent..., le...,

A la requête de Mme Marguerite-Edmée Delacour, veuve de M. Pierre Pelletier, ancien parfumeur, demeurant à...,

Agissant à cause de la communauté de biens qui a subsisté entre elle et son défunt mari, et comme sa donataire de moitié en usufruit, le tout aux termes de leur contrat de mariage passé devant Me..., notaire à..., le..., enregistré ;

Et encore en raison des reprises, créances et avantages qu'elle peut avoir à exercer contre la succession de son mari,

M. Jean-Baptiste Morand et son collègue, notaires à..., soussignés, se sont transportés, accompagnés de Me..., commissaire-priseur, à la résidence de.... au domicile de Mme veuve Pelletier, sis rue..., où étant, cette dame a comparu et leur a dit que, désirant faire procéder, selon le vœu et dans les délais de la loi, à l'inventaire des biens dépendant de ladite communauté et de la succession de son défunt mari, elle avait, dès le vingt-deux avril dernier, invité les notaires soussignés et le commissaire-priseur à se rendre chez elle, à l'effet de procéder à cet inventaire ; mais que cette opération n'a pu avoir lieu, attendu le défaut de présence, tant du sieur Gilbert Hardy, jardinier-fleuriste, demeurant à..., que de Mme Agathe-Elisabeth Pelletier, son épouse, fille du feu sieur Pelletier, et sa seule et unique héritière ; lesquels sieur et dame Hardy n'ont pas comparu ni personne pour eux, quoique invités par lettre et prévenus par exprès ;

Que, d'après cette circonstance, Mme veuve Pelletier, ne pouvant souffrir un plus long retard, elle a, par exploit de..., huissier à..., en date du..., enregistré, dont l'original, représenté par Mme Pelletier, est demeuré ci-annexé après qu'il a été par elle certifié véritable, et signé en présence des notaires soussignés, fait sommation auxdits sieur et dame Hardy de comparaître et se trouver en personne ou par un fondé de procuration spéciale, à ces jour, lieu et heure, pour assister à l'inventaire de tout ce qui peut dépendre de la communauté de biens qui a existé entre le feu sieur Pelletier et la dame, aujourd'hui sa veuve, et de la succession de M. Pelletier.

Leur ayant déclaré que, faute par eux de comparaître, ni personne pour eux, il serait donné défaut contre eux à une heure, et procédé aux opérations d'inventaire dont il s'agit, en leur absence, comme s'ils eussent été présents.

En conséquence, Mme veuve Pelletier a requis les notaires soussignés d'ouvrir le procès-verbal de ces opérations et de prononcer défaut, s'il y a lieu, pour continuer ensuite, comme il conviendra, pour la conservation de ses droits et de ceux de sa fille.

Après lecture, Mme veuve Pelletier et le commissaire-priseur ont signé.

(Signatures de la requérante et du commissaire-priseur.)

Après avoir attendu plus de trois heures, et considérant qu'il est plus d'une heure de relevée, et que les sieur et dame Hardy n'ont point comparu, ni personne pour eux, les notaires soussignés, sur la réquisition expresse de Mme veuve Pelletier, ont donné défaut contre les sieur et dame Hardy, non comparants, et ont procédé, en leur absence, aux opérations d'inventaire dont il s'agit, de la manière suivante :

A la requête de Mme veuve Pelletier,

Agissant en ses qualités de commune et de donataire ci-devant exprimées,

Et sous toute réserve d'accepter ou de répudier ladite communauté par la suite, ainsi qu'elle avisera,

Et nonobstant la non-comparution de Mme Hardy, ci-devant nommée, ni personne pour elle,

Cette dame, habile à se dire et porter seule et unique héritière du feu sieur Pierre Pelletier, son père.

A la conservation des droits et intérêts des parties, et de tous autres qu'il appartiendra, sans que les qualités ci-devant exprimées puissent nuire ni préjudicier à qui que ce soit, il va être procédé à l'inventaire fidèle, etc.

Enreg. : 2 fr. par vacation. — [V. CLERC, Enreg., n. 249, et Form., p. 590.]

794 (suite). . . . . . . Form. 52.

Ouvertures et clôtures de vacations.

Clôtures et ouverture ordinaire de vacation.

Clôture.

Il a été vaqué, tant à la rédaction de l'intitulé du présent inventaire qu'à l'inventorié ci-dessus (*pour les vacations suivantes, on met seulement : à tout ce que dessus*), depuis dix heures du matin jusqu'à une heure de relevée, par simple vacation (ou : jusqu'à quatre heures de relevée par double vacation, *ou bien :* jusqu'à sept heures du soir sonnées, par triple vacation, pour accélérer, à la réquisition des parties); ce fait, tous les objets ci-dessus inventoriés et ceux restant à l'être, sont demeurés, du consentement des parties, en la garde et possession de M..., qui le reconnaît et promet de les représenter quand et à qui il appartiendra.

Et la vacation, pour la continuation, du présent inventaire, a été remise et indiquée du consentement de toutes les parties, à demain jeudi, 27 août présent mois, dix heures du matin.

Lorsqu'on n'est pas fixé sur le jour de la prochaine vacation, on dit :

Et la vacation, pour la continuation du présent inventaire, a été remise aux jour et heure qui seront ultérieurement indiqués par les parties (ou : dont les parties se réservent de convenir ultérieurement.)

Et après lecture faite, les parties et le commissaire-priseur ont signé avec les notaires, sous toutes nouvelles réserves respectives et de droit.

S'il y a scellés, on met :

Ce fait, tous les objets susinventoriés, ainsi que ceux restant sous les scellés, sont restés du consentement des parties, etc.

794 (suite). . . . . . . Form. 53.

Ouverture.

Et le jeudi 27 août 1853, à dix heures du matin, en conséquence de l'assignation prise par la clôture de la précédente vacation (ou : en conséquence de l'indication convenue entre les parties), il va être, par ledit Me..., et son collègue, notaires à..., soussignés, procédé, ès mêmes requêtes, présence et qualité que ci-devant, à la continuation du présent inventaire, de la manière et ainsi qu'il suit :

Quand il y a scellés on ajoute :

Toujours, au fur et à mesure que les scellés apposés par M. le juge de paix auront été par lui reconnus sains et entiers, et comme tels, levés et ôtés.

794 (suite). . . . . . . Form. 54.

Clôture contenant pouvoir par l'un des héritiers de le représenter à la continuation de l'inventaire.

Immédiatement après l'indication du jour pour la prochaine vacation, on ajoute les pouvoirs suivants :

Avant de clore, M..., a par ces présentes, déclaré donner pouvoir à M..., de le représenter dans le cours du présent inventaire, y faire tous dires, déclarations, protestations et réserves (*si c'est un tuteur ou subrogé tuteur, on ajoute :* dans l'intérêt des mineurs dont il est tuteur ou subrogé tuteur), et généralement faire tout ce qui sera convenable, promettant l'avouer.

Et après lecture, etc.

794 (suite). . . . . . . Form. 55.

Ouverture de vacation par suite de changement.

Et le...,

En conséquence de l'assignation prise par la clôture de la dernière vacation, il va être par ledit Me..., et son collègue, notaires à..., soussignés, procédé, ès mêmes requête, présence et qualités que dessus, à l'exception de M.... actuellement représenté par M..., en vertu des pouvoirs contenus en la clôture de la dernière vacation (dans les vacations suivantes, on dit : M..., agissant toujours comme mandataire de M...), à la continuation du présent inventaire, de la manière et ainsi qu'il suit :

794 (suite). . . . . . . Form. 56.

Clôture d'une vacation de classement et arrangement de papiers ou marchandises.

Il a été vaqué à l'examen, classement et arrangement des papiers trouvés dans les lieux précédemment décrits (ou : des marchandises dépendant du fonds de commerce de..., que le défunt sieur... faisait valoir) depuis dix heures du matin jusqu'à quatre heures de relevée sonnées, par double vacation.

Ce fait, tous les objets inventoriés, ceux restant à l'être, et les papiers, sont demeurés en la garde et possession de M..., etc. (*comme ci-dessus.*)

794 (suite). . . . . . . Form. 57.

Clôture de vacation portant indication pour continuer l'inventaire dans une autre maison du lieu où il a été commencé.

Et la vacation a été remise au vendredi 28 août présent mois, à dix heures du matin, pour continuer le présent inventaire, en une maison sise à..., rue..., dont lesdits sieur et dame... sont propriétaires (ou locataires), et dans laquelle il existe différents meubles et effets mobiliers, dépendant desdites communauté et succession.

Et après lecture, etc.

794 (suite). . . . . . . Form. 58.

Ouverture de vacation par suite de l'indication ci-dessus.

Et le vendredi, 28 août 1853, à dix heures du matin, en conséquence de l'assignation prise par la clôture de la vacation qui précède, il va être par Me..., et son collègue, notaires à.., soussignés, ès mêmes requête, présence et qualités que dessus, procédé, en une maison sise à..., rue..., où les notaires et M.... commissaire-priseur, se sont exprès transportés, à l'inventaire des objets mobiliers qui s'y trouvent, appartenant auxdites communauté et succession, de la manière et ainsi qu'il suit :

Lorsque les objets mobiliers existant dans une autre maison de la ville où il est procédé sont peu importants, et que leur description n'emploie qu'une partie de vacation, on l'exprime ainsi :

Sur la représentation qui en sera faite par M..., savoir :

En procédant, M... a déclaré qu'il dépend desdites communauté et succession divers meubles et effets mobiliers, étant dans une pièce, au premier étage, faisant partie d'une maison située à... : en conséquence, les parties ont requis les notaires et le commissaire-priseur soussignés de se transporter dans lesdits lieux, à l'effet d'y faire la description et la prisée desdits objets mobiliers ;

Obtempérant auquel réquisitoire, Me... et son collègue, notaires à..., soussignés, accompagnés dudit Me..., commissaire-priseur, se sont transportés dans lesdits lieux avec toutes les parties, où, étant arrivés, ils ont procédé ainsi qu'il suit :

794 (suite). . . . . . . Form. 59.

Clôture de vacation contenant ajournement pour aller procéder à la campagne.

Il a été vaqué à tout ce que dessus depuis.... etc.

Avant de clore la présente vacation, les parties ont fait observer qu'il dépend desdites communauté et succession une maison de campagne sise à..., et les objets mobiliers qui la garnissent (ou bien : divers objets mobiliers garnissant une maison de campagne, sise à..., dont le défunt était locataire) : en conséquence, elles ont requis les notaires soussignés de se transporter en cette maison, pour y faire avec l'autorisation de M..., commissaire-priseur, ou de tel autre officier public qu'il appartiendra, la description et la prisée desdits effets mobiliers, après laquelle opération il sera procédé, à Paris, à la reprise et continuation du présent inventaire.

La vacation, pour ledit transport, a été remise et indiquée, du consentement de toutes les parties, au lundi 31 août présent mois, midi (ou bien : aux jour et heure dont les parties conviendront ultérieurement).

794 (suite). . . . . . . Form. 60.

Transport des notaires à la campagne et continuation de l'inventaire.

Et le..., huit heures du matin, en conséquence de l'assignation prise par les parties dans la clôture de la dernière vacation (ou : prise par les parties verbalement depuis la clôture de la dernière vacation), et à leur réquisition, Me... et son collègue, notaires à..., soussignés, ès mêmes noms et qualités qu'elles ont agi ci-dessus, et accompagnés de M..., commissaire-priseur, en une maison de campagne, située à..., appartenant à M..., et que le défunt habitait avec la dame aujourd'hui sa veuve, à l'effet d'y procéder à l'inventaire des meubles et effets mobiliers qui s'y trouvent et qui dépendent des communauté et succession dont il s'agit.

Auquel lieu étant arrivés à midi, il a été, par les notaires soussignés, ès mêmes requête, présence et qualités que dessus, procédé à l'inventaire fidèle et description exacte de tous les meubles, objets mobiliers et papiers étant en ladite maison de campagne, dans les lieux ci-après désignés.

Sur la représentation qui sera faite du tout par M..., après serment par lui prêté, ès mains des notaires soussignés, qu'il n'a détourné aucun desdits objets, vu détourner, ni su qu'il en ait été détourné aucun par qui que ce soit, et ce, sous les peines de droit qui lui ont été expliquées par les notaires, et qu'il a dit bien comprendre.

La prisée des choses y sujettes sera faite par M..., etc.

Et, après lecture, les parties et le commissaire-priseur ont signé avec les notaires.

794 (suite). . . . . . . Form. 61.

Clôture de l'inventaire à la campagne et ajournement pour le continuer à la ville où il a été commencé.

Il a été vaqué à tout ce que dessus depuis midi jusqu'à six heures de relevée par double vacation.

Et, ne s'étant plus rien trouvé en ladite maison de campagne à comprendre au présent inventaire, M... (celui qui représente les objets), comme ayant été en possession des objets existants en cette maison, et qui dépendent desdites communauté et succession, a, à l'instant, prêté serment, ès mains des notaires soussignés, de n'avoir rien pris ni détourné, vu, ni su qu'il ait été détourné aucun desdits objets par qui que ce soit, et ce, sous les peines de droit qui lui ont été expliquées par les notaires, et qu'il a dit bien comprendre.

Ce fait, les mêmes objets ont été remis en la garde et possession dudit sieur..., qui le reconnaît et s'en charge pour en faire la représentation, quand et à qui il appartiendra.

Et la vacation, pour continuer le présent inventaire à..., en la maison où il a été commencé, a été remise et indiquée, du consentement de toutes les parties, au jeudi prochain, 24 du présent mois, à dix heures du matin.

Après lecture, les parties, etc. -

794 (suite). . . . . . . Form. 62.

Reprise de l'inventaire à la ville.

Et le jeudi 24 août mil huit cent..., à dix heures du matin.

En conséquence de l'assignation prise par les parties, dans la clôture de la vacation qui précède, il va être par M^e..., et son collègue, notaires à..., soussignés, procédé à..., rue..., n°..., dans la maison qu'habitait le défunt et où il est décédé, à la continuation du présent inventaire, ès mêmes requête, présence et qualités que dessus.

794 (suite). . . . . . . Form. 63.

Clôture de l'inventaire.

Il a été vaqué à tout ce que dessus depuis dix heures du matin jusqu'à quatre heures de relevée sonnées, par double vacation ; ce fait, ne s'étant plus rien trouvé à dire, comprendre, ni déclarer au présent inventaire, il est demeuré clos, après avoir été affirmé sincère et véritable par Mme veuve..., et après que cette dame a eu prêté serment, ès mains des notaires soussignés, que le présent inventaire contient bien fidèlement tout ce qui, à sa connaissance, peut dépendre desdites communauté et succession, sans qu'elle en ait rien pris ni détourné, vu, ni su qu'il en ait été rien pris ni détourné par qui que ce soit, et ce, sous les peines de droit qui lui ont été expliquées par les notaires soussignés, et qu'elle a dit bien comprendre.

Pareil serment a été prêté ès mains des notaires par M..., gardien des scellés, et par M... (les personnes qui habitent la maison ou qui ont été en possession des objets), art. 943, n° 8, C. pr. civ.), à ce intervenant comme habitant la maison où il est présentement procédé.

Après quoi, tout le contenu au présent inventaire a été laissé, du consentement de toutes les parties, en la garde et possession de M..., qui le reconnaît et s'en charge, pour en faire la représentation, quand et à qui il appartiendra.

Et le présent inventaire a été clos et arrêté définitivement à la réquisition des parties.

Après lecture, les parties, sous leurs réserves et protestations ci-devant exprimées, ont signé avec leurs conseils et les notaires.

794 (suite). . . . . . . Form. 64.

Difficultés et contestations entre les parties.—Référés.

Dire et réquisition d'une partie.

Mme veuve... a dit que, provisoirement et en attendant la liquidation des communauté et succession dont il s'agit, il est nécessaire, dans l'intérêt

de tous, qu'une seule personne soit chargée de gérer et administrer les biens et affaires des communauté et succession ; de recevoir les loyers, fermages et revenus..., etc. ; qu'elle pense que c'est à elle qu'il est le plus convenable d'accorder les autorisations nécessaires à cet effet, comme étant celle des parties qui représente le plus grand intérêt, et qui est le plus en état de suivre cette administration ; requérant que ces autorisations lui soient conférées par ces présentes.

Et a signé après lecture.

794 (suite). . . . . . . Form. 65.

Réponses et protestations contraires par les autres parties.

Les autres parties ont répondu que les autorisations demandées par Mme veuve..., ne leur paraissent pas indispensables, quant à présent, puisqu'elles sont toutes présentes pour signer les quittances nécessaires ; qu'au surplus, elles se réservent de consentir ultérieurement ces autorisations, si elles le jugent alors convenable.

Et ont signé après lecture.

(Signature des parties.)

A quoi Mme veuve... a dit qu'elle persiste dans ses demande et réquisition, pour qu'il y soit fait droit sur-le-champ, attendu qu'il est urgent de pourvoir à l'administration des immeubles, et qu'il est impossible, pour chaque acte de cette administration, de réunir le consentement et la signature de toutes les parties.

Et a signé après lecture.

794 (suite). . . . . . . Form. 66.

Renvoi des parties en référé.

Sur quoi les parties n'ayant pu se mettre d'accord (ou : attendu la nature des demande et réquisition de Mme veuve...), les notaires soussignés ont délaissé les parties à se pourvoir en référé devant M. le président du tribunal de première instance, séant à..., à l'effet d'être ordonné par lui ce qu'il appartiendra.

Et toutes les parties ont signé avec les notaires, après lecture.

Lorsque le notaire doit se transporter lui-même en référé, on l'exprime ainsi :

Sur quoi les parties n'ayant pu se mettre d'accord, il en sera référé par M^e..., notaire soussigné, à M. le président du tribunal de première instance, séant à..., à l'effet d'être ordonné ce qu'il appartiendra ; pour lequel référé il a été pris assignation au... (ou : au jour le plus prochain où se tiendra l'audience des référés).

Et après lecture, etc.

794 (suite). . . . . . . Form. 67.

Demande d'autorisation pour agir sans attribution de qualités.

Avant la clôture du présent inventaire, Mme veuve... a fait observer qu'il est dans l'intérêt de toutes les parties et des créanciers desdites communauté et succession de faire procéder dans le plus court délai : 1° à la vente du mobilier inventorié ci-dessus ; 2° à la vente du fonds de commerce de..., que le feu sieur.... son mari, faisait valoir, ensemble des marchandises et effets mobiliers qui en font partie.

Pourquoi elle requiert M^e..., l'un des notaires soussignés, de se transporter devant M. le président du tribunal de première instance de la Seine, séant à Paris, aux jour et heure qu'il lui plaira de choisir (ou : le jeudi 25 du présent mois), pour voir dire qu'il sera, par M. le président, ordonné qu'à la requête, poursuite et diligence de ladite dame, en présence des autres parties, ou elles dûment appelées, il sera procédé : 1° à la vente du mobilier compris au présent inventaire, par M^e..., commissaire-priseur, qui en a fait la prisée, et en observant les formalités prescrites par la loi ; 2° et à la vente dudit fonds de commerce, avec ses accessoires et les marchandises qui en dépendent, sur deux publications, de quinzaine en quinzaine (ou sur une seule publication), en l'étude et par le ministère de M^e..., notaire soussigné, après les annonces nécessaires, et aux charges, clauses et conditions qui seront insérées au cahier des charges qui sera dressé à cet effet ;

Comme aussi que madite dame veuve... pourra toucher et recevoir le prix desdites ventes, et toutes les sommes dues aux communauté et succession, payer toutes celles qu'elles peuvent devoir, régler tous comptes, notamment celui du commissaire-priseur, lui donner décharge,

Le tout sans attribution de qualités.

Et a signé après lecture.

(Signature de la requérante.)

MM..., ès dits noms et qualités, ont dit que, sous toutes réserves, ils consentaient au référé et aux autorisations demandées par Mme veuve... ;

Et ont signé après lecture.

(Signature des autres parties.)

En conséquence de tout ce que dessus, nous, notaires soussignés, faisant droit au réquisitoire de Mme veuve..., et attendu le consentement de toutes les parties, disons que M^e..., l'un de nous, se transportera, en référé, par-devant le président du tri-

bunal de première instance de la Seine, en son cabinet, au Palais de Justice, à Paris, le..., une heure de relevée (ou : l'un des plus prochains jours d'audience), pour, sur son rapport à M. le président, être par lui statué ce qu'il appartiendra sur les demandes et conclusions de Mme veuve...

Continuer, pour la clôture de la vacation ou de l'inventaire, comme il est indiqué ci-dessus, Form. 52.

794 (suite). . . . . . . Form. 68.

Ordonnance de référé contenant l'autorisation à l'une des parties de gérer et administrer.

Nous (prénoms et nom du président), président du tribunal civil de première instance séant à..., vu le réquisitoire porté en la vacation qui précède, de l'inventaire fait après le décès de M..., dont la minute nous a été présentée, par M^e..., notaire à..., au principal, renvoyons les parties à se pourvoir, et cependant, par provision, autorisons Mme veuve..., jusqu'à ce que la liquidation et le partage de la communauté d'entre elle et son mari et de la succession de ce dernier soient terminés, à gérer et administrer les biens et affaires desdites communauté et succession, en conséquence, faire toutes locations verbales, donner et accepter tous congés, recevoir tous loyers, fermages et revenus, échus et à échoir, signer tous états de lieux, donner toutes quittances et décharges, exercer, au besoin, toutes poursuites, contraintes et diligences nécessaires ; aux effets ci-dessus, passer et signer tous actes ; le tout sans attributions de qualité et à la charge, par ladite dame veuve..., de rendre compte exact, quand et à qui il appartiendra.

Disons que la présente ordonnance sera exécutoire par provision, nonobstant appel et sans y préjudicier.

Fait à..., au Palais de Justice, le...

Enreg. : 3 fr. fixe.

794 (suite). . . . . . . Form. 69.

Ordonnance de référé pour autoriser à agir sans attribution de qualités.

Nous, etc., président du tribunal civil de première instance, séant à...,

Après avoir pris communication, sur la minute à nous représentée par M^e..., notaire à..., des déclarations et réquisitions contenues dans l'inventaire fait après le décès de M..., par ledit M^e..., et son collègue, le...,

Attendu qu'il est dans l'intérêt de toutes les parties et dans celui des créanciers qu'il soit, dans le plus court délai, procédé à la vente : 1° du fonds de commerce de..., que le feu sieur .... faisait valoir, ensemble des marchandises et ustensiles en dépendant ; 2° et des effets mobiliers compris audit inventaire ;

Attendu qu'il est urgent de pourvoir à l'administration de la succession du feu sieur..., et de la communauté de biens qui a existé entre lui et la dame..., aujourd'hui sa veuve ;

Attendu, d'ailleurs, le consentement donné par toutes les parties :

Par tous ces motifs, autorisons Mme veuve... à faire procéder en présence de M..., subrogé tuteur de ses enfants mineurs et des autres héritiers de son défunt mari, ou eux dûment appelés, à la vente publique : 1° des effets mobiliers compris en l'inventaire susdaté, par le ministère de M..., commissaire-priseur qui a fait la prisée ; 2° et du fonds de commerce de..., que le défunt sieur... faisait valoir, ensemble des marchandises et ustensiles en dépendant, en l'étude et par le ministère de M^e..., notaire à..., sur une seule publication, aux charges, clauses et conditions qui seront insérées au procès-verbal d'enchères, qui sera dressé à cet effet ;

Comme aussi autorisons Mme veuve à toucher et recevoir le prix de ces vente et adjudication, ainsi que toutes les sommes qui peuvent être dues auxdites communauté et succession, payer celles qui seront dues par elles, entendre et arrêter tous comptes, notamment celui du commissaire-priseur, donner et accepter tous congés ;

Donner décharge et quittance de toutes sommes reçues, faire mainlevée de toutes inscriptions, oppositions et saisies, remettre tous titres et pièces ;

A défaut de paiement, ou en cas de difficultés et contestations, exercer toutes poursuites et contraintes nécessaires, citer et comparaître devant tous juges et tribunaux ; obtenir tous jugements et arrêts, les faire mettre à exécution par toutes les voies et moyens de droit ; aux effets ci-dessus passer et signer tous actes.

Le tout sans qu'il puisse en résulter, pour lesdits veuve et héritiers, aucune attribution de qualités, et sauf à eux à prendre, par la suite, celles qu'ils aviseront.

La présente ordonnance sera exécutée par provision, nonobstant appel, et sans y préjudicier.

Fait au palais de justice, à..., le....

Enreg. : 3 fr. fixe.

794 (*suite*) [825, 1499, 1504]. F. **70**.

Corps d'inventaire.

PRISÉE DU MOBILIER.

Dans la cave.

1º Une feuillette de vin de Mâcon ordinaire, un quart de vin rouge de basse Bourgogne, contenant ensemble... litres de vin, prisés ensemble 150 fr.., ci. . . . .   150 »

2º Quatre-vingt bouteilles de vin rouge de Bordeaux, prisées, y compris le verre, 110 fr., ci. . . . .   110 »

3º Environ cent cinquante bouteilles vides, quatre bouts de chantier, diverses tablettes et cases à bouteille, prisé le tout 30 fr., ci. . . . .   30 »

4º Environ trois stères de bois à brûler, prisés 32 fr., ci.   32 »

Dans la cuisine, au premier étage, éclairée par une croisée sur la cour.

5º Une pelle, une pincette, un soufflet, un gril, un couperet, etc., le tout prisé 12 fr., ci.   12 »

6º Six casseroles, dont deux grandes, trois moyennes et une petite ; six couvercles, une tourtière, trois moules de différentes grandeurs, etc., le tout en cuivre rouge, prisé ensemble 70 fr., ci. . . . . .   70 »

Dans une pièce à côté de la précédente, aussi éclairée sur la cour, et servant de salle à manger.

7º Une table ronde en bois d'acajou, à coulisses, avec trois allonges en bois blanc, six chaises foncées de paille, etc., estimées ensemble 100 fr., ci. . . . .   100 »

Dans une armoire de la même pièce.

8º Une douzaine d'assiettes à potage, cinq douzaines d'assiettes plates, une soupière, quatre compotiers, etc., le tout en porcelaine blanche, estimé 80 fr., ci. . . . .   80 »

Dans une pièce au même étage, servant de chambre à coucher, et éclairée par une croisée sur la rue.

9º Un garde-feu en bronze, avec ornements en cuivre doré, pelle, pincette, soufflet, balai d'âtre, une paire de chenets, le tout prisé 50 fr., ci. . . . .   50 »

10º Sur la cheminée, une pendule en albâtre du nom de Lépine, à Paris, sur socle de bois noirci, et sous cage de verre blanc, une paire de vases en porcelaine, une paire de flambeaux en cuivre doré ; prisés 120 fr., ci. . . . .   120 »

11º Une commode et un secrétaire en bois d'acajou, à dessus de marbre granit, prisés 100 fr., ci. . . . .   100 »

12º Une glace sur la commode, avec bordure de bois doré, en deux parties, la première de 65 centimètres de haut sur 50 de large, et la seconde de 30 centimètres de haut sur la même largeur de 50 centimètres, prisée 110 fr., ci.   110 »

13º Une couchette en bois d'acajou, à pilastres, forme bateau, roulettes à équerres, et fond sanglé, un sommier de crin, deux matelas de laine recouverts de coutil rayé, un lit de plume pareil, un traversin rempli de plume, un oreiller, deux couvertures, etc., le tout prisé 200 fr., ci.   200 »

Dans la commode ci-devant inventoriée.

14º Une paire de rideaux en mousseline blanche pour le lit, deux paires de petits rideaux de croisée, etc., prisés ensemble, 30 fr., ci. . . . .   30 »

Dans une pièce à côté, servant de salon, et éclairée par deux croisées sur la rue.

15º Une pelle, une pincette, etc.   » »

16º Sur la cheminée, une pendule en bronze doré, représentant Bélisaire, etc. ;   » »

17º Un meuble en acajou, couvert en velours d'Utrecht cramoisi, à rosaces et composé d'un canapé, six fauteuils et deux bergères, le tout prisé 300 fr., ci.   300 »

18º Un guéridon en acajou, une console, etc.   » »

Dans une armoire de la même pièce.

19º Une cave à liqueurs, en bois de palissandre, avec coins et entrée de serrure en cuivre, renfermant quatre flacons et douze verres en cristal taillé, une boîte à thé, etc., prisés ensemble.   » »

Dans une chambre de domestique, au quatrième étage.

20º Une couchette en bois blanc peint en jaune, une paillasse, deux matelas, un traversin de coutil rempli de plume, deux couvertures, l'une en laine et l'autre en coton, etc., le tout prisé. . . . .   » »

A reporter. . . . . 1494 »

Report. . . . . 1494 »

Suit la garde-robe du défunt et le linge à son usage personnel.

21º Un habit de drap noir, une redingote en drap brun, etc.   » »

22º Trois douzaines de chemises en toile, en partie élimées, etc.   » »

Suit la garde-robe de la femme et le linge à son usage personnel.

23º Une robe de soie noire, etc.   » »

24º Deux douzaines de chemises en toile, etc.   » »

Suit le linge de ménage.

25º Douze paires de draps de maîtres, etc.   » »

26º Huit douzaines de serviettes et toile, etc.   » »

Suivent les bijoux.

27º Une montre à répétition, marquant les heures et les minutes, du nom de Leroy, à Paris, dans sa boîte d'or ; une chaîne en or, avec clef et cachet également en or, prisés ensemble. . . . .   » »

28º Un collier de perles fines, à un seul rang, avec fermoir en or, garni d'une turquoise, prisé. . . . .   » »

Suit l'argenterie.

29º Douze couverts, une cuillère à potage, deux cuillères à ragoût, douze cuillères à café, etc., le tout à filets, en argent, poinçon de Paris, pesant ensemble 3 kilogrammes 25 grammes, prisé à raison de... le kilogramme, la somme de. . . . . . .   » »

TOTAL de la prisée des objets mobiliers ci-devant inventoriés. . . . .   2464 »

30º Il s'est trouvé en deniers comptants, savoir :

Deux billets de banque, l'un de 1000 fr., et l'autre de 500 fr., ci. . . .   1500 »

Une somme de 850 fr., en pièces de 5 fr., ci. . . . .   850 »

Une somme de 200 fr. en pièces d'or de 20 fr., ci. . . . .   200 »

Une somme de 42 fr. 50 c. en pièces de 1 fr., 2 fr. et 50 c., ci.   42 50

Et 1 fr. 20 c. en monnaie de billon, ci.   1 20

TOTAL des deniers comptants. . . .   2593 70

Suit la bibliothèque.

La prisée des livres composant la bibliothèque de M... sera faite par ledit Mᵉ..., commissaire-priseur, sur l'avis de M..., libraire, demeurant à..., expert choisi par les parties, et auquel elles ont déclaré parfaitement s'en rapporter pour ladite estimation.

Lequel a fait serment, ès mains des notaires soussignés, de donner son avis en son âme et conscience sur la prisée dont il s'agit.

Et a signé après lecture.

(*Signature de l'expert.*)

31º Quarante-cinq volumes in-octavo, tous reliés en veau et basane, de différentes couleurs, dont : les *OEuvres complètes de Racine*, en six volumes, édition de Lequien. Paris, 1824, etc., le tout prisé. . . . .   » »

32º Vingt-deux volumes in-octavo, brochés, dont : *OEuvres choisies de La Fontaine*, trois volumes, etc., le tout prisé. . . . .   » »

33º Trente-six volumes in-douze et in-dix-huit, demi-reliure, dont : *Lettres à Émilie sur la Mythologie*, par Demoustier, trois volumes, etc., le tout prisé. . . . .   » »

TOTAL de la prisée des livres composant la bibliothèque de M... . . . .   » »

Après lecture, M..., expert, a signé et s'est retiré.

(*Signature de l'expert.*)

Lorsque le contrat de mariage accorde, à titre de préciput, au mari survivant, la propriété de la bibliothèque, il en fait la déclaration après la comparution de l'expert, et avant le commencement de la prisée, de la manière suivante :

Avant de procéder à la prisée, M..., a déclaré faire toutes réserves de ses droits à la propriété de ladite bibliothèque, comme lui étant attribuée à titre de préciput, aux termes de l'une des clauses de son contrat de mariage ci-dessus daté et énoncé.

Et a signé après lecture.

(*Signature du mari.*)

Contre laquelle déclaration toutes les autres parties font toutes réserves et protestations, toutes défenses au contraire faites par ledit sieur....

Et ont, toutes les parties, signé après lecture.

(*Signature de toutes les parties.*)

Sous les déclarations, réserves et protestations ci-dessus, il a été procédé à la prisée de la bibliothèque ainsi qu'il suit :

Quarante-cinq volumes, etc. (*Continuer comme ci-dessus.*)

794 (*suite*). . . . . Form. **71**.

Prisée et estimation d'un fonds de commerce, des marchandises et ustensiles en dépendant.

Lorsqu'il n'existe pas de convention au profit de l'époux survivant pour conserver le fonds et ses dépendances.

Suivent les marchandises dépendant du fonds de commerce de bijoutier que le feu sieur... faisait valoir, et des effets mobiliers et ustensiles servant à son exploitation, dont la prisée sera faite par M.... commissaire-priseur, sur l'avis : 1º de M..., bijoutier, demeurant à... ; 2º et de M..., aussi bijoutier, demeurant à..., experts choisis, le premier par Mme veuve..., et le second par les héritiers de son mari.

Lesquels experts ont à l'instant prêté serment, ès mains des notaires soussignés, de donner leur avis sur la prisée dont il s'agit, en leur âme et conscience, et en égard au cours du jour.

Et ont signé après lecture.

(*Signature des experts.*)

Dans une boutique au rez-de-chaussée, éclairée sur la rue.

1º Un comptoir en bois d'acajou, garni en cuivre doré, une banquette en bois de merisier, foncée de crin, couverte de velours d'Utrecht vert, quatre chaises., prisé le tout. . . . .   » »

2º Quinze montres d'homme en or, sans répétition et de différents modèles, prisées, à raison de 90 fr. la pièce, la somme de 1,350 fr., ci. . . . .   1350 »

3º Vingt-quatre pierre taillées, diamant fin, pesant environ chacune..., et prisées, à raison de..., l'une, la somme de. . . . .   » »

TOTAL de la prisée des marchandises, effets mobiliers et ustensiles dépendant du fonds de marchand bijoutier, que M..., faisait valoir. . . . .   1350 »

Il a été vaqué à tout ce que dessus, etc.

794 (*suite*). . . . . Form. **72**.

Lorsque le survivant a le droit de conserver le fonds et les marchandises et ustensiles, sans estimation pour l'achalandage.

Suivent les marchandises, effets mobiliers et ustensiles dépendant du fonds de commerce de marchand bijoutier, que M..., fait valoir, dont la prisée sera faite par ledit Mᵉ..., commissaire-priseur, sur l'avis : 1º de M..., etc. (*Comme ci-dessus, Form. 71.*)

Après la signature des experts on ajoute :

Avant qu'il soit procédé à l'inventorié des marchandises et ustensiles, M... a déclaré qu'il voulait user de la faculté que lui accorde son contrat de mariage ci-après analysé, comme ayant survécu à la dame.... son épouse, et conserver pour son compte :

1º le fond de marchand bijoutier qu'il fait actuellement valoir, ensemble les ustensiles et marchandises en dépendant, et ce pour le montant de l'estimation qui va en être faite, quant aux marchandises et ustensiles seulement, mais sans aucune estimation pour l'achalandage ;

2º Et le droit au bail des lieux où est situé le fonds et où il est présentement procédé ;

Le tout à la charge par lui de tenir compte à qui de droit de la valeur desdites marchandises et ustensiles, suivant la prisée, et de demeurer seul chargé du paiement des loyers dudit bail, dans les termes et de la manière stipulés dans le contrat de mariage.

Au moyen de cette déclaration, M.... en sa qualité de subrogé tuteur, déclare dispenser M... de la notification que son contrat de mariage l'obligeait à faire aux héritiers de son épouse, dans les trois mois du décès de cette dame, de son intention d'user de la faculté dont il s'agit, et en tant que de besoin, M... se tient ladite déclaration pour notifiée.

Toutefois, il fait toutes réserves et protestations, dans l'intérêt dudit mineur..., contre les demande et prétention de M...

Et après lecture, MM... ont signé.

En conséquence de ce qui vient d'être dit, il a été procédé par ledit Mᵉ..., commissaire-priseur, sur l'avis desdits experts, à la prisée seulement des marchandises et ustensiles dépendant dudit fonds de commerce, de la manière et ainsi qu'il suit :

Dans un magasin au rez-de-chaussée, éclairé sur la rue.

1º Quinze montres en or, etc.

2º Soixante montres en argent, etc.

794 (*suite*). . . . . . . Form. **73**.

Lorsque le fonds doit être estimé ainsi que les marchandises et ustensiles.

En procédant, Mme veuve... a dit qu'aux termes de l'art. 10 du contrat de mariage d'entre elle et le feu sieur son mari, ci-devant énoncé, elle a le droit, comme survivante, de conserver pour son compte et à son profit, le fonds de commerce de bijoutier que son mari faisait valoir, et les marchandises, effets mobiliers, outils et ustensiles en dépendant, le tout pour le prix qui en serait réglé par experts choisis à l'amiable;

Que, désirant user de cette faculté, elle a choisi pour son expert M..., bijoutier, demeurant à...,

Et qu'elle requiert lesdits sieurs..., en leurs qualités d'héritiers, et M..., comme subrogé tuteur du mineur..., de choisir eux-mêmes un expert afin de procéder, contradictoirement avec celui désigné par la requérante, à la prisée dont il s'agit.

Et, après lecture, Mme veuve... a signé.

(Signature de la veuve.)

Obtempérant auquel réquisitoire, lesdits sieurs..., en leurs qualités respectives, ont par ces présentes, choisi, pour faire la prisée dont est question, M..., bijoutier, demeurant à...,

Et, après lecture, ont signé.

(Signature des héritiers et du subrogé tuteur.)

A l'instant, MM.... experts choisis par les parties, à ce présents, ont prêté serment ès mains des notaires soussignés de faire la prisée desdits fonds, marchandises, effets mobiliers et ustensiles, en leur âme et conscience, et eu égard au cours du jour.

Et ont signé après lecture.

(Signature des experts.)

Après quoi il a été procédé à ladite prisée de la manière et ainsi qu'il suit:

MARCHANDISES, EFFETS MOBILIERS ET USTENSILES.

Dans un magasin au rez-de-chaussée, éclairé sur la rue.

1° Un comptoir d'acajou, etc. . . . . » »

Total de la prisée des marchandises, effets mobiliers et ustensiles. . . . . » »

ACHALANDAGE DU FONDS DE COMMERCE.

M°..., commissaire-priseur, et MM..., bijoutiers, experts choisis par les parties, après avoir attentivement examiné les livres de commerce du feu sieur..., le bail à lui fait pour neuf années consécutives, à partir du..., par M..., suivant acte passé, etc., et après avoir pris une connaissance exacte de la clientèle attachée audit fonds de bijoutier, et s'être enquis de tous les renseignements nécessaires,

Considérant le peu de temps qui reste à courir du bail, et l'incertitude où l'on est d'obtenir un nouveau bail; considérant, en outre, l'emplacement peu avantageux du fonds et le voisinage assez rapproché de plusieurs autres fonds du même commerce,

Tout vu et examiné, et eu égard aux circonstances actuelles, lesdits commissaire-priseur et experts ont été unanimement d'avis d'estimer, comme de fait ils estiment, par ces présentes, l'achalandage du fonds de marchand bijoutier que le feu sieur... faisait valoir, tel que le tout se poursuit et comporte, à la somme de 4,000 francs, non compris les marchandises, effets mobiliers et ustensiles, dont la prisée a eu lieu séparément, ci. . 4,000 fr.

Après lecture, le commissaire-priseur et les experts ont signé et se sont retirés.

(Signatures du commissaire-priseur et des experts.)

794 (suite). . . . . Form. 74.

Analyse des papiers.

Contrat de mariage.

Première cote. Une pièce qui est l'expédition en parchemin d'un contrat passé devant M° Leroux, notaire à Paris, le..., enregistré, contenant les clauses et conditions civiles du mariage du sieur Alexandre-Louis Pérot avec Mme Alexandrine-Fanny Leroy, aujourd'hui décédée.

Par ce contrat, les futurs époux ont déclaré adopter le régime de la communauté tel qu'il est établi par le Code civil, avec séparation des dettes et hypothèques de chacun d'eux, antérieures à la célébration de leur mariage et sous d'autres modifications résultant des articles ci-après rappelés.

Les biens de la future consistaient, suivant sa déclaration, et ainsi que l'a reconnu le futur:

1° En une inscription au grand-livre de la dette publique, 5 p. 100 consolidés, vol. 15, n° 117, série 2°, de mille francs de rente, au nom de ladite future;

2° En une rente viagère de 350 fr., constituée, au profit de ladite future, par M. Henry Benoît, négociant, demeurant à Paris, rue St-Dominique, n° 30, suivant acte passé devant M° Chodron, qui en a gardé la minute, et son collègue, notaires à Paris, le..., enregistré;

3° Dans la somme de 10,000 fr., à laquelle ont été estimés les habits, linge, hardes et bijoux servant à l'usage personnel de ladite future;

4° Et dans ses droits, non encore liquidés, dans la succession de M. Joseph Leroy, son père, dont elle était héritière pour un tiers.

En faveur dudit mariage, Mme Caroline-Virginie Pelicier, veuve dudit sieur Leroy, mère de la future, lui a constitué en dot, en avancement de sa succession future, la somme de trente mille francs, dont dix mille francs ont été payés comptant, et les vingt autres mille francs ont été stipulés payables, savoir: dix mille francs le..., et les dix mille francs de surplus le..., avec intérêt à 5 p. 100, du jour du mariage.

Le futur époux a déclaré apporter audit mariage et se constituer en dot:

1° Une somme mise à Paris, rue St-Denis, n° 207,

sur laquelle il a déclaré devoir une somme de vingt mille francs;

2° La moitié indivise dans la ferme de Bermont, située dans l'arrondissement de Baume, département du Doubs;

3° Une rente perpétuelle de neuf cents francs, au principal de dix-huit mille francs, constituée à son profit par M. Philippe Heury, propriétaire, et dame Madeleine-Félicité Lesage, son épouse, demeurant à la Chapelle, près Paris, suivant contrat passé devant M°..., etc.;

4° La somme principale de 2,000 francs montant d'une obligation souscrite à son profit par Mme Adélaïde Lefèvre, veuve de M. Pierre Besse, demeurant à Paris, rue Poissonnière, n° 21, payable le..., et productive d'intérêts sur le pied de 5 p. 100 par an;

5° Et à la somme de 12,000 francs qu'il possédait, tant en deniers comptants qu'en meubles, linge, vêtements, bijoux, argenterie et autres effets.

La mise en communauté a été fixée de part et d'autre à dix mille francs, pour former un fonds de vingt mille francs, et le surplus des biens des futurs époux, ensemble ceux qui, par la suite, pourraient respectivement leur échoir pendant le mariage, tant en meubles qu'immeubles, par succession, donation, legs, ou autrement, ont été exceptés de ladite communauté, et réservés propres à chacun des futurs époux et aux siens.

Le préciput en faveur du survivant a été fixé à la somme de six mille francs, à prendre, soit en meubles de la communauté, suivant la prisée de l'inventaire, soit en deniers comptants, au choix du survivant.

La clause de remploi des propres aliénés et celle de reprise en faveur de la future épouse et de ses héritiers, en cas de renonciation à ladite communauté, ont été stipulées dans les termes ordinaires.

Les futurs époux se sont fait, par ledit contrat, donation entre-vifs et irrévocable au survivant d'eux, mais en usufruit seulement, de tous les meubles et immeubles qui se trouveraient appartenir au prémourant et dépendre de sa succession, au jour de son décès, sans que le survivant puisse être tenu de donner caution, mais à la charge de faire faire bon et fidèle inventaire des biens du prédécédé.

En cas d'existence d'enfants au jour du décès du premier mourant, même en cas de convol à de secondes noces de la part du survivant, ladite donation a été stipulée réductible à la moitié de tous les biens en usufruit seulement, et avec condition expresse que le survivant serait tenu de donner caution ou de faire emploi dans le cas où il convolerait à de secondes noces.

Laquelle pièce a été cotée, paraphée et inventoriée comme pièce unique de la cote première, ci. . UNE.

DÉCLARATIONS RELATIVES AUX APPORTS DE LA FEMME.

Déclare M. Pérot:

1° Que la rente sur l'Etat de la somme de 1,000 fr., formant l'art. 1er des apports de ladite feue dame son épouse, a été aliénée pendant la durée de leur mariage. Cette rente a été vendue à raison de 80 fr. les 5 fr. de rente, cours de la Bourse du..., et a produit, déduction faite du droit de courtage de l'agent de change, 15,800 fr. qui ont été touchés par ledit sieur Pérot;

2° Que la rente viagère de 350 fr. constituée sur la tête de ladite feue dame, son épouse, se trouve aujourd'hui éteinte au moyen du décès de cette dernière, et que les arrérages en sont dus depuis le...;

3° Que les 10,000 fr. formant le premier terme de 20,000 fr. restant dus sur la dot constituée au profit de ladite feue dame, son épouse, ont été payés à leur échéance, mais que les 10,000 fr de surplus étaient encore dus lors de l'ouverture de la succession de sa mère, décédée le..., et qu'étant sujets à rapport, ils ont été confondus dans sa part héréditaire, suivant l'acte de liquidation et partage qui sera ci-après inventorié sous la cote deux du présent inventaire.

Et a, ledit sieur Pérot, signé après lecture à lui faite.

(Signature du déclarant.)

Contre lesquelles déclarations, en ce qu'elles peuvent nuire ou préjudicier à leurs intérêts, à ceux des mineurs Pérot, le subrogé tuteur et les autres défenses au contraire de la part dudit sieur Pérot,

Et, après lecture, ont signé.

(Signatures des autres parties.)

TITRES ET PAPIERS RELATIFS AUX PROPRES DE LA FEMME.

Liquidation et partage.

Deuxième cote. Trois pièces qui sont: la première, extrait raisonné d'un acte passé devant M°..., qui en a la minute, et son collègue, notaires à Paris, le..., enregistré, contenant liquidation et partage des biens dépendant des successions desdits sieur et dame Leroy, mère et père de la feue dame Pérot.

Entre: 1° M. Victor-Auguste Leroy, avocat, demeurant à Paris, rue du Sentier, n° 3;

2° Ladite dame Pérot, de son mari autorisée;

3° Et le mandataire de demoiselle Eléonore Leroy, demeurant à Rouen.

Tous trois ayant agi comme héritiers, chacun pour un tiers, desdits sieur et dame Leroy, leurs père et mère.

Aux termes de cet acte, la masse active, non compris les objets laissés en commun, et ci-après énon-

cés, s'est élevée, déduction faite de toutes dettes, à 350,210 fr. 42 cent., ci. 350210 42

Dont le tiers revenant à chacun des héritiers était de 116,736 fr. 80 cent., sauf 2 centimes perdus par les fractions, ci. 116736 80

Pour fournir à la feue dame Pérot la somme de 116,736 fr. 80 cent., lui revenant, les autres parties lui ont abandonné:

1° Les vingt mille francs qu'elle devait rapporter à la masse desdites successions, pour pareille somme qu'elle avait reçue en déduction des trente mille francs, montant de la dot constituée à son profit par ladite dame, sa mère, en avancement d'hoirie, ci. . . . . . . 20000 »

2° Pour quatre-vingt-dix-mille francs, le domaine du Chenoy, situé commune de Saint-Ligier, département du Doubs, consistant en château, corps de ferme, prés, bois et terres labourables, ci. . . . 90000 »

3° Et pour la somme de vingt-quatre mille francs, une inscription au grand-livre de la dette publique, 5 p. 100 consolidés, de la somme de quinze cents francs, au nom de ladite dame veuve Leroy, ci. . . . . 24000 »

Total des abandonnements faits à Mme Pérot. . . . . 134000 »

Mais la portion revenant à ladite dame ne s'élevait qu'à. 116736 80

Il lui a donc été abandonné en plus la somme de dix-sept mille deux cent soixante-trois francs vingt centimes, ci. 17263 20

Pour quoi Mme Pérot a été chargée de payer, à titre de soulte, à Mlle Leroy, sa sœur, pareille somme de 17,263 fr. 20 cent., laquelle a été stipulée payable dans les six mois du jour de l'acte présentement analysé et jusqu'au paiement effectif, productible d'intérêts sur le pied de 5 p. 100 par an.

Il a été dit que chacun des copartageants ferait et disposerait des biens à lui abandonnés, ainsi qu'il aviserait, et comme de chose lui appartenant en toute propriété et jouissance, à compter du jour du partage, les parties s'étant fait raison particulièrement des intérêts et revenus courus jusque-là.

Les parties sont convenues de laisser en commun et de partager par tiers, au fur et à mesure de leur remboursement, les créances ci-après, savoir:

1° Une obligation souscrite au profit de Mme veuve Leroy, leur mère, par un sieur Bonnard, marchand de vin, demeurant à Montrouge, près Paris, de la somme de 4,000 fr., suivant acte passé devant M°..., notaire audit lieu, présents témoins, le..., enregistré, et payable le...;

2° Une reconnaissance de la somme de 1,500 fr., en date à Paris, du..., et souscrite au profit de la même, par un sieur Lambert, et payable le...;

3° Et enfin, un billet à ordre, de la somme de 100 francs, souscrit au profit de M. Lorin, par M. Leblanc, en date du..., lequel billet a été passé à l'ordre de ladite dame, par ledit sieur Lorin.

Pour opérer le recouvrement de ces créances, les autres parties ont constitué pour leur mandataire ledit sieur Leroy, l'un des copartageants, auquel elles ont donné pouvoir de diriger toutes poursuites nécessaires contre les débiteurs susnommés.

Chacun des copartageants s'est reconnu en possession des titres des biens ou des créances à lui abandonnés.

Les titres des créances laissées en commun et les papiers de famille sont demeurés en la possession dudit sieur Leroy, qui l'a reconnu et s'en est chargé, pour en faire la représentation, quand et à qui il appartiendra.

La seconde pièce est expédition, en bonne forme, d'une quittance passée devant M°..., notaire à Rouen, en présence de témoins, le..., enregistrée, par laquelle ladite dame Leroy a reconnu avoir reçu de madite dame Pérot la somme de 17,263 fr. 20 cent., montant de la soulte que cette dernière était tenue de lui payer, aux termes du partage ci-devant daté et énoncé, ensemble les intérêts de cette somme, jusqu'au jour de la quittance.

La troisième et dernière est expédition d'un acte de notoriété passé devant ledit M°..., Leroux, l'un des notaires soussignés qui en a la minute, le..., enregistré, fait, à défaut d'inventaire, après le décès de madite dame veuve Leroy, et constatant le nombre de ses héritiers.

Desquelles pièces il n'a été fait plus ample désignation, à la réquisition des parties; mais elles ont été cotées et paraphées par première et dernière, et inventoriées sous la cote deux, ci. . . . . DEUX.

DÉCLARATIONS RELATIVES AUX ABANDONNEMENTS FAITS A LA FEMME.

Déclare, M. Pérot que les 4,000 fr., montant de l'obligation souscrite par le sieur Bonnard, ont été payés dans le courant du mois de...;

Que sur les 1,500 fr. dus par M. Lambert, il a été payé une somme de 600 fr. à compte, et que le surplus de la reconnaissance est encore dû;

Qu'il a reçu la portion revenant à ladite feue dame son épouse, dans lesdites sommes de 4,000 fr. et de 600 fr. recouvrées par M. Leroy;

Et enfin que, malgré les poursuites dirigées par ce dernier contre le sieur Leblanc, pour le paiement de son billet de 400 fr., cette créance est encore due en totalité, et paraît entièrement perdue ; qu'au reste, ce billet et la reconnaissance de M. Lambert sont toujours entre les mains de M. Leroy, frère de la défunte.

Contre lesquelles déclarations les autres parties font toutes protestations et réserves.

TITRES DES BIENS ET CRÉANCES ABANDONNÉS.

Troisième cote. Vingt pièces qui sont titres de propriété et plans de la ferme du Chenoy, échue à ladite dame, par le partage ci-dessus analysé.

Desquelles pièces il n'a été fait plus ample description, à la réquisition des parties ; mais elles ont été cotées et paraphées par première et dernière, et inventoriées sous la cote troisième, ci. . . . TROIS.

Quatrième cote. Deux pièces qui sont : la première, la grosse en bonne forme d'un acte passé devant Me..., qui en a la minute, et son collègue, notaires à Paris, le..., enregistré, contenant bail par Mme veuve Leroy, mère de la défunte, de la même ferme, à M. Pierre-François Granget, cultivateur demeurant audit lieu, pour neuf années qui ont commencé à courir le....

Ce bail a été fait moyennant 3,200 fr. de loyer par année, payables en deux termes égaux, les 1er mai et 1er novembre de chaque année.

Et en outre à la charge, par le fermier, de payer toutes les impositions foncières et autres, de quelque nature qu'elles soient, dont ladite ferme pourrait être tenue.

La seconde est un état de lieux, fait double entre ladite dame veuve Leroy et ledit sieur Granget.

Desquelles pièces, à la réquisition des parties, il n'a été fait plus ample description ; mais elles ont été cotées et paraphées par première et dernière, et inventoriées sous la cote quatrième, ci. . . . . QUATRE.

Déclare, M. Pérot, qu'il a touché les fermages échus au 1er mai dernier, mais qu'il n'a encore rien été payé sur le semestre échu le premier de ce mois.

Contre lesquelles déclarations, etc.

Cinquième cote. Une pièce : extrait d'inscription au grand-livre de la dette publique perpétuelle, 4 et demi p. 100, vol. 17, n° 43, série 5e, de la somme de 1,500 francs au nom de la défunte.

Au dos de cette pièce, sont diverses estampilles dont la dernière indique que les arrérages de ladite rente ont été payés le vingt-deux septembre dernier.

Laquelle pièce a été cotée, paraphée et inventoriée comme pièce unique de la cote cinquième, ci. . . . . CINQ.

M. Pérot déclare que cette rente est la même que celle abandonnée à la défunte, son épouse, aux termes du partage inventorié cote deux.

(Après qu'on a ainsi inventorié toutes les pièces et reçu toutes les déclarations relatives aux biens apportés par la femme en mariage et à ceux qui lui sont échus, on passe à ce qui concerne les apports du mari.)

DÉCLARATIONS RELATIVES AUX APPORTS DU MARI.

Déclare, M. Pérot, que la moitié indivise dans la ferme de Bermont, formant l'art. 2 de ses apports, a cessé de lui appartenir, au moyen de l'adjudication qui en a été faite à M. Pierre-André Barbier, propriétaire, demeurant à Besançon, suivant jugement rendu à l'audience des criées du tribunal de première instance de la Seine, le deux juillet dernier, moyennant, outre les charges, la somme de 80,000 francs, sur laquelle il a été payé 40,000 francs dans la huitaine de l'adjudication, suivant quittance passée devant Me..., etc.

Les 40,000 fr. de surplus ont été stipulés payables le 2 juillet 1853, avec intérêts, sur le pied de 5 p. 100 par an, sans retenue, payables de six en six mois, à compter du jour de l'adjudication. Cette somme est encore due, avec les intérêts, depuis le...;

Que la rente de neuf cents francs, au principal de 18,000 fr., comprise sous le n° 3 de ses apports, lui a été remboursée dans le courant de l'année mil huit cent vingt et un, par quittance passée devant Me..., notaire à Paris, le ...;

Qu'il a touché, à son échéance, la somme de deux mille francs, montant de l'obligation de Mme veuve Besse, qu'il s'était constituée en dot;

Et enfin que, pendant la durée dudit mariage, il a recueilli la succession de Mme veuve Pérot, sa mère, dont il était héritier pour moitié. L'état de cette succession est constaté par l'inventaire qui a été fait après son décès et qui sera ci-après analysé.

Contre lesquelles déclarations, etc.

Et attendu que ledit sieur Pérot n'a point encore en sa possession l'expédition dudit inventaire, il a requis Me..., l'un des notaires soussignés, d'en représenter la minute pour qu'il fût procédé à son analyse.

Obtempérant auquel réquisitoire, Me..., l'un des notaires soussignés, a représenté la minute d'un inventaire fait après le décès de Mme veuve Pérot, par lui et son collègue, le... et jours suivants, lequel acte a été analysé de la manière suivante :

Cet inventaire a été fait à la requête :

1° Dudit sieur Pérot;

2° De dame Charlotte-Caroline Pérot, épouse de M. Edouard-Charles Leclerc, avocat, demeurant à Paris, rue Richer, n° 30;

Lesdits sieur Pérot et dame Leclerc, frère et sœur germains, habiles à se dire et porter seuls héritiers, chacun pour moitié, de madite dame veuve Pérot, leur mère, décédée à Paris, le...

La prisée du mobilier a été faite par Me..., commissaire-priseur au département de la Seine.

Cette prisée s'est élevée à la somme de 5,737 fr. 80 cent.

Il a été trouvé, en deniers comptants, 670 fr., sur laquelle somme il a été payé pour frais funéraires et de dernière maladie, 856 fr.

Tout le mobilier, les deniers comptants et les papiers sont demeurés en la garde et possession du sieur Pérot, qui l'a reconnu et s'en est chargé.

Et, à la réquisition des parties, il a été, par les notaires soussignés, procédé au récolement des titres et papiers décrits audit inventaire, sur ladite minute, de la manière et ainsi qu'il suit :

Avant de procéder à ce récolement, M. Pérot a déclaré que, suivant le procès-verbal dressé par Me..., commissaire-priseur au département de la Seine, en date, au commencement du..., enregistré, il a été procédé à sa requête et à celle de Mme Leclerc, à la vente du mobilier compris audit inventaire.

Que, déduction faite des frais dus au commissaire-priseur pour ladite vente et ses vacations à l'inventaire ci-dessus énoncé, le produit du mobilier vendu s'est élevé à la somme de 6,044 fr. 20 cent.

Et à l'appui de cette déclaration, il a représenté aux notaires soussignés l'expédition dudit procès-verbal, ayant en suite celle du compte rendu par Me..., et des quittances que lui ont données lesdits sieur Pérot et dame Leclerc, chacun de la moitié lui revenant, laquelle pièce a été cotée, paraphée et inventoriée comme pièce unique de la cote sixième, ci. . . . . SIX.

Déclare, M. Pérot, etc...

RÉCOLEMENT DES PAPIERS DÉCRITS EN L'INVENTAIRE FAIT APRÈS LE DÉCÈS DE MADAME VEUVE PÉROT.

Les trois pièces de la cote première se sont trouvées en nature.

Les cinq pièces de la cote deuxième se sont aussi trouvées en nature.

Les quatre pièces de la cote troisième se sont trouvées en nature, à l'exception de la seconde qui est un billet à ordre, de la somme de deux mille fr., souscrit au profit de la dame veuve Pérot, par un sieur Leclancher, laquelle pièce s'est trouvée en déficit.

Déclare, M. Pérot, qu'il a touché le montant de ce billet, et qu'il a remis à Mme Leclerc la moitié qui lui en revenait.

La pièce unique de la cote quatrième, qui est un extrait d'inscription au grand-livre de la dette publique d'une rente viagère de la somme de 1,500 sur la tête de ladite dame veuve Pérot, est en déficit.

Déclare, M. Pérot, que cette pièce est actuellement déposée au Trésor avec un certificat de propriété, pour obtenir le paiement des arrérages échus jusqu'au décès de ladite dame.

Les vingt et une pièces de la cote cinquième se sont toutes trouvées en nature.

Enfin, les douze pièces de la cote sixième et dernière se sont trouvées en nature.

Déclare, M. Pérot, que les diverses petites dettes comprises audit inventaire ont été acquittées par lui et Mme Leclerc, sa sœur, chacun par moitié.

Contre toutes les déclarations qui précèdent, en ce qu'elles pourraient leur nuire ou préjudicier, les autres parties font toutes protestations et réserves.

TITRES DES APPORTS DU MARI.

Septième cote. Vingt-cinq pièces qui sont : la première, expédition d'un contrat passé devant Me..., prédécesseur de Me..., l'un des notaires soussignés qui en a la minute, et son collègue, le..., enregistré, contenant vente à M. Pérot, par M. André-Joseph Jeannin, d'une maison sise à Paris, rue Saint-Denis, n° 207, laquelle maison forme l'art. 1er des apports dudit sieur Pérot, et sur laquelle il avait déclaré devoir une somme de 20,000 fr., aux termes de son contrat de mariage susénoncé et inventorié cote deuxième.

Ensuite de ce contrat de vente est l'expédition d'une quittance passée devant Me..., le..., et donnée par M. Jeannin audit sieur Pérot, de la somme de 20,000 fr., formant le solde et parfait paiement du prix de ladite acquisition.

Les autres pièces sont anciens titres de propriété de ladite maison et pièces de transcription et de purge sur ledit contrat.

Desquelles pièces il n'a été fait plus ample description à la réquisition des parties ; mais elles ont été cotées et paraphées par première et dernière, et inventoriées sous la cote septième, ci. . . SEPT.

Huitième cote. Deux pièces qui sont : la première, grosse, en bonne forme, d'un acte passé devant ledit Me..., l'un des notaires soussignés, qui en a la minute, et son collègue, le..., enregistré, contenant bail, par ledit sieur Pérot, à M. Auguste-Victor Delacour, demeurant à Paris, de la totalité de ladite maison, rue Saint-Denis, n° 207, pour six

années, à partir du premier octobre 1852, moyennant 8,600 fr. de loyer annuel, payable par quart, de trois en trois mois, les premier janvier, avril, juillet et octobre de chaque année.

Ce bail contient, en outre, quittance, par M. Pérot à M. Delacour, de la somme de 4,300 fr., payée par ce dernier pour six mois d'avance desdits loyers, lesquels ne sont imputables que sur les six derniers mois de jouissance du bail.

La deuxième est le double d'un état de lieux de ladite maison, fait entre M. Pérot et le preneur.

Desquelles pièces il n'a été fait plus ample description à la réquisition des parties ; mais elles ont été cotées et paraphées par première et dernière, et inventoriées sous la cote huitième, ci. . . . . HUIT.

Déclare, M. Pérot, qu'il a touché le trimestre desdits loyers, échu le premier octobre dernier.

Neuvième cote. Douze pièces qui sont toutes avertissements et quittances des contributions de la maison rue Saint-Denis, n° 207. La dernière de ces pièces constate que M. Pérot a payé le..., la somme de..., pour neuf douzièmes à valoir sur la contribution de la présente année, s'élevant à..., en sorte qu'il ne reste plus dû que la somme de...

Desquelles pièces, etc.

Neuvième cote bis. Six pièces qui sont : police d'assurance contre l'incendie de la maison rue Saint-Denis, et quittances de primes et cotisations ; desquelles il résulte que ladite maison est assurée à la *Compagnie Mutuelle*, dont le siège est à Paris, rue Blene, n° 22 ; la dernière quittance constate que les primes ont été payées par le défunt jusqu'au..

Lesquelles pièces, etc...

Lorsqu'on a inventorié tous les papiers relatifs aux apports des époux et à leurs propres, on procède à l'inventaire des papiers concernant l'actif et le passif de la communauté, en observant l'ordre précédemment indiqué.

TITRES ET PAPIERS CONCERNANT L'ACTIF ET LE PASSIF DE LA COMMUNAUTÉ.

Titres d'acquisition.

Dixième cote. Une liasse de dix-huit pièces, qui sont :

La première, expédition en parchemin d'un contrat passé devant Me..., l'un des notaires soussignés, qui en a la minute, et son collègue, le vingt-quatre septembre 1821, enregistré, contenant vente, par M. Jean-Baptiste Lheureux et dame Charlotte-Virginie Besson, son épouse, demeurant à Paris, rue de Seine, n° 31, et M. François-Alexandre Morizot, propriétaire, et dame Adèle Besson, son épouse, demeurant à Paris, rue de Seine, n° 42.

A mondit sieur Pérot et à la dame son épouse, d'une maison composée de plusieurs corps de bâtiments, sise à Paris, rue de Ménars, n° 27, moyennant, outre les charges, la somme principale de 125,000 fr., qui a été stipulée payable, savoir : 75,000 fr. après l'accomplissement des formalités de transcription et de purge sans inscription ; et les 50,000 fr. de surplus dans trois ans, à compter du jour du contrat, avec les intérêts du tout, sur le pied de 5 pour 100 par an sans retenue.

Les vendeurs se sont obligés à faire la remise des titres de propriété lors du paiement pour solde.

En suite de l'expédition du contrat, est celle d'un acte passé devant le même notaire et son collègue, les 1er et 3 février 1822, enregistré, contenant quittance, par lesdits sieurs et dames Lheureux et Morizot à M. Pérot, de la somme de 40,000 fr. à imputer d'abord sur les intérêts, et subsidiairement sur le principal du prix de ladite vente.

En suite de cette dernière quittance, est l'expédition d'une autre quittance reçue par le même notaire et son collègue, le 22 avril 1822, enregistrée, donnée par les mêmes audit sieur Pérot, de la somme de 36,548 fr. 60 cent., dont 35,000 fr. à imputer sur le prix de ladite vente, et 1,548 fr. 60 cent. pour tous les intérêts, lors dus et échus dudit prix.

Les deuxième et troisième pièces sont notes relatives à ladite acquisition.

On comprend sous cette dénomination les pièces et contre-lettres qu'il est inutile d'énoncer plus complètement.

La quatrième est un plan de la propriété.

Les autres pièces sont certificats et pièces constatant l'accomplissement des formalités de transcription et de purge sur ledit contrat, quittances des frais et droits auxquels ce contrat a donné ouverture, et quittances d'intérêts des 50,000 fr. restant dus sur ledit prix, échus jusqu'au 23 juillet dernier.

Desquelles pièces il n'a été fait plus ample description, à la réquisition des parties, mais elles ont été cotées et paraphées par première et dernière, et inventoriées sous la cote dixième, ci. . . . DIX.

Déclare, M. Pérot, qu'il reste encore dû, sur le prix de ladite acquisition, la somme principale de 50,000 fr. avec les intérêts de cette somme, à compter du 23 juillet dernier.

LOCATION.

Onzième cote. Une liasse de six pièces qui sont notes relatives à la location de la maison rue de Ménars, n° 27, et états de lieux faits avec divers locataires.

Desquelles pièces il n'a été fait plus ample description à la réquisition des parties, mais elles ont été cotées et paraphées par première et dernière, et inventoriées sous la cote onzième, ci. . . . . . ONZE.

Déclare, M. Pérot, que tous les locataires de ladite maison lui ont payé le terme échu au 1er octobre dernier, à l'exception cependant de M. Breton, occupant l'appartement sur le devant, au deuxième étage, lequel est redevable d'une somme de 600 fr.

Et qu'il n'y a de payé d'avance sur les loyers de la maison que la somme de 512 fr. 50 c.

Douzième cote. Huit pièces qui sont mémoires des améliorations faites dans ladite maison par ledit sieur Pérot, depuis son acquisition, et montant, d'après le règlement fait par son architecte, à la somme de 12,636 fr. 39 c.

Lesquelles pièces n'ont pas été plus au long décrites, mais elles ont été cotées et paraphées par première et dernière, et inventoriées sous la cote douzième, ci. . . . . DOUZE.

Déclare, M. Pérot, qu'à l'époque du décès de la dame son épouse, il ne restait dû sur lesdits mémoires que la somme de 3,500 fr. 21 cent.

Treizième cote. Quinze pièces qui sont avertissements et quittances des contributions de la maison rue de Ménars, no 27.

De ces pièces, il résulte que les impositions de la présente année, montant à..., ont été entièrement payées par M. Pérot, avant le décès de son épouse.

Desquelles pièces il n'a été fait plus ample description, mais elles ont été cotées et paraphées par première et dernière, et inventoriées sous la cote treizième, ci. . . . . TREIZE.

Quatorzième cote. Cinq pièces : la première est la police d'assurance de la maison rue Ménars, no 27, assurée contre l'incendie par la compagnie d'assurance mutuelle, établie à Paris, rue de Richelieu, no 89, au capital de 150,000 fr. Cette police est timbrée au droit de...

Les autres pièces sont quittances de semestres et cotisations à la charge de cette maison.

Il résulte de la dernière de ces quittances que la cotisation a été payée par M. Pérot, avant le décès, jusqu'au 1er avril dernier, et qu'elle s'élevait à 64 fr. 35 cent.

Desquelles pièces, etc.

INSCRIPTIONS DE RENTE SUR L'ÉTAT.

Quinzième cote. Une pièce qui est extrait d'inscription au grand-livre de la dette publique, 4 et demi p. 100, de la somme de 1,000 fr., vol. 17, no 248, au nom dudit sieur Pérot et de la feue dame son épouse.

Au dos de cette pièce, sont des estampilles dont la dernière indique que les arrérages de cette inscription ont été payés le 22 septembre dernier.

De laquelle pièce il n'a été fait plus ample description à la réquisition des parties, mais elle a été cotée, paraphée et inventoriée comme pièce unique de la cote quinze, ci. . . . . . QUINZE.

ACTIONS DU CHEMIN DE FER DU NORD.

(Si les parties sont majeures et libres de leurs droits.)

Seizième cote. Vingt pièces qui sont :

Autant d'actions au porteur de cinq cents francs chacune, dans la compagnie du chemin de fer du Nord, portant les nos..., et portant le timbre-abonnement.

A ces actions sont attachés des coupons de dividendes dont le premier à détacher est le coupon échéant le 1er janvier (ou le 1er juillet) prochain.

Desquelles pièces il n'a été fait plus ample description à la réquisition des parties, qui, étant toutes majeures et libres de leurs droits, ont expressément dispensé les notaires soussignés de coter et parapher lesdites actions, attendu leur nature de titres au porteur que le paraphe déprécierait.

En conséquence, l'analyse qui vient d'être faite tiendra lieu de ladite cote. . . . . SEIZE.

(S'il y a des mineurs ou autres incapables.)

Cote 16. Une pièce qui est :

Récépissé de la Banque de France portant les nos..., et la date du..., constatant qu'il a été remis en dépôt vingt actions au porteur de cinq cents francs chacune dans la compagnie du chemin de fer du Nord portant les nos.... et dont le premier coupon du dividende écherra le 1er janvier (ou le 1er juillet) prochain.

Duquel récépissé il n'a été fait plus ample description à la réquisition des parties, mais il a été coté, paraphé et inventorié comme pièce unique de la cote seizième, ci. . . . . SEIZE.

On pourrait encore inventorier de cette manière :

Cote 16. Une pièce qui est :

Note informe (ou bordereau d'agent de change, ou telle autre pièce et note) établissant qu'il dépendrait de ladite communauté vingt actions..., etc.

Enfin, on pourrait remplacer l'analyse par la déclaration : *qu'il existe entre les mains d'un tiers les valeurs ci-après, dépendant de ladite communauté, savoir.....*

CRÉANCES.

Dix-septième cote. Quatre pièces qui sont :

La première, la grosse dûment en forme d'un acte passé devant Me..., prédécesseur immédiat dudit Me..., l'un des notaires soussignés, qui a la minute, et son collègue, le 15 juillet 1850, enregistré, contenant obligation par M. Antoine-Emmanuel Simonnin, propriétaire, demeurant à Paris, rue Saint-André-des-Arts, no 13, au profit dudit sieur Pérot, de la somme de 12,000 francs, stipulée payable le 15 juillet 1853 et productive d'intérêts sur le pied de 5 pour 100 par an, sans retenue, à compter dudit jour 15 juillet 1850, payables de trois en trois mois ; pour sûreté de cette obligation, M. Simonnin a consenti une hypothèque sur deux maisons sises à Paris, rue Saint-André-des-Arts, nos 13 et 15.

M. Simonnin a déclaré qu'il était célibataire et n'était soumis à aucune hypothèque légale, et que ses deux maisons n'étaient grevées que de 10,000 francs.

La deuxième pièce est le bordereau de l'inscription prise au bureau des hypothèques de Paris, le 20 juillet 1850, vol. 208, no 10, au profit de M. Pérot contre M. Simonnin.

La troisième pièce est un état d'inscriptions délivré sur M. Simonnin, le lendemain, par le conservateur des hypothèques au même bureau et comprenant, outre l'inscription de M. Pérot, seulement une autre inscription prise au profit de M..., pour une somme principale de 10,000 francs.

La dernière pièce est l'original d'un exploit de..., huissier à Paris, contenant signification à la compagnie d'assurance mutuelle, établie à Paris, rue Richelieu, no 89, à la requête de M. Pérot, du transport consenti à son profit par M. Simonnin de l'indemnité qu'il aurait à réclamer en cas d'incendie de ses maisons.

Desquelles pièces il n'a été fait plus ample description à la réquisition des parties, mais elles ont été cotées et paraphées par première et dernière et inventoriées sous la cote dix-septième, ci. . . . . . . DIX-SEPT.

Déclare, M. Pérot, qu'au décès de la dame son épouse, les intérêts de ladite obligation avaient été payés jusqu'au 15 juillet dernier.

Dix-huitième cote. Trois pièces qui sont :

La première, expédition dûment en forme d'un acte passé devant Me... et son collègue, notaires à..., les trois et quatre octobre mil huit cent dix-neuf, enregistré, contenant transport par Mme Marie-Louise Davesne, veuve de M. Albert-Joseph Marin, demeurant à Paris, quai Malaquais, no 2, et demoiselle Louise-Joséphine Marin, majeure, demeurant à Paris, quai Malaquais, no 2, audit sieur Pérot.

De la somme de 5,345 fr. 89 cent. à prendre, par préférence à elles-mêmes, dans le prix moyennant lequel M. Jean-François Cottereau, négociant, demeurant à Paris, dans la maison ci-après désignée, s'est rendu adjudicataire, d'une maison sise à Paris, rue Saint-Martin, no 44, suivant jugement rendu à l'audience des criées du tribunal de première instance du département de la Seine, le vingt-deux juin mil huit cent dix-huit, enregistré, sur la licitation poursuivie entre Mme veuve Marin et la demoiselle sa fille.

Lesdites dames se sont obligées à aider M. Pérot de la grosse de ce jugement à toute réquisition et sur récépissé.

La deuxième pièce est l'original d'un exploit de Lemarchand, huissier à Paris, en date du vingt octobre 1819, enregistré, contenant signification dudit transport.

La troisième et dernière pièce est un extrait de l'inscription faite d'office au bureau des hypothèques de Paris, le..., vol..., no,..., au profit de Mme et de mademoiselle Marin contre M. Cottereau, pour sûreté du prix de ladite adjudication, et à la suite de cette inscription est la mention de la subrogation faite au profit de M. Pérot, le...

Il est observé que, dans le transport susénoncé, on a rendu compte des formalités de transcription et de purge légale remplies par M. Cottereau et qu'elles ont eu lieu sans aucune inscription.

Desquelles pièces il n'a été fait plus ample description à la réquisition des parties, mais elles ont été cotées et paraphées par première et dernière et inventoriées sous la cote dix-huitième, ci. DIX-HUIT.

Déclare, M. Pérot, que les intérêts de cette somme sont dus depuis le 3 octobre 1852.

Dix-neuvième cote. Trois pièces qui sont :

La première, billet souscrit à l'ordre dudit sieur Pérot par M. Jouffroy de la somme de quinze cents francs, valeur reçue en marchandises, payable fin décembre prochain ; ledit billet en date à Paris du 15 juin dernier. Ce billet est écrit sur papier au timbre de 1 fr.

La deuxième, autre billet à ordre, en date à Paris du 13 du même mois de juin, souscrit à l'ordre de M. Courtois, par un sieur Berteau de Rouen, de la somme de 800 fr., payable le 13 juin prochain ; ce billet a été passé à l'ordre dudit sieur Pérot le 17 octobre dernier. Il est écrit sur papier au timbre de 50 cent.

La troisième, reconnaissance de la somme de 500 fr., souscrite au profit dudit sieur Pérot, par le sieur Clément, le 17 octobre 1862, payable le 17 octobre 1863, et écrite sur papier non timbré.

Desquelles pièces, etc.

Déclare, M. Pérot, qu'il a touché, avant le décès de la dame son épouse, la somme de 300 fr. à valoir sur le dernier billet susénoncé,

Et qu'il a remis à M. Malot, huissier à Paris, y demeurant, rue Mandar, no 12, un billet de la somme de 400 fr., souscrit par M. Bergeron, à l'ordre du sieur Gresselin et passé par ce dernier à l'ordre dudit sieur Pérot, afin que M. Malot en fît le protêt et poursuivît le recouvrement de ladite somme échue depuis le quatre de ce mois.

RENSEIGNEMENTS ACTIFS ET PASSIFS.

Registres de commerce.

Vingtième cote. Un registre relié en basane verte, intitulé : *Journal B,* et servant à inscrire, jour par jour, les ventes et achats de marchandises au comptant ou à crédit et toutes les opérations de commerce faites par M. Pérot.

Ce registre, dûment timbré, contient 250 feuillets, tous paraphés par le président du tribunal de commerce séant à Paris, qui a mis son visa sur la première page, à la date du...

Les pages, jusques et y compris le recto du 146e feuillet, sont entièrement écrites sans lacune ni intervalle ; le reste du registre est en blanc.

Les opérations journalières y sont portées depuis le..., jusqu'au..., jour où le présent inventaire a été commencé et où tous les comptes ont été arrêtés pour présenter un état de situation régulier.

Tous les articles du livre-journal sont reportés sur le *grand-livre,* ci-après inventorié, aux divers comptes qu'ils concernent.

En conséquence, il n'a pas été fait plus ample description de ce registre ; les feuillets n'en ont point été cotés ni paraphés par l'un des notaires soussignés, attendu qu'ils l'ont été, comme il est dit ci-dessus, par le président du tribunal de commerce, et il a été inventorié comme pièce unique de la cote vingtième, ci. . . . . VINGT.

Vingt et unième cote. Un registre in-folio, cartonné, et couvert en basane verte, intitulé *grand-livre B,* et contenant, d'après le relevé du Journal B correspondant, le compte par *doit* et *avoir* de chaque débiteur ou créancier de M. Pérot et les divers autres comptes nécessités par ses opérations commerciales.

Ce registre contient 200 feuillets en partie écrits et en partie restés en blanc dans les différentes parties du registre.

La série de numéros est depuis 1 jusqu'à 199 ; les deux pages, en regard l'une de l'autre, et contenant, la première l'*avoir*, la seconde le *doit*, ont chacune le même numéro ; la première page du registre et la dernière ne portent pas de numéro.

Tous les comptes ont été arrêtés et balancés audit jour..., date de l'ouverture du présent inventaire.

Il est observé que tous les comptes réglés de part et d'autre par effets de commerce sont balancés et ne présentent aucun reliquat sur le grand-livre ; mais le relevé du livre d'échéances ci-après inventorié fait connaître ce qui est dû à la communauté ou par elle, à cet égard.

Dépouillement fait de ce grand-livre, il en résulte qu'il est dû à ladite communauté les créances ci-après qui seront divisées en bonnes créances, créances douteuses et mauvaises créances, d'après les déclarations de M. Pérot, savoir :

BONNES CRÉANCES.

1o Par Angard, à Paris, rue Saint-Denis, no 207, onze cent soixante-six francs cinquante centimes, ci. 1166 50

2o Par Armand de Lyon, cinquante-quatre francs, ci. . . . . 54 »

3o Par Aubry de Rouen, deux cent soixante-quatre francs quatre-vingt-dix centimes, ci. 264 90

4o Par M. Cheroy, beau-frère dudit sieur Pérot, dix mille huit cent soixante-deux francs vingt-six centimes, ci. 10862 26

Total des bonnes créances. 12347 66

CRÉANCES DOUTEUSES.

1o Par Ferrés, à Paris, rue..., no..., deux mille cent dix-neuf francs cinquante centimes, ci. 2119 50

2o Par Leblanc, à Paris, rue..., no..., cent soixante francs, ci. . . . . 160 »

3o Par Maillard de Rouen, soixante-douze francs soixante-quinze centimes, ci. 72 75

4o Par Xavier, trente-neuf francs, ci. . 39 »

Total des créances douteuses. . . . 2391 25

MAUVAISES CRÉANCES.

1o Par Barrault, à Paris, rue..., no..., cent treize francs quarante-cinq centimes, ci. 113 45

2o Par Brichard, vingt-huit francs, ci. 28 »

3o Par Collin, deux cent trente-neuf fr., ci. 239 »

4o Par Dupré, cinq cent cinquante et un francs, ci. . . . . 551 »

5o Par Follet, soixante-dix fr., vingt-cinq centimes, ci. 70 25

Total des mauvaises créances. . . . 1001 70

Duquel registre il n'a été fait plus ample description à la réquisition des parties ; mais après que tous les blancs existants dans les pages écrites ont été bâtonnés, et que chaque feuillet écrit a été paraphé par Me..., l'un des notaires soussignés, ledit registre a été inventorié comme pièce unique de la cote vingt et unième, ci. . . .   VINGT ET UN.

Vingt-deuxième cote. Un petit registre cartonné avec dos et coins en basane verte, contenant la table alphabétique des noms portés au grand-livre, avec indication des folios des différents comptes.

Duquel registre il n'a été fait plus ample description à la réquisition des parties, mais il a été coté, paraphé et inventorié comme pièce unique de la cote vingt-deuxième, ci. . . .   VINGT-DEUX.

Vingt-troisième cote. Un registre cartonné avec dos et coins en parchemin, contenant 150 feuillets, tous timbrés et paraphés par M. le président du tribunal de commerce de la Seine, lequel a mis son visa sur la première page, à la date du...,

Les pages, jusques et y compris la 146e, sont écrites en entier ; le reste est en blanc.

Ce registre contient la copie des inventaires faits chaque année par M. Pérot, de la situation de ses affaires ; il commence par l'inventaire de l'année..., et il finit par celui dressé au premier juillet dernier.

Cet inventaire constate un actif net de...

Duquel registre il n'a été fait plus ample description, mais il a été coté, paraphé et inventorié comme pièce unique de la cote vingt-troisième, ci. . . .   VINGT-TROIS.

Vingt-quatrième cote. Un registre cartonné, avec dos et coins en parchemin, renfermant 150 feuillets, et numérotés à chaque page, depuis 1 jusqu'à 300.

Ce registre, destiné à recevoir la copie de toutes les lettres écrites par M. Pérot pour affaires de commerce, est écrit depuis la première page jusqu'aux deux tiers de la 225e, sans blancs ni lacunes.

Après que le blanc existant à la dernière page écrite a été bâtonné, ce registre a été coté, paraphé et inventorié comme pièce unique de la cote vingt-quatrième, ci. . . .   VINGT-QUATRE.

Vingt-cinquième cote. Un petit registre cartonné et couvert en maroquin rouge, intitulé *livre d'échéances*, etc., contenant le relevé pour chaque mois, des effets de commerce que M. Pérot a à toucher et de ceux qui sont à payer par lui, pour affaires de son commerce.

Ce registre est composé de 100 feuillets, dont les 64 premiers sont écrits, soit en totalité, soit en partie.

Tous les billets acquittés sont marqués à la marge du mot *payé*, et ceux passés dans le commerce du mot *négocié*.

Après que les blancs existants dans les pages écrites ont été bâtonnés, ce registre a été coté, paraphé et inventorié sous la cote vingt-cinquième, ci. . . .   VINGT-CINQ.

Il résulte, du relevé fait dudit registre, qu'il est dû à M. Pérot, pour effets à recevoir, la somme de..., composée des différents effets compris ci-dessus sous la cote dix-neuf.

Et qu'il est dû par M. Pérot les différents effets et règlements ci-après énoncés, savoir : A M..., la somme de..., etc.

Vingt-sixième cote. Un registre, petit format cartonné, et composé de 100 feuillets, dont les 52 premiers feuillets sont entièrement écrits et tous les autres sont en blanc.

Ce registre intitulé *livre de caisse*, contient le détail, jour par jour, des entrées et sorties de fonds dans la caisse de M. Pérot, et la balance de compte à la fin de chaque mois.

La dernière balance arrêtée au..., date de l'ouverture du présent inventaire, constate qu'à cette époque il existait en caisse, en billets de banque et espèces de monnaie, la somme de..., ci-après déclarée.

Après que les blancs existants dans les pages écrites de ce registre ont été bâtonnés, il a été coté, paraphé et inventorié sous la cote vingt-sixième, ci. . . .   VINGT-SIX.

Vingt-septième cote. Deux registres anciens, entièrement écrits, et comprenant les opérations antérieures au..., date du commencement des registres précédemment inventoriés.

Le premier est intitulé *Journal* A, et le second *Grand-livre* A.

Attendu que tous les résultats actifs ou passifs de ces registres ont été portés de nouveau au grand-livre B, ci-devant inventorié, il n'en est fait plus ample description, et ils ont été simplement cotés et paraphés, et compris sous la cote vingt-septième, ci. . . .   VINGT-SEPT.

Vingt-huitième cote. Une liasse de quinze pièces qui sont :

La première note, paraissant indiquer que M. Henri-Ferdinand Baudrand, propriétaire, demeurant à Paris, rue Neuve-Saint-Eustache, n° 7, aurait loué auxdits sieur et dame Pérot, pour dix années consécutives qui ont commencé à courir à compter du premier avril mil huit cent seize, les lieux où il est présentement procédé, moyennant un loyer annuel de 2,800 fr.

Les autres pièces sont quittances desdits loyers, dont la dernière a été donnée pour le terme échu le premier octobre dernier.

Desquelles pièces il n'a été fait plus ample description à la réquisition des parties, mais elles ont été cotées et paraphées par première et der-

nière, et inventoriées sous la cote vingt-huitième, ci. . . .   VINGT-HUIT.

Déclare, M. Pérot, qu'il n'y a point eu de loyers payés d'avance, qu'il a joint à sa location primitive plusieurs pièces qui ont élevé son loyer à la somme de trois mille cinq cents francs et qu'il n'était dû sur ce loyer que la portion du terme courant depuis ledit jour premier octobre dernier.

Vingt-neuvième cote. Une liasse de huit pièces qui sont : avertissements et quittances de contributions, desquelles il résulte que, sur la somme de quatre cent soixante-deux francs vingt centimes, montant des contributions personnelle et de patente dudit sieur Pérot pour la présente année, il a payé celle de 380 fr., partant qu'il ne reste devoir que la somme de 82 fr. 20 c.

Desquelles pièces il n'a été fait plus ample description à la réquisition des parties, mais elles ont été cotées et paraphées par première et dernière, et inventoriées sous la cote vingt-neuvième, ci. . . .   VINGT-NEUF.

Trentième cote. Sept pièces qui sont : quittances de frais de pension des mineurs Pérot.

Desquelles pièces, etc.

Déclare, M. Pérot, qu'il est réclamé, par M. Delanneau chef d'institution, la somme de 648 fr., pour un trimestre de la pension desdits mineurs et diverses fournitures à eux faites.

Trente et unième cote. Une liasse de vingt-quatre pièces qui sont : billets acquittés, notes et lettres missives pouvant servir à établir un compte entre M. Pérot et M. Leroy son beau-frère.

Desquelles pièces, etc.

Trente-deuxième cote. Une liasse de vingt pièces qui sont : billets et lettres de change acquittés.

Trente-troisième cote. Une liasse de cent cinquante-quatre pièces qui sont : mémoires et factures acquittés.

Desquelles pièces, etc.

Suivent les déclarations actives.

Déclare, M. Pérot, qu'il s'est trouvé en deniers comptants, lors du décès de la dame son épouse, la somme de six mille deux cent trente-huit francs ;

Que les deniers provenus des ventes faites depuis ledit décès ont servi à acheter de nouvelles marchandises pour l'assortiment du magasin et acquitter diverses factures ;

Qu'il a touché, depuis la même époque, la somme de deux mille cinq cents francs montant d'un billet souscrit à son profit par le sieur Petitjean ;

Et qu'il est dû auxdites communauté et succession, indépendamment de ce qui résulte des registres ci-dessus inventoriés, par les ci-après nommés, savoir :

1° Par M. Mongeron, quinze cents fr., ci.   1500   »

2° Par M. Carbonnier, de Rouen, trois cents francs, ci.   300   »

3° Par Mme Renaud, rue Saint-Martin, n° 13, cinquante-cinq francs, ci.   55   »

4° Et enfin, par M. de Fourmont, soixante-francs vingt-cinq centimes, ci. . .   60 25

Ensemble. . . .   1915 25

Déclare M..., qu'aux termes de son contrat de mariage passé devant Me..., etc., M. et Mme Pérot, ses père et mère, lui ont constitué en dot, à valoir et à imputer sur la succession du premier mourant d'eux, et subsidiairement, s'il y a lieu, sur celle du survivant, une somme de 25,000 fr., tant en deniers comptants qu'en un trousseau dont le contrat porte quittance.

Déclare, M. Pérot fils, que, suivant acte passé devant Me..., etc., M. Pérot, son père, a payé la somme de 1,800 fr. pour son remplacement au service militaire.

DÉCLARATIONS PASSIVES.

Déclare, M. Pérot, qu'au jour de l'inventorié des marchandises, il était réclamé par divers fabricants, indépendamment des règlements portés aux registres :

1° Par M. Lupin, cinq cent vingt et un francs soixante-dix centimes, ci. 521 70

2° Par M. Marchand, quatre cent six fr., ci.   406   »

3° Par MM. Petit frères, quatre-vingt-sept francs, ci.   87   »

4° Par MM. Prévost, dix-sept cent quatre-vingt-trois francs quinze centimes, ci. . .   1783 15

5° Par M. Tissot, trente francs, ci. . . .   30   »

Ensemble. . . .   2827 85

Et à l'appui de cette déclaration, M. Pérot a représenté une liasse de quinze pièces, qui sont toutes factures desdits fabricants, partie desquelles a été acquittée depuis l'inventaire des marchandises.

Lesquelles pièces ont été cotées et paraphées par première et dernière, et inventoriées sous la cote trente-quatre.

Déclare encore, M. Pérot, qu'il est réclamé contre lesdites succession et communauté par les ci-après nommés, pour fournitures ou travaux de leur état :

1° Par M. Lavoipière, boucher, quatre cent quatre-vingt-deux francs trente centimes, ci. 482 30

2° Par le boulanger, trois cent quarante-deux francs, quatre-vingt-quinze centimes,

A reporter. 482 30

Report. 482 30
ci. 342 95

3° Par Bouton, tailleur, cinq cent vingt francs, ci.   520   »

4° Par les jeunes gens de la maison, pour appointements, trois cents francs, ci.   300   »

5° Par mademoiselle Éléonore, cent vingt-neuf francs quatre-vingt-dix centimes, ci. 129 90

6° Par Mme Augustine, quarante-cinq fr., ci.   45   »

7° Par M. Prudhomme, épicier, deux cent huit francs, ci.   208   »

8° Par M. Aubert, serrurier, quinze fr., ci.   15   »

9° Par Mme Laroche, blanchisseuse, quatre-vingt et un francs, ci.   81   »

10° Par Henriette, pour gages, soixante-deux francs, ci.   62   »

11° Par la cuisinière, aussi pour gages, quatre-vingts francs, ci.   80   »

Ensemble. . . .   2266 15

Et, à l'appui de ces dernières déclarations, M. Pérot a représenté aux notaires soussignés une liasse de huit pièces qui sont mémoires desdits fournisseurs et ouvriers.

Desquelles pièces, etc. . . . . . .   TRENTE-CINQ.

M. Pérot déclare encore que, sur les deniers comptants ci-dessus déclarés, il a acquitté la somme de deux mille trois cent trente francs, pour frais funéraires et de dernière maladie de la dame son épouse, ladite somme composée, savoir :

1° De celle de cinq cents francs, payée à M. Laborie, médecin, pour soins donnés à la défunte, pendant sa dernière maladie, ci.   500   »

2° De celle de trois cent quatre-vingt-quatre francs quatre-vingts centimes, payée au pharmacien, ci. 384 80

3° De celle de soixante francs, payée à la garde-malade, ci.   60   »

4° De celle de deux cent cinquante francs payée, pour le prix du terrain concédé pour y fonder la sépulture de ladite dame, ci.   250   »

5° De celle de deux cent quatre-vingt-dix-sept francs quatre-vingt-dix centimes, payée à l'entrepreneur des pompes funèbres, ci. 297 90

6° De celle de cent trente-trois francs quinze centimes, payée à l'église, ci. . . .   133 15

7° De celle de trois cent seize francs quarante centimes, payée pour le monument et la grille d'entourage, ci. 316 40

8° De celle de deux cent cinquante-deux francs cinquante centimes payée pour le deuil de ses enfants et des domestiques, ci.   252 25

9° Et de celle de cent trente-cinq francs cinquante centimes, payée pour billets de faire part, annonces et faux frais, ci. . . .   135 50

Somme pareille.   2330   »

Et à l'appui de cette déclaration, il a représenté aux notaires soussignés une liasse de quinze pièces qui sont quittances desdits frais.

Desquelles pièces, etc., sous la cote trente-sixième et dernière, ci. . . . . .   TRENTE-SIX.

Sur la réquisition qui lui en a été faite par les notaires soussignés, M. Pérot déclare encore qu'il ne lui est rien dû par ses enfants mineurs, sauf l'effet des déclarations ci-dessus.

Contre lesquelles déclarations et contre celles faites dans le cours du présent inventaire, les autres parties, ès dits noms et qualités, font toutes protestations et réserves, toutes défenses au contraire de la part dudit sieur Pérot.

794 (*suite*). . . . Form. **75**.

Clôture.

Il a été vaqué à tout ce que dessus, depuis ladite heure de dix du matin, jusqu'à celle de quatre de relevée sonnée, par double vacation, pour accélérer, à la réquisition des parties.

Ce fait, personne n'a plus rien trouvé à dire, comprendre ni déclarer au présent inventaire il est demeuré clos à la réquisition des parties (*si l'inventaire est fait à la requête de la veuve, commune en biens, on ajoute ici : après qu'il a été affirmé sincère et véritable par ladite dame veuve...*), et après serment prêté par ledit sieur Pérot, ès mains des notaires soussignés, que le présent inventaire contient bien et réellement tout ce qui, à sa connaissance, peut dépendre desdites communauté et succession, sans qu'il en ait rien pris, caché ni détourné, vu ni su qu'il ait été rien enlevé, soustrait ni diverti, par qui que ce soit, directement ni indirectement, et ce, sous les peines de droit qui lui ont été expliquées par lesdits notaires, et qu'il a dit bien comprendre. Tous les meubles et effets ci-devant inventoriés, ensemble tous les titres et papiers, de nouveau vus et visités, ont été trouvés conformes à leurs cotes et paraphes, ont continué, du consentement des autres parties, de demeurer en la garde et possession dudit sieur Pérot, qui le reconnaît, et s'en charge pour en faire la représentation, quand et à qui il appartiendra.

Et les parties et leurs conseils ont signé avec

lesdits notaires, sous toutes nouvelles réserves et protestations respectives et de droit, le tout après lecture faite.

Enreg. : 2 fr. par vacation. — [V. Clerc, Enreg., n. 349, 373, et Form., p. 574.]

794 (*suite*). . . . . . . Form. **76**.

Notoriété après décès.

Notoriété constatant le nombre et la qualité des héritiers.

Par-devant Me..., et son collègue, notaires à Paris, soussignés,   Ont comparu :

M. François Mouchet, licencié en droit, demeurant à...,

Et M. Joseph Carteron, rentier, demeurant à...,

Lesquels ont, par ces présentes, déclaré avoir parfaitement connu M. Charles Leclerc, en son vivant, propriétaire, demeurant à...,

Et attesté pour vérité et notoriété publique, à tous ceux qu'il appartiendra savoir : qu'il est décédé à..., le...;

Qu'après son décès, il n'a point été fait d'inventaire, et qu'il a laissé pour seuls et uniques héritiers chacun pour moitié, ses deux enfants ci-après nommés, issus de son mariage avec madame Cécile Delaville, restée sa veuve, savoir :

M. Auguste Leclerc, libraire, demeurant à..., et mademoiselle Adèle Leclerc, majeure, sous la tutelle de sa mère et demeurant avec elle à...

A l'appui de leur déclaration, en ce qui concerne le décès du feu sieur Leclerc, les comparants ont représenté aux notaires soussignés une copie de son acte de décès inscrit aux registres des actes de l'état civil de la commune de..., à la date du...

Laquelle copie délivrée par le maire de cette commune et légalisée par un juge du tribunal de..., est demeurée ci-annexée, après avoir été par les comparants, certifiée véritable, signée et paraphée en présence des notaires soussignés. Dont acte :

Fait et passé à..., etc., l'an mil huit cent,.. le...,

Enreg. : 2 fr. — [V. Clerc, Enreg., n. 239, et Form., p. 58.]

794 (*suite*). . . . . . . Form. **77**.

Autre formule.

Par-devant Me..., Ont comparu : M... et M...,

Lesquels ont, par ces présentes, déclaré avoir parfaitement connu M. Christophe Ballouard, en son vivant, restaurateur, demeurant à...,

Et attesté pour vérité et notoriété publique à tous ceux qu'il appartiendra, savoir : qu'il était fils légitime de Vincent Ballouard et d'Elisabeth Mainguet, tous deux décédés;

Qu'il est décédé à Paris, le..., sans qu'il ait été fait inventaire ;

Qu'il n'a laissé aucun ascendant ni descendant, ni aucun frère ou sœur, ni descendant d'eux,

Et que ses seuls héritiers sont : savoir :

Dans la ligne paternelle, et chacun pour un quart à prendre dans la moitié afférente à cette ligne ou chacun pour un huitième au total,

M. Jacques Ballouard, cultivateur, demeurant à..., Mme Bertin Ballouard, épouse de Georges Bertin, journalier, demeurant à...,

M. Simon Barbier, employé, demeurant à....

Et Mme Louise Barbier, épouse de M. Félix Grenier, aussi employé demeurant à....,

Tous quatre cousins et cousines germains dudit feu sieur Christophe Ballouard, les deux premiers comme enfants de Jérôme Ballouard, oncle du défunt et frère de son père, et les deux derniers comme enfants de dame Hélène Ballouard, décédée, épouse de Clément Barbier, tante du défunt et sœur de son père.

Et, dans la ligne maternelle, chacun pour un tiers dans la moitié afférente à cette ligne, ou chacun pour un sixième au total.

Henri Gerbet, Gustave Gerbet et Louis Gerbet, mineurs, sous la tutelle de Mme Elisa Petitjean, leur mère, veuve de M. Emmanuel Gerbet, entrepreneur, demeurant à...,

Tous trois cousins au cinquième degré de défunt Christophe Ballouard, comme arrière petit-fils de Honoré Mainguet, aïeul maternel du défunt.

A l'appui de leurs déclarations, les comparants ont représenté :

1° Une copie de l'acte de décès du feu sieur Christophe Ballouard inscrit aux registres des actes de l'état civil du 4e arrondissement de la ville de Paris, à la date du...;

2° Un tableau généalogique de sa famille présentant dans l'ordre de parenté, les résultats constatés par ces présentes ;

3° Et de dix actes de naissance et de décès venant à l'appui de ce tableau généalogique.

Toutes lesquelles pièces sont demeurées ci-annexées après avoir été certifiées véritables, signées et paraphées en présence des notaires soussignés à l'exception de la première, sur laquelle il a été seulement fait mention de son annexe. Dont acte :

Fait et passé, etc.

Enreg. : 2 fr. — V. Clerc, Enreg., n. 239, et Form., p. 59.]

794 (*suite*). . . . . . . Form. **78**.

Notoriété constatant la non-existence d'héritiers à réserve.

Par-devant Me..., Ont comparu : M... et M...,

Lesquels ont, par ces présentes, déclaré avoir parfaitement connu Mme Clarisse Pérolle, épouse de M. Stéphane Robinet, pharmacien, demeurant à...,

Et savoir qu'elle est décédée à..., le...,

Et attesté pour vérité et notoriété publique, à tous ceux qu'il appartiendra, qu'elle n'a laissé aucun ascendant ni descendant ayant droit à une réserve dans sa succession, et qu'en conséquence, rien ne s'oppose à l'exécution de la donation universelle en toute propriété par elle faite au profit dudit sieur Robinet, son mari, suivant un acte passé devant Me..., notaire à..., le... (ou aux termes de leur contrat de mariage, reçu par Me..., notaire à..., le...)

Quand il s'agit d'un legs universel, on met :

Et qu'en conséquence, rien ne s'oppose à l'exécution du legs universel en toute propriété, fait par cette dame audit sieur Robinet, son mari (ou à M...), aux termes de son testament, reçu par Me..., notaire à..., en présence de quatre témoins (ou bien aux termes de son testament olographe, en date à... du..., dont l'original enregistré a été déposé pour minute à Me..., notaire à..., par ordonnance de M. le président du tribunal de..., contenue en son procès-verbal d'ouverture et de description dudit testament, en date du...) Dont acte, etc.

Enreg. : 2 fr. — [V. Clerc, Enreg., n. 239, et Form., p. 59.]

794 (*suite*). . . . . . . Form. **79**.

Notoriété rectifiant les qualités prises dans un inventaire.

Par-devant Me..., Ont comparu : M... et M...,

Lesquels ont par ces présentes, déclaré avoir parfaitement connu M. Charles Thierry, fabricant de châles, demeurant à...,

Et savoir qu'il est décédé à..., le...,

Et certifié pour vérité et notoriété, à ceux qu'il appartiendra, qu'après son décès, il a été fait un inventaire, par Me..., et son collègue, notaires à..., le..., et jours suivants, enregistré,

A la requête de Mme Pauline Thierry, épouse de M. Charles Chagé, employé, demeurant à...,

Et de M. Jules Thierry, architecte, demeurant à...,

Comme habiles à se dire et porter seuls héritiers chacun pour moitié, de mondit sieur Charles Thierry, leur père ;

Mais que la vérité est que ce dernier avait laissé à son décès, indépendamment de Mme Chagé et de M. Jules Thierry, ci-dessus nommés, un troisième enfant, M. Germain Thierry, qui faisait alors partie de l'armée d'Espagne, et dont l'existence était incertaine, mais dont on a reçu des nouvelles depuis.

Et qu'en conséquence la succession de M. Charles Thierry appartient bien réellement à ses trois enfants susnommés chacun pour un tiers.

A ces présentes sont intervenus :

M. et Mme Chagé,

Et M. Jules Thierry.

Tous trois ci-dessus nommés, qualifiés et domiciliés,

Lesquels ont reconnu exacte la déclaration qui précède, pour quoi ils consentent à ce que l'intitulé de l'inventaire ci-devant daté et énoncé soit certifié conformément à cette déclaration, et qu'en conséquence M. Germain Thierry, leur frère et beau-frère, ait la qualité et tous les droits d'héritier pour un tiers dudit feu sieur Charles Thierry, son père, et que les droits comme la qualité de Mme Chagé et de M. Jules Thierry, dans la même succession, soient pareillement réduits au tiers pour chacun d'eux.

Mention des présentes soit faite sur toutes pièces que besoin sera, par tous notaires et officiers requis. Dont acte :

Fait et passé à...

Enreg. : 2 fr. — [V. Clerc, Enreg., n. 239, et Form., p. 59.]

794 (*suite*) [224]. . . . . Form. **80**.

Notoriété par suite d'absence.

Notoriété pour servir à faire autoriser en justice une femme délaissée par son mari.

Par-devant Me..., Ont comparu : M... et M...,

Lesquels ont, par ces présentes, déclaré avoir connu M. Armand Parmentier, courtier de commerce, demeurant à..., marié à Mme Julie Fremyn, demeurant avec lui, et attesté pour vérité et notoriété publique, à tous ceux qu'il appartiendra, qu'il a quitté son domicile dans le courant du mois de..., sans avoir fait connaître les motifs de son absence, et que, depuis cette époque, il n'a donné à personne de ses nouvelles, et n'a pourvu en aucune manière ni à la subsistance, ni à l'entretien de ladite dame son épouse, délaissée, non plus que de ses enfants ;

Desquelles déclarations les comparants ont requis acte, ce qui leur a été octroyé par les notaires soussignés, pour servir et valoir ce que de raison.

Dont acte : Fait et passé..., etc.

Enreg. : 2 fr. — [V. Clerc, Enreg., n. 239, et Form., p. 60.]

794 (*suite*). . . . . . . Form. **81**.

Notoriété pour faire prononcer une absence.

Par-devant Me..., Ont comparu : M... et M...,

Lesquels ont déclaré avoir parfaitement connu M. Maximilien Perron, ancien avocat, domicilié à...,

Et attesté pour vérité et notoriété, à tous ceux qu'il appartiendra, que, dans le courant du mois de..., ledit sieur Perron a quitté son domicile pour faire un voyage en Picardie, où l'appelaient des affaires de famille ;

Que depuis cette époque aucun de ses parents n'a eu de ses nouvelles ;

Que depuis lors et pendant tout le temps qui s'est écoulé jusqu'à ce jour, ledit sieur Perron n'a pas reparu à son domicile; qu'il n'a donné à personne de ses nouvelles, soit par lettre, soit autrement, laissant ses biens et affaires sans aucune administration, notamment une maison sise à..., dont les loyers n'ont été touchés ni par lui, ni par personne pour lui ;

Que toutes les recherches sur les causes de cette disparition ont été infructueuses, et n'ont fait connaître aucune nouvelle résidence dudit sieur Perron ;

Qu'ainsi toutes les circonstances font présumer qu'il est décédé et qu'il y a lieu, en conséquence, par tel tribunal qu'il appartiendra, de prononcer son absence.

Les comparants déclarent encore :

Que ledit sieur Perron est célibataire :

Qu'il n'a aucun ascendant ni descendant,

Et que ses seuls présomptifs héritiers, et chacun pour moitié, sont :

M. Claude-Antoine Perron,

Et M. Jules Perron,

Ses cousins germains, tous deux propriétaires, demeurant à...

De tout ce que dessus les comparants ont requis acte, ce qui leur a été octroyé pour servir et valoir ce que de raison. Dont acte :

Fait et passé à..., etc.

Enreg. : 2 fr. — [V. Clerc, Enreg., n° 239 et Form., p. 60.]

794 (*suite*). . . . . . . Form. **82**.

Actes de notoriété rectificatifs.

Pour rectifier l'orthographe d'un nom.

Par-devant Me... Ont comparu : M... et M...,

Lesquels ont déclaré parfaitement connaître M. Claude Fremaux, entrepreneur de bâtiments, demeurant à..., et attesté pour vérité et notoriété publique, à tous ceux qu'il appartiendra, que c'est par erreur, si, dans tous les actes, obligations et inscriptions, et notamment dans une inscription au grand-livre de la dette publique, vol..., n°..., trois pour cent, de la somme de..., appartenant audit sieur Fremaux, son nom de famille a été écrit *Fremot* au lieu de *Fremaux*, seule véritable manière de l'écrire.

Et qu'il y a bien identité de personne entre ledit sieur Claude Fremaux et la personne dénommée Claude Fremot dans ladite inscription.

A l'appui de leur déclaration, les comparants ont représenté une copie de l'acte de naissance dudit sieur Fremaux, inscrit au registre de l'état civil de..., à la date du..., et la copie de l'acte de célébration de son mariage, inscrit aux registres de la même commune, à la date du...,

Desquels actes résulte la preuve que le nom dudit sieur Fremaux doit être écrit comme il est dit ci-dessus.

Ces deux pièces sont demeurées ci-annexées, après avoir été, par les comparants, certifiées véritables, signées et paraphées en présence des notaires soussignés. Dont acte :

Fait et passé..., etc.

Enreg. : 2 fr. — [V. Clerc, Enreg., n° 239, et Form., p. 60.]

794 (*suite*). . . . . . . Form. **83**.

Pour rectification de prénoms.

Par-devant Me... Ont comparu : M... et M...,

Lesquels ont, par ces présentes, déclaré parfaitement connaître mademoiselle Laurence-Eulalie-Clotilde Gondouin, célibataire majeure, demeurant à..., fille de Désiré Gondouin et de Clémence Coulon,

Et attesté pour vérité et notoriété, à tous ceux qu'il appartiendra, savoir : que c'est par erreur si, dans tous actes quelconques, notamment dans une obligation de la somme de dix mille francs souscrite à son profit par les sieur et dame Desroziers, suivant acte passé devant Me..., notaire à..., et dans l'inscription qui en a été faite au bureau des hypothèques de..., vol..., n°... il a été donné à ladite demoiselle Gondouin les prénoms de Laurence-Clotilde-Eugénie, au lieu de Laurence-Eulalie-Clotilde, qui sont ses véritables prénoms, et l'ordre dans lequel ils doivent être écrits.

Les comparants certifient en conséquence qu'il y a parfaitement identité de personne entre la demoiselle Laurence-Eulalie-Clotilde Gondouin et la per-

795. L'héritier a trois mois pour faire inventaire, à compter du jour de l'ouverture de la succession.

Il a de plus, pour délibérer sur son acceptation ou sur sa renonciation, un délai de quarante jours, qui commencent à courir du jour de l'expiration des trois mois donnés pour l'inventaire, ou du jour de la clôture de l'inventaire s'il a été terminé avant les trois mois. [Pr. 174.]

796. Si cependant il existe dans la succession des objets susceptibles de dépérir ou dispendieux à conserver, l'héritier peut, en sa qualité d'habile à succéder, et sans qu'on puisse en induire de sa part une acceptation, se faire autoriser par justice à procéder à la vente de ces effets.

Cette vente doit être faite par officier public, après les affiches et publications réglées par les lois sur la procédure. [Pr. 617, s., 986.]

797. Pendant la durée des délais pour faire inventaire et pour délibérer, l'héritier ne peut être contraint à prendre qualité, et il ne peut être obtenu contre lui de condamnation : s'il renonce lorsque les délais sont expirés ou avant, les frais par lui faits légitimement jusqu'à cette époque sont à la charge de la succession. [Pr. 130, 174.]

798. Après l'expiration des délais ci-dessus, l'héritier, en cas de poursuite dirigée contre lui, peut demander un nouveau délai, que le tribunal saisi de la contestation accorde ou refuse suivant les circonstances. [Pr. 174.]

799. Les frais de poursuite, dans le cas de l'article précédent, sont à la charge de la succession, si l'héritier justifie, ou qu'il n'avait pas eu connaissance du décès, ou que les délais ont été insuffisants, soit à raison de la situation des biens, soit à raison des contestations survenues : s'il n'en justifie pas, les frais restent à sa charge personnelle. [Pr. 130.]

800. L'héritier conserve néanmoins, après l'expiration des délais accordés par l'article 795, même de ceux donnés par le juge, conformément à l'article 798, la faculté de faire encore inventaire et de se porter héritier bénéficiaire, s'il n'a pas fait d'ailleurs acte d'héritier, ou s'il n'existe pas contre lui de jugement passé en force de chose jugée, qui le condamne en qualité d'héritier pur et simple. [Pr. 174.]

801. L'héritier qui s'est rendu coupable de recélé, ou qui a omis, sciemment et de mauvaise foi, de comprendre dans l'inventaire des effets de la succession, est déchu du bénéfice d'inventaire. [P. 380.]

802. L'effet du bénéfice d'inventaire est de donner à l'héritier l'avantage,

1° De n'être tenu du paiement des dettes de la succession que jusqu'à concurrence de la valeur des biens qu'il a recueillis, même de pouvoir se décharger du paiement des dettes en abandonnant tous les biens de la succession aux créanciers et aux légataires ;

2° De ne pas confondre ses biens personnels avec ceux de la succession, et de conserver contre elle le droit de réclamer le paiement de ses créances. [Pr. 996.]

803. L'héritier bénéficiaire est chargé d'administrer les biens de la succession, et doit rendre compte de son administration aux créanciers et aux légataires.

Il ne peut être contraint sur ses biens personnels qu'après avoir été mis en demeure de présenter son compte, et faute d'avoir satisfait à cette obligation.

Après l'apurement du compte, il ne peut être contraint sur ses biens personnels que jusqu'à concurrence seulement des sommes dont il se trouve reliquataire. [Pr. 527, s., 995.]

---

sonne dénommée Laurence-Clotilde-Eugénie Gondouin dans lesdites obligation et inscription.

À l'appui de leur attestation, les comparants ont représenté une copie de l'acte de naissance de la demoiselle Gondouin, inscrit aux registres, etc.

Laquelle copie, etc. Dont acte :

Fait et passé à..., le..., etc.

Enreg. : 2 fr. — [V. Clerc, Enreg., n° 239, et Form., p. 60.]

795 [794]. . . . . Form. **84.**

Renonciation au bénéfice d'inventaire.

Par-devant Me... *Fut présent :*

M. Jules Barré, demeurant à...

Lequel a, par ces présentes, déclaré renoncer, comme de fait il renonce purement et simplement, au bénéfice d'inventaire qui lui était acquis dans la succession du sieur Jean-Louis Barré, son père, décédé à..., le...

Au moyen : 1° de l'inventaire fait après le décès de ce dernier, par Me..., notaire à..., le... ;

2° Et de la déclaration faite par le comparant au greffe du tribunal de..., le..., enregistrée, qu'il n'acceptait cette succession que sous bénéfice d'inventaire,

Voulant et entendant, ledit sieur Jules Barré, comparant, être réputé à l'avenir héritier pur et simple dudit sieur Jean-Louis Barré, son père.

Dont acte : Fait et passé, etc.

Enreg. : 2 fr. — [V. Clerc, Enreg., n° 464 et Form., p. 98.]

796 [452, 805, 1031-3°, 1062, 4657] ; — **797 à 801** [V. 794, Form. 37 et s., 795, 819, 1031, 1461, 1465, 1483].

802 1°. . . . . Form. **85.**
[2093, 2101-5°, 2105-2°.]

Abandon de biens par un héritier bénéficiaire.

Devant Me Meslay et son collègue, notaires à..., soussignés, *A comparu :*

M. Charles Pillon, avocat, demeurant à..., seul héritier de M. Jules Pillon, son père, décédé à..., le..., ainsi que le constate l'intitulé de l'inventaire fait après son décès par Me Meslay, l'un des notaires soussignés, qui en a gardé minute, le 15 mars 1863, enregistré.

Mais seulement sous bénéfice d'inventaire, suivant déclaration faite au greffe du tribunal civil de première instance de..., le 10 dudit mois de mars, enregistrée.

Lequel, préalablement à l'abandon qui fait l'objet des présentes, a exposé ce qui suit :

EXPOSÉ.

I.—Les biens, droits et valeurs composant la succession du père du comparant, et constatés par l'inventaire susénoncé, étaient suffisants pour couvrir les dettes et charges de la succession : aussi le comparant, espérant pouvoir satisfaire tous les créanciers, accepta la succession sous bénéfice d'inventaire.

II.—Un événement imprévu vint changer tout à coup la situation : le sieur Moret, banquier, chez lequel était déposée une partie des valeurs de la succession, tomba en déconfiture ; la liquidation de cette maison n'offrit qu'un faible dividende, de sorte qu'aujourd'hui il n'est plus possible par l'avenir à l'acquit intégral des dettes et charges de la succession.

De plus, des contestations, relatives à la sincérité des créances, s'étant élevées entre divers créanciers, entravent les opérations liquidatrices et détruisent en même temps l'économie mise par le sieur Pillon dans l'administration des biens.

III.—Dans cette position, M. Pillon a résolu d'user de la faculté, qui lui est accordée par la loi, de se décharger de ladite administration, en faisant aux créanciers l'abandon de tous les biens dépendant de la succession.

Les créanciers, pour éviter les frais d'un abandon en justice, manifestent l'intention de l'accepter volontairement.

IV.—Dans le but de faire connaître la situation, M. Pillon a fait l'état des biens actifs et passifs de la succession. Cet état, contenu sur une feuille de timbre à 1 fr. 50, est demeuré ci-annexé après avoir été certifié valable par le comparant et revêtu d'une mention d'annexe.

Quelquefois l'état se fait dans l'acte même, de la même manière que celui indiqué à la formule 497, art. 1267.

Cet exposé terminé, M. Pillon, pour se décharger de l'administration des biens et du paiement des dettes, a déclaré, par ces présentes, abandonner aux légataires et créanciers de la succession de son père, tous les biens, meubles et immeubles de ladite succession sans exception ni réserve, et tels qu'ils sont désignés en l'état ci-dessus.

Pour en faire, lesdits créanciers et légataires, la vente et le recouvrement et en distribuer, entre eux, le produit, par contribution, conformément à la loi et selon les droits de chacun.

INTERVENTION.

À l'instant sont intervenus :

1° M. Edouard Basselier, entrepreneur, demeurant à... ;

2° M. Emile Bigot, cultivateur, demeurant à..., etc.

Créanciers de la succession dudit feu sieur Pillon, ainsi qu'ils le déclarent et s'obligent à en justifier au besoin, sans que l'énonciation faite ici de leur qualité de créanciers emporte de la part de M. Pillon fils aucune reconnaissance expresse ou tacite de leurs créances.

Et :

1° M. Paul Ferté, propriétaire, demeurant à... ;

2° M. Edmond Mérey, négociant, demeurant à..., etc. ;

Ces derniers légataires, à titre particulier, dodit feu sieur Pillon, aux termes de son testament reçu en minute par M. Loir, notaire à..., le..., en présence de quatre témoins.

Lesquels créanciers et légataires ont, par ces présentes, déclaré accepter formellement l'abandon ci-dessus fait par M. Pillon fils, sous la réserve des droits de privilèges et hypothèques qu'ils peuvent avoir à exercer contre la succession, et des droits et actions qu'ils peuvent avoir à exercer, les uns contre les autres, et sans d'ailleurs que les énonciations faites en l'état ci-annexé puissent nuire ni préjudicier aux droits de chacun d'eux.

Et de suite, pour éviter des frais et arriver plus promptement à une solution, lesdits créanciers et légataires ont, par ces mêmes présentes, conféré à trois d'entre eux, MM. Bigot, Basselier et Ferté, l'exercice de tous les droits résultant, en faveur desdits intervenants, de l'abandon ci-dessus, pour la vente des biens, le recouvrement des créances, les poursuites, en un mot pour arriver au règlement et à la distribution de tout l'actif dépendant de ladite succession.

En conséquence, lesdits créanciers et légataires donnent, d'un commun accord, aux trois personnes susnommées les pouvoirs de, pour eux, en leurs noms, et conjointement :

Faire toutes poursuites, contraintes et diligences nécessaires,

Vendre à l'amiable ou par adjudication, etc.

(Voir. art. 1984, les *formules de procuration*).

Il est expressément convenu que les trois mandataires ne sont responsables d'aucun événement, pas même du défaut de poursuites ;

Qu'ils seront remboursés, par privilège, de tous leurs frais et déboursés,

Et que chacun d'eux pourra se démettre de la fonction qui vient d'être conférée, par un simple acte à la suite des présentes et sans être obligé d'appeler les deux autres.

Si, contre toute attente, des créanciers inconnus se présentaient, MM. Bigot, Basselier et Ferté, feront tout leur possible pour obtenir leur adhésion aux présentes.

De son côté, M. Pillon fils déclare qu'à sa connaissance il n'existe aucun autre créancier que ceux indiqués en l'état ci-annexé, et il fait toutes réserves et protestations contre les stipulations ci-dessus, pour le cas où les créanciers non intervenants et qui se représenteraient en temps utile, voudraient lui opposer sa présence auxdites conventions, comme dérogation à sa qualité d'héritier sous bénéfice d'inventaire.

REMISE DE TITRES.

M. Pillon fils a présentement remis aux créanciers, qui le reconnaissent, tous les titres et papiers de la succession, tous cotés et paraphés lors de l'inventaire.

ÉLECTION DE DOMICILE.

Pour l'exécution des présentes, les parties élisent domicile en l'étude de Me Meslay, notaire soussigné.

FRAIS.

Les frais des présentes seront portés au passif de la succession et payés par privilège.

Dont acte :

Fait et passé à..., en l'étude dudit Me Meslay l'an 1863, le 27 octobre.

Et les parties ont signé avec les notaires après lecture faite.

Enreg. : 5 fr. fixe. — [V. Clerc, Enreg., 258 et s.]

803 [814]. . . . . Form. **86.**

Compte de bénéfice d'inventaire.

Arrêté de compte.

L'an mil huit cent..., le...,

Par-devant Me..., *Ont comparu :*

M. Samuel Berton, propriétaire, demeurant à... ;

Et M. Nestor Berton, négociant, demeurant à...,

En qualité de seuls héritiers, chacun pour moitié, de M. Louis-Auguste Legallois, leur oncle, ancien négociant, décédé à..., ainsi qu'il est constaté par l'intitulé de l'inventaire fait après son décès par Me..., le..., enregistré, mais n'ayant accepté cette qualité que sous bénéfice d'inventaire, suivant la déclaration par eux faite au greffe du tribunal de première instance de..., le..., enregistrée :

Et encore M. Nestor Berton, comme créancier de la succession du feu sieur Legallois, *d'une part* ;

Et MM...,

Tous créanciers, ainsi qu'ils le déclarent, de la succession dudit feu sieur Legallois, sans que l'énonciation de leurs créances puisse valoir reconnaissance de la part de MM. Berton, ni les dispenser de la justification de leurs titres.... *d'autre part* ;

Lesquels ont dit que MM. Berton, en leur qualité d'héritiers bénéficiaires, ont administré la succession du feu sieur Legallois, fait procéder à la vente des biens, meubles et immeubles de cette succession, et acquitté les différentes dettes inscrites ou privilégiées, de manière qu'il ne reste plus aujourd'hui qu'à régler le compte de leur administration et à répartir entre les différents ayants droit le reliquat actif de ce compte, s'il en comporte un.

MM. Berton ont, en effet, établi le compte qu'ils ont à rendre, et l'ont à l'instant présenté, écrit sur trois feuilles de papier au timbre de 1 fr. 50 c., pour être soumis à la vérification et approbation des créanciers ; laquelle pièce est demeurée ci-annexée après avoir été par eux certifiée véritable, signée et paraphée en présence des notaires soussignés.

Tous les créanciers, examen fait, soit en commun, soit par chacun d'eux en particulier, du compte ainsi présenté par MM. Berton, et après vérification des pièces produites à l'appui et des calculs qu'il renferme, ont déclaré approuver ce compte dans son ensemble et dans ses parties, et, en conséquence, ils en ont arrêté définitivement, savoir : les recettes à..., les dépenses à..., et le reliquat actif dont MM. Berton se trouvent comptables, à...

Cette somme a été à l'instant représentée par MM. Berton et mise à la disposition des créanciers ; mais ces derniers n'étant pas actuellement en mesure d'en faire la distribution entre eux, ont autorisé MM. Berton à en faire immédiatement le dépôt à la caisse des dépôts et consignations.

Au moyen de ce dépôt, MM. Berton se trouveront entièrement déchargés de l'administration qu'ils ont eue de la succession du feu sieur Legallois, en leur qualité d'héritiers bénéficiaires sans que les créanciers puissent exercer contre eux aucun recours ni action personnels, ces derniers leur donnant dès à présent toute décharge nécessaire.

Les titres de famille et toutes les pièces concernant la succession de M. Legallois sont demeurés, du consentement des créanciers, en la possession de M. Nestor Berton, qui s'en charge, et s'oblige à les représenter toutes les fois qu'il sera nécessaire.

Consentent, les parties, que mention des présentes soit faite sur toutes pièces que besoin sera par tous notaires et officiers requis. Dont acte :

Fait et passé, etc.

Enreg. : 0 fr. 50 cent. p. 100 quand l'héritier est reliquataire de sommes déterminées ; 2 fr. fixe quand le reliquat est payé par l'arrêté. — [V. CLERC, Enreg., n. 857, et Form., p. 622.]

803 (*suite*). . . . . . . Form. **87.**

État de compte annexé.

Compte de l'administration de la succession bénéficiaire de M. Louis-Auguste Legallois, ancien négociant, demeurant à...,

Rendu par MM. Samuel Berton, propriétaire, demeurant à..., et Nestor Berton, négociant, demeurant à..., en qualité de seuls héritiers, chacun pour moitié et sous bénéfice d'inventaire, du feu sieur Legallois, leur oncle.

OBSERVATIONS PRÉLIMINAIRES.

PREMIÈRE OBSERVATION.

Décès de M. Legallois. — Scellés et inventaire.

M. Legallois est décédé en sa demeure..., à... le...

Le lendemain, les scellés ont été apposés par M. le juge de paix de..., suivant son procès-verbal en date du même jour, enregistré.

Et il a été procédé à l'inventaire des biens laissés par M. Legallois, par Me... et collègue, notaires à..., le... et jours suivants, à la requête de MM. Berton au nom et comme habiles à se porter seuls héritiers, chacun pour moitié, de M. Legallois leur oncle.

La prisée du mobilier a été faite par M..., commissaire-priseur à... Elle s'est élevée à la somme de...

Il s'est trouvé, en deniers comptants, une somme de 150 fr. qui a servi à acquitter les premiers frais occasionnés par le décès, et dont il sera fait compte ci-après.

Par la clôture de cet inventaire, les titres et papiers, ainsi que le mobilier qui s'y trouve compris, ont été laissés en la garde et possession de M. Nestor Berton, qui s'en est chargé pour en faire la représentation, quand et à qui il appartiendra.

On pourrait faire ici une récapitulation sommaire des biens de la succession, par dépouillement de l'inventaire.

DEUXIÈME OBSERVATION.

Acceptation bénéficiaire.

Par acte dressé au greffe du tribunal de première instance..., le..., MM. Berton ont déclaré n'accepter la succession de M. Legallois, leur oncle, que sous bénéfice d'inventaire, et n'avoir fait aucun acte qui pût leur attribuer une autre qualité.

C'est aussi en cette qualité d'héritiers bénéficiaires que MM. Berton ont agi dans les divers actes et circonstances qui vont être rappelés.

TROISIÈME OBSERVATION.

Vente du mobilier. — Compte du commissaire-priseur.

Après avoir donné congé de l'appartement qu'occupait le défunt, suivant l'exploit de..., huissier, en date du... pour le 1er janvier suivant, MM. Berton ont fait procéder à la vente du mobilier compris en l'inventaire susénoncé.

Cette vente a eu lieu par le ministère de Me..., commissaire-priseur, après les affiches et publica-tions accoutumées, suivant son procès-verbal, en date du..., et jours suivants.

Le produit de cette vente s'est élevé à la somme de. 3617 50

Sur cette somme, Me... a retenu, savoir :

1° Pour ses vacations à l'inventaire, les différents frais occasionnés par la vente et ses honoraires sur le produit de cette vente, la somme de 350 fr., ci. . 350 »

2° La somme de..., payée par lui au greffier de la justice de paix, pour frais d'apposition et levée des scellés, et pour les frais du gardien, ci. . . . . » »

3° La somme de..., payée par lui à Me..., notaire, pour les frais de l'inventaire fait après le décès de M. Legallois, ci. . . . . » »

4° Etc...

Total des retenues. . 1774 50 1774 50

Au moyen de quoi il est resté net sur le produit de ladite vente. 1843 00

Cette dernière somme a été remise par ledit M... commissaire priseur, à MM. Berton, qui ont arrêté son compte et lui en ont donné décharge, suivant acte dressé par lui, le..., en suite de son procès-verbal de vente.

Cette somme de 1,843 fr. sera portée en recette dans le compte à rendre par MM. Berton, en conséquemment ils ne feront pas figurer en dépenses les diverses sommes acquittées par le commissaire-priseur, et dont il a opéré la retenue.

QUATRIÈME OBSERVATION.

Vente d'une rente sur l'État.

Par jugement rendu au tribunal de première instance de..., le..., sur les conclusions conformes du procureur impérial, MM. Berton ont été autorisés à vendre, au cours de la Bourse et par le ministère de M. Vandermareq, agent de change, une inscription de 400 fr. de rente sur l'État, 5 pour 100, n°..., au nom du défunt sieur Legallois, et dépendant de sa succession.

Cette rente a été en effet vendue par le ministère de M. Vandermareq, le..., au prix de 104 fr. 25 cent. les 5 fr. de rente, cours moyen de la Bourse de ce jour-là.

Elle a produit, déduction faite du courtage de l'agent de change, la somme de 8,316 fr. qui a été touchée par MM. Berton, et qui sera portée en recette dans leur compte.

CINQUIÈME OBSERVATION.

Vente des immeubles et paiement aux créanciers inscrits.

Par le jugement susénoncé, il avait été ordonné qu'à la requête, poursuite et diligence de MM. Berton, il serait procédé à la vente par adjudication aux enchères, des immeubles dépendant de la succession du feu sieur Legallois, après toutefois que la visite et l'estimation en auraient été faites par M.... expert, que le tribunal a désigné à cet effet.

En conséquence, M... a procédé à la visite et estimation d'une maison sise à..., seul immeuble dépendant de la succession du feu sieur Legallois, et le rapport qu'il en a dressé a été déposé par lui au greffe dudit tribunal, le...

Et un second jugement du même tribunal, en date du..., entérinant ce rapport, a ordonné qu'il serait procédé à la vente de ladite maison, par la voie des enchères et par devant Me..., notaire à..., que le tribunal a commis à cet effet.

Cette vente a eu lieu après l'accomplissement de toutes les formalités nécessaires, et ladite maison a été adjugée à M. Auguste-Antony Dulong, propriétaire, demeurant à..., moyennant la somme de 110,000 fr., outre les charges de l'enchère, suivant procès-verbal dressé par ledit Me..., le..., enregistré.

L'entrée en jouissance de l'adjudicataire a été fixée au..., et il a été stipulé qu'à partir du même jour, il paierait les intérêts de son prix, les contributions, et autres charges de la maison.

MM. Berton, par ce procès-verbal, ont délégué, conformément à l'art. 806, C. Nap., le prix de cette adjudication aux créanciers inscrits sur ladite maison.

M. Dulong a fait transcrire son procès-verbal d'adjudication au bureau des hypothèques de..., vol..., n°...; et comme, à cette transcription, il s'est trouvé des inscriptions pour une somme supérieure à son prix, il a fait aux divers créanciers inscrits les notifications prescrites par les articles 2183 et suiv., C. Nap. Aucune surenchère n'ayant été formée pendant le délai de quarante jours accordé par la loi, l'ordre du prix de M. Dulong a été ouvert au greffe du tribunal de..., par procès-verbal du... Cet ordre a été clos provisoirement, le..., et définitivement par procès-verbal, en date du...

En exécution du règlement d'ordre et suivant quittance reçue par Me..., le..., M. Dulong a payé son prix en principal et intérêts entre les mains des créanciers inscrits, utilement colloqués.

Il résulte de ce paiement que M... n'a reçu que la somme de..., à valoir aux imputations de droit sur le montant de sa créance, en principal et inté-rêts, et que MM..., autres créanciers inscrits, n'ont reçu aucune somme sur ledit prix, comme n'ayant pas été colloqués utilement ; en conséquence, ces divers créanciers devront faire valoir leurs droits sur les autres biens et valeurs de la succession, concurremment avec les créanciers chirographaires.

CHAP. Ier. — RECETTES.

ART. 1er. — *Mobilier.*

Il est employé en recette, sous le présent article, la somme de 1,843 fr., reçue par MM. Berton, de Me..., commissaire-priseur, pour le reliquat du produit de la vente qu'il a faite du mobilier compris en l'inventaire fait après le décès de M. Legallois, ainsi qu'il est énoncé sous la troisième observation préliminaire, ci. . . . . 1843 »

ART. 2. — *Deniers comptants.*

Il est employé en recette, sous cet article, la somme de 150 fr. trouvée en deniers comptants, au décès de M. Legallois, et remise à M. Nestor Berton, ainsi que le constate l'inventaire, ci. . . . . 150 »

ART. 3. — *Maison sise à...*

Comme on l'a vu sous la cinquième observation préliminaire, le prix de l'adjudication de cette maison a été entièrement payé à divers créanciers incrits sur cet immeuble, et MM. Berton n'en ont rien touché : en conséquence, il n'y a aucune somme à comprendre ici pour cet objet, et il n'en est question que pour ordre, ci. . . . . . . ordre.

Mais il sera employé, sous le présent article, la somme de 6,725 fr., reçue par MM. Berton, pour loyers de ladite maison, jusqu'au jour de l'entrée en jouissance de l'adjudicataire et composée ainsi qu'il suit :

1° 2,000 fr. reçus du sieur... pour une année de loyers d'une boutique et dépendances, ci. . . . . 2000 »

2° ... etc...

Somme pareille. . . . . 6725 » 6725 »

ART. 4. — *Rente sur l'État.*

Il est employé en recette, sous le présent article :

1° La somme de 8319 fr., formant le produit net de la rente sur l'État, 5 p. 100, de la somme de 400 fr. au nom du défunt, et transférée, ainsi qu'il est énoncé en la quatrième observation préliminaire, ci. . . . . 8319 »

2° Et la somme de 600 fr. pour trois semestres de cette rente, échus le..., ci. . . . . 600 »

Ensemble. . . . . 8919 » 8919 »

ART. 5. — *Créance sur le sieur Dulac.*

Il est employé en recette sous le présent article :

1° La somme principale de 4,000 fr., montant d'une obligation souscrite au profit du défunt, par le sieur Dulac, devant Me..., notaire à..., le..., ci. . . . . . . 4000 »

Cette somme a été reçue par MM. Berton, suivant quittance passée devant le même notaire, le...

2° Et la somme de 217 fr. pour intérêts de cette créance jusqu'au jour du remboursement, ci. . . . . 217 »

Ensemble. . . . . 4217 » 4217 »

Total du chapitre des recettes. . 21854 »

CHAP. 2. — DÉPENSES.

ART. 1er. — *Frais funéraires.*

Il est employé en dépenses, sous le présent article, la somme de 342 fr., payée par MM. Berton, pour les frais funéraires, occasionnés par le décès de M. Legallois, suivant le détail porté en l'inventaire, ci. . . . . 342 »

ART. 2. — *Frais de maladie.*

Il est employé en dépense, sous le présent article, la somme de 620 fr. payée pour frais de maladie, savoir :

À M. Nacquart, médecin, 400 fr., ci. 400 »
À M. Derosne, pharmacien, 135 fr., ci. . . . . 135 »
Et à Mme Pinson, pour frais de garde, 85 fr. ci. . . . . . . 85 »

Égalité. . . . . 620 » 620 »

ART. 3. — *Frais de scellés, inventaires, etc.*

Ainsi qu'on l'a vu sous la troisième observation préliminaire, les frais de scellés, ceux d'inventaire, etc., tous privilégiés, ont été acquittés par le commissaire-priseur, et retenus par lui sur le produit de la vente du mobilier : en conséquence, il n'en est ici question que pour ordre, ci. . . . . ordre.

ART. 4. — *Gages des domestiques et frais de maison.*

Il a été employé en dépense, sous le présent article :

A reporter. . . . . 962 »

804. Il n'est tenu que des fautes graves dans l'administration dont il est chargé.

805. Il ne peut vendre les meubles de la succession que par le ministère d'un officier public, aux enchères, et après les affiches et publications accoutumées.

S'il les représente en nature, il n'est tenu que de la dépréciation ou de la détérioration causée par sa négligence. [Pr. 617, s., 986, 989, s.]

806. Il ne peut vendre les immeubles que dans les formes prescrites par les lois sur la procédure; il est tenu d'en déléguer le prix aux créanciers hypothécaires qui se sont fait connaître. [Pr. 749, s., 953, s., 987, s., 991; Co. 552-556.]

807. Il est tenu, si les créanciers ou autres personnes intéressées l'exigent, de donner caution bonne et solvable de la valeur du mobilier compris dans l'inventaire, et de la portion du prix des immeubles non déléguée aux créanciers hypothécaires.

Faute par lui de fournir cette caution, les meubles sont vendus, et leur prix est déposé, ainsi que la portion non déléguée du prix des immeubles, pour être employés à l'acquit des charges de la succession. [Pr. 517, s., 617, s., 992, s.]

808. S'il y a des créanciers opposants, l'héritier bénéficiaire ne peut payer que dans l'ordre et de la manière réglés par le juge.

S'il n'y a pas de créanciers opposants, il paie les créanciers et les légataires à mesure qu'ils se présentent. [Pr. 656, s., 990; Co. 552-556.]

809. Les créanciers non opposants qui ne se présentent qu'après l'apurement du compte et le paiement du reliquat, n'ont de recours à exercer que contre les légataires.

Dans l'un et l'autre cas, le recours se prescrit par le laps de trois ans, à compter du jour de l'apurement du compte et du paiement du reliquat.

810. Les frais de scellés, s'il en a été apposé, d'inventaire et de compte, sont à la charge de la succession.

SECT. IV. — *Des successions vacantes.*

811. Lorsqu'après l'expiration des délais pour faire inventaire et pour délibérer, il ne se présente personne qui réclame une succession, qu'il n'y a pas d'héritier connu, ou que les héritiers connus y ont renoncé, cette succession est réputée vacante. [Pr. 998, s.]

812. Le tribunal de première instance dans l'arrondissement duquel elle est ouverte, nomme un curateur sur la demande des personnes intéressées, ou sur la réquisition du procureur impérial. [Pr. 998, s.]

813. Le curateur à une succession vacante est tenu, avant tout, d'en faire constater l'état par un inventaire. il en exerce et poursuit les droits; il répond aux demandes formées contre elle; il administre, sous la charge de faire verser le numéraire qui se trouve dans la succession, ainsi que les deniers provenant du prix des meubles ou immeubles vendus, dans la caisse du receveur de la régie impériale (caisse des dépôts et consignations), pour la conservation des droits, et à la charge de rendre compte à qui il appartiendra. [Pr. 1000, s.]

814. Les dispositions de la section III du présent chapitre, sur les formes de l'inventaire, sur le mode d'administration et sur les comptes à rendre de la part de l'héritier bénéficiaire, sont, au surplus, communes aux curateurs à successions vacantes. [Pr. 126, 1002.]

CHAP. VI.—DU PARTAGE ET DES RAPPORTS.

SECT. I. — *De l'action en partage, et de sa forme.*

815. Nul ne peut être contraint à demeurer dans l'indivision; et le partage peut être toujours provoqué, nonobstant prohibitions et conventions contraires.

On peut cependant convenir de suspendre le partage pendant un temps limité : cette convention ne peut être obligatoire au-delà de cinq ans; mais elle peut être renouvelée. [Pr. 966, s.]

816. Le partage peut être demandé, même quand l'un des cohéritiers aurait joui séparément de partie des biens de la succession, s'il n'y a eu un acte de partage, ou possession suffisante pour acquérir la prescription.

817. L'action en partage, à l'égard des cohéritiers mineurs ou interdits, peut être exercée par leurs tuteurs, spécialement autorisés par un conseil de famille.

A l'égard des cohéritiers absents, l'action appartient aux parents envoyés en possession.

818. Le mari peut, sans le concours de sa femme, provoquer le partage des objets meubles ou immeubles à elle échus qui tombent dans la communauté : à l'égard des objets qui ne tombent pas en communauté, le mari ne peut en provoquer le partage sans le concours de sa femme; il peut seulement, s'il a le droit de jouir de ses biens, demander un partage provisionnel.

Les cohéritiers de la femme ne peuvent provoquer le partage définitif qu'en mettant en cause le mari et la femme.

819. Si tous les héritiers sont présents et majeurs, l'apposition de scellés sur les effets de la succession n'est pas nécessaire, et le partage peut être fait dans la forme et par tel acte que les parties intéressées jugent convenables.

Si tous les héritiers ne sont pas présents, s'il y a parmi eux des mineurs ou des interdits, le scellé doit être apposé dans le plus bref délai, soit à la requête des héritiers, soit à la diligence du procureur impérial près le tribunal de première instance, soit d'office par le juge de paix dans l'arrondissement duquel la succession est ouverte. [Pr. 907, s., 911, 984, s.]

Report.	962	»
1° La somme de 150 fr., payée à Catherine, cuisinière du défunt, pour six mois de ses gages, échus le..., ci . . . . . 150 »		
2° La somme de 50 fr., payée à la même, pour dépenses diverses de maison, avancées par elle, ci . . . 50 »		
3° La somme de 200 fr., payée à Jean Dubois, domestique du défunt, pour six mois de ses gages, échus le..., ci . . . 200 »		
Ensemble . . . . 400 »	400	»

ART. 5.—*Mémoires des fournisseurs.*

Il est employé en dépense, sous le présent article :

1° La somme de 25 fr., payée au sieur Drouin, boulanger, pour fournitures de pain, par lui faites au défunt, dans le cours des six mois antérieurs au décès, ci . . . 25 »

2° La somme de 70 fr., payée au sieur Hamelin, boucher, etc., ci . . . » »

Ensemble . . . . 225 »   225   »

ART. 6.— *Dépenses relatives à la maison sise à...*

Il est employé en dépense, sous le présent article :

1° La somme de 750 fr., pour contributions de ladite maison, savoir : 350 fr. formant le solde de l'année 1852, et 400 fr. pour la portion à la charge de la succession dans l'année 1853, c'est-à-dire jusqu'au 1er juillet, jour de l'entrée en jouissance de l'adjudicataire, ci . . . 750 »

2° La somme de 625 fr., payée au concierge de cette maison, pour ses gages et menus frais, jusqu'à la même époque . . . 625 »

3° La somme de..., payée au sieur, pour entretien et réparation de couverture, ci . »

4°..., etc.

Ensemble . . . . . . 2178 »   2178   »

ART. 7.—*Droits de mutation.*

Il est employé en dépense, la somme de..., payée au receveur de..., pour droits de mutation dus à cause de l'ouverture de la succession de M. Legallois, ci . . . . »   »

ART. 8.—*Frais et dépenses diverses.*

Il est employé en dépense sous le présent article :

1° La somme de 18 fr. 70 cent., payée pour frais de l'acceptation bénéficiaire, faite, par MM. Berton, au greffe du tribunal de..., ci 18 70

2° La somme de..., payée à M. Gar-

A reporter. . . . . 4940 »

Report. 4940		»
nier, huissier, pour divers congés, ci . . »	»	
3° La somme de..., pour le timbre de diverses quittances, et mémoires des dépenses ci-devant énoncées, ci . . . . »	»	
4° La somme de..., payée pour ports de lettres et faux frais, relatifs à la succession, selon l'état qui en sera fourni, ci . . . . »	»	
5° La somme de..., etc.		
Ensemble . . . . »	»	»

ART. 9.— *Frais du présent compte.*

Il est employé en dépense, sous le présent article, la somme de..., destinée à acquitter les frais de timbre et d'enregistrement, et les honoraires, tant du présent état de compte que de l'arrêté qui en sera dressé, ci . . . . » »

Total du chapitre de la dépense. 9159 50

BALANCE.

Le chapitre des recettes s'élève à.. . . .21854 »
Celui des dépenses est de. 9159 50

Partant il reste entre les mains de MM. Berton la somme de 12,694 fr. 50 c., dont ils doivent compte aux créanciers de la succession, ci.. . . . . .12694 50

CHAP. III.

§ 1er. — *Actif à recouvrer.*

Il reste dû à la succession de M. Legallois les sommes ci-après énoncées, dont le recouvrement n'a pu encore être fait, ou qui sont d'un recouvrement incertain, savoir :

1° La somme de 200 francs, restant due par le sieur..., pour loyers de l'appartement qu'il occupait dans la maison;

2° La somme de 500 fr., montant d'un billet souscrit à l'ordre du défunt par le sieur..., et compris sous la cote 10 de l'inventaire;

3° La somme de...

§ 2.— *Passif restant à acquitter.*

Il reste dû par la succession :

1° La somme de..., réclamée par l'administration de l'enregistrement pour supplément aux droits de mutation payés après le décès de M. Legallois, et au paiement de laquelle MM. Berton ont été condamnés par jugement du tribunal de..., en date du....;

2° Montant des frais qui peuvent être dus à Me Leguir, avoué, au sujet de cette instance, et dont le montant n'est pas encore réglé;

3°..., etc., etc.

Certifié véritable.

(Signatures des rendants compte.)

Signé et paraphé en présence de Me... et de son collègue, notaires à..., soussignés, et annexé à la minute d'un arrêté de compte dressé par les mêmes notaires, le... (*Signatures de toutes les parties.*)

Enreg. : 2 fr. — [V. CLERC, Enreg., n. 857, et Form., p. 611.]

804 et **805** [V. 452, 796, 1031-3°, 4062, 4657, Form. 254];—**806** (V. 839, 1697, Form. 247) ; — **807** à **809**;—**810** [V. 456, 466, 828 à 832, Form. 90 et suiv.; 836 à 838, 848, 850 à 853, 858 à 864, 868 et s.];—**811** à **814** [V. 794, 803, Form. 36 à 87].

815. . . . . Form. **88.**

Convention interdictive du partage pendant cinq ans.

Par-devant Me..., a comparu :

M. Blaise Pascal, chimiste, demeurant à...

Agissant : 1° à cause de la communauté de biens qui a existé entre lui et Mme Anne Bruno sa femme, décédée à..., aux termes de son contrat de mariage reçu.....

2° A cause des avantages résultant de son contrat de mariage;

3° Et à cause de la donation à lui faite par la dame son épouse suivant acte...

1° M. Louis Pascal, professeur, demeurant à...

2° M. Constant Pascal...

3°.....

Tous habiles à se dire et porter héritiers pour chacun 1/3 de la dame Pascal Bruno leur mère.

Lesquels ont fait le traité suivant :

Les enfants Pascal renoncent formellement par ces présentes, et s'interdisent respectivement vis-à-vis de M. Blaise Pascal leur père, de demander à intenter, pendant l'espace de cinq années, aucune action en compte, liquidation et partage, tant de la communauté de biens qui a existé entre M. Pascal père comparant et la feue dame son épouse, que de la succession de cette dame.

En conséquence, lesdits enfants Pascal entendent, pendant cette espace de cinq années, rester purement et simplement dans l'indivision,—et ils consentent en outre à ce que M. Pascal père jouisse pendant le même temps des fruits et revenus des biens meubles et immeubles dépendant desdites communauté et succession.

A cet effet, ils lui donnent pouvoir de régir, gérer et administrer lesdits biens tant activement que passivement; toucher et recevoir, etc.

De son côté, M. Pascal s'engage à ne point vendre, aliéner ni hypothéquer les biens de ces communauté et succession sans le consentement de ses enfants.

Pour l'exécution des présentes, etc.

Enreg. : 2 fr. [V. A. MICHAUX, *Liquid. et part.*, p. 599.]

816 à **819.** . . . .

6

820. Les créanciers peuvent aussi requérir l'opposition des scellés, en vertu d'un titre exécutoire ou d'une permission du juge. (Pr. 909.)

821. Lorsque le scellé a été apposé, tous créanciers peuvent y former opposition, encore qu'ils n'aient ni titre exécutoire ni permission du juge.

Les formalités pour la levée des scellés et la confection de l'inventaire, sont réglées par les lois sur la procédure. (Pr. 926 à 928, s., 941, s.)

822. L'action en partage, et les contestations qui s'élèvent dans le cours des opérations, sont soumises au tribunal du lieu de l'ouverture de la succession.

C'est devant ce tribunal qu'il est procédé aux licitations, et que doivent être portées les demandes relatives à la garantie des lots entre copartageants, et celles en rescision du partage. (Pr. 50-3°, 59.)

823. Si l'un des cohéritiers refuse de consentir au partage, ou s'il s'élève des contestations soit sur le mode d'y procéder, soit sur la manière de le terminer, le tribunal prononce comme en matière sommaire, ou commet, s'il y a lieu, pour les opérations du partage, un des juges, sur le rapport duquel il décide les contestations. (Pr. 404, s., 969.)

824. L'estimation des immeubles est faite par experts choisis par les parties intéressées, ou, à leur refus, nommés d'office.

Le procès-verbal des experts doit présenter les bases de l'estimation; il doit indiquer si l'objet estimé peut être commodément partagé; de quelle manière; fixer enfin, en cas de division, chacune des parts qu'on peut en former, et leur valeur. (Pr. 302, s., 970 s., 1034, s.)

825. L'estimation des meubles, s'il n'y a pas eu de prisée faite dans un inventaire régulier, doit être faite par gens à ce connaissant, à juste prix et sans crue. (Pr. 935, 943-3°.)

826. Chacun des cohéritiers peut demander sa part en nature des meubles et immeubles de la succession : néanmoins, s'il y a des créanciers saisissants ou opposants, ou si la majorité des cohéritiers juge la vente nécessaire pour l'acquit des dettes et charges de la succession, les meubles sont vendus publiquement en la forme ordinaire. (Pr. 945-952.)

827. Si les immeubles ne peuvent pas se partager commodément, il doit être procédé à la vente par licitation devant le tribunal.

Cependant les parties, si elles sont toutes majeures, peuvent consentir que la licitation soit faite devant un notaire, sur le choix duquel elles s'accordent. (Pr. 953 s., 970, s.]

828. Après que les meubles et immeubles ont été estimés et vendus, s'il y a lieu, le juge-commissaire renvoie les parties devant un notaire dont elles conviennent, ou nommé d'office, si les parties ne s'accordent pas sur le choix.

On procède, devant cet officier, aux comptes que les copartageants peuvent se devoir, à la formation de la masse générale, à la composition des lots, et aux fournissements à faire à chacun des copartageants. (Pr. 975, s.)

829. Chaque cohéritier fait rapport à la masse, suivant les règles qui seront ci-après établies, des dons qui lui ont été faits, et des sommes dont il est débiteur. (Pr. 975.)

830. Si le rapport n'est pas fait en nature, les cohéritiers à qui il est dû, prélèvent une portion égale sur la masse de la succession.

Les prélèvements se font autant que possible, en objets de mêmes nature, qualité et bonté que les objets non rapportés en nature.

---

820 à 826 [V. 794 et s., 830, Form. 90, 1031, 4486, 4465]............

827 [1686, 1687]...... Form. **89**.

Licitation entre majeurs, dans la forme d'un procès-verbal d'adjudication.

L'an mil huit cent soixante-trois, le...,

Par-devant Me... et son collègue, notaires à..., soussignés, *Ont comparu :*

M. Ernest Grelet, auditeur au conseil d'Etat, demeurant à...;

Madame Joséphine Grelet, épouse assistée et autorisée de M. Henri Vilcoq, propriétaire, demeurant à...;

Et mademoiselle Louise Grelet, fille majeure, demeurant à...,

Lesquels ont déclaré vouloir procéder à la licitation amiable, entre eux, d'une maison située à..., dépendant de la succession de madame veuve Grelet, leur mère, et dans ce but ils ont requis le notaire soussigné d'établir la désignation de cet immeuble, son origine de propriété et les diverses charges et conditions de la licitation ; ce qui a eu lieu de la manière suivante :

DÉSIGNATION.

Une maison située à..., etc.,

Ainsi que cette maison se poursuit et comporte, avec toutes ses dépendances, sans aucune exception ni réserve.

ÉTABLISSEMENT DE PROPRIÉTÉ.

Cette maison appartient à M. et à mademoiselle Grelet, et à madame Vilcoq, chacun pour un tiers, en qualité de seuls héritiers, dans la même proportion, de madame Victoire de Saint-Maurice, leur mère, décédée veuve de M. Pierre Grelet, en son vivant demeurant à..., ainsi qu'il est constaté par l'intitulé de l'inventaire fait après son décès par Me..., notaire à..., le...

Madame veuve Grelet en était propriétaire au moyen de l'acquisition qu'elle en avait faite de M..., etc. (*Voir les formules de vente,* art. 1657).

ENTRÉE EN JOUISSANCE.

L'adjudicataire aura la jouissance entière de ladite maison, par la perception des loyers et revenus à son profit, à compter du 1er janvier prochain; ceux antérieurs sont réservés pour être partagés entre les comparants, dans la proportion de leurs droits.

CHARGES ET CONDITIONS.

1° L'adjudicataire prendra la maison dans l'état où elle se trouve, sans pouvoir exercer aucune répétition contre ses cohéritiers pour raison des réparations qui seraient à y faire, chacun d'eux déclarant la connaître parfaitement;

2° Il supportera les servitudes passives, apparentes ou occultes, etc. (*Voir les formules de vente,* art. 1659) ;

3° Il entretiendra, pour le temps qui en reste à courir, les baux et locations, même verbales, qui peuvent exister de tout ou partie de la maison, de manière que ses cohéritiers ne soient point inquiétés ni recherchés à ce sujet;

4° Il acquittera les impositions de toute nature, auxquelles la maison peut être assujettie, à compter du 1er janvier prochain;

5° Il exécutera l'engagement qui a pu être contracté pour l'assurance de la maison, et la prime de cette assurance sera à sa charge, à compter du même jour ;

6° Il paiera tous les frais et honoraires des présentes, le coût d'une grosse pour chacun des colicitants non adjudicataires, et les frais de l'inscription à prendre en vertu des présentes;

« Les portions du prix de l'adjudication, revenant à chacun des colicitants, non adjudicataires, seront payées, en l'étude de Me..., notaire soussigné, savoir : (*Indiquer le mode de paiement.*)

Ces portions de prix produiront des intérêts à 5 pour 100, à compter du premier janvier prochain, et payables de trois en trois mois.

(Si la licitation est faite pour parvenir à la liquidation de la succession, on mettrait : Le prix de l'adjudication sera réuni aux autres biens de la succession de madame veuve Grelet, pour être payé ou compensé, conformément aux attributions qui en seront faites par le partage de cette succession, et il produira des intérêts à 5 pour 0/0, depuis le premier janvier prochain, et payables de trois en trois mois.)

Ce prix sera exigible, savoir : (*Indiquer le mode de paiement*) ;

8° Pour assurer le paiement de ce prix, il sera pris au bureau des hypothèques de..., dans les quarante-cinq jours des présentes, une inscription de privilège au profit des colicitants non adjudicataires ;

9° A défaut de paiement d'une maison quelconque du prix, les vendeurs pourront poursuivre la revente de la maison sur la folle enchère de l'adjudicataire, si mieux ils n'aiment exercer tous autres droits et actions ;

10° Il sera remis à l'adjudicataire, lors du premier paiement de son prix... (*Enoncer les titres à remettre*) ;

11° Les enchères ne pourront être moindres de 100 francs. Les colicitants seront seuls admis à enchérir, et l'adjudication sera prononcée à l'extinction des feux, au plus offrant et dernier enchérisseur d'entre eux.

MISE A PRIX.

Sous ces conditions, les parties ont fixé la première mise à prix à la somme de 40,000 fr.

RÉCEPTION DES ENCHÈRES ET ADJUDICATION.

Les enchères ayant été ouvertes, le prix de la maison a été porté successivement à la somme de 52,000 francs, et, en dernier lieu, par M. Ernest Grelet.

Après cette enchère, deux bougies ayant été allumées et s'étant éteintes sans qu'aucune nouvelle enchère ait été portée par les autres colicitants, M. Grelet a été déclaré, comme dernier enchérisseur, adjudicataire définitif de la maison dont il s'agit pour le prix de 52,000 fr., outre les charges de l'enchère.

Pour l'exécution des présentes, etc.—Dont acte : Fait et passé, etc.

Enreg. : 4 fr. p. 100.—[V. Clerc, Enreg., n° 1808, et Form., p. 375 et s.]

828 à 830........ Form. **90**.
[465 et s., 840, 836 à 838, 848, 850 à 853, 858 à 864, 868 et 869, 1034.]

Liquidation et partage de succession entre majeurs et mineurs.

L'an mil huit cent..., le...,

Par-devant Me Félix Bernard, notaire à Paris, soussigné, procédant seul et sans l'assistance d'un second notaire ni de témoins, en vertu du renvoi, fait devant lui, des opérations de compte, liquidation et partage dont il sera ci-après parlé, par un jugement rendu au tribunal de première instance de Paris, le...

Expédition duquel jugement est demeurée ci-annexée après que mention en a été faite par le notaire soussigné. (On peut se dispenser d'annexer.)

Ont comparu :

1° Mme Hortense Eléonore de Beauregard, veuve de M. Amédée Bignon, propriétaire, demeurant à...,

Agissant comme donataire de son défunt mari, d'un quart en propriété et d'un quart en usufruit, aux termes de leur contrat de mariage ci-après analysé, sous la première observation préliminaire...

.... *d'une part;*

2° Mme Louise Grimaldi, veuve en premières noces de M. Hector Préville, et actuellement épouse de M. César Mornay, propriétaire, demeurant à..., et de lui, dûment autorisée;

3° M. Auguste Préville, majeur, licencié en droit, demeurant à...,

4° Et M. Félix Aubert, propriétaire, demeurant à...,

Agissant pour la mineure Anatole Préville, dont il est subrogé tuteur, et qui a pour tutrice Mme Mornay, sa mère, et M. Mornay pour cotuteur, lesquels ne peuvent agir en son nom, dans ces présentes, attendu l'opposition d'intérêts existant entre Mme Mornay et sa fille.

M. Aubert a été nommé à cette qualité de subrogé tuteur qu'il a acceptée, suivant délibération du conseil de famille, etc., etc ;

Mme Mornay, M. Auguste Préville et la mineure Préville ayant droit à la succession de M. Bignon, savoir : ces deux derniers, d'abord, en qualité de légataires universels de M. Bignon, institués par son testament, ci-après énoncé, conjointement avec Aglaé Préville, leur sœur, et ensuite comme héritiers, chacun pour trois huitièmes, d'Aglaé Préville, leur sœur germaine, décédée en minorité, après avoir recueilli sa part dans le legs universel fait par M. Bignon;

Et Mme Mornay, en qualité d'héritière, pour un quart ou deux huitièmes, de la mineure Aglaé Préville, sa fille.

Lesquelles qualités d'héritiers sont constatées par l'intitulé de l'inventaire ci-après-énoncé.

Tous trois................ *d'autre part,*

Lesquels, sur les poursuites et diligences de Mme veuve Bignon, comparaissent pour procéder aux compte, liquidation et partage de la succession du feu sieur Bignon, et requièrent, en conséquence, le notaire soussigné, commis à cet effet, d'établir ces opérations, ce qui a été fait de la manière et ainsi qu'il suit.

OBSERVATIONS PRÉLIMINAIRES.

PREMIÈRE OBSERVATION.

Mariage de M. et Mme Bignon.

M. Bignon a épousé mademoiselle de Beauregard, aujourd'hui sa veuve, dans le courant de sept. 1822.

Les conditions civiles de leur union avaient été réglées préalablement par un contrat de mariage passé devant Me..., notaire à..., le..., enregistré.

Par ce contrat, ils sont convenus qu'il y aurait entre eux une séparation de biens, et que tous les meubles meublants, linge, argenterie et objets mobiliers garnissant l'habitation des époux, seraient toujours censés la propriété de M. Bignon.

Toutefois, il a été stipulé que la future serait de droit propriétaire des habits, linge, hardes, bijoux et autres objets à son usage personnel, et qu'elle aurait le droit de reprendre tous les meubles et effets mobiliers dont elle prouverait la propriété en sa personne par quittances ou actes authentiques.

Les futurs époux devaient contribuer aux frais et charges du mariage dans la proportion de leurs revenus, sans être assujettis à aucun compte entre eux, ni à retirer des quittances l'un de l'autre.

Le contrat est terminé par une donation réciproque des futurs au profit du survivant d'eux d'un quart en propriété et d'un quart en usufruit des biens composant la succession du premier mourant, avec dispense de donner caution et de faire emploi pour la portion en usufruit,

Lors de l'inventaire ci-après analysé, tous les objets et effets personnels à Mme Bignon ont été conservés par elle, et il lui a été également laissé tous les autres objets auxquels elle a justifié avoir droit.

En conséquence, Mme veuve Bignon déclare qu'elle n'a plus aucune reprise ni indemnité à réclamer contre la succession de son mari.

DEUXIÈME OBSERVATION.

Décès de M. Bignon. — Inventaire.

M. Bignon est décédé à Paris, en sa demeure, rue Monsigny, no 9, le 15 mars 1861.

Le lendemain, les scellés ont été apposés par le juge de paix du deuxième arrondissement, suivant son procès-verbal du même jour, enregistré.

Ces scellés ont été levés, et l'inventaire a été fait par Me Bernard, notaire soussigné, et son collègue, le 1er avril 1861 et jours suivants, tant à Paris qu'à Montmorency, où le défunt occupait une maison de campagne.

Cet inventaire a été fait à la requête de Mme veuve Bignon, en sa qualité de donataire sus-exprimée, de M. Auguste Préville, majeur, et de Mme veuve Préville, aujourd'hui Mme Mornay, comme tutrice légale d'Anatole Préville et d'Aglaé Préville, ses deux filles mineures, ces deux dernières légataires universelles conjointement avec M. Préville, leur frère, du feu sieur Bignon, aux termes de son testament qui va être analysé sous l'observation suivante, et en présence de M. Aubert subrogé tuteur.

La prisée du mobilier a été faite à Paris par Me..., commissaire-priseur au département de la Seine, et à Montmorency par le greffier de la justice de paix du lieu. Elle s'est élevée au total à la somme de 17,200 fr.

Il a été trouvé en deniers comptants appartenant à M. Bignon une somme de 8,718 fr., qui a été remise à Mme veuve Bignon.

Tout le contenu en cet inventaire est également demeuré en la garde et possession de Mme veuve Bignon, qui s'en est chargée, pour en faire la représentation quand et à qui il appartiendra.

Le dépouillement de cet inventaire sera fait en l'établissement des masses ci-après.

Suivant un acte dressé au greffe du tribunal de première instance de la Seine, le 18 du même mois d'avril, Mme veuve Préville, autorisée à cet effet par une délibération du conseil de famille du même jour et reçue par le juge de paix du troisième arrondissement de Paris, a déclaré, au nom de ses deux filles mineures, accepter sous bénéfice d'inventaire, tant la succession de M. Bignon que celle de Mlle Aglaé Préville.

TROISIÈME OBSERVATION.

Testament de M. Bignon. — Son exécution.

Par son testament olographe, en date, à Paris, du 10 janvier 1861, dont l'original, enregistré à Paris, le 20 mars suivant, par Labourey, qui a reçu 5 fr. 50 c., a été déposé pour minute à Me Bernard, notaire soussigné, par ordonnance du président du tribunal de première instance de la Seine, du même jour, enregistrée, M. Bignon a institué pour ses légataires universels, chacun pour un tiers, MM. Auguste Préville et mesdemoiselles Anatole et Aglaé Préville, ses neveu et nièces, à la charge par eux d'acquitter les legs particuliers ci-après, que M. Bignon a faits par le même testament, savoir :

1o A M. Michel Lefranc, son domestique, 1,200 fr. une fois payés;

2o Et à M. Félix de Beauregard, neveu de Mme Bignon, la montre en or que portait le défunt, la chaîne et les cachets également en or, une épingle en brillants, etc.

Un acte de notoriété reçu par le notaire soussigné le 18 mars 1861, ayant constaté que M. Bignon n'avait laissé aucun ascendant ni descendant, M. et mesdemoiselles Préville ont été envoyés en possession de leur legs universel par ordonnance du même président du tribunal, en date du 24 dudit mois de mars.

En exécution de cette ordonnance, et suivant acte passé devant le notaire soussigné, le 30 avril suivant, enregistré, M. Préville et Mme veuve Préville, au nom de ses deux filles mineures, ont fait délivrance aux légataires particuliers du montant de leurs legs : en conséquence, la somme de 1,200 francs a été payée à Michel Lefranc, et les divers objets légués à M. de Beauregard lui ont été remis en nature.

Il est observé à cet égard que ces objets ont été désignés par distinction dans l'inventaire susénoncé et prisés à la somme de 1,550 fr., et qu'ils n'ont pas été compris dans la vente mobilière dont on va rendre compte. Et comme les legs particuliers étaient une charge personnelle des légataires universels et non de la succession, il sera fait rapport à la masse de cette succession par M. et mesdemoiselles Préville, et aussi Mme Mornay, dans la proportion de leurs droits, de ladite somme de 1,550 fr.

QUATRIÈME OBSERVATION.

Vente de mobilier. — Compte du produit de cette vente.

Le mobilier de Paris a été vendu par le ministère de Me..., commissaire-priseur, qui en avait fait la prisée dans l'inventaire, suivant procès-verbal en date au commencement du 21 avril 1851, enregistré.

Cette vente a produit 15,400 francs, ci . . 15400 »
Sur cette somme il a retenu pour droits, frais et honoraires . . . . 1125 ·

En sorte qu'il est resté net. . . . 14275 ·

Cette somme a été remise par lui à Mme veuve Bignon, et son compte a été arrêté par toutes les parties, aux termes de l'acte qu'il en a dressé le.... en suite de son procès-verbal.

Le mobilier de Montmorency a été vendu par le ministère de M..., greffier de la justice de paix, à la requête de Mme veuve Bignon, en son nom et comme mandataire de Mme veuve Préville et de son fils, suivant procès-verbal en date du..., et jours suivants ; le produit de cette vente s'est élevé à la somme de 4,600 fr., ci. . . . . 4600 ·
Sur quoi il a été retenu pour frais de vente. . . . . 340 »

Il est resté net. . . . . 4260 ·

Laquelle somme a été touchée par Mme veuve Bignon, qui en a donné décharge audit M..., greffier, aux termes d'un acte dressé par lui, le..., en suite du procès-verbal de la vente.

CINQUIÈME OBSERVATION.

Licitation des immeubles.

Il dépendait de la succession de M. Bignon deux maisons sises à Paris, l'une rue du Helder, no 12, et l'autre rue de Choiseul, no 4.

La licitation en a été poursuivie à la requête de Mme veuve Bignon, et, en vertu d'un jugement rendu au tribunal de première instance de la Seine, 3e chambre, le..., la visite et estimation en a été faite par M. Nepveu, architecte, que ce tribunal avait commis à cet effet. Dans son rapport en date du..., M. Nepveu a déclaré que ces maisons étaient impartageables entre les divers héritiers et représentants de M. Bignon.

Ce rapport déposé au greffe a été entériné par jugement du même tribunal, en date du..., lequel a ordonné qu'à la poursuite et diligence de Mme veuve Bignon, il serait procédé à la vente, par licitation et aux enchères des deux maisons dont il s'agit, dans les formes voulues par la loi, pour être ensuite procédé aux compte, liquidation et partage de la succession de M. Bignon, par Me Bernard, notaire soussigné, que le tribunal a commis à cet effet.

En exécution de ce jugement, les deux maisons ont été adjugées, en présence de M. Aubert subrogé tuteur de mesdemoiselles Préville, suivant jugement rendu à l'audience des criées du même tribunal, le..., enregistré, savoir :

La maison rue du Helder, no 12, à M. Prosper Azambre, docteur-médecin, demeurant à Paris, rue de Louvois, no 6, moyennant la somme de 270,200 fr., outre les charges de l'enchère.

Et la maison rue de Choiseul, no 4, à M. Victor-Ferdinand Thibault, ancien notaire, demeurant à Paris, dans cette maison, moyennant la somme de 310,500 fr., outre les charges de l'enchère.

L'entrée en jouissance a été fixée au premier jour du terme qui suivrait l'adjudication, c'est-à-dire au 1er avril 1862.

Le prix de chaque adjudication a été stipulé productif d'intérêts à 5 pour 100 à partir du même jour, et il a été stipulé payable dans les quatre mois du jour de l'adjudication. C'est aussi à partir du même jour, 1er avril, que les contributions ont été mises à la charge de chaque adjudicataire.

Enfin, il a été dit que, s'il avait été reçu des loyers d'avance de quelques-uns des locataires desdites maisons, les adjudicataires devraient en tenir compte à ces locataires, sans diminution de leurs prix et sans répétition contre les vendeurs.

Les adjudicataires ont fait transcrire leur jugement d'adjudication au bureau des hypothèques de Paris, savoir : M. Azambre, le..., vol..., no..., et M. Thibault, le..., vol..., no... A ces transcriptions il ne s'est trouvé aucune inscription, ainsi que le constatent deux états délivrés par le conservateur des hypothèques au même bureau, le lendemain de chaque transcription.

ils ont aussi fait remplir, sur leur acquisition, les formalités de purge légale, sans qu'il soit non plus survenu aucune inscription, ainsi qu'il résulte de deux certificats délivrés par le même conservateur, les...

En conséquence, les prix des deux adjudications susénoncées sont entièrement libres et ne doivent subir aucune *réduction* ni retenue.

SIXIÈME OBSERVATION.

Décès de la mineure Préville. — Inventaire.

La mineur Aglaé Préville est décédée à Paris, le...

Elle a laissé pour seuls héritiers, savoir :
Mme veuve Préville, sa mère, pour un quart

M. Auguste Préville et mademoiselle Anatole Préville, ses frère et sœur germains, conjointement pour les trois autres quarts, ou chacun pour trois huitièmes,

Ainsi qu'il est constaté par l'inventaire fait après son décès par Me.., notaire à Paris, le...

Dans lequel inventaire il est dit que la succession de la demoiselle Aglaé a été acceptée sous bénéfice d'inventaire pour la mineure Anatole, par Mme sa mère, suivant déclaration, etc.

Comme la mineure Aglaé Préville avait plus de dix-huit ans à l'époque de l'ouverture de la succession de M. Bignon, Mme veuve Préville n'avait plus la jouissance légale de ses revenus, de sorte que la totalité des fruits et revenus échus depuis le décès de M. Bignon, pour la part revenant à la mineure Aglaé Préville, dépend de sa succession : en conséquence, il n'y aura aucune distinction à faire à ce sujet dans la présente opération.

SEPTIÈME OBSERVATION.

Mariage de Mme Préville avec M. Mornay.— Confirmation de la tutelle de sa fille.

Mme veuve Préville a épousé M. Mornay le 15 avril 1862 ; leur mariage a été célébré à la mairie du deuxième arrondissement de la ville de Paris.

A partir du jour de mariage, et conformément à l'art. 386, C. Nap., Mme Mornay a perdu la jouissance légale des biens de Mlle Anatole Préville, sa fille mineure.

Mais elle a été maintenue dans la tutelle de cette dernière, et M. Mornay a été nommé cotuteur, suivant une délibération du conseil de famille de ladite mineure, reçue par le juge de paix du troisième arrondissement de Paris, le 6 du même mois d'avril.

A cause de la communauté existant entre M. et Mme Mornay et stipulée par leur contrat de mariage passé devant Me..., notaire à Paris, le..., il sera nécessaire, en établissant la liquidation de la succession de M. Bignon, de faire une distinction entre les capitaux et les revenus, et même à l'égard des revenus, de séparer ceux antérieurs au 15 avril 1862, jour du mariage, de ceux courus depuis.

Ces distinctions serviront également à faire connaître la portion des revenus appartenant à mademoiselle Anatole Préville, depuis le jour où sa mère a cessé d'avoir la jouissance légale de ses revenus.

PLAN DE L'OPÉRATION.

La présente opération sera divisée en deux parties principales :

La première comprendra la liquidation de la succession de M. Bignon et la fixation des droits des parties.

La seconde sera consacrée aux abandonnements à faire aux parties.

La masse active sera établie sur trois colonnes : la première, destinée aux fonds et capitaux de succession ; la seconde, aux fruits et revenus échus depuis le décès de M. Bignon jusqu'au 15 avril 1862, et la troisième aux fruits et revenus postérieurs à cette époque.

La masse passive sera également établie sur trois colonnes :

La première, comprenant les dettes à la charge des fonds et capitaux ; la seconde, les dettes à la charge des fruits et revenus échus depuis le décès de M. Bignon jusqu'au 15 avril 1862, et la troisième, les dettes à la charge des fruits et revenus postérieurs à cette époque.

On procédera à l'établissement des masses par dépouillement de l'inventaire fait après le décès de M. Bignon, et d'après les renseignements fournis par les parties.

Voir à la page suivante l'établissement de la masse active.

PREMIÈRE PARTIE.
LIQUIDATION DE LA SUCCESSION DE M. BIGNON.
Établissement des masses.
CHAPITRE PREMIER.—MASSE ACTIVE.

	Fonds et capitaux	Fruits et revenus antérieurs au 15 avril 1862.	Fruits et revenus postérieurs au 15 avril 1862.
	fr. c.	fr. c.	fr. c.

ART. 1ᵉʳ.— *Mobilier.*

Le présent article sera composé :
1° De la somme de 14,275 fr., montant du produit de la vente du mobilier de Paris, ci, 14275 »
2° De la somme de 4,260 fr., produit du mobilier de Montmorency, ci. 4260 »

Ensemble. . . . . . 18535 » | 18535 » | | |

ART. 2.—*Rapport par les légataires.*

Il est employé, sous le présent article, la somme de 1,550 fr. montant de l'estimation donnée dans l'inventaire aux objets mobiliers légués par M. Bignon à M. Beauregard, et qui ont été distraits de la succession pour lui être remis en nature. De laquelle somme les légataires universels de M. Bignon doivent faire le rapport, ainsi qu'il est expliqué sous la troisième observation préliminaire, ci. . . . . 1550 »

ART. 3.—*Deniers comptants.*

On comprend, sous cet article, la somme de 3,718 fr. trouvée en deniers comptants au décès de M. Bignon, et constatée par l'inventaire, ci. 3718 »

PAPIERS.

ART. 4.— *Cote 1ʳᵉ.—1 Pièce.*

Cette pièce est l'expédition du contrat de mariage de M. et Mme Bignon, analysé sous la première observation et dont il n'est plus ici question que pour ordre.

ART. 5.— *Cote 2.—10 Pièces.*

Titres de propriété de la maison sise à Paris, rue du Helder, n° 12.
Le présent article sera composé :
1° De la somme de 270,200 fr. prix moyennant lequel cette maison a été adjugée à M. Azambre, ainsi qu'il est énoncé sous la cinquième observation préliminaire, ci. 270200 »
2° Et de la somme de 8,377 fr. 50 c., pour les intérêts de ce prix, calculés depuis le 1ᵉʳ avril 1862, jour de l'entrée en jouissance de l'adjudicataire, jusqu'au 1ᵉʳ juillet suivant, jour ci-après fixé pour la jouissance divise des copartageants.
Cette somme entrera dans la seconde colonne jusqu'à concurrence de 562 fr. 80 cent., comme représentant les revenus antérieurs au mariage de Mme Mornay, ci. 562 80
Et dans la troisième colonne, pour les 2,814 fr. 70 c. de surplus, comme représentant des intérêts postérieurs à ce mariage, ci. 2814 70

ART. 6.—*Cote 3.—25 Pièces.*

Titres de propriété de la maison rue de Choiseul, n° 4.
(*Porter le principal et les intérêts comme à l'article précédent.*)

ART. 4.—*Cote 4.—7 Pièces.*

Ces pièces sont baux et notes relatives à la location des deux maisons rue du Helder et rue de Choiseul.
D'après le compte arrêté entre les parties, il a été touché pour loyers de ces deux maisons, jusqu'au 1ᵉʳ avril 1862, jour de l'entrée en jouissance des adjudicataires, la somme de 19,500 fr.
Cette somme appartient à la première colonne, jusqu'à concurrence de 6,250 fr. pour la partie des loyers, antérieure au décès de M. Bignon, et formant des fonds et capitaux dans sa succession, ci. 6250 »
Et les 13,250 fr. de surplus entreront dans la seconde colonne, comme fruits et revenus échus depuis le décès, ci. . . . . . . 13250 »

ART. 5.—*Cote 5.—8 Pièces.*

Avertissements et quittances des contributions des deux maisons rue du Helder et rue de Choiseul.
On voit par ces pièces que les contributions de l'année 1861 s'élevaient, pour la maison rue du Helder, à la somme de 1,750 fr., et pour la maison rue de Choiseul, à la somme de 1,910 fr., et qu'il n'avait été rien payé, avant le décès à compte sur ces contributions.
Mais les impositions de l'année 1860 avaient été entièrement acquittées.
En conséquence, il y aura lieu de porter à la masse passive le montant desdites contributions, depuis le 1ᵉʳ janvier 1861 jusqu'au 1ᵉʳ avril 1862, ci. . . . . . . 1ᵉʳ *Mémoire pour le passif.*
(*Continuer d'analyser ainsi les autres cotes de l'inventaire.*)

DÉCLARATIONS.

ART. 9.— *Déclarations actives.*

Il a été déclaré dans l'inventaire qu'il était dû à la succession de M. Bignon la somme de

A reporter. . . . . 333333 »

	Fonds et capitaux	Fruits et revenus antérieurs au 15 avril 1862.	Fruits et revenus postérieurs au 15 avril 1862.
	fr. c.	fr. c.	fr. c.

Report. . . . . | 333333 » | 32774 80 | 2814 70

4,000 fr. par un sieur Lesage, pour argent prêté par le défunt.
Cette somme, qui ne produisait pas d'intérêts, a été recouvrée depuis le décès et sera comprise en entier dans la première colonne, ci. 4000 »

ART. 10.— *Déclarations passives.*

Il a été déclaré encore dans l'inventaire qu'il était dû par la succession de M. Bignon, savoir :
A M. Achille Savigny, une somme de 50,000 fr. pour argent par lui prêté au défunt, avec les intérêts depuis le 15 janvier 1861.
Cette somme est encore due, ci. . . . . 2ᵉ *Mémoire pour le passif.*
Etc., etc. . . . .

Total de la masse active. . . . . . | 680000 » | 32774 80 | 2814 70

Réunion des trois colonnes. | 718599 50 | | |

CHAPITRE DEUXIÈME.—MASSE PASSIVE [1034].

	DETTES A LA CHARGE		
	des fonds et capitaux	des revenus antérieurs au 15 avril 1862.	des revenus postérieurs au 15 avril 1862.
	fr. c.	fr. c.	fr. c.

ART. 1ᵉʳ. — *Créance de M. Savigny.*

Le présent article sera composé :
1° De la somme principale de 50,000 fr., due à M. Savigny, ainsi qu'il est précédemment énoncé, ci. . . . . 50000 »
2° Et de la somme de 3,645 fr. 82 c., pour les intérêts de cette créance, depuis le 15 janvier 1861 qu'ils étaient dus, lors du décès, jusqu'au 1ᵉʳ juillet 1862, jour ci-après fixé pour la jouissance divise des copartageants.
Cette somme sera comprise dans la première colonne pour 416 fr. 66 c., montant des intérêts antérieurs au décès de M. Bignon, ci. 416 66
Dans la deuxième colonne, pour les intérêts courus depuis ce décès jusqu'au 15 avril 1862, jour du mariage de Mme Mornay, s'élevant à 2,708 fr. 33 c., ci. 2708 33
Et, dans la troisième colonne, pour les 520 fr. 83 c. de surplus, composés d'intérêts postérieurs au 15 avril 1862, ci. 520 83

ART. 2.—*Contributions des deux maisons.*

Il a été payé, pour contributions des deux maisons, rue du Helder et rue de Choiseul, jusqu'au 1ᵉʳ avril 1862, jour de l'entrée en jouissance des adjudicataires, la somme de 4,575 fr.
Cette somme est à la charge des fonds et capitaux pour. 757 50
Et à celle des fruits et revenus antérieurs au 15 avril 1862, pour. 3817 50
(*Comprendre avec la même distinction les autres charges des immeubles et les dépenses de réparations et entretien.*)

ART. 3. — *Frais funéraires.*

Il est employé ici la somme de..., pour les frais funéraires occasionnés par le décès de M. Bignon, ci. . . . . . .

ART. 4. — *Deuil de la veuve.*

On comprend sous cet article la somme de..., pour le deuil accordé à Mme Bignon, etc. . . .

ART. 5.— *Indemnité de nourriture et logement.*

ART. 6.—*Legs en faveur de Mlle Claire Vincent.*
Ci. . . . . mémoire

ART. 7. — *Frais de scellés et d'inventaire.*

Il est employé sous le présent article, à la colonne des fonds et capitaux, la somme de 833 fr., payée tant pour les frais d'apposition et levée de scellés que pour ceux d'inventaire après le décès de M. Bignon, ci. . . . . 833 »

ART. 8. — *Frais de testament.*

On comprend, sous le présent article, également à la colonne des fonds et capitaux, la somme de 400 fr., à laquelle se sont élevés les frais du testament de M. Bignon, et des formalités nécessaires à son exécution, ci. . . . . . 400 »

ART. 9. — *Frais des présentes.*

Il sera employé sous le présent article, comme charges des fonds et capitaux :
1° La somme de 100 fr., destinée à payer les frais de timbre et d'enregistrement auxquels le présent acte donnera lieu, ci. . . . . . 100 »
2° La somme de 4,000 fr., allouée à Mᵉ Bernard, notaire, pour tous honoraires des présentes, du projet qu'il en a rédigé et communiqué aux parties, des conférences qui ont eu lieu à ce sujet et pour une expédition entière à délivrer à Mme veuve Bignon, et un extrait

A reporter. . . . . . . 100 »

DETTES A LA MASSE	des fonds et capitaux	des revenus antérieurs au 15 avril 1862.	des revenus postérieurs au 15 avril 1862.
	fr. c.	fr. c.	fr. c.
Report.. 100 » raisonné pour chacune des autres parties, ci......4000 »	55555 55	8774 80	520 83
Ensemble. .4000 ·	4000	»	»
Total de la masse passive......	60000 ·	8774 80	1424 50
Réunion des trois colonnes....	70199 30		

BALANCE.	Fonds et capitaux	Revenus antérieurs au 15 avril 1862.	Revenus postérieurs au 15 avril 1862.
	fr. c.	fr. c	fr. c.
Masse active....	680000 »	32774 80	5824 50
Masse passive....	60000 »	8774 80	1424 50
Reste net à partager.......	620000 »	24000 »	4400
Réunion des trois colonnes....	648400		

FIXATION DES DROITS DES PARTIES.

MADAME VEUVE BIGNON.

Il revient à Mme veuve Bignon:
1° Un quart en toute propriété des fonds et capitaux, ci............155000 »
2° Pareil quart des fonds et capitaux, mais en usufruit seulement. ci......155000 »
3° Moitié en toute propriété des fruits et revenus compris dans les deuxième et troisième colonnes, ci............14200 »
4° Son deuil fixé à.......... »
5° Et l'indemnité de nourriture et logement................ »
Ensemble.....324200 »

D'un autre côté, Mme Bignon ayant la jouissance légale des biens de sa fille mineure, lui tiendra compte de sa part dans les frais funéraires et dans l'indemnité de nourriture et logement ci...... »

SUCCESSION DE LA MINEURE AGLAÉ PRÉVILLE.

Il revient à la succession de la mineure Préville, comme légataire universelle, pour un tiers de M. Bignon:
1° Dans les fonds et capitaux en toute propriété................103333 33
2° Dans les fonds et capitaux, mais en nue propriété seulement, la somme de 51,666 fr. 66 cent., qui n'est portée ici que pour *Mémoire*, ci. . . NUE PROPRIÉTÉ.
3° En toute propriété dans les deux colonnes de fruits et revenus.......4733 33
Total.....108066 66

Cette somme appartient aux divers héritiers de la mineure Préville et servira à déterminer leurs droits.

M. AUGUSTE PRÉVILLE.

Il revient à M. Auguste Préville:

	Toute propriété	Nue propriété
	fr. c.	fr. c.
Pour ses droits personnels : 1° En toute propriété dans les fonds et capitaux.....	103333 33	
2° En nue propriété dans les fonds et capitaux........		51666 66
3° En toute propriété dans les fruits et revenus......	4733 33	
Pour ses droits comme héritier de sa sœur : 1° En toute propriété dans les fonds et capitaux.....	38750 »	
2° En nue propriété dans les fonds et capitaux........		19375 »
3° En toute propriété dans les fruits et revenus.....	1775 »	
Total de ce qui revient à M. A. Préville......	148591 66	71041 66

MADEMOISELLE ANATOLE PRÉVILLE.

Il revient à mademoiselle Anatole Préville:

	Toute propriété	Nue propriété
	fr. c.	fr. c.
Pour ses droits personnels : 1° En propriété dans les fonds et capitaux,......	103333 34	
2° En nue propriété dans les fonds et capitaux.........		51666 66
3° En propriété dans les fruits et revenus échus depuis le 15 avril 1862........	733 34	
Pour ses droits comme héritière de sa sœur : 1° Dans les fonds et capitaux.	38750 »	19375 »
2° Dans les fruits et revenus échus, soit avant le décès de la mineure Aglaé, soit depuis le 15 avril 1862..........	275 »	
Plus la somme de..., pour la portion de frais funéraires,et... dont sa mère doit lui tenir compte à cause de sa jouissance légale...........	» »	» »
Total de ce qui revient à mademoiselle Anatole Préville. .	143091 68	71041 66

MADAME MORNAY.

Il revient à Mme Mornay, Comme héritière de mademoiselle Aglaé Préville, sa fille:

	Toute propriété	Nue propriété
1° Dans les fonds et capitaux.	25833 33	12916 66
2° Dans les fruits et revenus.	1183 33	
Comme ayant eu jusqu'au 15 avril 1862, la jouissance légale des biens de mademoiselle Anatole Préville, sa fille : 1° A cause des droits personnels de cette dernière. . .	4000 »	
2° A cause de ses droits dans la succession de sa sœur. . .	1500 »	
Total revenant à Mme Mornay.	32516 66	12916 66

RÉCAPITULATION.

Mme veuve Bignon, soit en propriété, soit en usufruit............324200 »
M. A. Préville, en propriété......148591 66
Mademoiselle Anatole Préville, en propriété................143091 68
Mme Mornay, aussi en propriété....32516 66

Total.....648400 00
En y joignant les 70,199 fr. 30 cent. de passif, ci..............70199 30

On a un ensemble de.........718599 30
Cette somme est égale au montant de la masse active, et cette égalité prouve la justesse de la présente opération.

DEUXIÈME PARTIE.

ABANDONNEMENTS.

Mme Bignon.

Pour fournir à Mme veuve Bignon son émolument ci-dessus déterminé, elle aura, et les autres parties lui cèdent et abandonnent, sous la garantie ordinaire et de droit entre copartageants, ce qu'elle accepte, savoir:
En toute propriété :
1° La somme de 18,535 fr. employée, art. 1er de la masse active, pour le produit de la vente du mobilier, tant de Paris que de Montmorency, ci...................18535 »
2° La somme de..., à prendre dans les revenus des immeubles, ci....... »
3° La somme de..., à prendre dans le prix principal de la maison rue du Helder, n° 12, employé art. 5 de la masse active, ci............ »
Etc., etc.
Et en usufruit seulement pendant sa vie,
La somme de 155,000 fr. à prendre sur le prix de la maison rue de Choiseul, n° 4, compris art. 6 de la masse active, ci. 155000 »

Total égal à l'émolument de Mme veuve Bignon, composé comme il est dit ci-dessus.................394399 30

M. Auguste Préville.

Pour fournir à M. Auguste Préville la somme de 148,591 fr. 66 cent. lui revenant en toute propriété, il lui est attribué, et les autres parties lui abandonnent, sous la garantie de droit entre copartageants, ce qu'il accepte:
1° La somme de 710 fr. 42 c. formant la portion dont il est tenu dans le rap-port fictif des 1,559 fr. de mobilier légué à M. de Beauregard, ci..........710 42
2° La somme de..., à prendre dans les revenus des immeubles, ci........
3° La somme de..., à prendre dans le prix de la maison rue de Choiseul, n° 4, employé art. 6 de la masse active:
Etc., etc.

Total égal à l'émolument de M. Préville, en propriété, ci..........148591 66

Quant aux 71,014 fr. 66 c. lui revenant en nue propriété seulement, ils lui sont attribués à prendre sur les 155,000 fr. abandonnés à Mme Bignon, en usufruit, dans le prix de la maison rue de Choiseul, n° 4.

Continuer ainsi les abandonnements pour les autres parties.

ACQUIT DU PASSIF.

Pour arriver à acquitter le passif s'élevant à la somme de..., les parties affectent spécialement les valeurs ci-après désignées, savoir:
1° L'article.... de la masse active..., etc.
Lesdites parties donnent à cet effet tous pouvoirs à Me..., pour toucher lesdites valeurs, donner quittances, faire mainlevée, payer toutes dettes, en retirer quittances et faire tout ce qui sera nécessaire pour arriver à l'acquit du passif.

PRÉLÈVEMENT POUR L'ACQUIT DU LEGS VINCENT.

Pour servir à mademoiselle Vincent le legs à elle fait, les parties sont convenues de prélever sur ce qui revient aux légataires universels, la somme de 6,000 fr. suffisante pour acheter 300 fr. de rentes sur l'État qui seront immatriculés sous le nom de mademoiselle Vincent pour l'usufruit et au nom de Mme Mornay, M. Auguste Préville et mademoiselle Anatole Préville, pour la nue propriété.

JOUISSANCE.

Chacun des copartageants jouira à part et divisément des sommes et valeurs à lui abandonnées en propriété et en usufruit, à partir du 1er juillet 1862.
Et quant aux sommes abandonnées en nue propriété aux légataires en nue propriété de M. Bignon, ils n'en auront la jouissance qu'à partir du décès de Mme veuve Bignon, qui en a l'usufruit.
Il est expliqué, au surplus, que cette dame, étant dispensée par sa donation de donner caution et de faire emploi, pourra toucher seule et sans la participation des nus propriétaires les sommes qui lui sont abandonnées en usufruit, pour en faire ensuite tel emploi que bon lui semblera.

DÉLIVRANCE ET REMISE DE TITRES.

Chacun des copartageants (Mme Mornay, tant pour elle-même que pour sa fille mineure) se reconnaît en possession des sommes et valeurs à lui abandonnées, de manière qu'ils n'auront entre eux aucun compte ni répétition à se demander à ce sujet.
La grosse du jugement d'adjudication des deux maisons, servant de titre commun aux parties, restera entre les mains de Mme veuve Bignon, qui s'en charge, sous la condition d'en aider les autres parties à toute demande, et sur récépissé d'avoué ou de notaire à Paris.

ÉLECTION DE DOMICILE.

Pour l'exécution des présentes, les parties font élection de domicile en leurs demeures respectives et susdites.
Dont acte.
Fait et passé, etc.
Enreg.: 5 fr. pour partage.
Pour les divers droits auxquels donnent lieu les stipulations contenues dans les liquidations, *Voy.* Ed. Clerc, tit. XII, p. 702 et s., et A. Michaux, *Traité des liquidations*, 2e édit., n° 3152.
[CLERC, Enreg., n° 2564 et s., et Form., p. 676; A. Michaux, *Traité des liquidations.*]

828 à 830 (*suite*). . . . Form. **91.**
[857, 1467, 1469 et s., 1474, 1476, 1481 et s.]

Liquidation et partage de communauté et succession entre majeurs.

Par-devant Me... et son collègue, notaires à..., soussignés.
Furent présents :
M. Émile Deschamps, propriétaire, demeurant à....
Agissant: 1° à cause de la communauté de biens qui a existé entre lui et Mme Aglaé Vienot, son épouse, décédée; 2° et comme donataire de cette dame, de l'usufruit de moitié de ses immeubles, et de moitié des meubles, aux termes de leur contrat de mariage ci-après énoncé, *d'une part*,
M. Antony Deschamps, homme de lettres, demeurant à....
Et Mme Clarisse Deschamps, veuve de M. Adolphe de Saint-Félix, demeurant à....,
Ces deux derniers agissant en qualité d'héritiers, chacun pour moitié, de Mme Deschamps, leur mère,

ainsi qu'il est constaté par un acte de notoriété passé devant Me..., notaire à..., le..., enregistré, ... *d'autre part,*

Lesquels voulant procéder à la liquidation et au partage des biens dépendant, tant de la communauté qui a existé entre M. et Mme Deschamps, que de la succession de cette dernière, ont requis les notaires soussignés d'établir ces opérations, ce qui a été fait de la manière suivante.

OBSERVATIONS PRÉLIMINAIRES.

PREMIÈRE OBSERVATION.

Mariage de M. et Mme Deschamps.— Liquidation de leurs reprises respectives.

M. et Mme Deschamps se sont mariés à..., dans le courant du mois de septembre 1806

Les conditions civiles de leur union ont été réglées suivant un contrat de mariage reçu par Me..., notaire à..., le 15 du même mois de septembre.

Ils ont adopté le régime de la communauté, tel qu'il est établi par le Code Napoléon, sauf quelques modifications qui ressortiront des explications ci-après.

M. Deschamps s'est constitué personnellement en dot la somme de 10,000 fr., tant en deniers comptants qu'en habits, linge et hardes à son usage personnel.

Il a été constitué en dot à la future par Mme veuve Vienot, sa mère, une somme de 12,000 fr. en deniers, remise à l'instant à la future, tant pour la remplir de ses droits dans la succession de son père, qu'en avancement d'hoirie sur la succession de sa mère.

Des biens des futurs époux, il a été mis en communauté de part et d'autre, jusqu'à concurrence de 2,000 fr.; et tout le surplus de leurs apports, ensemble ce qui pourrait leur avenir et échoir pendant le mariage, tant en meubles qu'en immeubles, par succession, donation, legs ou autrement, a été réservé propre à chacun d'eux et à ses héritiers.

Un préciput de 3,000 fr. a été accordé au survivant, à prendre soit en meubles de la communauté, soit en deniers comptants, à son choix.

Ce contrat est terminé par une donation réciproque, au profit du survivant, de tous les biens meubles et immeubles composant la succession du premier mourant d'eux, pour en jouir et disposer en toute propriété.

Il a été stipulé qu'en cas d'existence d'enfants, cette donation se réduirait à l'usufruit de moitié des immeubles, et à la propriété de moitié des meubles. On verra, par la liquidation de la succession de Mme Deschamps, si la portion donnée par elle en propriété excède la quotité dont elle pouvait disposer à ce titre.

M. Deschamps n'a recueilli, pendant son mariage, aucune succession, donation ni legs.

Et Mme Deschamps a recueilli seulement la succession de Mme veuve Vienot, sa mère, dont elle était héritière pour un sixième. Elle a touché pour tous ses droits dans cette succession, indépendamment de sa dot qu'elle a conservée, une somme de 4,000 fr., ainsi que les comparants le déclarent et le reconnaissent.

En conséquence, les reprises que la succession de Mme Deschamps aura à exercer sur la communauté se composent :

1° De sa dot montant à 12,000 francs, ci. 12000 »
2° Et de la somme de 4,000 francs, par elle recueillie dans la succession de sa mère, ci, ... 4000 »

Ensemble. . . . 16000 »
Sur quoi déduisant la mise en communauté de. . . . . 2000 »

Reste à reprendre définitivement. 14000 »

Les reprises de M. Deschamps se composent uniquement de la somme de 10,000 fr. par lui apportée en mariage, ci. . . . 10000 »
Il y a aussi à déduire sa mise en communauté. . . . . 2000 »

Au moyen de quoi il aura à reprendre. 8000 »

M. Deschamps, comme survivant, aura encore le droit de prélever, sur les meubles et deniers de la communauté, le préciput de 3,000 fr.

DEUXIÈME OBSERVATION.

Établissement de Mme de Saint-Félix.

Mademoiselle Clarisse Deschamps a épousé M. de Saint-Félix à la fin de juillet 1827, et, suivant contrat de mariage dressé par Me..., notaire à..., le 20 du même mois, M. et Mme Deschamps ont constitué en dot à leur fille la somme de 20,000 fr., à valoir et imputer d'abord sur la succession du premier mourant d'eux et subsidiairement, s'il y avait lieu, sur celle du survivant.

Cette somme a été payée à M. et à Mme de Saint-Félix, aux termes d'une quittance passée devant le même notaire, le..., étant en suite du contrat.

Ces 20,000 fr. ont été fournis avec les deniers de la communauté, en conséquence, il lui en est dû récompense, soit par la succession de Mme Deschamps, soit par M. Deschamps, pour la somme que chacun d'eux se trouvera avoir donnée.

De son côté, Mme de Saint-Félix doit le rapport à la succession de sa mère de la somme qu'elle se trouvera avoir reçue de cette dernière.

Mais la quotité de ce rapport ne pouvant être déterminée que par le résultat de la liquidation de la succession de Mme Deschamps, on comprendra fictivement dans la masse de communauté la somme entière de 20,000 fr., sauf à l'attribuer à qui de droit, lors des abandonnements.

Et, à l'égard du rapport à faire par Mme de Saint-Félix à la succession, comme il y aurait à porter au passif de cette succession, pour la récompense due à la communauté, la même somme qui serait rapportée, Mme de Saint-Félix restera chargée de cette récompense en l'acquit de la succession, et l'on ne comprendra aucune somme à ce sujet ni à l'actif ni au passif de la succession, ce qui équivaudra au même résultat que le rapport.

Il est observé que, bien qu'en principe, suivant l'art. 857 du Code Napoléon, le rapport ne soit dû que par le cohéritier à son cohéritier, M. Deschamps, en sa qualité de donataire, doit cependant profiter du rapport à faire par Mme de Saint-Félix, attendu que la donation faite par Mme Deschamps à son mari ayant eu lieu par leur contrat de mariage, celui-ci s'est trouvé dès lors saisi, d'une manière irrévocable, de la portion donnée dans la succession future de son épouse, et qu'il ne pouvait plus dépendre de la volonté de cette dernière d'en diminuer la quotité par des donations postérieures.

TROISIÈME OBSERVATION.

Décès de Mme Deschamps.

Mme Deschamps est décédée à..., le...

Après son décès, il n'a été fait aucun inventaire; seulement, l'acte de notoriété énoncé ci-dessus a servi à constater qu'elle avait laissé pour seuls héritiers, chacun pour moitié, M. Antony Deschamps et Mme de Saint-Félix, ses deux enfants.

M. Deschamps est resté en possession de toutes les sommes et valeurs qui pouvaient dépendre soit de la communauté, soit de la succession de son épouse.

Les masses actives et passives seront donc établies entièrement sur la déclaration des parties et les renseignements fournis par elles.

Comme les copartageants se sont fait raison des intérêts et revenus qui pouvaient appartenir à chacun d'eux jusqu'à ce jour, il ne sera question dans la présente opération que des fonds et capitaux de communauté et de succession.

Attendu la nature de la donation faite à M. Deschamps, il sera nécessaire d'établir l'actif de communauté et de succession sur deux colonnes : l'une pour les meubles, l'autre pour les immeubles, et il sera fait une contribution des dettes entre ces deux sortes de biens, proportionnellement à l'importance de chacune d'elles.

PREMIÈRE PARTIE.

LIQUIDATION DE LA COMMUNAUTÉ.	MEUBLES. (fr. c.)	IMMEUB. (fr. c.)
CHAP. Ier. — MASSE ACTIVE.		
ART. 1er. — Mobilier	10000 »	
ART. 2. — Deniers comptants	2000 »	
ART. 3. — *Maison rue Saint-Dominique, n° 6. (Désignation et origine de la propriété)*, estimée		60000 »
ART. 4. — Prix de la ferme des Landes, vendue depuis le décès par les comparants à M. Barrot, suivant contrat, etc.		36000 »
ART. 5. — Récompense pour la dot de Mme de Saint-Félix	20000 »	
ART. 6. — Créance sur M. Lebeaux	26000 »	
ART. 7. — Créance sur M. et Mme Rolland	15000 »	
Total de la masse active de communauté	73000 »	96000 »
CHAP. II. — MASSE PASSIVE.		
ART. 1er. — Reprises de la succession	14000 »	
ART. 2. — Reprises de M. Deschamps	8000 »	
ART. 3. — Créance de M. Cardinal	10000 »	
ART. 4. — Frais des présentes	2000 »	
Total de la masse passive de communauté	34000 »	

BALANCE.	MEUBLES. (fr. c.)	IMMEUB. (fr. c.)
La masse active de communauté s'élève à	73000 »	96000 »
Il y a lieu de prélever sur le mobilier : 1° Le montant des reprises des époux qui, suivant la loi, s'exercent de préférence sur les deniers comptants et le mobilier, ci. . . 22000 » ; 2° Le préciput de M. Deschamps, qui est à prendre exclusivement en meubles de la communauté, ci. . . 3000 » — Ensemble. . . 25000 »	25000 »	
Au moyen de quoi, il reste en actif de communauté	48000 »	96000 »
C'est entre ces deux valeurs que doivent être réparties proportionnellement les dettes de communauté qui s'élèvent, déduction faite des reprises, à 12,000 fr. Cette somme sera donc à la charge des meubles pour 4,000 fr., et à celle des immeubles pour 8,000 fr.	4000 »	8000 »
Il reste, par conséquent, pour bénéfices de communauté	44000 »	88000 »
Ces deux sommes sont à partager par moitié entre M. Deschamps et la succession de son épouse	1/2	1/2
Chaque moitié est de	22000 »	44000 »
Réunion	66000 fr. » c.	

DEUXIÈME PARTIE.

LIQUIDATION DE LA SUCCESSION.	MEUBLES. (fr. c.)	IMMEUB. (fr. c.)
CHAP. Ier. — MASSE ACTIVE.		
ART. 1er. — Reprises	14000 »	
ART. 2. — Bénéfices de communauté	22000 »	44000 »
Total de l'actif de la succession	38000 »	44000 »
CHAP. II. — MASSE PASSIVE.		
ART. 1er. — Frais funéraires	2500 »	
ART. 2. — Somme restée due par Mme Deschamps à cause de la succession de sa mère	3500 »	
Total du passif de la succession	6000 »	

BALANCE.	MEUBLES. (fr. c.)	IMMEUB. (fr. c.)
L'actif de la succession est de	38000 »	44000 »
Le passif s'élève à 6,000 fr., qui sont à déduire proportionnellement sur ces deux valeurs, ci	2788 »	3212 »
Il reste donc à partager entre les héritiers et représentants de Mme Deschamps	35212 »	40788 »
Il revient à M. Deschamps moitié des meubles en propriété	17606 »	1/2
Et moitié des immeubles en usufruit seulement		20394 »
Il revient à M. Antony Deschamps et à Mme de Saint-Félix pareille moitié dans chaque valeur, mais en toute propriété, ce qui donne pour chacun d'eux	1/2 8803 »	1/2 10197 »
Réunion	19000 fr. » c.	

Chacun d'eux a encore droit à moitié des 20,394 francs d'immeubles dont M. Deschamps a l'usufruit.

On voit, par les résultats qui précèdent :

D'une part, que la donation en propriété faite par Mme Deschamps à son mari n'excède pas le quart des biens de la succession et dont elle pouvait disposer à ce titre en sa faveur, et que par conséquent cette donation n'a dû subir aucune réduction;

Et, d'autre part, que les droits de Mme de Saint-Félix en toute propriété dans la succession de sa mère, s'élèvent seulement à 19,000 fr., Mme Deschamps ayant fait les 1,000 fr. de surplus.

Ainsi, le rapport de la dot de 20,000 fr. devra être abandonné à Mme de Saint-Félix jusqu'à concurrence de 19,000 fr., et à M. Deschamps pour 1,000 fr.

TROISIÈME PARTIE.

FIXATION DES DROITS DES PARTIES.

M. Deschamps.

Il revient à M. Deschamps en toute propriété :

1º Pour le montant de ses reprises sur la communauté. . . . . 8000 »
2º Pour son préciput. . . . . 3000 »
3º Pour sa moitié des bénéfices de la communauté. . . . . 66000 »
4º Pour ses droits en propriété, dans la succession de son épouse. . . . . 17606 »

Total des droits de M. Deschamps, en propriété. . . . . 94606 »
Enfin, il a droit, en usufruit, dans la succession, à. . . . . 20894 »

Il y a donc lieu d'abandonner à M. Deschamps. 115000 »

M. Antony Deschamps.

Il revient à M. Antony Deschamps, pour ses droits dans la succession de madame sa mère :

En toute propriété. . . . . 19000 »
Et en nue propriété. . . . . 10197 »

Mᵐᵉ de Saint-Félix.

Il revient à Mᵐᵉ de Saint-Félix pareille somme de 19,000 fr. en propriété, et aussi 10,197 fr., en nue propriété.

PRÉLÈVEMENT POUR LES DETTES.

Le passif de la communauté, déduction faite des reprises des époux, s'élève à . . . . . . 12000 »
Les dettes de la succession sont de. . . . 6000 »

Ensemble. . . . . 18000 »

Pour parvenir à l'acquit du passif, il est prélevé pareille somme de 18,000 fr., à prendre dans les 25,000 de la créance Lebaux ;
M... sera chargé d'acquitter ce passif, etc.

ABANDONNEMENTS.

Pour les abandonnements et le reste de l'acte, on peut voir la formule précédente.

TABLEAU SYNOPTIQUE.

Ce tableau n'est que la reproduction des abandonnements, mais il se fait généralement pour montrer d'un coup d'œil l'ensemble des opérations.

Enreg.: Comme *suprà*. — [V. Clerc, Enreg., nº 2564, et Form., p. 684; A. Michaux, *Liquidation*.]

828 à 830 (*suite*). . . . . Form. **92**.

Liquidation et partage de communauté et succession entre majeurs et mineurs.

Nota. Afin d'abréger cette formule et de la rendre aussi plus facile à comprendre, nous ne donnons, autant que possible, que de simples indications, au lieu d'une rédaction complète; mais les formules précédentes suffisent à cet égard.

Cette formule est divisée en plusieurs parties, qui forment autant d'actes séparés et distincts.

PREMIÈRE PARTIE.

1ᵉ ÉTAT DE LIQUIDATION ET PARTAGE.

Etat des opérations de compte, liquidation et partage,

1º De la communauté de biens ayant existé entre M. Alfred Chauvelin et la dame Narcisse-Armande de Vigny, restée sa veuve;
2º Et de la succession du feu sieur Alfred Chauvelin,

Dressé par Mᵉ Gustave Leroy, notaire, à Paris, soussigné, commis à cet effet par jugement rendu au tribunal de première instance de la Seine, le...,

Entre :
1º Mᵐᵉ..., etc. (*Indiquer les parties, leurs qualités et leurs droits*).

OBSERVATIONS PRÉLIMINAIRES.

PREMIÈRE OBSERVATION.

Mariage de M. Chauvelin avec mademoiselle de Vigny.

Contrat de mariage établissant communauté, mais ne renfermant aucune stipulation de mise en communauté, de préciput, ni de donation.

Les biens de la future consistaient en deniers comptants et effets mobiliers, d'une valeur de 10,000 fr.
Et en une créance de 20,000 fr. qui a été remboursée pendant le mariage.

Mᵐᵉ veuve de Vigny s'est obligée à payer à la future, sa fille, une pension annuelle de 2,000 fr.

Apport du mari en valeurs mobilières, 25,000 fr.
Plus le domaine de Nogent et la ferme de Larrians, acquis depuis le décès de sa première femme.

Il avait rendu compte à ses enfants du premier lit de leurs droits dans la succession de leur mère, comme on le verra par la troisième observation ci-après.

DEUXIÈME OBSERVATION.

Succession de Mᵐᵉ Tardieu échue au défunt.

Pendant son mariage, le feu sieur Chauvelin a recueilli la succession de Mᵐᵉ veuve Tardieu, sa tante, dont il était héritier pour moitié.

Il a été procédé, après le décès de cette dame, à un inventaire, et ensuite au partage de sa succession.

Il est échu au feu sieur Chauvelin, pour sa part, en valeurs mobilières et créances recouvrées depuis, la somme de 31,000 fr.
Plus le domaine de Chitry et la terre de la Grâce-Dieu.

Il sera dû récompense à la communauté de la somme payée par le défunt, pour droits de mutation à sa charge, par suite du décès de Mᵐᵉ Tardieu, et qui n'ont pas été compris dans le partage de sa succession.

TROISIÈME OBSERVATION.

Liquidation et partage de la première communauté.

Après le décès de Mᵐᵉ Etienne Chabot, première femme de M. Chauvelin, il a été fait un inventaire, et ensuite il a été procédé à la liquidation et au partage de la communauté ayant subsisté entre eux, et de la succession de feu sieur Chauvelin, donataire d'un quart en propriété, et ses quatre enfants, héritiers, chacun pour un quart.

Les biens de la communauté et de la succession étaient purement mobiliers.

Les deux enfants majeurs ont été remplis, par le partage même, du montant de leurs droits,

Et il a été abandonné à chacun des deux mineurs, pour tout ce qui leur revenait, 350 fr. de rente sur l'Etat.

Ces deux inscriptions existent encore en nature et seront remises au tuteur de ces enfants.

Le défunt a conservé jusqu'à son décès la jouissance légale des biens de ses deux enfants mineurs, au moyen de quoi il n'y a aucun compte à faire, à l'égard de ces derniers, pour la tutelle dont leur père a été chargé.

On fait ici remarquer que les arrérages des deux inscriptions de 350 fr., courus jusqu'au jour du décès, appartiennent à la communauté, et devront figurer dans la masse active ci-après.

QUATRIÈME OBSERVATION.

Etablissement de M. Léon Chauvelin et de Mᵐᵉ Darcourt.

M. Chauvelin père, a constitué en dot, en avancement d'hoirie, à M. Léon Chauvelin, son fils aîné, par son contrat de mariage, une partie de la terre de la Grâce-Dieu.

Il a constitué de même à Mᵐᵉ Darcourt, sa fille, le surplus de la terre de la Grâce-Dieu.

M. Léon Chauvelin est encore propriétaire de l'immeuble à lui donné.

Mᵐᵉ Darcourt a vendu le sien, moyennant 30,000 fr.

Ces biens sont sujets à rapport pour leur valeur au jour de l'ouverture de la succession, d'après l'art. 860, C. Nap.

CINQUIÈME OBSERVATION.

Testament de M. Chauvelin.

Par son testament notarié, M. Chauvelin a légué à son épouse l'usufruit et jouissance de la moitié de tous ses biens meubles et immeubles.

Mᵐᵉ veuve Chauvelin a formé une demande en délivrance de son legs; mais les héritiers de son mari ayant refusé d'exécuter la disposition en usufruit, contenue dans ce testament, ont abandonné à cette dame, conformément à l'art. 917 du Code Napoléon, la propriété de la quotité disponible qui est, suivant l'art. 1098 du même Code, d'une part d'enfant, au moins prenant, c'est-à-dire d'une cinquième de la succession, M. Chauvelin ayant laissé quatre enfants.

Le tuteur des mineurs Chauvelin avait été autorisé, à cet effet, par une délibération du conseil de famille, homologuée par jugement du tribunal.

Il est à remarquer que Mᵐᵉ Chauvelin, n'ayant droit à ce cinquième qu'en qualité de légataire, ne doit point profiter des rapports à faire par les deux enfants dotés : en conséquence, elle ne prendra sa part que dans les biens appartenant au défunt, au jour de son décès.

SIXIÈME OBSERVATION.

Décès de M. Chauvelin. — Inventaire. — Acceptation bénéficiaire.

Voy., pour les énonciations de cette observation, les formules précédentes.

SEPTIÈME OBSERVATION.

Pouvoirs d'administration donnés à M. Chauvelin.

Dans le cours de l'inventaire, un référé a été introduit, à l'effet d'obtenir des cohéritiers, le pouvoir de gérer et administrer les biens et affaires de la communauté et de la succession, et pour tous, l'autorisation d'agir sans attribution de qualités.

Ces pouvoirs ont été conférés à M. Léon Chauvelin, et l'autorisation a été accordée par ordonnance du président du tribunal.

En vertu de ces pouvoirs, M. Léon Chauvelin a fait diverses recettes et dépenses pour lesquelles il doit un compte qui formera une partie de l'opération.

HUITIÈME OBSERVATION.

Vente du mobilier. — Compte du commissaire-priseur.

Le produit net de la vente du mobilier s'élève à 15,000 fr.

Cette somme a été reçue par M. Léon Chauvelin et figurera dans son compte.

NEUVIÈME OBSERVATION.

Demande en partage. — Renvoi devant notaire.

Enoncer le jugement qui ordonne qu'il sera procédé aux opérations de compte, liquidation et partage, et nomme des experts pour la visite et estimation des biens et la composition des lots.

DIXIÈME OBSERVATION.

Opérations des experts.

Il dépend de la communauté trois immeubles, savoir :
La ferme de Miremont,
La ferme des Ursins,
Et un lot de terre et prés à Saint-Vincent.

Il dépend de la succession de M. Chauvelin trois immeubles, savoir :
La ferme de Nogent,
Le domaine de Chitry,
Et la ferme de Larrians.

Les experts avaient à procéder à l'estimation et à la division de ces biens;

De plus, ils avaient à faire l'estimation des deux immeubles donnés à M. Léon Chauvelin et à Mᵐᵉ Darcourt, et dont ces derniers doivent le rapport à leurs cohéritiers.

Les opérations des experts se divisaient naturellement en trois parties principales :

Estimation et division des immeubles de la communauté;

Estimation des immeubles à rapport, et indication des prélèvements à faire en immeubles au profit des héritiers qui n'ont pas été dotés;

Enfin, estimation des immeubles de la succession et indication des lots qui peuvent en être faits.

Après avoir préalablement prêté serment entre les mains du juge de paix, les experts ont procédé à ces opérations ainsi qu'il va être expliqué :

La ferme de Miremont a été par eux estimée à la somme de. . . . . 50000 »
La ferme des Ursins à 25,000 fr., ci. . . 25000 »
Les terres de Saint-Vincent également à 25,000 fr., ci. . . . . 25000 »

Ce qui composait une masse commune de 100000 »
                                  1/2

A diviser en deux parts, et pour chacune 50000 »

Les experts ont formé de ces biens deux lots égaux :
Le premier comprenant la ferme de Miremont à. . . . . 50000 »

Et le second composé :
1º De la ferme des Ursins. . . . . 25000 »
2º Et de la terre de Saint-Vincent. . . . 25000 »

Ensemble. . . . . 50000 »

Les experts ont ensuite fait la visite et estimation des biens donnés à M. Léon Chauvelin et à Mᵐᵉ Darcourt.

Ils ont estimé la portion de la Grâce-Dieu donnée à M. Léon Chauvelin à la somme de 25,000 francs.

Et celle donnée à Mᵐᵉ Darcourt à la somme de. . . . . 30000 »

Mais ils ont déduit sur cette somme celle de 5,000 fr. pour la plus-value acquise à l'immeuble par les impenses que Mᵐᵉ Darcourt y a faites depuis la donation, ci. . 5000 »

Restait donc pour la valeur donnée et sujette à rapport. . . . . 25000 »

Les experts ont indiqué comme pouvant être attribuées aux deux enfants non dotés, à titre de prélèvements :

1º La ferme de Nogent, estimée par eux 25,000 francs;
2º Et une partie du domaine de Chitry, estimée aussi 25,000 fr.

Au moyen de ce prélèvement, les immeubles de la succession se composaient comme il suit :
1º Moitié des immeubles de communauté. 50000 »
2º Le surplus du domaine de Chitry, estimé. 50000 »
3º Et la ferme de Larrians, estimée. . . . . 40000 »

Sur quoi il a été déduit pour le capital d'une rente perpétuelle de 250 francs, dont cette ferme est chargée. . . . . 5000 »

Restait. . . . . 35000 »　35000 »

Ensemble. . . . . 135000 »

Cette somme, divisée par cinquièmes, 1/5
présentait pour chaque part. . . . . 27000 »

Les experts ont, en conséquence, formé les cinq lots suivants :

1er lot. Suivant l'événement du tirage au sort des immeubles de la communauté, ce lot aura, soit la première moitié de la ferme de Miremont pour 25.000 fr., soit la ferme des Ursins de même valeur, ci . . . . 25000 »

2e lot. Suivant l'événement du même tirage, ce lot aura, soit la 2e partie de la ferme de Miremont pour 25000 fr., soit les terres de Saint-Vincent d'égale valeur, ci . . 25000 »

3e lot. 2e partie du domaine de Chitry, pour . . . . 30000 »

4e lot. 3e partie du domaine de Chitry, pour . . . . 20000 »

5e lot. La ferme de Larrians, estimée, avec la charge de servir la rente perpétuelle de 250 fr. . . . . 35000 »

Total égal. . . . . 135000 »

Les experts ont déclaré qu'ils avaient composé ces lots avec autant d'égalité et de justice qu'il était praticable, sans nuire aux propriétés par des morcellements désavantageux, et qu'au reste les différences existant entre eux seraient facilement remplies, soit par la stipulation des soultes nécessaires, soit par l'abandon d'autres valeurs de la succession.

Le rapport des experts a été clos et arrêté par eux, le..., et il a été aussi par eux déposé au greffe du tribunal de première instance de la Seine, le...

PLAN DES OPÉRATIONS.

Le travail sera divisé en quatre opérations principales :

1re opération. Compte de gestion à rendre par M. Léon Chauvelin ;

2e opération. Liquidation des reprises des époux ;

3e opération. Liquidation de la communauté et composition des lots ;

4e opération. Liquidation de la succession de M. Chauvelin, prélèvements et composition des lots.

Ensuite, on établira les charges et conditions du partage.

Dans les différentes opérations, il sera nécessaire de faire une distinction entre les fonds et capitaux et les fruits et revenus, à cause de la communauté de biens existant entre M. et Mme Darcourt, et entre M. Léon Chauvelin et la dame son épouse.

PREMIÈRE OPÉRATION.

COMPTE DE LA GESTION DE M. LÉON CHAUVELIN.

Voyez, pour la manière d'établir ce compte, art. 1993, Form. 269.

Ce compte doit distinguer, dans les recettes et les dépenses, ce qui concerne la communauté et ce qui concerne la succession, suivant le modèle ci-contre.

DEUXIÈME OPÉRATION.

LIQUIDATION DES REPRISES DES ÉPOUX.

§ 1er. — *Reprises de la veuve.*

Deniers comptants et effets mobiliers constatés par le contrat de mariage . . . . 10000 »

Créance apportée en dot et remboursée pendant le mariage . . . . 22000 »

Total des reprises de la veuve . . 32000 »

Il n'y a aucune déduction à faire sur cette somme.

§ 2. — *Reprises de la succession.*

Suivant son contrat de mariage, M. Chauvelin avait apporté en dot, en diverses valeurs mobilières . . . 25000 »

Plus le domaine de Nogent et la ferme de Larrians, acquis par lui depuis le décès de sa première femme.

Sur le prix de ce dernier immeuble, il restait dû par M. Chauvelin une somme principale de 4,000 fr. et une rente perpétuelle de 250 fr.

La somme de 4,000 fr. a été payée pendant la communauté, et de ses deniers ; la rente perpétuelle est encore due et reste à la charge de la succession.

Les deux immeubles sont repris en nature, à la charge par la succession de tenir compte à la communauté des 4,000 fr. qui en ont été tirés pour l'acquittement du prix de la ferme de Larrians.

M. Chauvelin a recueilli dans la succession de sa tante, Mme Tardieu :

1° En objets mobiliers et créances recouvrées depuis . . . . 31000 »

2° Le domaine de Chitry ;

3° Et la terre de la Grâce-Dieu.

Ce dernier immeuble a été donné par le défunt à M. Léon Chauvelin et à Mme Darcourt, ses enfants, ainsi qu'on l'a vu.

Quant au domaine de Chitry, il est repris en nature par la succession.

Total des reprises mobilières de la succession . . . . 56000 »

§ 3. — *Indemnités et récompenses dues par la succession à la communauté.*

Solde du prix de Larrians . . . . . . 4000 »

Droits de mutation payés par le défunt pour sa part dans la succession de Mme Tardieu . . . . 5500 »

Les autres frais occasionnés par le décès de cette dame ont été compris au partage de sa succession susénoncé, et déduits sur l'actif.

Constructions faites sur le domaine de Chitry . . . . 10500 »

Total. . . . . 20000 »

BALANCE.

Reprises mobilières. . . . . 56000 »

Récompenses et indemnités à déduire. . 20000 »

Reste à reprendre net. . . . 36000 »

Les intérêts des reprises, tant de la veuve que de la succession, sont dus depuis le jour de la dissolution de la communauté.

TROISIÈME OPÉRATION.

Liquidation de la communauté d'entre M. et Mme Chauvelin.

CHAP. 1er. — MASSE ACTIVE.	Fonds et capitaux	Fruits et revenus.
	fr. c.	fr. c.
Ferme de Miremont estimée.	50000 »	
Ferme des Ursins estimée.	25000 »	
Lot de terres et prés à Saint-Vincent.	25000 »	
Produit du mobilier vendu.	15000 »	
Reliquat du compte de gestion de M. Léon Chauvelin, comprenant les deniers comptants et tous les loyers, fermages, intérêts ou arrérages courus jusqu'au jour de l'entrée en jouissance.	7500 »	10000 »
Créance Delorme.	42000 »	
Créance Regnard.	70000 »	
Total de l'actif de la communauté.	234500 »	10000 »

CHAP. II. — MASSE PASSIVE.	DETTES A LA CHARGE des fonds et capitaux	des fruits et revenus.
	fr. c.	fr. c.
Reprises de la veuve en capital et intérêts.	32000 »	1200 »
Reprises de la succession.	36000 »	1350 »
Frais de nourriture de la veuve et de ses domestiques pendant trois mois et quarante jours, d'après l'art. 1465, C. Nap.	2800 »	»
Elle a conservé pendant le même temps son habitation dans les lieux occupés par le défunt, sans payer de loyer.		
Portion à la charge de la communauté dans les frais de partage et d'expertise.	»	»
Autres dettes.	»	»
Les frais d'inventaire, etc., sont compris dans le compte de gestion rendu par M. Léon Chauvelin.		
Total du passif de la communauté.	84000 »	4000 »
BALANCE.		
Actif.	234500 »	10000 »
Passif.	84500 »	4000 »
Reste à partager comme bénéfices de communauté.	150000 »	6000 »
Moitié pour la veuve et moitié pour la succession.	1/2 75000 »	1/2 3000 »
Réunion.	78000 »	

PRÉLÈVEMENTS.

Il est prélevé sur l'actif de la communauté,

Au profit de la veuve, pour le paiement de ses reprises :

1° Les 15,000 fr. produits par la vente du mobilier, ci . . . . 15000 »

2° A prendre dans le reliquat du compte de M. Léon Chauvelin envers la communauté. . . . . 7500 »

3° A prendre dans la créance Delorme. 10700 »

Somme égale. . . . 33200 »

Au profit de la succession pour ses reprises :

37,350 fr. à prendre dans la créance Regnard, ci . . . . 37350 »

Pour l'acquit des autres dettes de la communauté :

A reporter. . . . . . 70700 »

Report. . . . . . 70700 »

1° 10,000 fr. formant le reliquat du compte de M. Léon Chauvelin envers la communauté, ci . . . . 10000 »

2° A prendre dans la créance Delorme. . . . . 9950 »

Ensemble. . . . 19950 » 19950 »

Total égal au montant du passif. . . 88500 »

COMPOSITION DES LOTS.

PREMIER LOT.

Ferme de Miremont . . . . 50000 »

Complément de la créance Delorme . . 23500 »

A prendre dans la créance Regnard . . 4560 »

Somme égale. . . . 78000 »

DEUXIÈME LOT.

Ferme des Ursins. . . . . 25000 »

Terres de Saint-Vincent. . . . . 25000 »

Complément de la créance Regnard. . . 28000 »

Somme égale. . . . 78000 »

QUATRIÈME OPÉRATION.

Liquidation de la succession de M. Chauvelin.

CHAP. 1er. — MASSE ACTIVE.	Fonds et capitaux	Fruits et revenus.
	fr. c.	fr. c.
Reprises mobilières représentées par une partie de la créance Delorme, selon le prélèvement.	36000 »	1350 »
Reprises en nature.		
Domaine de Nogent, estimé.	25000 »	»
Domaine de Chitry.	75000 »	»
Ferme de Larrians, déduction faite du capital de la rente perpétuelle de 250 fr.	35000 »	»
Reliquat du compte de M. Léon Chauvelin envers la succession.		6000 »
Bénéfices de communauté, selon l'événement du tirage au sort :		
En immeubles.	50000 »	»
En créances.	35000 »	3000 »
Total de l'actif de la succession.	246000 »	10350 »

CHAP. II. — MASSE PASSIVE.	DETTES A LA CHARGE des fonds et capitaux	des fruits et revenus.
	fr. c.	fr. c.
Frais de testament à la charge des fonds et capitaux.	»	»
Deuil de la veuve, id.	»	»
Frais funéraires, id.	»	»
Portion contributoire dans les frais de partage et d'expertise, aussi à la charge des fonds et capitaux.	»	»
Arrérages de la rente perpétuelle de 250 fr., à la charge des fruits et revenus.	»	»
Autres dettes.	»	»
Total du passif de la succession.	23500 »	2850 »
BALANCE.		
Actif.	246000 »	10350 »
Passif.	23500 »	2850 »
Reste en actif.	222500 »	7500 »
Il revient à la veuve pour son cinquième.	1/5 44500 »	1/5 1500 »
Réunion.	46000 »	

Pour connaître les droits des enfants, il est nécessaire de faire une opération particulière :

	Fonds et capitaux	Fruits et revenus.
	fr. c.	fr. c.
Sur le montant de l'actif net.	222500 »	7500 »
On déduit les prélèvements à faire au profit des deux enfants qui n'ont pas été dotés, et le cinquième revenant à la veuve.	94500 »	1500 »
Il reste.	128000 »	6000 »
Il revient un quart à chacun des enfants.	1/4 32000 »	1/4 1500 »
Réunion.	33500 »	

Il sera donc composé cinq lots égaux de 33,500 fr. chacun : mais comme il revient à la veuve une somme de 46,000 fr., il sera fait à son profit un prélèvement de 12,500 fr.

PRÉLÈVEMENTS.

Au profit des enfants non dotés.

Le domaine de Nogent, estimé. . . . . 25000 »

La première partie du domaine de Chitry, estimée. . . . . 25000 »

Ces deux immeubles devront être tirés au sort entre les deux mineurs Chauvelin.

Au profit de la veuve.
Une partie de la créance Delorme. . . . 12500 »

Pour l'acquit des dettes.
Reliquat du compte de M. Léon Chauvelin. 6000 »
A prendre sur la créance Delorme. . . 20350 »
Somme égale au montant des dettes. . . 26350 »

COMPOSITION DES LOTS.

PREMIER LOT.
1° Suivant l'événement du tirage au sort des lots de la communauté, soit la première moitié de la ferme de Miremont, soit la ferme des Ursins, estimées également l'une et l'autre. . . . . . 25000 »
2° En créances. . . . . 8500 »
Somme égale. . . . . . 33500 »

DEUXIÈME LOT.
1° Suivant l'événement du même tirage au sort, soit la deuxième partie de la ferme de Miremont, soit les terres et prés de Saint-Vincent. . . 25000 »
2° En créances. . . . . 8500 »
Somme égale. . . . . . 33500 »

TROISIÈME LOT.
La ferme de Larrians avec la charge de la rente perpétuelle de 250 fr., estimée. . . . . . . 35000 »
Ce lot ne devant être que de. . . . . . 33500 »
Il sera dû, par le troisième lot, une soulte de. . . . . 1500 »

QUATRIÈME LOT.
1° Deuxième partie du domaine de Chitry. 30000 »
2° En créances. . . . . 3500 »
Somme égale. . . . . . 33500 »

CINQUIÈME LOT.
1° Troisième partie du domaine de Chitry. 20000 »
2° En créances. . . . . 12000 »
3° Soulte à recevoir du troisième lot. . . 1500 »
Somme égale. . . . . . 33500 »

ENTRÉE EN JOUISSANCE.

DIVISION DES FERMAGES ENTRE LES DIFFÉRENTS LOTS.

CHARGES ET CONDITIONS.

REMISE DE TITRES.

Pour ces différents articles, on peut consulter les formules précédentes.
Clos et arrêté par Mᵉ Leroy, notaire à Paris, soussigné, aujourd'hui..
Enreg. : Voy. *suprà.*—[V. CLERC, Enreg., n. 2564, et Form., p. 688; A. MICHAUX, *des Liquidat.*, 2ᵉ éd.]

828 à 830 (*suite*). . . . . Form. 93.

Procès-verbal de communication et d'arrêté de l'état de liquidation.

L'an mil huit cent..., le...,
Par-devant Mᵉ Gustave Leroy, notaire à Paris, soussigné, commis judiciairement à cet effet,
Ont comparu :
1° Mme Narcisse-Armande de Vigny, veuve de M. Alfred Chauvelin, propriétaire, demeurant à...,
2° M..., etc..., etc.,
Agissant tous dans leurs qualités respectives énoncées dans l'état dont il va être parlé,
Lesquels reconnaissent qu'il a été donné, à chacun d'eux en particulier, communication, et qu'il vient de leur être donné à tous conjointement, lecture entière de l'état, dressé par le notaire soussigné, des opérations de compte, liquidation et partage : 1° de la communauté ayant subsisté entre M. Alfred Chauvelin et Mme Narcisse-Armande de Vigny, restée sa veuve ;
2° Et de la succession de M. Chauvelin ;
Lequel état, écrit sur *tant* de feuilles de papier au timbre de un franc cinquante centimes, demeure ci-annexé, après avoir été signé et paraphé par les comparants, en présence du notaire soussigné.
On fait quelquefois une analyse succincte des **opérations principales.**
Après avoir examiné cet état dans toutes ses parties, et vérifié les calculs qu'il renferme, les comparants ont déclaré en approuver les différentes opérations, telles qu'elles sont établies, et en arrêter les résultats aux sommes fixées pour chacun des ayants droit.
Ils approuvent et acceptent respectivement les divers prélèvements et les valeurs qui les composent.
En conséquence, ces opérations de compte, liquidation et partage, seront soumises à l'homologation du tribunal ; après quoi, il sera procédé au tirage des lots par la voie du sort, et à la délivrance des biens et valeurs revenant à chacun des copartageants.

Cette homologation sera suivie par Mme veuve Chauvelin, ayant la poursuite, ou, à son défaut, par la partie la plus diligente.
Le présent procès-verbal a été clos et arrêté à Paris, en l'étude...,
Les jour, mois et an susdits.
Après lecture, les comparants ont signé avec le notaire soussigné.
Enreg. : 2 fr. fixe.—[V. ÉD. CLERC, Enreg., n. 2621, et Form., p. 644 ; A. MICHAUX, *des Liquidations*, n. 1895 et s.]

828 à 830 (*suite*). . . . . Form. 94.

Procès-verbal d'ouverture des opérations de liquidation.

Lorsque toutes les parties comparaissent volontairement.

L'an mil huit cent..., le...,
Par-devant Mᵉ Gustave Leroy, notaire à Paris, soussigné,
Commis à l'effet de procéder aux opérations de compte, liquidation et partage, dont il va être parlé, suivant jugement, etc., *Ont comparu :*
1° Mme Narcisse-Armande de Vigny, veuve de M. Alfred Chauvelin, propriétaire, demeurant à...,
2° M. Léon Chauvelin, docteur-médecin, demeurant à...,
3° Mme Hyacinthe-Émilie Chauvelin, épouse de M. Marie-Ferdinand Darcourt, propriétaire, demeurant à..., et de lui, pour ce présent, dûment autorisée ;
4° M. Charles Rolland, propriétaire, demeurant à...,
Au nom et comme tuteur spécial, pour lesdites opérations, de Charles-Edouard Chauvelin, enfant mineur du feu sieur Alfred Chauvelin, sous la tutelle de M. Léon Chauvelin, son frère, susnommé ;
5° Et M. Louis Duplessis...,
Au nom et comme tuteur spécial, pour lesdites opérations, de Flore Chauvelin, fille mineure du feu sieur Alfred Chauvelin, sous la tutelle de M. Léon Chauvelin, son frère.
MM. Rolland et Duplessis ont été nommés à cette qualité de tuteur spécial, suivant une délibération, etc., attendu l'opposition d'intérêts existant entre eux et celle qui existe entre eux et leur tuteur.
(*Énoncer toutes les qualités contenues en l'état liquidatif*).
Lesquels comparants ont requis Mᵉ Leroy, notaire soussigné, de procéder aux opérations de compte, liquidation et partage des biens dépendant, soit de la communauté ayant subsisté entre le feu sieur Chauvelin et la dame aujourd'hui sa veuve, soit de la succession de M. Chauvelin, pour lesquelles opérations ledit M. Leroy a été commis judiciairement.
Obtempérant à ce réquisitoire, le notaire soussigné a déclaré lesdites opérations ouvertes par le présent procès-verbal, pour être, par lui, procédé, en l'absence des parties, au travail que nécessitent ces opérations.
En conséquence, les comparants se sont ajournés, pour prendre connaissance de ce travail, l'approuver ou le contester, suivant qu'il y aura lieu, au jour qui sera ultérieurement indiqué.
De tout ce que dessus, il a été rédigé le présent procès-verbal,
Dont acte :
Fait et passé à Paris, en l'étude, les jour, mois et an susdits.
Et après lecture, les comparants ont signé avec le notaire.
Enreg. : 2 fr.—[V. ÉD. CLERC, Enreg., n. 345, et Form., p. 688].

828 à 830 (*suite*). . . . . Form. 95.

Lorsqu'il y a eu sommation, et qu'une ou plusieurs des parties ne comparaissent pas.

L'an mil huit cent..., le..., dix heures du matin,
Devant Mᵉ Leroy, notaire à Paris, soussigné, commis, etc.,
A comparu :
Mme veuve Chauvelin,
Agissant, à cause de la communauté de biens qui a existé entre elle et son défunt mari, et comme sa légataire, à titre universel, d'une part d'enfant, suivant, etc.;
Et ayant la poursuite des opérations de compte, liquidation et partage de ladite communauté et de la succession de son défunt mari,
Laquelle a dit que, par exploit de Manuel, huissier à Paris, en date du..., dont l'original enregistré, par elle représenté, est demeuré ci-annexé, après mention par le notaire soussigné, elle a fait sommation aux héritiers et représentants de son défunt mari, qui sont :
1° M. Léon Chauvelin ;
2° Mme Darcourt ;
3° Le mineur Charles-Edouard Chauvelin, en la personne de M. Rolland, son tuteur spécial pour ces opérations ;
4° Et la mineure Flore Chauvelin, en la personne de M. Duplessis, aussi son tuteur spécial,
De se trouver à ces jour et heure en l'étude de Mᵉ Leroy, notaire soussigné, afin d'être présents à l'ouverture des opérations de compte, liquidation et partage dont il s'agit.

Leur ayant déclaré dans cet exploit que, faute par eux d'y satisfaire, il serait donné défaut contre eux, et procédé, en leur absence comme en leur présence, aux opérations ci-dessus indiquées.
La comparante a requis, en conséquence, le notaire soussigné de lui donner acte de sa comparution, de prononcer défaut contre ceux des susnommés qui ne comparaîtraient pas ni personne pour eux, comme aussi de procéder, tant en leur absence qu'en leur présence, auxdites opérations, et d'en faire, dès à présent, l'ouverture.
Et a signé après lecture. (*Signature*).
Ont à l'instant comparu :
Mme Darcourt, assistée et autorisée de son mari :
M. Rolland, en sa qualité de tuteur spécial du mineur Charles-Edouard Chauvelin,
Et M. Duplessis, en qualité de tuteur spécial de la mineure Flore Chauvelin,
Lesquels ont dit qu'ils comparaissent pour satisfaire à la sommation qui leur a été donnée, ainsi qu'il vient d'être énoncé, et pour être présents à l'ouverture des opérations dont il est question, requérant aussi le notaire soussigné d'y procéder,
Et ont signé après lecture. (*Signatures*).
Attendu qu'il est une heure de relevée, que M. Léon Chauvelin n'a pas comparu ni personne pour lui, le notaire soussigné prononce le défaut contre lui, et donne acte aux autres parties de leurs comparutions et réquisitoires, et déclare ouvertes les opérations de liquidation et partage des communauté et succession dont s'agit.
En conséquence, les parties se sont ajournées pour prendre connaissance de ce travail, l'approuver ou le contester, selon qu'il y aura lieu.
De tout ce que dessus, etc.
Enreg. : 2 fr. — [V. ÉD. CLERC, Enreg., n. 345, et Form., p. 688 ; A. MICHAUX, *Liquidations*, 2ᵉ éd., n. 1895 et s.]

828 à 830 (*suite*). . . . . Form. 96.

Procès-verbal d'approbation et d'arrêté de l'état de liquidation.

Et le..., Par-devant Mᵉ..., *Ont comparu :*
M. et Mme Ollivier.
Lesquels ont, par ces présentes, déclaré qu'ils ont pris connaissance suffisante par la communication particulière que chacun d'eux a eue, et par la lecture que leur en a faite le notaire soussigné, de l'état dressé par ce notaire, de liquidation des reprises, soit en nature, soit en deniers, que Mme Ollivier a le droit d'exercer sur la communauté ayant subsisté entre elle et son mari.
Examen fait de ce travail et des calculs qu'il renferme, les comparants en ont approuvé les diverses opérations et résultats.
En conséquence, les reprises en deniers que Mme Ollivier a le droit d'exercer demeurent fixées à la somme principale de 27,225 fr., productive d'intérêts à 5 pour 100 depuis le..., jour de la dissolution de la communauté.
M. Ollivier se reconnaît débiteur de cette somme envers ladite dame, son épouse, qui en poursuivra le recouvrement, ainsi qu'elle avisera, sur tous les biens présents et à venir de son mari, lesquels seront soumis à l'hypothèque légale de Mme Ollivier.
Ou bien : Pour se libérer d'autant envers ladite dame son épouse, M. Ollivier lui cède et abandonne, ce qu'elle accepte, les biens ci-après désignés, savoir :
1°..., etc. (*Indiquer si les biens abandonnés faisaient partie de la communauté ou appartenaient au mari*).
M. Ollivier reste obligé, ainsi qu'il le reconnaît, à garantir la dame son épouse de tout recours et répétition, pour raison des dettes qu'il a pu contracter solidairement avec lui, pour le compte, soit de la communauté, soit de lui-même.
Les comparants déclarent encore approuver les reprises en nature telles qu'elles ont été déterminées, et à ce sujet, Mme Ollivier déclare expressément user du bénéfice de l'art. 1408, C. Nap., et retirer pour son compte les biens de la succession de Mme Vannier, sa mère, dont M. Ollivier s'était rendu adjudicataire.
Mme Ollivier aura droit à la jouissance des revenus et intérêts des divers immeubles, rentes et créances par elle repris en nature, à compter du jour de la dissolution de la communauté.
En conséquence de l'approbation donnée par les parties, l'état de liquidation susénoncé, est demeuré ci-annexé, après avoir été, par elles, certifié véritable et signé en présence du notaire soussigné.
Dont acte :
Fait et passé, etc.
Enreg. : Droits proportionnels sur les diverses stipulations y contenues.— [V. ÉD. CLERC, Enreg., n. 345, et Form., p. 699 ; A. MICHAUX, n. 2883].

828 à 830 (*suite*). . . . . Form. 97.

Partage de succession.

Partage amiable entre héritiers majeurs.

Par-devant Mᵉ..., *Furent présents :*
M. Adrien Chevalier, avocat, demeurant à...,
Mme Laure Chevalier, épouse séparée, quant aux

biens, de M. Jean-Baptiste Nogaret, négociant, avec lequel elle demeure à..., et agissant sous son autorisation,

Et M. Jules Chevalier, négociant, demeurant à...,

MM. Chevalier et Mme Nogaret, héritiers, chacun pour un tiers, de M. Étienne Chevalier, leur père, ainsi qu'il est constaté par un acte de notoriété, passé devant Me..., notaire à..., le..., enregistré,

Lesquels ont, par ces présentes, procédé à la liquidation et au partage des biens composant la succession de M. Chevalier, leur père, de la manière suivante.

EXPOSÉ PRÉLIMINAIRE.

M. Chevalier est décédé à..., le...

Après son décès, il n'a point été fait d'inventaire, mais il y sera suppléé par les déclarations des parties.

Il s'est trouvé en deniers comptants la somme de 5,000 fr., qui a servi, jusqu'à concurrence de 2,500 fr., à payer les frais funéraires, ceux de dernière maladie, les gages des domestiques et autres charges de la succession; le surplus a été partagé entre les héritiers, dans la proportion de leurs droits.

Les comparants ont estimé le mobilier à la somme de 12,000 fr., et en ont fait trois lots égaux qui seront compris dans la masse ci-après.

M. Chevalier, père, avait rendu compte, à chacun de ses enfants, de ses droits dans la succession de Mme Chevalier, leur mère, décédée, il y a environ dix ans, de sorte qu'ils n'avaient plus rien à réclamer de lui à ce sujet.

De plus, il a fait donation, en avancement d'hoirie, à M. Adrien Chevalier, son fils aîné, aux termes de son contrat de mariage passe devant Me..., notaire à..., le..., d'une maison située à..., qui a été estimée, dans ce contrat, à la somme de 30,000 fr.

Et par le contrat de mariage de Mme Nogaret, passé devant Me..., notaire à..., le..., M. Chevalier, son père, lui a constitué en dot diverses pièces de terre labourable et prés, situées commune de..., lesquelles ont été estimées à pareille somme de 30,000 fr.

Quant à M. Jules Chevalier, il n'a point été doté par son père.

Il y aura donc lieu de faire le prélèvement à son profit, sur la succession, d'un immeuble de valeur égale à ceux reçus par ses frère et sœur, et dont l'estimation a été de nouveau faite par les parties, depuis le décès, à la même somme de 30,000 fr.

On ne comprendra dans la présente opération que les fonds et capitaux de succession, attendu que les comparants se sont fait raison particulièrement des fruits et revenus, jusqu'au jour fixé par ces présentes, pour la jouissance divise de chaque copartageant.

ÉTABLISSEMENT DE LA MASSE ACTIVE.

ART. 1er.—*Ferme de Gennevilliers.*

On comprend, sous le présent article, pour la somme de 50,000 fr., montant de l'estimation faite par les parties, la ferme de Gennevilliers, située commune de..., et composée, etc., ci . . . . . 50000 »

Cette ferme appartenait au défunt, au moyen de l'abandonnement qui lui en avait été fait par le partage de la succession de son père, passé devant Me..., notaire à..., le...

ART. 2.—*Ferme d'Orchamps.*

Le présent article est composé de la ferme d'Orchamps, située commune de..., et consistant.... Elle est estimée par les parties à la somme de 45,000 fr., ci . . . . 45000 »

Cette ferme avait acquise par le défunt, de M..., suivant contrat passé devant Me..., le..., moyennant la somme de 40,000 fr., payée tant par le contrat que suivant quittance étant en suite, reçue par le même notaire, le...

ART. 3. — *Terre des Andelys.*

Il est compris, sous le présent article, pour la somme de 45,000 fr., à laquelle les comparants l'ont estimée, la terre des Andelys, située commune de..., et composée de..., ci . . . . 45000 »

Elle appartenait au défunt, etc.

ART. 4. — *Ferme de Grosbois.*

On comprend, sous cet article, pour la somme de 30,000 fr., la ferme de Grosbois, située, etc., ci . . 30000 »

ART. 5. — *Créance sur M. Grenier.*

Cet article sera composé de la somme de 5,000 fr. due par M. Grenier, négociant, demeurant à..., suivant..., ci . . . . . 5000 »

ART. 6.

Il est employé, sous le présent article, pour un capital de 5,000 fr., une rente annuelle et perpétuelle de 250 fr., exempte de toute retenue, constituée au profit du défunt par M. Louis-Nicolas Marchand, propriétaire, demeurant à..., et Mme Véroni-

A reporter. . . . . 175000 »

Report . . . . . . .175000 »

que Pernot, son épouse, pour le prix moyennant lequel le feu sieur Chevalier leur a vendu une pièce de pré, située à..., suivant contrat passé devant Me..., notaire à..., le..., ci . . . . 5000 »

ART. 7.

Il est compris, sous cet article, le mobilier dépendant de la succession de M. Chevalier, et estimé par les parties à la somme de 12,000 fr., ci . . . . 12000 »

Total de l'actif. . . . . .192000 »

PRÉLÈVEMENT.

Sur cette masse, il est prélevé au profit de M. Jules Chevalier, et les autres parties lui cèdent et abandonnent, ce qu'il accepte, pour lui tenir lieu de dot égale à celles reçues par ses frère et sœur, la ferme de Grosbois, d'une valeur de 30,000 fr., ci . . 30000 »

Au moyen de quoi, il ne reste plus à partager que la somme de 162,000 fr., ci . . . .162000 »

Ce qui donne, pour le tiers revenant à chacun des héritiers, une somme de 54,000 francs, ci . . . . 54000 »

SUR LE PASSIF.

Les parties déclarent qu'il n'existait pas, à la charge de la succession, d'autres dettes que celles qui ont été acquittées avec les deniers comptants, ainsi qu'il est dit ci-dessus : en conséquence, il n'y a aucune déduction à faire pour cet objet sur l'actif.

A l'égard des frais et honoraires auxquels ces présentes donneront ouverture et qui restent fixés à la somme de.... les parties restent chargées de les acquitter, chacune pour un tiers.

COMPOSITION DES LOTS.

PREMIER LOT.

Le premier lot sera composé : 1° de la ferme de Gennevilliers, formant l'art. 1er de la masse, et estimée à la somme de 50,000 fr., ci . . . . . 50000 »

2° Et du tiers du mobilier montant à 4,000 fr., ci . . . . 4000 »

Total du premier lot. . . . 54000 »

DEUXIÈME LOT.

Le second lot se composera de :

1° La ferme d'Orchamps, formant l'art. 2 de la masse, estimée 45,000 fr., ci . . . . 45000 »

2° De la créance de 5,000 fr. due par M. Grenier, et employée art. 5 de la masse, ci . . . . 5000 »

3° Et du tiers du mobilier montant à 4,000 fr., ci . . . . 4000 »

Total du second lot. . . . . 54000 »

TROISIÈME LOT.

Le troisième et dernier lot sera composé, savoir :

1° De la terre des Andelys, formant l'art. 3 de la masse, et estimée 45,000 fr., ci . . . . 45000 »

2° De la rente de 250 fr. due par les sieur et dame Marchand, au capital de 5,000 fr., et employée, art. 6 de la masse, ci . . . . 5000 »

3° Et du tiers du mobilier montant à 4,000 fr., ci . . . . 4000 »

Total du troisième lot. . . 54000 »

JOUISSANCE DIVISE.

Chacun des copartageants sera propriétaire définitif à compter de ce jour, et pourra disposer ainsi qu'il avisera des biens compris dans son lot ou prélevés à son profit, et il en aura la jouissance divise par la perception des fermages et revenus, à partir du..., pour les rentes ou créances, et à partir du.... pour les immeubles.

CHARGES ET CONDITIONS.

Les abandonnements seront faits, sous les garanties ordinaires et de droit, entre copartageants : même sous la garantie de l'insolvabilité des débiteurs survenue après le partage.

Chacun d'eux prendra les biens à lui abandonnés dans l'état où ils se trouvent, supportera les servitudes passives qui peuvent les grever, sauf à profiter de celles actives, s'il en existe, sans recours l'un contre l'autre à cet égard.

Ils acquitteront les contributions et autres charges de leurs immeubles respectifs, à compter du...

Ils seront tenus d'exécuter et entretenir les baux et locations qui pourront exister de tout ou partie de ces biens, de manière que chacun d'eux ne soit point inquiété ni recherché à ce sujet.

TIRAGE DES LOTS.

Les parties, ayant reconnu que les lots sont parfaitement égaux entre eux, en ont fait le tirage au sort, et par l'événement de cette opération, le premier lot est échu à Mme Nogaret,

Le second lot à M. Adrien Chevalier, aîné,

Et le troisième lot à M. Jules Chevalier, jeune.

Chacun des copartageants a déclaré accepter le lot qui lui est échu, et faire abandon des autres lots à ses copartageants.

Les lots étant justes et égaux entre eux, le présent partage est fait sans soulte ni retour de part et d'autre.

REMISE DE TITRES.

Chacun des copartageants se reconnaît en possession des titres des différents biens à lui abandonnés, comme aussi de la partie du mobilier qui lui a été attribuée; au moyen de quoi, les parties n'ont aucune espèce de répétition à exercer l'une contre l'autre.

Les titres et pièces de famille ont été laissés entre les mains de M. Chevalier aîné, qui le reconnaît, et promet d'en aider, au besoin, ses frère et sœur.

ÉLECTION DE DOMICILE.

Pour l'exécution des présentes, les parties font élection de domicile, etc. Dont acte :

Fait et passé à..., etc.

Enreg.: 5 fr. — [V. CLERC, *Enreg.*, n, 2588, et Form., p. 643; A. MICHAUX, *des Liquidations*.]

828 à 830 (*suite*). . . . . Form. 98.

Partage d'immeubles entre copropriétaires, cohéritiers.

Par-devant Me..., etc., *Furent présents :*

M. Victor Franchet, propriétaire, demeurant à..., *d'une part,*

Et M. François-Théodore Varennes, propriétaire, demeurant à..., *d'autre part,*

Lesquels ont dit que, suivant procès-verbal dressé par Me Boulard, notaire à..., le..., enregistré, sur la licitation poursuivie entre M. Michel-Louis de Pommeuse, ancien député, et Mme Antoinette de Pommeuse, veuve de M. Alexandre de Condé, ils se sont rendus conjointement adjudicataires, par le ministère de Me..., l'un des notaires soussignés, du domaine de Richecote, situé commune de Lieusaint, Etiolles et Soisy, arrondissement de Corbeil, département de Seine-et-Oise, et consistant en bâtiments d'exploitation, terres, prés, bois et autres dépendances.

Cette adjudication a eu lieu au profit de M. Franchet, pour deux tiers, et au profit de M. Varennes, pour un tiers.

Les comparants, voulant procéder au partage de ces immeubles restés indivis entre eux, en ont fait dresser, par M. Dubois, arpenteur-géomètre à Corbeil, qu'ils ont choisi à cet effet, un plan figuré qui contient l'indication de chaque pièce, avec sa contenance en mesures nouvelles. D'après la vérification faite par M. Dubois, ce plan porte le relevé général des quantités, pour les différents biens composant le domaine de Richecote, à 251 hectares 43 ares 35 centiares. Les différentes parties composant le premier lot ci-après désigné, y sont teintées en rose; celles formant le second lot, en bleu, et le troisième lot, en jaune.

Lequel plan, dûment timbré, est demeuré ci-annexé, après avoir été, par les comparants, certifié véritable, et signé en présence des notaires soussignés.

COMPOSITION DES LOTS.

Au moyen de ce travail, les parties ont composé desdits biens trois lots égaux, pour en opérer en suite le partage entre elles, aux charges et conditions qui vont être exprimées.

PREMIER LOT.

Le premier lot comprendra :

1° Les bâtiments d'exploitation ou le corps de ferme, cotés au plan, sous le n° 2, consistant en..., et contenant 32 ares 65 centiares, ci

2° La pièce de terre, cotée au plan, sous le n° 4, située terroir de Lieusaint, lieu dit la *Grande-Mare*, contenant 61 hectares 67 ares 75 centiares, tenant, d'un côté, à la route de Corbeil à Brie; d'autre côté, à la pièce de terre, formant le n° 3 du deuxième lot ci-après; d'un bout, aux héritiers Oufroy, et d'autre bout, à la veuve Desmares, ci

3° La pièce de terre, cotée au plan, sous le n°..., etc.

	CONTENANCES		
	hect.	ares.	cent.
1° Bâtiments d'exploitation (n° 2)	. . .	32	65
2° Pièce de terre (n° 4)	61	67	75
Total du 1er lot. . . .	78	50	90

DEUXIÈME LOT.

Le deuxième lot sera composé :

1° Des bâtiments d'habitation et dépendances cotés au plan, sous le n° 1er, et consistant en une maison de maître, avec cour, etc.; le tout, d'une contenance de 75 ares.

2° De la pièce de terre, cotée au plan, sous le n° 5, ci

	CONTENANCES		
	hect.	ares.	cent.
1° Bâtiments d'habitation (n° 1er)	. . .	75	
2° Pièce de terre (n° 5)	35	97	60
A reporter.	36	72	60

831. Après ces prélèvements, il est procédé, sur ce qui reste dans la masse, à la composition d'autant de lots égaux qu'il y a d'héritiers copartageants, ou de souches copartageantes. (Pr. 978, s.)

832. Dans la formation et composition des lots, on doit éviter, autant que possible, de morceler les héritages et de diviser les exploitations; et il convient de faire entrer dans chaque lot, s'il se peut, la même quantité, de meubles, d'immeubles, de droits ou de créances de mêmes nature et valeur.

833. L'inégalité des lots en nature se compense par un retour, soit en rente, soit en argent.

834. Les lots sont faits par l'un des cohéritiers, s'ils peuvent convenir entre eux sur le choix, et si celui qu'ils avaient choisi accepte la commission : dans le cas contraire, les lots sont faits par un expert que le juge-commissaire désigne.

Ils sont ensuite tirés au sort. (Pr. 978, s.)

835. Avant de procéder au tirage des lots, chaque copartageant est admis à proposer ses réclamations contre leur formation.

836. Les règles établies pour la division des masses à partager, sont également observées dans la subdivision à faire entre les souches copartageantes.

837. Si, dans les opérations renvoyées devant un notaire, il s'élève des contestations, le notaire dressera procès-verbal des difficultés et des dires respectifs des parties, les renverra devant le commissaire nommé pour le partage; et, au surplus, il sera procédé suivant les formes prescrites par les lois sur la procédure. (Pr. 977.)

838. Si tous les cohéritiers ne sont pas présents, ou s'il y a parmi eux des interdits, ou des mineurs, même émancipés le partage doit être fait en justice, conformément aux règles prescrites par les articles 819 et suivants, jusques et y compris l'article précédent. S'il y a plusieurs mineurs qui aient des intérêts opposés dans le partage, il doit leur être donné à chacun un tuteur spécial et particulier. (Pr. 975, 984.)

839. S'il y a lieu à licitation, dans le cas du précédent article, elle ne peut être faite qu'en justice avec les formalités prescrites pour l'aliénation des biens des mineurs. Les étrangers y sont toujours admis. (Pr. 953, s.)

840. Les partages faits conformément aux règles ci-dessus prescrites, soit par les tuteurs, avec l'autorisation d'un conseil de famille, soit par les mineurs émancipés, assistés de leurs curateurs, soit au nom des absents ou non-présents, sont définitifs : ils ne sont que provisionnels, si les règles prescrites n'ont pas été observées.

841. Toute personne, même parente du défunt qui n'est pas son successible, et à laquelle un cohéritier aurait cédé son droit à la succession, peut être écartée du partage, soit par tous les cohéritiers, soit par un seul, en lui remboursant le prix de la cession.

	CONTENANCES.		
	hect.	ares.	cent.
Report.	36	72	60
3° De la pièce de terre, cotée au plan, sous le n°..., etc.			
Total du 2ᵉ lot.	80	35	95
TROISIÈME LOT.			
Le troisième et dernier lot sera composé ainsi qu'il suit :			
1° La pièce de bois des Charmes, coté au n° 15, sise terroir de Soisy, contenant.	3	74	55
2° La pièce de pré appelée le *Pré Fouchard*, cotée au plan, sous le n° 17, tenant d'un bout à..., et contenant. . . .	3	7	20
3° La pièce de terre, etc.			
Total du 3ᵉ lot.	90	82	70
RÉUNION DES LOTS.			
1ᵉʳ lot.	78	50	90
2ᵉ lot.	80	35	95
3ᵉ lot.	90	82	70
Ensemble. . .	249	69	55
Si l'on ajoute les objets communs dont il sera parlé ci-après, et qui forment une contenance, etc.	1	73	80
On trouve un total égal à la contenance générale du domaine de Richecote, ci. . . .	251	43	35

Ces trois lots ainsi composés et reconnus par les parties d'une égale valeur, le second lot a été attribué, d'un commun accord, à M. Varennes, qui l'accepte, et les deux autres lots ont été attribués à M. Franchet, qui les accepte également, pour en jouir et disposer chacun séparément, et ainsi qu'ils aviseront.

Ces abandonnements sont ainsi faits sans aucune soulte ni retour de part ni d'autre.

OBJETS EN COMMUN.

Les parties sont convenues de ne point diviser, et de laisser, au contraire, en commun entre elles : 1° l'avenue conduisant à la maison d'habitation et à la ferme, et cotée au plan sous le n° 22; 2° le terrain vague étant à l'extrémité de l'avenue, et coté au plan, sous le n° 23; 3° le chemin, coté au plan, sous le n°..., et formant séparation entre la 3ᵉ pièce du 1ᵉʳ lot et la 4ᵉ du 2ᵉ lot; 4° le chemin, etc.

JOUISSANCE ET DIVISION DES FERMAGES.

Chacun des copartageants aura la jouissance distincte des biens compris dans son lot, à partir du 11 novembre dernier, et tous les fermages et revenus échus jusqu'à cette époque continueront de leur appartenir dans les proportions déterminées par le procès-verbal d'adjudication susénoncé.

Pour déterminer la part que chacun des copartageants prendra dans les fermages du bail général de la ferme et des terres ci-après énoncé, ils ont fait entre eux la ventilation, dans la proportion des biens compris dans chaque lot, et du prix du bail; il en est résulté, et il demeure convenu et arrêté définitivement, que M. Varennes, comme propriétaire du 2ᵉ lot, aura droit de toucher annuellement sur les fermages dudit bail, 5,300 fr., ci. . . . 5300 »

Et M. Franchet, comme propriétaire des 1ᵉʳ et 3ᵉ lots, aura droit à un fermage annuel de 11,200 francs, ci. . . . . . . 11200 »

Total égal au montant des fermages du bail. . . . . 16500 »

CHARGES ET CONDITIONS.

Le présent partage a été fait et convenu aux charges et conditions suivantes, que chacun des comparants s'oblige, en ce qui le concerne, à exécuter et accomplir, savoir :

1° Chacun des copartageants supportera les servitudes passives qui peuvent grever les biens compris dans son lot, et profitera de celles actives, s'il en existe, le tout à ses risques et périls;

2° Ils seront tenus de conserver la destination actuelle des divers objets laissés en commun, sans pouvoir en changer la nature, si ce n'est d'un consentement réciproque. Toutefois, chacun des copartageants pourra planter sur la limite de son terrain, et des chemins ou avenues, tels arbres que bon lui semblera, et qui demeureront sa propriété particulière;

3° Ils entretiendront, chacun en ce qui le concerne, le bail général fait à M. Ferdinand Garnot et dame Marguerite Hardy, son épouse, par les précédents propriétaires, pour 18 années qui ont commencé le 11 novembre 1861, suivant acte passé devant Mᵉ..., notaire à..., le...;

4° Chacun des copartageants acquittera, à partir du 11 novembre dernier, les contributions des biens compris dans son lot et qui ne se trouvent pas à la charge du fermier;

5° Les frais et honoraires d'arpentage et de plan, et ceux auxquels ces présentes donneront ouverture, seront supportés par les parties, dans la proportion de leurs droits, c'est-à-dire par M. Franchet, pour deux tiers, et par M. Varennes, pour un tiers.

REMISE DE TITRES.

Chacun des copartageants se reconnaît en possession des titres particuliers des biens à lui abandonnés;

Mais M. Franchet conserve, pour en aider M. Varennes, à toute réquisition et sur récépissé, les titres communs, savoir :

Election de domicile. Dont acte.

Enreg. : 5 fr. — [CLERC, Enreg. 2588, Form., p. 643; A. MICHAUX, *des Liquidations*.]

831 à 836 [465 et s., 840 ; — V. 828 et s., Form. 90 à 98; 848, 850 et s., 868 et s.]

837 et 838. . . . . Form. **99.**

Procès-verbal de difficultés.

L'an..., le..., Devant Mᵉ N..., commis par jugement, etc.,

Ont comparu : — M... et M...,

Agissant...

Lesquels, ayant pris communication, par la lecture que leur en a faite le notaire soussigné, de l'état des comptes, liquidation et partage des biens dépendant de la communauté d'entre M... et Mme..., et de la succession de M..., ledit état dressé par Mᵉ..., le...,

Ont déclaré contester plusieurs points desdites opérations qui leur paraissent erronés.

A cet effet, ils ont exposé ainsi qu'il suit les difficultés et contestations soulevées par eux :

Difficultés soulevées par M. A...

Premier point.

M. A... proteste contre la qualité d'héritier pour un cinquième prise, dans l'inventaire, par Mme..., comme enfant naturel du *de cujus.*

Il soutient que cette dame, née peu de temps après la dissolution du premier mariage de M... avec Mme..., est une enfant adultérine ; que, par suite, elle doit être écartée entièrement du partage, aux termes de l'art..., etc...

Deuxième point.

(*Continuer la nomenclature des contestations faites par les parties*).

Difficultés soulevées par M. B...

De son côté, M. B... soutient que..., etc.

Desquelles contestations et répliques les parties ont requis Mᵉ N... de leur donner acte, ce qui leur a été octroyé pour servir ce que de droit.

Et pour vider les difficultés qui divisent les parties, Mᵉ X... les a renvoyées devant M. le juge-commissaire.

En conséquence, l'expédition de l'état liquidatif susénoncé et le présent procès-verbal seront remis au greffe du tribunal civil, conformément à l'art. 977, C. proc.

De tout ce que dessus, etc.

[Voir A. MICHAUX, *des Liquidations*, p. 598.]

839 [806, 1657]; — **840** [828, 834, 842]. .

841. . . . . Form. **100.**

Retrait successoral.

Par-devant Mᵉ...,　　*Furent présents :*

Mlle Léontine Deshayes, majeure, demeurant à...,

d'une part;

Et M. Jules Lefebvre, avocat, demeurant à...,

d'autre part,

Lesquels ont dit et arrêté ce qui suit :

M. François Deshayes est décédé à..., le..., laissant, pour seuls héritiers, chacun pour un quart, Mlle Deshayes, comparante, sa fille, M. Léon Deshayes, son fils, et deux autres enfants, ainsi qu'il est constaté par l'intitulé de l'inventaire fait, après son décès, par Mᵉ..., notaire à..., le..., enregistré.

Depuis cet inventaire, et suivant deux actes passés en minute devant Mᵉ..., notaire à..., un même jour, le..., enregistré, M. Léon Deshayes a transporté à M. Lefebvre, comparant, tous ses droits successifs, mobiliers et immobiliers, dans la succession du feu sieur Deshayes, son père, moyennant la somme de 3,000 fr. pour les droits immobiliers, et celle de 5,000 fr. pour les droits mobiliers : en tout, 8,000 fr., dont lesdits actes contiennent quittance; et, en outre, à la charge d'acquitter, aux lieu et place de M. Deshayes, la portion dont il pouvait être tenu dans toutes les dettes et charges de la succession sans exception, ainsi que tous droits de mutation.

Par exploit de..., huissier à..., en date du..., enregistré, M. Lefebvre a fait signifier ces deux actes de transport à tous les cohéritiers de M. Deshayes.

Mais, par un exploit du ministère de..., huissier à..., en date du..., enregistré, Mlle Deshayes, comparante, a déclaré à M. Lefebvre qu'elle entendait exercer pour son compte, envers lui, le retrait successoral sur les droits à lui cédés par les deux transports susénoncés, avec offre de lui rembourser le prix de la cession et tous intérêts et loyaux coûts légitimement dus, le tout conformément à l'art. 811, C. Nap.

Sur cette signification, M. Lefebvre a déclaré qu'il était prêt à réaliser, aux frais de Mlle Deshayes, le retrait demandé par elle.

Et, en conséquence, il a, par ces présentes, cédé et transporté, sans aucune espèce de garantie,

A Mlle Léontine Deshayes, qui l'accepte.

Tous les droits mobiliers et immobiliers qui lui avaient été cédés par M. Léon Deshayes, dans la succession de M. Deshayes père, aux termes des deux actes de transport susénoncés,

Pour en jouir et disposer comme de chose à elle appartenant en toute propriété et jouissance, ainsi que M. Lefebvre avait lui-même le droit de le faire.

Et à l'instant Mlle Deshayes a remboursé à M. Lefebvre, qui le reconnaît :

1° La somme principale de 8,000 fr. formant le prix des deux transports faits à son profit par M. Deshayes, ci. . . . . 8000 »

2° La somme de 350 fr. pour intérêts de ces 8,000 fr. calculés jusqu'à ce jour, ci. . . 350 »

3° Et la somme de 450 fr. pour les frais et loyaux coûts des deux transports susénoncés, ci. . . . . 450 »

Total, 8,800 fr., ci. . . . . 8800 »

De laquelle somme de 8,800 fr., M. Lefebvre quitte et décharge Mlle Deshayes, ainsi que de toutes choses relatives à la cession dont il s'agit : et par suite, il la met et subroge dans tous les droits et actions qu'il pouvait avoir dans la succession de M. Deshayes père.

Au moyen des présentes, Mlle Deshayes sera tenue d'acquitter ainsi qu'elle s'y oblige, aux lieu et place de M. Lefebvre, la portion dont celui-ci pouvait être tenu, en sa qualité de cessionnaire de M. Léon Deshayes, dans toutes les dettes et charges de la...

842. Après le partage, remise doit être faite à chacun des copartageants, des titres particuliers aux objets qui lui seront échus.

Les titres d'une propriété divisée restent à celui qui a la plus grande part, à la charge d'en aider ceux de ses copartageants qui y auront intérêt, quand il en sera requis.

Les titres communs à toute l'hérédité sont remis à celui que tous les héritiers ont choisi pour en être le dépositaire, à la charge d'en aider les copartageants, à toute réquisition.

S'il y a difficulté sur ce choix, il est réglé par le juge.

SECT. II. — *Des rapports.*

843. Tout héritier, même bénéficiaire, venant à une succession, doit rapporter à ses cohéritiers tout ce qu'il a reçu du défunt, par donation entre-vifs directement ou indirectement : il ne peut retenir les dons ni réclamer les legs à lui faits par le défunt, à moins que les dons et legs ne lui aient été faits expressément par préciput et hors part, ou avec dispense de rapport.

844. Dans le cas même où les dons et legs auraient été faits par préciput ou avec dispense du rapport, l'héritier venant à partage ne peut les retenir que jusqu'à concurrence de la quotité disponible : l'excédant est sujet à rapport.

845. L'héritier qui renonce à la succession, peut cependant retenir le don entre-vifs, ou réclamer le legs à lui fait, jusqu'à concurrence de la portion disponible.

846. Le donataire qui n'était pas héritier présomptif lors de la donation, mais qui se trouve successible au jour de l'ouverture de la succession, doit également le rapport, à moins que le donateur ne l'en ait dispensé.

847. Les dons faits au fils de celui qui se trouve successible à l'époque de l'ouverture de la succession, sont toujours réputés faits avec dispense du rapport.

Le père venant à la succession du donateur, n'est pas tenu de les rapporter.

848. Pareillement, le fils venant de son chef à la succession du donateur, n'est pas tenu de rapporter le don fait à son père, même quand il aurait accepté la succession de celui-ci : mais si le fils ne vient que par représentation, il doit rapporter ce qui avait été donné à son père, même dans le cas où il aurait répudié sa succession.

849. Les dons et legs faits au conjoint d'un époux successible, sont réputés faits avec dispense du rapport.

Si les dons et legs sont faits conjointement à deux époux, dont l'un seulement est successible, celui-ci en rapporte la moitié ; si les dons sont faits à l'époux successible, il les rapporte en entier.

850. Le rapport ne se fait qu'à la succession du donateur.

851. Le rapport est dû de ce qui a été employé pour l'établissement d'un des cohéritiers, ou pour le paiement de ses dettes.

852. Les frais de nourriture, d'entretien, d'éducation, d'apprentissage, les frais ordinaires d'équipement, ceux de noces et présents d'usage, ne doivent pas être rapportés.

853. Il en est de même des profits que l'héritier a pu retirer de conventions passées avec le défunt, si ces conventions ne présentaient aucun avantage indirect, lorsqu'elles ont été faites.

854. Pareillement, il n'est pas dû de rapport pour les associations faites sans fraude entre le défunt et l'un de ses héritiers, lorsque les conditions en ont été réglées par un acte authentique. [Com. 18, s.]

855. L'immeuble qui a péri par cas fortuit et sans la faute du donataire, n'est pas sujet à rapport.

856. Les fruits et les intérêts des choses sujettes à rapport ne sont dus qu'à compter du jour de l'ouverture de la succession.

857. Le rapport n'est dû que par le cohéritier à son cohéritier ; il n'est pas dû aux légataires ni aux créanciers de la succession.

858. Le rapport se fait en nature ou en moins prenant.

859. Il peut être exigé en nature, à l'égard des immeubles, toutes les fois que l'immeuble donné n'a pas été aliéné par le donataire, et qu'il n'y a pas, dans la succession, d'immeuble de mêmes nature, valeur et bonté, dont on puisse former des lots à peu près égaux pour les autres cohéritiers.

860. Le rapport n'a lieu qu'en moins prenant, quand le donataire a aliéné l'immeuble avant l'ouverture de la succession ; il est dû de la valeur de l'immeuble à l'époque de l'ouverture.

861. Dans tous les cas, il doit être tenu compte au donataire, des impenses qui ont amélioré la chose, eu égard à ce dont sa valeur se trouve augmentée au temps du partage.

862. Il doit être pareillement tenu compte au donataire, des impenses nécessaires qu'il a faites pour la conservation de la chose, encore qu'elles n'aient point amélioré le fonds.

863. Le donataire, de son côté, doit tenir compte des dégradations et détériorations qui ont diminué la valeur de l'immeuble, par son fait ou par sa faute et négligence.

864. Dans le cas où l'immeuble a été aliéné par le donataire, les améliorations ou dégradations faites par l'acquéreur doivent être imputées conformément aux trois articles précédents.

865. Lorsque le rapport se fait en nature, les biens se réunissent à la masse de la succession, francs et quittes de toutes charges créées par le donataire ; mais les créanciers ayant hypothèque peuvent intervenir au partage, pour s'opposer à ce que le rapport se fasse en fraude de leurs droits.

866. Lorsque le don d'un immeuble fait à un successible avec dispense du rapport excède la portion disponible, le rapport de l'excédant se fait en nature, si le retranchement de cet excédant peut s'opérer commodément.

Dans le cas contraire, si l'excédant est de plus de moitié de la valeur de l'immeuble, le donataire doit rapporter l'immeuble, en totalité, sauf à prélever sur la masse la valeur de la portion disponible : si cette portion excède la moitié de la valeur de l'immeuble, le donataire peut retenir l'immeuble en totalité, sauf à moins prendre, et à récompenser ses cohéritiers en argent ou autrement.

867. Le cohéritier qui fait le rapport en nature d'un immeuble, peut en retenir la possession jusqu'au remboursement effectif des sommes qui lui sont dues pour impenses ou améliorations.

868. Le rapport du mobilier ne se fait qu'en moins prenant. Il se fait sur le pied de la valeur du mobilier lors de la donation, d'après l'état estimatif annexé à l'acte ; et, à défaut de cet état, d'après une estimation par experts, à juste prix et sans crue. [Pr. 302, s.]

869. Le rapport de l'argent donné se fait en moins prenant dans le numéraire de la succession.

En cas d'insuffisance, le donataire peut se dispenser de rapporter du numéraire, en abandonnant, jusqu'à due concurrence, du mobilier et à défaut de mobilier, des immeubles de la succession.

SECT. III.—*Du Paiement des dettes.*

870. Les cohéritiers contribuent entre eux au paiement des dettes et charges de la succession, chacun dans la proportion de ce qu'il y prend.

871. Le légataire à titre universel contribue avec les héritiers, au prorata de son émolument ; mais le légataire particulier n'est pas tenu des dettes et charges, sauf toutefois l'action hypothécaire sur l'immeuble légué.

872. Lorsque des immeubles d'une succession sont grevés de rentes par hypothèque spéciale, chacun des héritiers peut exiger que les rentes soient remboursées et les immeubles rendus libres avant qu'il soit procédé à la formation des lots. Si les cohéritiers partagent la succession dans l'état où elle se trouve, l'immeuble grevé doit être estimé au même taux que les autres immeubles, il est fait déduction du capital de la rente sur le prix total ; l'héritier dans le lot duquel tombe cet immeuble, demeure seul chargé du service de la rente, et il doit en garantir ses cohéritiers.

873. Les héritiers sont tenus des dettes et charges de la succession, personnellement pour leur part et portion virile, et hypothécairement pour le tout ; sauf leur recours, soit contre leurs cohéritiers, soit contre les légataires universels, à raison de la part pour laquelle ils doivent y contribuer.

874. Le légataire particulier qui a acquitté la dette dont l'immeuble légué était grevé, demeure subrogé aux droits du créancier contre les héritiers et successeurs à titre universel.

875. Le cohéritier ou successeur à titre universel, qui, par l'effet de l'hypothèque, a payé au-delà de sa part de la dette commune, n'a de recours contre les autres cohéritiers ou successeurs à titre universel, que pour la part que chacun d'eux doit personnellement en supporter, même dans le cas où le cohéritier qui a payé la dette se serait fait subroger aux droits des créanciers ; sans préjudice néanmoins des droits d'un cohéritier qui, par l'effet du bénéfice d'inventaire, aurait conservé la faculté de réclamer le paiement de sa créance personnelle, comme tout autre créancier.

876. En cas d'insolvabilité d'un des cohéritiers ou successeurs à titre universel, sa part dans la dette hypothécaire est répartie sur tous les autres, au marc le franc.

877. Les titres exécutoires contre le défunt sont pareillement exécutoires contre l'héritier personnellement ; et néanmoins les créanciers ne pourront en poursuivre l'exécution que huit jours après la signification de ces titres à la personne ou au domicile de l'héritier. [Pr. 545.]

878. Ils peuvent demander, dans tous les cas, et contre tout créancier, la séparation du patrimoine du défunt d'avec le patrimoine de l'héritier.

879. Ce droit ne peut cependant plus être exercé, lorsqu'il y a novation dans la créance contre le défunt, par l'acceptation de l'héritier pour débiteur.

880. Il se prescrit, relativement aux meubles, par le laps de trois ans.

À l'égard des immeubles, l'action peut être exercée tant qu'ils existent dans la main de l'héritier. [Pr. 834.]

881. Les créanciers de l'héritier ne sont point admis à demander la séparation des patrimoines contre les créanciers de la succession.

882. Les créanciers d'un copartageant, pour éviter que le partage ne soit fait en fraude de leurs droits, peuvent s'opposer à ce qu'il y soit procédé hors de leur présence : ils ont le droit d'y intervenir à leurs frais ; mais ils ne peuvent attaquer un partage consommé, à moins toutefois qu'il n'y ait été procédé sans eux et au préjudice d'une opposition qu'ils auraient formée.

---

dite succession, de manière qu'il ne soit jamais inquiété, poursuivi, ni recherché à ce sujet.

Reconnaît, Mlle Deshayes, que M. Lefebvre lui a remis les expéditions des deux transports faits à son profit, et l'original de la signification qui en a été faite, —Dont décharge.

Pour faire signifier ces présentes à qui il appartiendra, tout pouvoir est donné au porteur d'une expédition ou extrait ;

Et, pour leur exécution, les parties font élection de domicile, etc.   Dont acte :

Fait et passé, etc.

Enreg. : 0 fr. 50 c. p. 100. — [V. Clerc, Enreg., n. 1119, et Form., p. 273].

842 [827 et s.]. . . . .

843 [844, 893 et s.]. . . Form. **101.**

Dispense de rapport.

Par-devant M*..., etc.,   *Fut présente* :

Mme Anne-Victoire Clémencé, veuve de M. Adrien Novillard, propriétaire, demeurant à...,

Laquelle, voulant donner à M. Auguste Clémencé, son neveu, docteur en médecine, demeurant à....

A déclaré qu'elle le dispense formellement de rapporter à une succession la maison située à Paris, rue..., n°..., dont elle lui a fait donation entre-vifs, suivant acte passé devant M*..., notaire à..., le..., enregistré,

Entendant qu'il conserve cette maison par préciput et hors part, sans aucune imputation sur sa part héréditaire, ce qui est accepté par M. Novillard, donataire, à ce présent,   Dont acte :

Fait et passé, etc.

Enreg. : 2 fr. — [V. Clerc, Enreg., n. 121, 2149, et Form., p. 468].

844 à **881** [827 et s.]. . . . .

882. . . . . Form. **102.**

Mainlevée d'opposition à partage.

Par-devant M*...,   *Fut présent* :

M. Louis Hérold, propriétaire, demeurant à...,

Lequel a, par ces présentes, déclaré renoncer purement et simplement à l'effet de la signification faite par exploit de..., huissier à..., en date du..., enregistré, à sa requête, en qualité de créancier de

SECT. IV. — *Des effets du partage, et de la garantie des lots.*

883 Chaque cohéritier est censé avoir succédé seul et immédiatement à tous les effets compris dans son lot, ou à lui échus sur licitation, et n'avoir jamais eu la propriété des autres effets de la succession.

884. Les cohéritiers demeurent respectivement garants, les uns envers les autres, des troubles et évictions seulement qui procèdent d'une cause antérieure au partage.

La garantie n'a pas lieu, si l'espèce d'éviction soufferte a été exceptée par une clause particulière et expresse de l'acte de partage ; elle cesse, si c'est par sa faute que le cohéritier souffre l'éviction.

885. Chacun des cohéritiers est personnellement obligé, en proportion de sa part héréditaire, d'indemniser son cohéritier de la perte que lui a causée l'éviction.

Si l'un des cohéritiers se trouve insolvable, la portion dont il est tenu doit être également répartie entre le garanti et tous les cohéritiers solvables.

886. La garantie de la solvabilité du débiteur d'une rente ne peut être exercée que dans les cinq ans qui suivent le partage. Il n'y a pas lieu à garantie à raison de l'insolvabilité du débiteur, quand elle n'est survenue que depuis le partage consommé.

SECT. V. — *De la rescision en matière de partage.*

887. Les partages peuvent être rescindés pour cause de violence ou de dol.

Il peut aussi y avoir lieu à rescision, lorsqu'un des cohéritiers établit, à son préjudice, une lésion de plus du quart. La simple omission d'un objet de la succession ne donne pas ouverture à l'action en rescision, mais seulement à un supplément à l'acte de partage.

888. L'action en rescision est admise contre tout acte qui a pour objet de faire cesser l'indivision entre cohéritiers, encore qu'il fût qualifié de vente, d'échange et de transaction, ou de toute autre manière.

Mais après le partage, ou l'acte qui en tient lieu, l'action en rescision n'est plus admissible contre la transaction faite sur les difficultés réelles que présentait le premier acte, même quand il n'y aurait pas eu à ce sujet de procès commencé.

889. L'action n'est pas admise contre une vente de droit successif faite sans fraude à l'un des cohéritiers, à ses risques et périls, par ses autres cohéritiers ou par l'un d'eux.

890. Pour juger s'il y a eu lésion, on estime les objets suivant leur valeur à l'époque du partage.

891. Le défendeur à la demande en rescision peut en arrêter le cours et empêcher un nouveau partage, en offrant et en fournissant au demandeur le supplément de sa portion héréditaire, soit en numéraire, soit en nature.

892. Le cohéritier qui a aliéné son lot en tout ou partie, n'est plus recevable à intenter l'action en rescision pour dol ou violence, si l'aliénation qu'il a faite est postérieure à la découverte du dol, ou à la cessation de la violence.

TITRE II.

DES DONATIONS ENTRE-VIFS ET DES TESTAMENTS.

Décrété le 13 floréal an XI (3 mai 1803). — Promulgué le 23 floréal (13 mai).

CHAP. Ier. — DISPOSITIONS GÉNÉRALES.

893. On ne pourra disposer de ses biens, à titre gratuit, que par donation entre-vifs ou par testament, dans les formes ci-après établies.

894. La donation entre-vifs est un acte par lequel le donateur se dépouille actuellement et irrévocablement de la chose donnée, en faveur du donataire qui l'accepte.

895. Le testament est un acte par lequel le testateur dispose, pour le temps où il n'existera plus, de tout ou partie de ses biens, et qu'il peut révoquer.

896. Les substitutions sont prohibées.

Toute disposition par laquelle le donataire, l'héritier institué, ou le légataire, sera chargé de conserver et de rendre à un tiers, sera nulle, même à l'égard du donataire, de l'héritier institué, ou du légataire.

Néanmoins les biens libres formant la dotation d'un titre héréditaire que l'Empereur aurait érigé en faveur d'un prince ou d'un chef de famille, pourront être transmis héréditairement, ainsi qu'il est réglé par l'acte du 30 mars 1806 et par celui du 14 août suivant.

897. Sont exceptées des deux premiers paragraphes de l'article précédent les dispositions permises aux pères et mères et aux frères et sœurs, au chapitre VI du présent titre.

898. La disposition par laquelle un tiers serait appelé à recueillir le don, l'hérédité ou le legs, dans le cas où le donataire, l'héritier institué ou le légataire, ne le recueillerait pas, ne sera pas regardée comme une substitution, et sera valable.

899. Il en sera de même de la disposition entre-vifs ou testamentaire par laquelle l'usufruit sera donné à l'un, et la nue propriété à l'autre.

900. Dans toute disposition entre-vifs ou testamentaire, les conditions impossibles, celles qui seront contraires aux lois ou aux mœurs, seront réputées non écrites.

CHAP. II. — DE LA CAPACITÉ DE DISPOSER OU DE RECEVOIR PAR DONATION ENTRE-VIFS OU PAR TESTAMENT.

901. Pour faire une donation entre-vifs ou un testament, il faut être sain d'esprit.

902. Toutes personnes peuvent disposer et recevoir, soit par donation entre-vifs, soit par testament, excepté celles que la loi en déclare incapables.

903. Le mineur âgé de moins de seize ans ne pourra aucunement disposer, sauf ce qui est réglé au chapitre IX du présent titre.

904. Le mineur parvenu à l'âge de seize ans ne pourra disposer que par testament, et jusqu'à concurrence seulement de la moitié des biens dont la loi permet au majeur de disposer.

905. La femme mariée ne pourra donner entre-vifs sans l'assistance ou le consentement spécial de son mari, ou sans y être autorisée par la justice, conformément à ce qui est prescrit par les articles 217 et 219, au titre *du Mariage*.

Elle n'aura besoin ni de consentement de mari, ni d'autorisation de la justice, pour disposer par testament.

906. Pour être capable de recevoir entre-vifs, il suffit d'être conçu au moment de la donation.

Pour être capable de recevoir par testament, il suffit d'être conçu à l'époque du décès du testateur.

Néanmoins la donation ou le testament n'auront leur effet qu'autant que l'enfant sera né viable.

907. Le mineur, quoique parvenu à l'âge de seize ans, ne pourra, même par testament, disposer au profit de son tuteur.

Le mineur, devenu majeur, ne pourra disposer, soit par donation entre-vifs, soit par testament, au profit de celui qui aura été son tuteur, si le compte définitif de la tutelle n'a été préalablement rendu et apuré.

Sont exceptés, dans les deux cas ci-dessus, les ascendants des mineurs, qui sont ou qui ont été leurs tuteurs. [Pr. 527, s.]

908. Les enfants naturels ne pourront, par donation entre-vifs ou par testament, rien recevoir au delà de ce qui leur est accordé au titre *des Successions*.

909. Les docteurs en médecine ou en chirurgie, les officiers de santé et les pharmaciens qui auront traité une personne pendant la maladie dont elle meurt, ne pourront profiter des dispositions entre-vifs ou testamentaires qu'elle aurait faites en leur faveur pendant le cours de cette maladie.

Sont exceptées : 1° les dispositions rémunératoires faites à titre particulier, en égard aux facultés du disposant et aux services rendus ;

2° Les dispositions universelles, dans le cas de parenté jusqu'au quatrième degré inclusivement, pourvu toutefois que le décédé n'ait pas d'héritiers en ligne directe ; à moins que celui au profit de qui la disposition a été faite, ne soit lui-même du nombre de ses héritiers.

Les mêmes règles seront observées à l'égard du ministre du culte.

910 Les dispositions entre-vifs ou par testament, au profit des hospices, des pauvres d'une commune, ou d'établissements d'utilité publique, n'auront leur effet qu'autant qu'elles seront autorisées par un décret impérial.

M. Jérôme Platret, vitrier, demeurant à..., entre les mains de M. Lucien Raguel, propriétaire, et de dame Françoise Platret, son épouse, demeurant à..., à l'effet de s'opposer à ce qu'il soit procédé à aucune liquidation ou partage de la succession de M. Théodore Platret, père dudit sieur Jérôme Platret et de la dame Raguel, hors la présence du comparant ou lui dûment appelé ;

Consentant que cette opposition soit considérée comme nulle, non faite, ni avenue, et que lesdits sieur Platret et sieur et dame Raguel procèdent entre eux, comme ils l'aviseront, aux compte, liquidation et partage de ladite succession, sans avoir besoin de la présence ni de consentement du comparant. Dont acte :

Fait et passé, etc.

Enreg. : 2 fr. — [V. CLERC, Enreg., n. 228, et Form., p. 93.]

883 à 892 [827 et s.] ;—893 ;—894 [931, 938, 943, 1480] ;—895 [967 et s., 970, 1017, 1413] ;—896 [1048 et s.] ;—897 et 898 [1048 et s.] : — 899 [967 et s.] ;—900 à 904 ;—905 [217 et s., 776, 934, 1029, 1449, 1538, 1576, 1743], — 906 à 909. . . . .

910 [937, 967, 1480]. . . Form. **103**.

Donation à des établissements publics.

Donation à un hospice.

Par-devant M*..., etc., *Fut présenté :*

Mme Louise-Caroline Leprince, veuve de M. Etienne Balland, propriétaire, demeurant à...,

Laquelle a, par ces présentes, fait donation entre-vifs et irrévocable,

A l'hôpital de Baume-les-Dames, sa ville natale,

De la somme de 12,000 fr. qu'elle s'oblige à payer et verser ès mains de qui il appartiendra, aussitôt que la présente donation aura été dûment acceptée, avec les autorisations nécessaires.

Mme Balland entend que cette somme de 12,000 francs soit immédiatement employée en acquisition de rentes sur l'Etat, dont le revenu servira : 1° à l'établissement et à l'entretien de deux nouveaux lits dans ledit hôpital, pour des ouvriers blessés ou infirmes, dont le choix appartiendra exclusivement à Mme Balland, et, après elle, à sa fille aînée, Mme Champreux ;

2° Et à payer les frais d'entretien et d'éducation d'une jeune orpheline sans fortune, dont le choix appartiendra également à Mme Balland et à sa fille, mais qui sera confiée aux soins et à la direction des sœurs de charité dudit hôpital.

En cas d'inexécution des conditions qui viennent d'être stipulées la présente donation sera révoquée, et Mme Balland aura le droit de répéter le capital de 12,000 fr. Dont acte.

Fait et passé, etc.

Enreg. : 9 fr. p. 100 après acceptation. — [V. CLERC, Enreg., n. 2103, et Form., p. 472.]

910 (*suite*). . . . . Form. **104**.

Donation à une fabrique.

Par-devant M*..., *Fut présenté :*

Mme Sophie Marin, veuve de M. Henri Baudrand, en son vivant...,

Laquelle a, par ces présentes, fait donation entre-vifs et irrévocable,

A la fabrique de la paroisse de l'Assomption de Paris,

D'une rente de 200 fr. sur l'Etat 3 p. 100, inscrite au grand-livre de la dette publique, sous le n° 347 de la 5e série, au nom de cette dame,

Pour en jouir et disposer en toute propriété par ladite fabrique, aussitôt qu'elle aura été régulièrement autorisée à accepter cette donation, et avoir droit aux arrérages, à compter du 22 sept. dernier.

La présente donation est ainsi faite volontairement par Mme veuve Baudrand, sous les charges et conditions suivantes que ladite fabrique sera tenue d'exécuter, savoir :

1° De faire célébrer chaque année à perpétuité le 10 août, en l'église de l'Assomption, un service pour le repos de l'âme du général Baudrand, mari de la donatrice, décédé en cette paroisse, le 10 août dernier ;

2° De faire dire chaque année, la veille de sainte Sophie, patronne de la donatrice, en la même église et pendant sa vie une grand'messe à son intention, et de faire célébrer tous les ans, à perpétuité, après le décès de la donatrice, un service funèbre pour le repos de son âme, le jour anniversaire de son décès ;

3° Et de distribuer aux pauvres de la même paroisse, à l'issue de chaque messe ou service, la somme de vingt-cinq francs, soit en argent, soit en objets de première nécessité, au choix des administrateurs de la fabrique.

911. Toute disposition au profit d'un incapable sera nulle, soit qu'on la désigne sous la forme d'un contrat onéreux, soit qu'on la fasse sous le nom de personnes interposées.

Seront réputés personnes interposées, les père et mère, les enfants et descendants, et l'époux de la personne incapable.

912. On ne pourra disposer au profit d'un étranger, que dans le cas où cet étranger pourrait disposer au profit d'un Français.

CHAP. III. — DE LA PORTION DISPONIBLE, ET DE LA RÉDUCTION.

SECT. 1re — *De la portion de biens disponible.*

913. Les libéralités, soit par actes entre-vifs, soit par testament, ne pourront excéder la moitié des biens du disposant, s'il ne laisse à son décès qu'un enfant légitime; le tiers, s'il laisse deux enfants; le quart, s'il en laisse trois ou un plus grand nombre.

914. Sont compris dans l'article précédent, sous le nom d'*enfants*, les descendants en quelque degré que ce soit; néanmoins ils ne sont comptés que pour l'enfant qu'ils représentent dans la succession du disposant.

915. Les libéralités, par actes entre-vifs ou par testament, ne pourront excéder la moitié des biens, si, à défaut d'enfant, le défunt laisse un ou plusieurs ascendants dans chacune des lignes paternelle et maternelle; et les trois quarts, s'il ne laisse d'ascendants que dans une ligne.

Les biens ainsi réservés au profit des ascendants, seront par eux recueillis dans l'ordre où la loi les appelle à succéder; ils auront seuls droit à cette réserve, dans tous les cas où un partage en concurrence avec des collatéraux ne leur donnerait pas la quotité de biens à laquelle elle est fixée.

916. A défaut d'ascendants et de descendants, les libéralités par actes entre-vifs ou testamentaires pourront épuiser la totalité des biens.

917. Si la disposition par acte entre-vifs ou par testament est d'un usufruit ou d'une rente viagère dont la valeur excède la quotité disponible, les héritiers au profit desquels la loi fait une réserve, auront l'option, ou d'exécuter cette disposition, ou de faire l'abandon de la propriété de la quotité disponible.

918. La valeur en pleine propriété des biens aliénés, soit à charge de rente viagère, soit à fonds perdu, ou avec réserve d'usufruit, à l'un des successibles en ligne directe, sera imputée sur la portion disponible; et l'excédant, s'il y en a, sera rapporté à la masse. Cette imputation et ce rapport ne pourront être demandés par ceux des autres successibles en ligne directe qui auraient consenti ces aliénations, ni, dans aucun cas, par les successibles en ligne collatérale.

919. La quotité disponible pourra être donnée en tout ou en partie, soit par acte entre-vifs, soit par testament, aux enfants ou autres successibles du donateur, sans être sujette au rapport par le donataire ou le légataire venant à la succession, pourvu que la disposition ait été faite expressément à titre de préciput ou hors part.

La déclaration que le don ou le legs est à titre de préciput ou hors part, pourra être faite, soit par l'acte qui contiendra la disposition, soit postérieurement dans la forme des dispositions entre-vifs ou testamentaires.

SECT. II.—*De la réduction des donations et legs.*

920. Les dispositions soit entre-vifs, soit à cause de mort, qui excéderont la quotité disponible, seront réductibles à cette quotité lors de l'ouverture de la succession.

921. La réduction des dispositions entre-vifs ne pourra être demandée que par ceux au profit desquels la loi fait la réserve, par leurs héritiers ou ayants cause; les donataires, les légataires, ni les créanciers du défunt, ne pourront demander cette réduction, ni en profiter.

922. La réduction se détermine en formant une masse de tous les biens existant au décès du donateur ou testateur. On y réunit fictivement ceux dont il a été disposé par donation entre-vifs, d'après leur état à l'époque des donations et leur valeur au temps du décès du donateur. On calcule sur tous ces biens, après en avoir déduit les dettes, quelle est, eu égard à la qualité des héritiers qu'il laisse, la quotité dont il a pu disposer.

923. Il n'y aura jamais lieu à réduire les donations entre-vifs, qu'après avoir épuisé la valeur de tous les biens compris dans les dispositions testamentaires; et lorsqu'il y aura lieu à cette réduction, elle se fera en commençant par la dernière donation, et ainsi de suite en remontant des dernières aux plus anciennes.

924. Si la donation entre-vifs réductible a été faite à l'un des successibles, il pourra retenir, sur les biens donnés, la valeur de la portion qui lui appartiendrait, comme héritier, dans les biens non disponibles, s'ils sont de la même nature.

925. Lorsque la valeur des donations entre-vifs excédera ou égalera la quotité disponible, toutes les dispositions testamentaires seront caduques.

926. Lorsque les dispositions testamentaires excéderont, soit la quotité disponible, soit la portion de cette quotité qui resterait après avoir déduit la valeur des donations entre-vifs, la réduction sera faite au marc le franc, sans aucune distinction entre les legs universels et les legs particuliers.

927. Néanmoins, dans tous les cas où le testateur aura expressément déclaré qu'il entend que tel legs soit acquitté de préférence aux autres, cette préférence aura lieu; et le legs qui en sera l'objet, ne sera réduit qu'autant que la valeur des autres ne remplirait pas la réserve légale.

928. Le donataire restituera les fruits de ce qui excédera la portion disponible, à compter du jour du décès du donateur, si la demande en réduction a été faite dans l'année; sinon, du jour de la demande.

929. Les immeubles à recouvrer par l'effet de la réduction, le seront sans charge de dettes ou hypothèques créées par le donataire.

930. L'action en réduction ou revendication pourra être exercée par les héritiers contre les tiers détenteurs des immeubles faisant partie des donations et aliénés par les donataires, de la même manière et dans le même ordre que contre les donataires eux-mêmes, et discussion préalablement faite de leurs biens. Cette action devra être exercée suivant l'ordre des dates des aliénations, en commençant par la plus récente.

CHAP. IV. — DES DONATIONS ENTRE-VIFS.

SECT. 1er. — *De la forme des donations entre-vifs.*

931. Tous actes portant donation entre-vifs seront passés devant notaires, dans la forme ordinaire des contrats; et il en restera minute, sous peine de nullité.

Sous la foi de l'entière exécution des charges et conditions qui viennent d'être stipulées, Mme veuve Baudraud consent que l'inscription de rente susénoncée soit immatriculée au nom de la fabrique de la paroisse de l'Assomption, et elle autorise, en conséquence, Me...., l'un des notaires soussignés, à délivrer, après l'acceptation régulière des présentes, tout certificat de propriété nécessaire. Dont acte :

Fait et passé, etc.

Enreg. : Voy. ci-dessus.— [V. CLERC, Enreg., n. 2163, et Form., p. 472.]

910 (*suite*) [1048, 1480]. Form. 105.

Acceptation de donation par des administrateurs.

Par-devant Me.., et son collègue, notaires à....., soussignés, *Furent présents :*

MM...., etc.,

Tous composant le conseil administratif de l'hospice civil de Baume, et demeurant en cette ville,

Lesquels, en exécution de l'ordonnance de l'Empereur, en date du 12 juin dernier, qui autorise le conseil administratif dudit hospice à accepter la donation ci-après énoncée, avec les charges qu'elle impose,

Ont, par ces présentes, déclaré accepter formellement la donation faite, en faveur dudit hospice, par Mme Caroline Leprince, veuve de M. Etienne Balland, demeurant à..., d'une somme de 12,000 fr. en deniers, qu'elle s'est obligée de payer, aussitôt après la présente acceptation, suivant acte passé devant Me..., notaire à...., le...,

Laquelle donation a été faite sous la condition que cette somme de 12,000 fr. sera immédiatement employée en l'acquisition d'une rente sur l'Etat, dont le revenu servira à l'établissement et à l'entretien, etc.

En conséquence, les comparants, en leur dite qualité, obligent ledit hospice à l'exécution fidèle de toutes les conditions de la donation susénoncée.

Pour faire notifier ces présentes, tout pouvoir est donné au porteur d'une expédition. Dont acte.

Fait et passé à...,

L'an mil huit cent soixante-trois, le six mars,

Et les comparants ont signé avec les notaires après lecture faite.

La lecture du présent acte, par ledit Me.... aux parties et la signature par celles-ci ont eu lieu en la présence réelle de Me..., notaire en second.

Enreg. : 9 p. 100 après acceptation. —[V. CLERC, Enreg., n. 456 et s., et Form. p. 37.]

911.

912 (abrogé. Loi du 14 juillet 1849).

913 à 930.............

931. .... Form. **106**.

[894, 938, 939, 943, 1480]

Donation entre-vifs.

DONATIONS A DES ENFANTS OU A DES PARENTS SUCCESSIBLES.

Donation d'une somme payée comptant en avancement d'hoirie.

Par-Devant Me..., etc. *Fut présent :*

M. Louis-Auguste Vernois, propriétaire, demeurant à...,

Lequel a, par ces présentes, fait donation, entre-vifs et irrévocable, en avancement d'hoirie sur sa succession future,

A M. Ernest Merville, son neveu, avocat, demeurant à..., à ce présent et acceptant,

De la somme de 10,000 fr. que le donateur a présentement remise et délivrée en espèces ayant cours de monnaie au donataire, qui le reconnaît et l'en remercie,

Pour en jouir et disposer en pleine propriété, à compter de ce jour.

Les frais et honoraires des présentes seront à la charge du donateur. Dont acte :

Fait et passé à..., etc.

Enreg. : droit p. 100.

	Meubles.	Immeub.
En ligne directe.	2 50	4 .
Entre frères, sœurs, oncles, neveux.	6 50	6 50
Grands-oncles, petits-neveux, cousins germains.	7 .	7 .
Parents du 4e au 12e degré.	8 .	8 .
Etrangers.	9 .	9 .

[V. CLERC, Enreg., n. 2163, et Form., p. 465.]

931 (*suite*).... Form. 107.

[938, 1105, 1480].

Donation en supplément de dot.

Par-devant Me..., *Fut présent :*

M. Joseph-Honoré Delorme, propriétaire, demeurant à....

Lequel a, par ces présentes, fait donation, entre-vifs et irrévocable, à titre de supplément de dot,

A M. Hippolyte Delorme, son fils, négociant, demeurant à..., à ce présent et acceptant.

De la somme de 10,000 fr., qui a été à l'instant comptée, à la vue des notaires soussignés, à M. Delorme fils, qui le reconnaît.

Cette somme de 10,000 fr., formant, avec les 20,000 fr. déjà constitués en dot par M. Delorme à son fils, suivant contrat de mariage, passé devant Me..., notaire à..., le..., enregistré, une somme totale de 30,000 fr., sera également imputable sur les droits du donataire dans la succession future de M. son père, donateur.

Et elle sera soumise au même droit de retour qui a été stipulé en faveur du donateur, dans le contrat de mariage susénoncé, à l'égard des 20,000 francs : en conséquence, cette somme de 10,000 fr. fera aussi retour à M. Delorme père, et devra lui être restituée en cas de prédécès, soit dudit sieur son fils, donataire, sans postérité, soit du donataire et de sa postérité.

La présente donation est ainsi faite, par M. Delorme, pour rétablir l'égalité entre ledit sieur son fils et Mme Cécile Delorme, sa fille, actuellement épouse de M. Aristide Mathiot, à laquelle il a constitué une dot de 30,000 fr., aux termes de son contrat de mariage, passé devant Me..., notaire à..., le..., enregistré,

Les frais et honoraires des présentes seront à la charge de M. Delorme fils. Dont acte :

Fait et passé, etc.

Enreg. : Voy. formule précédente. — [V. Clerc, Enreg., n. 2163, et Form., p. 465.]

931 (*suite*) [943, 1480]. Form. 108.

Donation d'une somme payable à terme et imputable par moitié sur les successions futures des donateurs, père et mère; renonciation par le donataire à demander aucun compte ni partage.

Par-devant Me..., *Furent présents :*

M. Claude-Denis-Hubert, propriétaire, et Mme Adèle Vannier, son épouse, qu'il autorise, demeurant à...,

Lesquels, voulant faciliter un établissement à leur fils ci-après nommé, ont, par ces présentes, fait donation, entre-vifs et irrévocablement, chacun par moitié, à valoir et imputer sur leurs successions futures,

A M. Gustave-Adolphe Hubert, leur fils, commis

négociant, demeurant à..., à ce présent et acceptant,

De la somme de 20,000 qu'ils s'obligent solidairement à payer au donataire, en leur demeure, à..., savoir :

10,000 fr. le..., et 10,000 fr. le...

Et, jusqu'au paiement de ces 20,000 francs, ils s'obligent aussi solidairement à lui en servir les intérêts sur le pied de 5 pour 100 par an, sans retenue à partir de ce jour, et payables de six en six mois.

Pour garantir le paiement de ladite somme de 20,000 fr. et de ses intérêts, M. et Mme Hubert affectent et hypothèquent spécialement :

Une maison située à...

PROPRIÉTÉ.

(Établissement de propriété et déclarations d'état civil ordinaires.)

Au moyen de cette donation, M. Hubert fils renonce expressément à pouvoir demander au survivant de ses père et mère, donateurs, aucun compte ni partage des biens, meubles ou immeubles, qui composeront la succession du prédécédé, consentant, au contraire, à ce que ce survivant jouisse de ces biens pendant sa vie, sans être tenu à faire emploi, ni à donner caution, mais à la charge de faire faire bon et fidèle inventaire.

Mais, si le partage était demandé et avait lieu, sous quelque prétexte que ce soit, à moins que ce ne soit à la demande du survivant des donateurs, la somme de 20,000 fr., présentement donnée sera imputée en entier sur la part de M. Hubert fils, donataire, dans la succession du premier mourant de ses père et mère.

De leur côté, M. et Mme Hubert s'engagent, pour le cas où ils établiront leurs autres enfants, par mariage ou autrement, à leur faire consentir et à stipuler semblables renonciation et imputation.

Les frais et honoraires des présentes seront à la charge de M. Hubert fils. Dont acte :

Fait et passé, etc.

Enreg. : *Voy. suprà.* — [V. CLERC, Enreg., n. 2163 et Form., p. 465.]

931 (*suite*) [844, 845, 1480]. F. **109.**

Donation d'une créance sans garantie, par préciput et hors part.

Par-devant Me..., etc., · *Fut présent :*

M. Clément-Grégoire Delacour, marchand de vin, demeurant à...,

Lequel a, par ces présentes, fait donation, entre-vifs et irrévocable, par préciput et hors part, mais sans aucune garantie de la solvabilité présente ou future des débiteurs ci-après nommés,

A M. Justin Delacour, son neveu, étudiant en droit, demeurant à..., à ce présent et acceptant,

De la somme de 6,745 fr., due au sieur Delacour, donateur, par le sieur Denis Genty, marchand de vin, demeurant à..., suivant un jugement rendu par le tribunal de commerce de Paris, le...

Cette somme de 6,745 fr. se compose de 6,000 fr. de principal, résultant de billets enregistrés et énoncés audit jugement, ci............ 6000 »

De 320 fr., montant des frais de poursuite et d'exécution faits à la requête de M. Delacour, ci............ 320 »

Et de 425 fr. pour les intérêts du principal, calculés jusqu'à ce jour, ci...... 425 »

Somme pareille.... 6745 »

Au moyen des présentes, M. Delacour, donataire, pourra toucher cette somme, aux six simples quittances, de M. Genty, ou de tous autres qu'il appartiendra, ou autrement en disposer comme de chose lui appartenant en toute propriété ; à l'effet de quoi M. Delacour, donateur, le met et subroge dans tous ses droits et actions contre le débiteur, pour les faire valoir à ses risques et périls et sans aucun recours contre le donateur.

M. Delacour, neveu, reconnaît que son oncle lui a présentement remis les titres de la créance susénoncée.

La présente donation est ainsi faite, par M. Delacour à son neveu, pour lui donner des preuves de son amitié, et parce que telle est d'ailleurs sa volonté.

Pour signifier ces présentes, tout pouvoir est donné au porteur d'une expédition ou d'un extrait.

Dont acte : Fait et passé à..., etc.

Enreg : comme ci-dessus. — [V. CLERC, Enreg., n. 2163 et Form., p. 466.]

931 (*suite*) [943, 951, 1480]. F. **110.**

Donation d'une rente sur l'État avec stipulation du droit de retour.

Par-devant Me.... *Fut présent :*

M. Gaspard Rousseau, propriétaire, demeurant à...,

Lequel a, par ces présentes, fait donation, entre-vifs et irrévocable, en avancement sur sa succession future,

A Mme Hortense-Éléonore Rousseau, sa fille, épouse de M. Guillaume Levaillant, tenant hôtel garni, demeurant à...,

Ce accepté par Mme Levaillant agissant sous l'autorisation de son mari, à ce présent,

D'une rente sur l'État, de la somme de 1,200 fr., inscrite au grand-livre de la dette publique, 3 p. 100 consolidés, n°..., série..., au nom de M. Rousseau, comparant.

Au moyen des présentes, Mme Levaillant pourra jouir et disposer de cette rente comme de chose lui appartenant en toute propriété, à compter de ce jour, et elle aura droit aux arrérages depuis le 22 mars dernier.

A l'effet de faire immatriculer cette inscription au nom de cette dame, Me..., l'un des notaires soussigné, est autorisé à délivrer tout certificat de propriété nécessaire, lequel rappellera le droit de retour ci-après stipulé, pour qu'il en soit fait mention dans le nouveau titre de la rente à inscrire au nom de Mme Levaillant.

M. Rousseau fait réserve expresse du droit de retour, à son profit, sur ladite inscription de rente ou ce qui en sera la représentation, dans le cas seulement où Mme Levaillant, sa fille, viendrait à décéder avant lui sans postérité.

L'inscription de 1,200 fr. de rente susénoncée est donnée par M. Rousseau à Mme Levaillant, sa fille, pour la somme de 26,920 fr., formant la valeur de cette rente, d'après le cours moyen de la bourse d'hier : en conséquence, cette dame aura à faire le rapport de cette somme de 26,920 fr. à la succession de son père, quel qu'ait été d'ailleurs le sort de l'inscription de rente présentement donnée.

La présente donation est ainsi faite, par M. Rousseau, pour augmenter l'aisance de Mme Levaillant, sa fille, et de sa famille. Dont acte :

Fait et passé, etc.

Enreg. : Voir *suprà.*—[V. CLERC, Enreg., n. 2172, et Form., p. 466.]

931 (*suite*) [943, 1480]. Form. **111.**

Donation de maison à un neveu, à charge d'une rente viagère.

Par-devant Me..., etc., *Fut présent :*

Mme Anne-Victoire Clémencé, veuve de M. Adrien Novillard, demeurant à...,

Laquelle, voulant donner à son neveu, ci-après nommé, une preuve de son affection et de son amitié,

A, par ces présentes, fait donation entre-vifs et irrévocable, avec garantie de tous troubles, hypothèques, surenchères et autres empêchements quelconques, à M. Auguste Clémencé, son neveu, docteur en médecine, demeurant à...,

A ce présent, et qui l'accepte avec reconnaissance,

DÉSIGNATION.

D'une maison sise à Paris, rue..., n°...

Cette maison se compose de deux corps de logis.

Le premier, et le principal, donnant sur la rue, est élevé, sur caves, d'un rez-de-chaussée, etc.

Cette maison tient à droite à M..., à gauche à M..., et, au fond, à divers.

Ainsi que le tout se poursuit et comporte sans exception ni réserve.

ÉTABLISSEMENT DE LA PROPRIÉTÉ.

Cette maison dépendait de la communauté de biens qui a existé entre Mme Novillard et son défunt mari, aux termes de leur contrat de mariage passé devant Me..., notaire à..., le..., enregistré.

Et ladite dame s'en est rendue adjudicataire, pour la totalité, moyennant 120,000 fr., suivant jugement rendu à l'audience des criées du tribunal de première instance de la Seine, le..., sur la licitation qui en était poursuivie entre elle, d'une part, et M. Charles Novillard, propriétaire, demeurant à..., et Mlle Ange-Estelle Novillard, d'autre part ; cette dernière, mineure, représentée par Mme Ernestine Lorry, veuve de M. Ernest Novillard, demeurant à..., sa mère et sa tutrice légale, en présence de M. Henry Devillers, son oncle et son subrogé tuteur.

M. et Mlle Novillard étaient seuls héritiers, chacun pour moitié, de mondit feu sieur Novillard leur oncle, ainsi qu'il est constaté par l'intitulé de l'inventaire fait après son décès par Me..., notaire à.... le....

Suivant procès-verbal dressé par Me..., notaire à..., commis à cet effet, le..., il a été procédé à la liquidation et au partage des biens dépendant de la communauté d'entre M. et Mme Novillard, et de la succession du premier.

Ces opérations ont eu lieu entre Mme veuve Novillard, tant en sa qualité de commune que comme donataire de moitié en propriété des biens composant la succession de son mari, aux termes du contrat de mariage susénoncé, et M. Charles Novillard et Mlle Novillard ci-dessus nommés, cette dernière, encore mineure, et représentée, comme il est dit ci-dessus, par Mme veuve Novillard, sa mère et sa tutrice.

Par l'événement de ces opérations il a été abandonné en toute propriété à Mme veuve Novillard, comparante, pour la remplir d'autant de ce qui lui revenait, la totalité du prix de son adjudication susénoncée en principal et intérêts.

Ces opérations de liquidation et partage ont été homologuées purement et simplement par jugement rendu au tribunal civil de première instance de la Seine, etc.

Ladite maison avait été acquise par M. Novillard, pendant son mariage, de M..., etc. (Voir *les formules de vente,* art. 1657).

ÉNONCIATION DU BAIL.

La maison ci-dessus désignée est louée en totalité à M. Claude Dubois, marchand épicier, et dame Henriette-Louise Picquois, son épouse, demeurant dans cette maison, suivant un bail passé devant Me..., notaire à Paris, le..., enregistré.

Ce bail est fait pour douze années consécutives qui ont commencé le 1er juillet 1852, moyennant 7,000 fr. de loyer annuel, et aux charges ordinaires, dont aucune ne peut former une augmentation de loyer.

M. et Mme Dubois ont payé, aux termes de leur bail, la somme de 3.500 fr. pour six mois d'avance de leur loyer, imputables sur les six derniers mois de jouissance du bail susénoncé.

ENTRÉE EN JOUISSANCE.

Au moyen des présentes, M. Clémencé, donataire, sera propriétaire de la maison ci-dessus désignée et de ses dépendances, à compter de ce jour, et il pourra en disposer comme de chose lui appartenant en toute propriété ; mais il n'aura droit aux loyers et revenus de cette maison qu'à partir du 1er janvier prochain ; tous ceux antérieurs sont expressément réservés à Mme veuve Novillard, donatrice.

CHARGES ET CONDITIONS.

La présente donation est faite à la charge, par M. Clémencé, donataire, qui s'y oblige :

1° De souffrir toutes les servitudes passives, apparentes ou occultes, dont ladite maison peut être tenue, sauf à lui à s'en défendre et à faire valoir celles actives, s'il en existe, le tout à ses risques et périls, sans aucun recours contre Mme veuve Novillard, et sans que la présente clause puisse donner à qui que ce soit plus de droits qu'il ne justifierait en avoir par titres réguliers;

2° D'acquitter, à partir du 1er janvier prochain, toutes les contributions foncières et autres auxquelles ladite maison pourra être assujettie;

3° D'entretenir et exécuter, pour le temps qui reste à courir, le bail susénoncé, et de tenir compte à M. et Mme Dubois, locataires, des six mois d'avance qu'ils ont payés, sans aucun recours contre la donatrice;

4° D'exécuter l'engagement contracté avec la compagnie d'assurances mutuelles, pour l'assurance de ladite maison contre l'incendie, ainsi qu'il résulte de la police dont un duplicata délivré par le directeur de ladite compagnie, le..., revêtu du timbre d'abonnement, porte cette mention : enregistré, etc., lequel duplicata est demeuré ci-annexé après mention,—et de supporter, à partir du 1er janvier prochain, toutes les charges de cette assurance;

5° Enfin de payer tous les frais et honoraires auxquels ces présentes donneront ouverture, y compris une grosse pour la donatrice.

CONSTITUTION DE RENTE.

Et, en outre, la présente donation est encore faite à la charge, par M. Clémencé, donataire, qui s'y oblige,

De payer et servir à Mme veuve Novillard, sa tante, donatrice, pendant sa vie et jusqu'à son décès, 4,000 fr. de rente annuelle et viagère, exempte de toute espèce de retenue, sous quelque dénomination qu'elle soit jamais établie.

Les arrérages de cette rente commenceront à courir le 1er janvier prochain, et seront payables de trois en trois mois, en la demeure de Mme Novillard, à Paris, et en espèces d'or et d'argent, ayant cours de monnaie aux titres, cours et poids de ce jour, sans aucun papier ni billet, dont le cours forcé pourrait être introduit, en vertu de toutes lois et ordonnances, au bénéfice desquelles M. Clémencé déclare expressément renoncer dès à présent.

Les arrérages courants au décès de la donatrice appartiendront au donataire, qui s'en trouvera libéré par ce décès.

RÉSERVE DE PRIVILÈGE.

Pour sûreté et garantie du service de la rente viagère de 4,000 fr. ci-dessus stipulée, M. Clémencé hypothèque à cet effet ladite maison et consent à ce qu'il soit pris toutes inscriptions à ses frais, au profit de la donatrice.

Laquelle inscription et toutes celles qui pourront être prises en renouvellement devront être rayées sur la simple production de l'acte de décès de Mme Novillard, et sans qu'il soit besoin d'autres justifications.

Consentant Mme Novillard, dès à présent, la décharge du conservateur qui opérera ladit radiation.

TRANSCRIPTION ET PURGE LÉGALE.

Le donataire fera transcrire la présente donation au bureau des hypothèques de Paris, sous un mois de ce jour, et il remplira, s'il le juge convenable, les formalités nécessaires pour purger les hypothèques légales, le tout à ses frais, et s'il y a ou survient des inscriptions, Mme veuve Novillard s'oblige à en rapporter la mainlevée et radiation dans les trois mois de la dénonciation qui lui en sera faite.

ÉTAT CIVIL.

Déclare, Mme veuve Novillard, qu'elle n'a jamai-

été chargée d'aucune tutelle, et que la maison par elle présentement donnée n'est grevée d'aucune hypothèque légale ou autre de son chef.

REMISE DE TITRES.

Reconnaît, M. Clémencé, que Mme Novillard lui a remis les divers titres de propriété qu'elle avait en sa possession, concernant cette maison, et il demeure subrogé dans le droit de se faire délivrer expédition ou extrait de tous autres titres qui pourront lui être nécessaires, mais à ses frais et sans aucun recours contre Mme veuve Novillard.

ÉLECTION DE DOMICILE.

Pour l'exécution des présentes, les parties font élection de domicile, etc.   Dont acte :

Fait et passé, etc.

Enreg. : Voy. *suprà*.—[V. CLERC, Enreg., n. 951, 2163, et Form., p. 468.]

931 (*suite*). . . . . . Form. 112.

Donations à des parents non successibles ou à des étrangers.

Donation de la nue propriété d'une rente sur l'Etat.

Par-devant Me...,   *Fut présent :*
M. Jules de Saint-Georges, rentier, demeurant à...,

Lequel a par ces présentes, fait donation entre-vifs et irrévocable,

A M. Achille-Henri Lecaisne, étudiant en droit, demeurant à Saint-Quentin,

Ce, accepté pour lui par M. Frédéric Chudeau, clerc de notaire, demeurant à Paris, rue .., comme son mandataire spécial, suivant sa procuration passée devant Me.... notaire à..., qui en a gardé minute, le..., enregistrée.

Une expédition de laquelle procuration légalisée par le président du tribunal de..., est demeurée ci-annexée, après avoir été, par M. Chudeau, certifiée véritable et signée en présence des notaires soussignés,

De la nue propriété d'une rente sur l'Etat, de la somme annuelle de 500 fr., 3 p. 100, inscrite au grand-livre de la dette publique, au nom de M. de Saint-Georges, donateur, n° 328, série 4°.

M. de Saint-Georges se réserve expressément l'usufruit de cette rente pendant sa vie et jusqu'à son décès; en conséquence, M. Lecaisne, donataire, n'aura droit aux arrérages de cette rente qu'à partir du jour du décès du donateur; néanmoins, il est expressément stipulé que le semestre de ces arrérages courant et non encore échu lors dudit décès, appartiendra en entier à M. Lecaisne, sans que les héritiers et représentants de M. de Saint-Georges aient rien à y prétendre.

M. de Saint-Georges a présentement remis à Me..., l'un des notaires soussignés, l'inscription de rente susénoncée, pour la faire inmatriculer, quant à la nue propriété, au nom de M. Lecaisne, et il l'autorise en conséquence à délivrer tout certificat de propriété nécessaire à cet effet.   Dont acte :

Fait et passé..., etc.

Enreg. : 9 fr. p. 100.—[V. CLERC, Enreg., n° 2172, et Form., p. 469.]

931 (*suite*). . . . . . Form. 113.

Donation d'un fonds de commerce et d'effets mobiliers avec condition que le tout n'entrera point en communauté.

Par-devant Me..., etc.   *Furent présents :*
M. Benjamin Laroche, marchand confiseur, et Mme Blanche Beaufort, son épouse, qu'il autorise, demeurant à Paris, rue...,

Lesquels, voulant récompenser les bons soins et le zèle dévoué dont M. Cauchois, ci-après nommé, a fait preuve à leur égard, depuis dix ans qu'il est employé dans leur maison,

Ont, par ces présentes, fait donation entre-vifs et irrévocable, à M. Nicolas Cauchois, commis, demeurant à Paris, rue...,

Lequel a ci-présent, accepte avec reconnaissance,

Du fonds de marchand confiseur qu'ils exploitent et font valoir à Paris, rue..., n°..., et de tous les effets mobiliers et ustensiles servant à son exploitation, tels qu'ils sont décrits et détaillés en un état estimatif que les parties en ont dressé, et qui est demeuré ci-annexé, après avoir été, des comparants, certifié véritable, signé et paraphé en présence des notaires soussignés.

M. Cauchois, aura en conséquence, le droit de prendre le titre de successeur de M. Laroche, et il entrera en possession et jouissance des objets donnés, à partir du 1er juillet prochain, auquel jour M. et Mme Laroche s'obligent à lui en faire la remise.

Et pour faciliter son exploitation, M. Cauchois aura droit à compter du même jour, au bail des lieux dans lesquels ledit fonds est établi fait à M. et Mme Laroche, par M. Michelet, propriétaire, devant Me..., notaire à Paris, le..., enregistré, pour neuf années qui ont commencé à courir le premier juillet mil huit cent cinquante-trois, et moyennant 8,000 fr. de loyer annuel.

La présente donation est faite à la charge, par M. Cauchois, donataire qui s'y oblige :

1° De supporter toutes les charges de l'exploitation telles que patente, contributions et autres à compter du premier juillet prochain :

2° De payer les loyers et d'exécuter les clauses et conditions du bail susénoncé, à compter du même jour, de manière que M. et Mme Laroche ne soient jamais inquiétés à ce sujet :

3° De conserver, sur son enseigne et sur ses factures, cartes et annonces, le nom de M. Laroche ;

4° Enfin d'acquitter tous les frais et honoraires des présentes.

M. et Mme Laroche stipulent expressément, comme condition de la présente donation, que les biens par eux ci-dessus donnés ne feront point partie de la communauté légale subsistant entre M. Cauchois, donataire, et Mme Anastasie Nicod, son épouse, à défaut de contrat de mariage, et qu'au contraire, ces biens seront propres à M. Laroche, qui en fera la reprise sur ladite communauté, soit en nature, soit en valeurs qui lui en tiendront lieu.

Dont acte : Fait et passé, etc.

Enreg. : 9 fr. p. 100.—[V. CLERC, Enreg., n° 239, et Form., p. 469.]

931 (*suite*). . . . . . Form. 114.

Donation d'une rente viagère sous diverses conditions. — Acceptation par la mère du donataire mineur.

Par-devant Me..., etc.,   *Fut présent :*
M. Claude-Achille Dubled, docteur en médecine, demeurant à...,

Lequel a, par ces présentes, fait donation entre-vifs et irrévocable,

A M. Georges Jubinal, âgé de douze ans, actuellement élève au collège de Besançon,

Ce accepté, pour lui, par Mme Hortense Damiron, sa mère, veuve de M. Georges-Etienne Jubinal, ancien colonel d'artillerie demeurant à..., à ce présente,

D'une rente annuelle et viagère de 600 fr. sur la tête et pendant la vie dudit mineur Jubinal; laquelle rente M. Dubled s'oblige à lui payer et servir soit à Besançon, soit à Paris, au choix du donataire, de trois en trois mois, à compter du 1er mars prochain.

Le donataire sera dispensé de fournir aucun certificat de vie, tant que la rente lui sera servie par M. Dubled personnellement; mais, après le décès de ce dernier, ses héritiers et représentants pourront exiger de M. Jubinal tout certificat de vie nécessaire.

Il est expressément convenu, comme condition de la donation, que le mineur Jubinal n'aura droit à la rente viagère de 600 fr. qu'autant qu'il continuera ses études classiques au collège de Besançon, et que cette rente sera entièrement éteinte à son profit et la donation révoquée, s'il venait à renoncer à ses études, ou à les interrompre pour toute autre cause que celle de maladie, ou sans l'agrément du donateur.

M. Dubled fait encore, par ces présentes, donation entre-vifs audit mineur Jubinal, ce qui est accepté par Mme veuve Jubinal, sa mère,

D'une autre rente annuelle et viagère de 600 fr. sur la tête et pendant la vie dudit mineur.

Cette nouvelle rente de 600 fr. sera, comme la première, payable, ainsi que M. Dubled s'y oblige, de trois en trois mois et aux mêmes époques.

Mais M. Jubinal n'y aura droit qu'autant qu'il sera admis à l'Ecole polytechnique, et à partir du jour de son entrée à cette Ecole.

Il est convenu qu'après le décès de M. Dubled, donateur, ses héritiers devront fournir à M. Jubinal une bonne et suffisante hypothèque pour la garantie de ces 1,200 fr. de rente viagère, ou une inscription de rente sur l'Etat, de pareille somme portée à son nom pour l'usufruit, si le donateur n'y a pas déjà pourvu de son vivant. Et à cet effet, M. Jubinal est autorisé à prendre sur les immeubles de la succession de M. Dubled, toutes inscriptions nécessaires.

Dans tous les cas, les héritiers et représentants du donataire n'auront aucun droit à la portion des arrérages du terme dans le courant duquel il sera décédé, et l'inscription qui aura été prise à son profit devra être rayée définitivement sur la seule justification de son décès, et de la quittance, même sous seing privé, du dernier terme échu des arrérages de ladite rente.

La présente donation est ainsi faite, par M. Dubled, en mémoire de l'étroite amitié qui l'unissait à M. Jubinal, père du donataire.

Tous les frais des présentes seront acquittés par M. Dubled, donateur.   Dont acte :

Fait et passé à..., etc.

Enreg. : 9 fr. p. 100.—[V. CLERC, Enreg., n. 2163, et Form., p. 470.]

931 (*suite*). . . . . . Form. 115.

Donation d'immeubles avec réserve d'usufruit et sous diverses charges.

Par-devant Me...., etc.,   *Fut présente :*
Mlle Zélie Vannier, célibataire majeure demeurant à...,

Laquelle a, par ces présentes, fait donation entre-vifs et irrévocable, sous la réserve d'usufruit ci-après exprimée,

A M. Amédée Petitjean, propriétaire, et à dame Anne Clerc son épouse qu'il autorise, demeurant à..., tous deux à ce présents et acceptant, donataires, chacun pour moitié.

DÉSIGNATION.

Des diverses pièces de terre labourable et pré ci-après désignées, toutes situées commune de..., savoir :

1° Une pièce de terre labourable, lieu dit *la Providence*, contenant, etc. ;

2° Une autre pièce, etc.

Ainsi que tous ces biens se poursuivent et comportent, sans aucune exception ni réserve.

Ces biens appartiennent à Mlle Vannier, en qualité d'héritière pour un tiers de M. Claude-Antoine Vannier, son père, et au moyen de l'abandonnement qui lui en a été fait, suivant le partage de la succession de ce dernier, dressé par Me..., notaire à..., le..., enregistré.

RÉSERVE D'USUFRUIT.

Mlle Vannier se réserve expressément, pendant sa vie et jusqu'à son décès, l'usufruit et jouissance des biens ci-devant désignés : en conséquence, M. et Mme Petitjean, donataires, n'en auront actuellement que la nue propriété pour y réunir la jouissance, à partir du décès de Mlle Vannier.

Mlle Vannier sera tenue pendant sa jouissance, de toutes les charges annuelles de la propriété, telles que les contributions et autres qui, dans l'usage, sont censées charges des fruits; elle exercera aussi les droits les plus étendus de l'usufruitier.

CHARGES ET CONDITIONS.

La présente donation est faite, à la charge, par M. et Mme Petitjean, qui s'y obligent solidairement entre eux :

1° De loger et nourrir avec eux, chauffer, éclairer et blanchir Mlle Vannier, de la soigner et faire soigner tant en santé qu'en maladie, enfin de lui faire fournir et administrer tous les médicaments nécessaires; le tout d'une manière convenable et en rapport avec la position réciproque des parties, et ce tant qu'il plaira à Mlle Vannier d'habiter avec eux.

Et, dans le cas où Mlle Vannier cesserait d'habiter avec M. et Mme Petitjean, ces derniers seront tenus, ainsi qu'ils s'y obligent solidairement, de lui payer et servir en sa demeure, à..., et de mois en mois, une pension annuelle et viagère de 600 fr. qui courra de plein droit du jour où Mlle Vannier aura cessé d'habiter avec les donataires;

2° Et de payer à Henri Colin, filleul de la donatrice, la somme de 1,000 fr., dont elle lui fait don, pour le cas seulement où il lui survivrait.

Cette somme sera exigible dans les trois mois du décès de Mlle Vannier, et elle produira de plein droit des intérêts à partir de l'expiration de ce délai, à défaut de paiement.

Dans le cas où ledit Henri Colin viendrait à décéder avant Mlle Vannier, cette charge sera considérée comme nulle et non avenue, et M. et Mme Petitjean seront dispensés de tout paiement à ce sujet.

AFFECTATION HYPOTHÉCAIRE.

Pour sûreté et garantie de l'exécution des conditions de la présente donation, les biens ci-dessus désignés demeurent affectés par hypothèque spéciale, consentie expressément par M. et Mme Petitjean, qui autorisent Mlle Vannier à prendre toutes inscriptions, contre eux et à leurs frais.

FORMALITÉS HYPOTHÉCAIRES.

Les sieur et dame Petitjean feront transcrire ces présentes au bureau des hypothèques de..., à leurs frais, et, s'il se trouve des inscriptions du chef de Mlle Vannier ou de ses auteurs, elle s'engage à en rapporter mainlevée et radiation dans les trois mois qui suivront la dénonciation qui lui en sera faite.

Mlle Vannier conserve les titres de propriété des biens par elle présentement donnés; mais après son décès, ils devront être remis aux sieur et dame Petitjean.

Tous les frais et honoraires des présentes et d'une grosse pour la donatrice seront à la charge de M. et Mme Petitjean.

Déclarent, les parties, pour la perception du droit d'enregistrement, que lesdits biens sont d'un revenu brut de 1,000 fr. par an.

Pour l'exécution des présentes, les parties font élection de domicile, etc.   Dont acte :

Fait et passé, etc.

Enreg. : 9 fr. p. 100.—[V. CLERC, Enreg., n. 2186, et Form., p. 470.]

931 (*suite*) [1480]. . . Form. 116.

Donation d'une somme en usufruit à une personne et en nue propriété à une autre.

Par-devant Me..., etc.,   *Fut présent :*
M. Anselme Bienvenu, rentier, demeurant à...,

Lequel, voulant témoigner à Mme veuve Dorcy et son fils, ci-après nommés, sa gratitude pour les bons soins et les égards qu'il en a reçus pendant son séjour dans leur famille,

932. La donation entre-vifs n'engagera le donateur, et ne produira aucun effet, que du jour qu'elle aura été acceptée en termes exprès.

L'acceptation pourra être faite du vivant du donateur, par un acte postérieur et authentique, dont il restera minute ; mais alors la donation n'aura d'effet, à l'égard du donateur, que du jour où l'acte qui constatera cette acceptation lui aura été notifié.

933. Si le donataire est majeur, l'acceptation doit être faite par lui, ou, en son nom, par la personne fondée de sa procuration, portant pouvoir d'accepter la donation faite, ou un pouvoir général d'accepter les donations qui auraient été ou qui pourraient être faites.

Cette procuration devra être passée devant notaires ; et une expédition devra en être annexée à la minute de la donation, ou à la minute de l'acceptation qui serait faite par acte séparé.

934. La femme mariée ne pourra accepter une donation sans le consentement de son mari, ou, en cas de refus du mari, sans autorisation de la justice, conformément à ce qui est prescrit par les articles 217 et 219 , au titre *du Mariage*. [Pr. 861 s.]

935. La donation faite à un mineur non émancipé ou à un interdit, devra être acceptée par son tuteur, conformément à l'article 463, au titre *de la Minorité, de la Tutelle et de l'Emancipation*.

Le mineur émancipé pourra accepter avec l'assistance de son curateur.

Néanmoins les père et mère du mineur émancipé ou non émancipé, ou les autres ascendants, même du vivant des père et mère, quoiqu'ils ne soient ni tuteurs ni curateurs du mineur, pourront accepter pour lui.

936. Le sourd-muet qui saura écrire, pourra accepter lui-même ou par un fondé de pouvoir.

S'il ne sait pas écrire, l'acceptation doit être faite par un curateur nommé à cet effet, suivant les règles établies au titre *de la Minorité, de la Tutelle et de l'Emancipation*.

937. Les donations faites au profit d'hospices, des pauvres d'une commune, ou d'établissements d'utilité publique, seront acceptées par les administrateurs de ces communes ou établissements, après y avoir été dûment autorisés.

938. La donation dûment acceptée sera parfaite par le seul consentement des parties ; et la propriété des objets donnés sera transférée au donataire, sans qu'il soit besoin d'autre tradition.

939. Lorsqu'il y aura donation de biens susceptibles d'hypothèques, la transcription des actes contenant la donation et l'acceptation, ainsi que la notification de l'acceptation qui aurait eu lieu par acte séparé, devra être faite aux bureaux des hypothèques dans l'arrondissement desquels les biens sont situés. [Pr. 834.]

940. Cette transcription sera faite à la diligence du mari, lorsque les biens auront été donnés à sa femme ; et si le mari ne remplit pas cette formalité, la femme pourra y faire procéder sans autorisation.

Lorsque la donation sera faite à des mineurs, à des interdits, ou à des établissements publics, la transcription sera faite à la diligence des tuteurs, curateurs ou administrateurs.

941. Le défaut de transcription pourra être opposé par toutes personnes ayant intérêt, excepté toutefois celles qui sont chargées de faire faire la transcription, ou leurs ayants cause, et le donateur.

942. Les mineurs, les interdits, les femmes mariées, ne seront point restitués contre le défaut d'acceptation ou de transcription des donations ; sauf leurs recours contre leurs tuteurs ou maris, s'il y échet, et sans que la restitution puisse avoir lieu, dans le cas même où lesdits tuteurs et maris se trouveraient insolvables.

943. La donation entre-vifs ne pourra comprendre que les biens présents du donateur ; si elle comprend des biens à venir, elle sera nulle à cet égard.

944. Toute donation entre-vifs faite sous des conditions dont l'exécution dépend de la seule volonté du donateur, sera nulle.

945. Elle sera pareillement nulle, si elle a été faite sous la condition d'acquitter d'autres dettes ou charges que celles qui existaient à l'époque de la donation, ou qui seraient exprimées, soit dans l'acte de donation, soit dans l'état qui devrait y être annexé.

946. En cas que le donateur se soit réservé la liberté de disposer d'un effet compris dans la donation, ou d'une somme fixe sur les biens donnés ; s'il meurt sans en avoir disposé, ledit effet ou ladite somme appartiendra aux héritiers du donateur, nonobstant toutes clauses et stipulations à ce contraires.

947. Les quatre articles précédents ne s'appliquent point aux donations dont est mention aux chapitres viii et ix du présent titre.

948. Tout acte de donation d'effets mobiliers ne sera valable que pour les effets dont un état estimatif, signé du donateur, et du donataire, ou de ceux qui acceptent pour lui, aura été annexé à la minute de la donation.

949. Il est permis au donateur de faire la réserve à son profit, ou de disposer au profit d'un autre, de la jouissance ou de l'usufruit des biens meubles ou immeubles donnés.

950. Lorsque la donation d'effets mobiliers aura été faite avec réserve d'usufruit, le donataire sera tenu, à l'expiration de l'usufruit, de prendre les effets donnés qui se trouveront en nature, dans l'état où ils seront ; et il aura action contre le donateur ou ses héritiers, pour raison des objets non existants, jusqu'à concurrence de la valeur qui leur aura été donnée dans l'état estimatif.

951. Le donateur pourra stipuler le droit de retour des objets donnés soit pour le cas du prédécès du donataire seul, soit pour le cas du prédécès du donataire et de ses descendants.

Ce droit ne pourra être stipulé qu'au profit du donateur seul.

952. L'effet du droit de retour sera de résoudre toutes les aliénations des biens donnés, et de faire revenir ces biens au donateur, francs et quittes de toutes charges et hypothèques, sauf néanmoins l'hypothèque de la dot et des conven-

---

A, par ces présentes, fait donation entre-vifs et irrévocable,

A Mme Elisa Prévost, veuve de M. Edouard Dorcy, avocat, demeurant à...,

Et à M. Rodolphe Dorcy, son fils mineur,

Ce accepté par Mme veuve Dorcy, à ce présente, tant pour elle que pour son fils mineur,

De la somme de 20,000 fr., qui a été à l'instant comptée par M. Bienvenu à Mme veuve Dorcy, qui le reconnaît, en bonnes espèces, ayant cours de monnaie.

Cette somme appartiendra, en usufruit seulement, à Mme Dorcy, qui en jouira pendant sa vie, sans être tenue de donner caution, mais à la charge de faire emploi, ainsi qu'il sera dit ci-après, et elle appartiendra en nue propriété audit mineur Rodolphe Dorcy, pour y réunir la jouissance au décès de sa mère.

Cette donation est faite sous la condition que ladite somme de 20,000 fr., sera immédiatement employée soit en acquisition de rentes sur l'Etat, soit en placement par hypothèque, au nom de Mme Dorcy, pour l'usufruit, à celui de son fils, pour la nue propriété ; et, en cas de remboursement du capital ainsi placé, Mme Dorcy sera tenue d'en faire un nouvel emploi conformément à ce qui vient d'être dit.

Et tous les frais des présentes seront supportés par Mme veuve Dorcy seule, sans aucun recours contre son fils. Dont acte :

Fait et passé, etc.

Enreg. : 9 fr. p. 100.—V. Clerc, Enreg., n. 2163, et Form., p. 471.]

931 (suite) . . . . . Form. **117.**
[936, 945, 948 et s., 1480.]

Donation à un sourd-muet d'effet mobilier dont le donateur se réserve l'usufruit, à la charge, par le donataire, de payer les dettes comprises en un état annexé.

Par-devant Me...,   *Fut présent :*

M. Honoré-Gaspard Bancel, curé de la paroisse de..., y demeurant,

Lequel a, par ces présentes, fait donation, entre-vifs et irrévocable,

A M. Théodore Dubois, sourd-muet de naissance, majeur, demeurant à...,

Ce accepté par M. Antoine Dubois, son oncle, propriétaire, demeurant à..., à ce présent,

Agissant au nom et comme curateur *ad hoc* du donataire, qualité à laquelle il a été nommé par délibération du conseil de famille dudit sieur Théodore Dubois, réuni sous la présidence du juge de paix de... ainsi que le constate le procès-verbal qu'il en a dressé le..., enregistré, dont une expédition est demeurée ci-annexée, après avoir été certifiée véritable et signée par M. Dubois, en présence des notaires soussignés :

De tous les meubles meublants, effets et objets mobiliers existant actuellement dans la maison curiale, occupée par M. Bancel, tels qu'ils sont désignés en un état descriptif et estimatif que le donateur en a dressé sur une feuille de papier du timbre de 1 fr., et qui est demeuré ci-annexé après avoir été signé et paraphé par les comparants, en présence des notaires soussignés.

Pour, par ledit sieur Théodore Dubois, jouir et disposer de ces meubles et effets mobiliers comme de chose lui appartenant en toute propriété, à compter seulement du décès du donateur, qui s'en réserve l'usufruit et jouissance pendant sa vie.

Le donataire sera tenu de prendre les choses données dans l'état où elles se trouveront au jour du décès du donateur, sans pouvoir prétendre à aucune indemnité, pour raison de détérioration ou diminution de valeur provenant de l'usage ou de la vétusté de ces choses ; mais il aurait droit au prix de l'estimation pour celles qui ne se trouveront plus en nature.

La présente donation est ainsi faite sous la condition que le donataire supportera et acquittera les diverses dettes et charges comprises en l'état que le donateur en a dressé et qui est demeuré ci-annexé, après avoir été par les comparants certifié véritable et signé en présence des notaires soussignés.

Cette donation est faite par M. Bancel au sieur Dubois, en récompense de sa bonne conduite et pour adoucir le malheur de sa position. Dont acte :

Fait et passé, etc.

Enreg.: 9 fr. p. 100.—[V. Clerc, Enreg., n. 2198, et Form., p. 471.]

932 [931 et 933] . . . . . Form. **118.**

Acceptation de donation par un majeur.

Par-devant Me Simon et Me Eydt, son collègue, notaires à Paris, soussignés,   *A comparu :*

M. Auguste Clémencé, docteur en médecine, demeurant à....

Lequel, après avoir pris communication, sur la minute qui lui a été représentée, d'un acte passé devant Me..., l'un des notaires soussignés, le..., étant d'autre part, et contenant donation par Mme Louise Clémencé, veuve de M. Adrien Novillard, demeurant à..., en faveur du comparant, son neveu, d'une maison sise à Paris, rue..., n°....,

A, par ces présentes, déclare formellement accepter cette donation, et s'obliger à l'entière exécution des charges et conditions, sous lesquelles elle a eu lieu, notamment de payer et servir à Mme veuve Novillard, donatrice, pendant sa vie et jusqu'à son décès, une rente annuelle et viagère de 4,000 fr., exempte de retenue, et payable de trois en trois mois, à partir du 1er janvier prochain.

Pour faire notifier ces présentes à qui il appartiendra, tout pouvoir est donné au porteur d'une expédition.

(Si la donatrice était présente, cette phrase serait remplacée ainsi qu'il suit) :

A l'instant est intervenue

Mme veuve Novillard, ci-dessus nommée,

Laquelle a déclaré se tenir l'acceptation ci-dessus pour bien et dûment notifiée, et dispenser, en conséquence, le donataire de toute signification ultérieure. Dont acte :

Fait et passé, à Paris, en l'étude,

L'an mil huit cent soixante-quatre, le 6 octobre ;

Et le comparant a signé avec les notaires après lecture faite.

La lecture de la présente acte, par Me Simon, et la signature, par les parties, ont eu lieu en la présence réelle de Me Eydt.

Enreg. : Voy. *Donations, suprà* Form., 105. —[V. Clerc, Enreg., n. 456 et s., et Form. p. 473.]

933 [931, 932] . . . . . Form. **119.**

Procuration pour accepter une donation.

Devant Me... et son collègue, notaires à..., soussignés ;   *A comparu :*

M..., demeurant à..., lequel a constitué pour son mandataire, M..., demeurant à...,

Auquel il donne pouvoir de pour lui et en son nom, accepter la donation entre-vifs qui lui a été faite par M..., demeurant à..., son père, suivant acte passé devant Me..., notaire à..., le..., d'une maison sise à..., rue..., etc.

Obliger le constituant à l'exécution de toutes les charges, clauses et conditions imposées par le donataire, et notamment (*énoncer les charges spéciales*).

A ces effets, passer et signer tous actes, élire domicile, substituer et faire tout ce qui sera nécessaire.   Dont acte :

Fait et passé, etc.

Enreg. : 2 fr.

tions matrimoniales, si les autres biens de l'époux donataire ne suffisent pas, et dans le cas seulement où la donation lui aura été faite par le même contrat de mariage duquel résultent ces droits et hypothèques.

SECT. II.—*Des exceptions à la règle de l'irrévocabilité des donations entre-vifs.*

953. La donation entre-vifs ne pourra être révoquée que pour cause d'inexécution des conditions sous lesquelles elle aura été faite, pour cause d'ingratitude, et pour cause de survenance d'enfants.

954. Dans le cas de la révocation pour cause d'inexécution des conditions, les biens rentreront dans les mains du donateur, libres de toutes charges et hypothèques du chef du donataire; et le donateur aura, contre les tiers détenteurs des immeubles donnés, tous les droits qu'il aurait contre le donataire lui-même.

955. La donation entre-vifs ne pourra être révoquée pour cause d'ingratitude que dans les cas suivants :
1° Si le donataire a attenté à la vie du donateur;
2° S'il s'est rendu coupable envers lui de sévices, délits ou injures graves;
3° S'il lui refuse des aliments.

956. La révocation pour cause d'inexécution des conditions, ou pour cause d'ingratitude, n'aura jamais lieu de plein droit.

957. La demande en révocation pour cause d'ingratitude devra être formée dans l'année, à compter du jour du délit imputé par le donateur au donataire, ou du jour que le délit aura pu être connu par le donateur.
Cette révocation ne pourra être demandée par le donateur contre les héritiers du donataire, ni par les héritiers du donateur contre le donataire, à moins que, dans ce dernier cas, l'action n'ait été intentée par le donateur, ou qu'il ne soit décédé dans l'année du délit.

958. La révocation pour cause d'ingratitude ne préjudiciera ni aux aliénations faites par le donataire, ni aux hypothèques et autres charges réelles qu'il aura pu imposer sur l'objet de la donation, pourvu que le tout soit antérieur à l'inscription qui aurait été faite de l'extrait de la demande en révocation, en marge de la transcription prescrite par l'article 939.
Dans le cas de révocation, le donataire sera condamné à restituer la valeur des objets aliénés, eu égard au temps de la demande, et les fruits, à compter du jour de cette demande.

959. Les donations en faveur de mariage ne seront pas révocables pour cause d'ingratitude.

960. Toutes donations entre-vifs faites par personnes qui n'avaient point d'enfants ou de descendants actuellement vivants dans le temps de la donation, de quelque valeur que ces donations puissent être, et à quelque titre qu'elles aient été faites, et encore qu'elles fussent mutuelles ou rémunératoires, même celles qui auraient été faites en faveur du mariage par autres que par les ascendants aux conjoints, ou par les conjoints l'un à l'autre, demeureront révoquées de plein droit par la survenance d'un enfant légitime du donateur, même d'un posthume, ou par la légitimation d'un enfant naturel par mariage subséquent, s'il est né depuis la donation.

961. Cette révocation aura lieu, encore que l'enfant du donateur ou de la donatrice fût conçu au temps de la donation.

962. La donation demeurera pareillement révoquée, lors même que le donataire serait entré en possession des biens donnés, et qu'il y aurait été laissé par le donateur depuis la survenance de l'enfant; sans néanmoins que le donataire soit tenu de restituer les fruits par lui perçus, de quelque nature qu'ils soient, si ce n'est du jour que la naissance de l'enfant ou sa légitimation par mariage subséquent lui aura été notifiée par exploit ou autre acte en bonne forme; et ce, quand même la demande pour rentrer dans les biens donnés n'aurait été formée que postérieurement à cette notification.

963. Les biens compris dans la donation révoquée de plein droit, rentreront dans le patrimoine du donateur, libres de toutes charges et hypothèques du chef du donataire, sans qu'ils puissent demeurer affectés, même subsidiairement, à la restitution de la dot de la femme de ce donataire, de ses reprises ou autres conventions matrimoniales; ce qui aura lieu quand même la donation aurait été faite en faveur du mariage du donataire et insérée dans le contrat, et que le donateur se serait obligé comme caution, par la donation, à l'exécution du contrat de mariage.

964. Les donations ainsi révoquées ne pourront revivre ou avoir de nouveau leur effet, ni par la mort de l'enfant du donateur, ni par aucun acte confirmatif; et si le donateur veut donner les mêmes biens au même donataire, soit avant ou après la mort de l'enfant par la naissance duquel la donation avait été révoquée, il ne le pourra faire que par une nouvelle disposition.

965. Toute clause ou convention par laquelle le donateur aurait renoncé à la révocation de la donation pour survenance d'enfant, sera regardée comme nulle, et ne pourra produire aucun effet.

966. Le donataire, ses héritiers ou ayants cause, ou autres détenteurs des choses données, ne pourront opposer la prescription pour faire valoir la donation révoquée par la survenance d'enfant, qu'après une possession de trente années, qui ne pourront commencer à courir que du jour de la naissance du dernier enfant du donateur, même posthume; et ce, sans préjudice des interruptions, telles que de droit.

CHAP. V.—DES DISPOSITIONS TESTAMENTAIRES.
SECT. I.—*Des règles générales sur la forme des testaments.*

967. Toute personne pourra disposer par testament, soit sous le titre d'institution d'héritier, soit sous le titre de legs, soit sous toute autre dénomination propre à manifester sa volonté.

968. Un testament ne pourra être fait dans le même acte par deux ou plusieurs personnes, soit au profit d'un tiers, soit à titre de disposition réciproque et mutuelle.

969. Un testament pourra être olographe, ou fait par acte public ou dans la forme mystique.

970. Le testament olographe ne sera point valable, s'il n'est écrit en entier, daté et signé de la main du testateur : il n'est assujetti à aucune autre forme. [Pr. 916, s.]

971. Le testament par acte public est celui qui est reçu par deux notaires, en présence de deux témoins, ou par un notaire, en présence de quatre témoins.

972. Si le testament est reçu par deux notaires, il leur est dicté par le testateur, et il doit être écrit par l'un de ces notaires, tel qu'il est dicté.
S'il n'y a qu'un notaire, il doit également être dicté par le testateur et écrit par ce notaire.
Dans l'un et l'autre cas, il doit en être donné lecture au testateur, en présence des témoins.
Il est fait du tout mention expresse.

973. Ce testament doit être signé par le testateur : s'il déclare qu'il ne sait ou ne peut signer, il sera fait dans l'acte mention expresse de sa déclaration, ainsi que de la cause qui l'empêche de signer.

974. Le testament devra être signé par les témoins; et néanmoins, dans les campagnes, il suffira qu'un des deux témoins signe, si le testament est reçu par deux notaires, et que deux des quatre témoins signent, s'il est reçu par un notaire.

975. Ne pourront être pris pour témoins du testament par acte public, ni les légataires, à quelque titre qu'ils soient, ni leurs parents ou alliés jusqu'au quatrième degré inclusivement, ni les clercs des notaires par lesquels les actes seront reçus.

---

953 [1096, 3°]; — **954** à **966**; — **962** [970. et s., 976 et s., 981]; — **968**; — **969** [970, 974, 976]. . . . .

970. . . . . Form. **120**.
[226, 895, 967 à 969, 1007, 1423.]

Testaments olographes.

Ceci est mon testament :
Je soussigné, Claude-Simon Lachaise, ancien avoué, demeurant à...,
Voulant donner à mon fils, Paul Lachaise, avocat, demeurant avec moi, un témoignage de mon affection particulière, déclare, par le présent, lui léguer, par préciput et hors part, le quart des biens meubles et immeubles qui composeront ma succession, sans exception,
Pour en jouir et disposer en toute propriété à compter du jour de mon décès.
Fait et écrit en entier, de ma main, à Paris, le vingt-neuf juillet mil huit cent soixante-trois.
(*Ici le testateur appose sa signature.*)
Enreg.: 5 fr., dans les trois mois du décès du testateur. — [V. CLERC, Enreg., n. 392, et Form., p. 492.]

970 (*suite*). . . . . . . Form. **121**.
Autre formule.
Je soussigné, Antoine Lamirault, propriétaire, demeurant à..., dans la vue de la mort, ai fait mon testament ainsi qu'il suit :
Je donne et lègue à Joséphine Dusaussoy, mon épouse, l'usufruit et jouissance, pendant sa vie, de tous les biens meubles et immeubles qui composeront ma succession, et je la dispense de toute obligation de donner caution et de faire emploi;
Je donne et lègue à Martin Lelièvre, mon domestique, s'il est encore à mon service lors de mon décès, 500 fr. de rente viagère, qui lui seront servis de trois en trois mois, à compter du jour de mon décès, d'abord à mon épouse, si elle me survit, et, après elle, par mon légataire universel ci-après nommé;
Je donne et lègue à Antoinette Grellet, ma filleule, une somme de 4,000 fr., une fois payée. Cette somme sera acquittée par mon légataire universel;
J'institue pour légataire universel de tout le surplus de mes biens Auguste Morel, mon neveu, demeurant à...;
Enfin, je nomme pour mon exécuteur testamentaire M. Denis-Louis Demailly, mon ami, demeurant à..., que je prie de vouloir bien accepter cette charge, et auquel je lègue un diamant de 1,500 fr., comme souvenir de notre amitié.
Je révoque tous les autres testaments et codicilles que j'ai pu faire antérieurement.
Fait à Paris, le douze mai mil huit cent soixante-deux.
(*Ici le testateur appose sa signature.*)
Enreg.: 5 fr. — [V. CLERC, Enreg., n. 392, et Form., p. 492.]

971 à **975**. . . . . . . Form. **122**.
[226, 895, 967 à 970.]
Testament par acte public.
Cadre d'un testament reçu par deux notaires, en présence de deux témoins, en la demeure du testateur.
Par-devant Me L... et Me B..., notaires à..., soussignés,
En présence de MM..., etc.,
Tous deux témoins requis, ayant les qualités voulues par la loi, A comparu :
M. Louis R..., rentier, demeurant à...
Ayant été trouvé par les notaires et les témoins soussignés assis dans un fauteuil placé près de la cheminée (ou bien, couché dans son lit, placé...), dans une chambre à cheminée, au premier étage, éclairée par deux croisées donnant sur un jardin, et dépendant d'une maison, sise à...
Lequel, étant malade de corps, mais sain d'esprit, mémoire et entendement, ainsi qu'il est apparu aux notaires et témoins soussignés, par ses discours et entretien, a, dans la vue de la mort, dicté audit Me L..., notaire, en présence dudit Me B..., aussi notaire, et desdits témoins, son testament ainsi qu'il suit :
Je donne et lègue..., etc. (*Suivent les dispositions que fait le testateur, et dont les formules seront données ci-après.*)
Ce testament a été ainsi dicté par le testateur audit Me L..., notaire, qui l'a écrit en entier de sa main, tel qu'il lui a été dicté, l'a ensuite lu au testateur, qui a déclaré le bien entendre et y persévérer comme renfermant ses dernières volontés; le tout en présence dudit Me B..., notaire, et desdits deux témoins.
Fait et passé à Paris, dans la chambre susdésignée, où lesdits notaires et témoins s'étaient rendus, à la réquisition du testateur, l'an mil huit cent..., le..., sur les trois heures après midi.
Après que tout ce que dessus a été lu par Me L... au testateur, en présence de Me B... et des témoins, le testateur a signé avec les notaires et les témoins.
Enreg.: 5 fr. — [V. CLERC, Enreg., n. 392, et Form., p. 493.]

971 à **973** (*suite*) [965, 972]. F. **123**.
Cadre d'un testament reçu par un notaire, en présence de quatre témoins, dans le cabinet du notaire.
Par-devant Me Charles Duverger, notaire à la résidence de..., soussigné,
Et en présence de MM..., etc. (*prénoms, noms, professions et demeures des témoins*),

976. Lorsque le testateur voudra faire un testament mystique ou secret, il sera tenu de signer ses dispositions, soit qu'il les ait écrites lui-même, ou qu'il les ait fait écrire par un autre. Sera le papier qui contiendra ses dispositions, ou le papier qui servira d'enveloppe, s'il y en a une, clos et scellé. Le testateur le présentera ainsi clos et scellé au notaire, et à six témoins au moins, ou il le fera clore et sceller en leur présence; et il déclarera que le contenu en ce papier est son testament écrit et signé de lui, ou écrit par un autre et signé de lui : le notaire en dressera l'acte de suscription, qui sera écrit sur ce papier ou sur la feuille qui servira d'enveloppe; cet acte sera signé tant par le testateur que par le notaire, ensemble par les témoins. Tout ce que dessus sera fait de suite et sans divertir à autres actes; et en cas que le testateur, par un empêchement survenu depuis la signature du testament, ne puisse signer l'acte de suscription, il sera fait mention de la déclaration qu'il en aura faite, sans qu'il soit besoin, en ce cas, d'augmenter le nombre des témoins.

977. Si le testateur ne sait signer, ou s'il n'a pu le faire lorsqu'il a fait écrire ses dispositions, il sera appelé à l'acte de suscription, outre le nombre porté par l'article précédent, lequel signera l'acte avec les autres témoins; et il y sera fait mention de la cause pour laquelle ce témoin aura été appelé.

978. Ceux qui ne savent ou ne peuvent lire, ne pourront faire de dispositions dans la forme du testament mystique.

979. En cas que le testateur ne puisse parler, mais qu'il puisse écrire, il pourra faire un testament mystique, à la charge que le testament sera entièrement écrit, daté et signé de sa main, qu'il le présentera au notaire et aux témoins, et qu'au haut de l'acte de suscription, il écrira, en leur présence, que le papier qu'il présente est son testament : après quoi le notaire écrira l'acte de suscription, dans lequel il sera fait mention que le testateur a écrit ces mots en présence du notaire et des témoins; et sera, au surplus, observé tout ce qui est prescrit par l'article 976.

980. Les témoins appelés pour être présents aux testaments devront être mâles, majeurs, sujets de l'Empereur, jouissant des droits civils. [Inst. crim., 633. — P. 28, 34-3°, 42-7°.]

Tous quatre témoins requis conformément à la loi; choisis et appelés par le testateur.

À comparu dans le cabinet de Me Duverger, sis rue..., n°..., où se sont également rendus les témoins, sur son invitation,

M. Pierre Lafosse, ancien magistrat, demeurant à...,

Lequel, étant sain de corps et d'esprit, ainsi qu'il est apparu auxdits notaire et témoins, a dicté au notaire soussigné, en présence des quatre témoins, son testament ainsi qu'il suit :

J'institue pour légataire universel..., etc. (*Continuer les dispositions dictées par le testateur*).

Ce testament a été ainsi dicté par le testateur au notaire soussigné, qui l'a écrit en entier de sa main tel qu'il a été dicté, et l'a ensuite lu au testateur qui a déclaré le bien comprendre et y persévérer comme contenant ses dernières volontés, le tout en présence desdits quatre témoins.

Le testateur et les témoins ont déclaré, sur l'interpellation expresse du notaire, que ces derniers sont citoyens français, majeurs, jouissant de leurs droits civils, et ne sont ni parents ni alliés au degré prohibé, soit du testateur, soit d'aucun des légataires ci-dessus nommés.

Fait et passé à..., dans le cabinet de Me Duverger, notaire,

L'an mil huit cent..., le..., sur les dix heures du matin;

Et le testateur a signé avec les témoins et le notaire, après une lecture entière des présentes, faite au testateur par le notaire en présence des témoins.

Enreg. : 5 fr. — [V. CLERC., Enreg., n. 392, et Form., p. 493.]

971 à 975 (*suite*). . . . Form. **124**.

Diverses énonciations relatives au défaut de signature.

Si le testateur ne sait pas signer, il doit être fait mention *de sa déclaration* à ce sujet, ce qui s'exprime ainsi :

Et le testateur, en présence des témoins, a déclaré ne savoir écrire ni signer, sur l'interpellation qui lui en a été faite par le notaire; quant aux témoins, ils ont signé avec le notaire, le tout après une lecture entière des présentes, faite par le notaire au testateur en présence des témoins.

Les lecture, interpellation et déclaration ont eu lieu en la présence réelle des témoins susnommés.

971 à 975 (*suite*). . . . Form. **125**.

Lorsque le testateur ne peut pas signer pour cause de maladie ou d'infirmité, il faut exprimer cette cause. Ainsi, on dira :

Et le testateur, en présence des témoins, a déclaré, sur l'interpellation du notaire, ne pouvoir signer, à cause de la paralysie qui lui ôte l'usage de sa main droite; quant aux témoins, etc. (*Comme ci-dessus*).

971 à 975 (*suite*). . . . Form. **126**.

Si le testateur, après avoir déclaré qu'il pourrait signer, ne parvenait qu'à tracer des caractères imparfaits, le notaire ajouterait ce qui suit, au-dessous de ces caractères imparfaits :

Le testateur ayant pris la plume et tenté inutilement de signer, quoiqu'il ait déclaré qu'il le pourrait, ce qui a donné lieu à la mention précédente de sa signature, n'a pu tracer que les caractères imparfaits ci-dessus, et a déclaré ensuite ne pouvoir signer autrement à cause de l'affaiblissement de ses forces, ce qui est attesté par lesdits notaire et témoins, et lecture a été faite au testateur de la présente déclaration en présence des témoins, après quoi lesdits notaires et témoins ont signé.

971 à 975 (*suite*). . . . Form. **127**.

Il est arrivé que des testateurs sont morts en faisant des efforts pour se lever et signer; on doit également le constater, ce qui peut se faire ainsi :

Et le testateur, qui avait déclaré pouvoir signer, ce qui a donné lieu à la mention précédente de sa signature, ayant fait des efforts pour se lever et signer, est mort sans avoir pu apposer sa signature, et lecture a été faite de la présente observation, après quoi lesdits notaires et témoins ont signé.

971 à 975 (*suite*). . . . Form. **128**.

Dans les campagnes, il suffit que la moitié des témoins appelés à un testament sachent signer, d'après l'art. 974. du Code Nap. ; quand un ou deux d'entre eux ne signent pas, on le mentionne ainsi :

Et le testateur a signé avec MM..., témoins, et le notaire; quant à M..., il a déclaré ne savoir écrire ni signer (ou ne pouvoir écrire pour telle cause); le tout après lecture entière des présentes, faite par le notaire au testateur.

La lecture par le notaire et la signature par le testateur ont eu lieu en la présence réelle des six témoins susnommés et soussignés.

[V. CLERC., Enreg., n. 392, et Form., p. 493.]

976 à 980. . . . . . . Form. **129**.
[226, 895, 967, 969.]

Testament mystique.

Acte de suscription d'un testament mystique, lorsque le testateur a écrit lui-même le testament, et le présente clos et scellé.

La rédaction du testament mystique appartient au testateur; elle peut être la même que pour un testament olographe, dont nous avons donné précédemment des formules. Nous n'avons à nous occuper ici que de l'acte de suscription du testament mystique, qui doit avoir lieu devant notaire.

Par-devant Me...,

En présence de MM... (*prénoms, noms, professions et demeures des six témoins*),

A comparu : M... (*prénoms, nom, profession et demeure du testateur*),

Lequel a présenté auxdits notaire et témoins un papier clos et scellé en deux endroits avec de la cire rouge et portant l'empreinte d'un cachet à ses armes (ou aux initiales C. M., qui sont les siennes), et a déclaré que ce papier contient son testament écrit et signé de lui.

En conséquence, le notaire soussigné a dressé et écrit en entier de sa main, en présence du testateur et des témoins, sur le même papier, le présent acte de suscription.

Tout ce que dessus a été fait de suite et sans divertir à d'autres actes, à Paris, dans... (*désigner le lieu comme pour un testament public*).

L'an mil huit cent trente-cinq, le trente juillet,

Et le comparant a signé avec le notaire et les témoins après lecture faite même de la présente mention et de celle qui va suivre.

La lecture des présentes par le notaire et la signature par le comparant ont eu lieu en la présence des témoins susnommés.

Enreg. : 5 fr., délai, trois mois après le décès.— [V. CLERC, Enreg., n. 392, et Form., p. 494.]

976 à 980 (*suite*). . . . Form. **130**.

Lorsque le testateur a écrit lui-même le testament, et qu'il est clos et scellé en présence des témoins.

Par-devant Me...,

Et en présence de MM... (*prénoms, noms, professions et demeures des six témoins*),

A comparu : M... (*prénoms, nom, qualité et demeure du testateur*),

Lequel, en présence desdits notaire et témoins, a clos et scellé (ou a fait clore et sceller) en un seul endroit, avec de la cire rouge et un cachet portant pour empreinte (*la désigner*), et leur a ensuite présenté ainsi clos et scellé le présent papier, que le comparant a déclaré contenir son testament écrit et signé de lui ;

En conséquence, le notaire soussigné a dressé et écrit, etc. (*le reste comme ci-dessus*).

976 à 980 (*suite*). . . . Form. **131**.

Lorsque le testateur a fait écrire son testament par un autre et l'a signé lui-même.

La formule est la même que celle ci-dessus; seulement, après ces mots : qu'il a déclaré contenir son testament, il faut ajouter ceux-ci : écrit de la main d'une autre personne (ou de telle personne, s'il veut la nommer), mais signé de lui;

En conséquence, etc. (*le reste comme ci-dessus*).

[V. CLERC, Enreg., n. 392, et Form., p. 494.]

976 à 980 (*suite*) [977]. Form. **132**.

Lorsque le testateur n'a pas écrit son testament et ne l'a pas signé, soit parce qu'il ne sait pas écrire, soit parce qu'il ne le pouvait pas au moment où il fait écrire ses dispositions.

Par-devant Me...,

Et en présence de MM... (*prénoms, noms, professions et demeures des sept témoins*),

Le septième témoin appelé conformément à l'art 977 du C. Nap., attendu que le testateur ne sait (ou ne peut) signer, ainsi qu'il le déclarera ci-après,

A comparu : M... (*prénoms, nom, qualité et demeure du testateur*),

Lequel a présenté auxdits notaire et témoins le présent papier clos et scellé (en un ou plusieurs endroits avec...) et a déclaré que ce papier contient son testament écrit de la main d'une personne de confiance, et non signé de lui, parce qu'il ne sait pas écrire ni signer (ou parce qu'il n'a pu signer à cause de *telle* infirmité), mais dont il a pris lecture.

En conséquence, ledit Me.., notaire, a dressé et écrit en entier de sa main, sur le même papier, le présent acte de suscription, qui demeurera comme minute au notaire soussigné, ainsi que le testament qu'il renferme.

Le tout a été fait et passé de suite et sans divertir à autres actes.

A..., l'an..., le...

Après lecture le notaire et les témoins ont signé.

Quant au testateur, sur les réquisitions à lui faites, il a déclaré ne pouvoir signer, attendu qu'il ne sait pas écrire ni signer (ou attendu qu'il en est empêché par telle infirmité).

Enreg. : Voy. *suprà*—[V. CLERC, Enreg., n. 400, et Form., p. 494.]

976 à 980 (*suite*). . . . Form. **133**.

Lorsque le testateur ne peut parler, mais qu'il sait écrire.

Dans ce cas, le testament doit être entièrement écrit, daté et signé de la main du testateur. Celui-ci écrit en haut de l'acte de suscription, en présence du notaire et des six témoins, que le papier qu'il présente est son testament. Cela se fait dans les termes suivants :

Ce papier, que je présente aux notaire et témoins ci-après nommés, contient mon testament, entièrement écrit, daté et signé de ma main.

(*Le testateur signe*).

Au-dessous de cette signature, le notaire écrit l'acte de suscription dans les termes suivants :

Par-devant Me...,

Et en présence de MM... (*prénoms, noms, professions et demeures des six témoins*),

A comparu : M... (*prénoms, nom, qualité et demeure du testateur*),

Lequel a présenté auxdits notaire et témoins le présent papier clos et scellé avec de la cire rouge, et un cachet ayant pour empreinte (*la désigner*), et contenant son testament, entièrement écrit, daté et signé par lui, ainsi qu'il l'a déclaré par la mention qui précède, écrite et signée par lui, en présence des notaire et témoins.

En conséquence, le notaire soussigné a dressé et écrit, sur ledit papier, le présent acte de suscription que le testateur a signé, après en avoir pris lui-même lecture, en présence des notaire et témoins, et les six témoins ont également signé, après lecture à eux faite par ce dernier.

SECT. II. — *Des règles particulières sur la forme de certains testaments.*

981. Les testaments des militaires et des individus employés dans les armées pourront, en quelque pays que ce soit, être reçus par un chef de bataillon ou d'escadron, ou par tout autre officier d'un grade supérieur, en présence de deux témoins, ou par deux commissaires des guerres, ou par un de ces commissaires en présence de deux témoins.

982. Ils pourront encore, si le testateur est malade ou blessé, être reçus par l'officier de santé en chef, assisté du commandant militaire chargé de la police de l'hospice.

983. Les dispositions des articles ci-dessus n'auront lieu qu'en faveur de ceux qui seront en expédition militaire, ou en quartier, ou en garnison hors du territoire français, ou prisonniers chez l'ennemi, sans que ceux qui seront en quartier ou en garnison dans l'intérieur puissent en profiter, à moins qu'ils ne se trouvent dans une place assiégée ou dans une citadelle ou autres lieux dont les portes soient fermées et les communications interrompues à cause de la guerre.

984. Le testament fait dans la forme ci-dessus établie sera nul six mois après que le testateur sera revenu dans un lieu où il aura la liberté d'employer les formes ordinaires.

985. Les testaments faits dans un lieu avec lequel toute communication sera interceptée à cause de la peste ou autre maladie contagieuse, pourront être faits devant le juge de paix, ou devant l'un des officiers municipaux de la commune, en présence de deux témoins.

986. Cette disposition aura lieu, tant à l'égard de ceux qui seraient attaqués de ces maladies, que de ceux qui seraient dans les lieux qui en sont infectés, encore qu'ils ne fussent pas actuellement malades.

987. Les testaments mentionnés aux deux articles précédents deviendront nuls six mois après que les communications auront été rétablies dans le lieu où le testateur se trouve, ou six mois après qu'il aura passé dans un lieu où elles ne seront point interrompues.

988. Les testaments faits sur mer, dans le cours d'un voyage, pourront être reçus, savoir :

A bord des vaisseaux et autres bâtiments de l'Empereur, par l'officier commandant le bâtiment, ou, à son défaut, par celui qui le supplée dans l'ordre du service, l'un ou l'autre conjointement avec l'officier d'administration ou avec celui qui en remplit les fonctions ;

Et à bord des bâtiments de commerce, par l'écrivain du navire ou celui qui en fait les fonctions, l'un ou l'autre conjointement avec le capitaine, le maître ou le patron, ou, à leur défaut, par ceux qui les remplacent.

Dans tous les cas, ces testaments devront être reçus en présence de deux témoins.

989. Sur les bâtiments de l'Empereur, le testament du capitaine ou celui de l'officier d'ad-ministration, et, sur les bâtiments de commerce, celui du capitaine, du maître ou patron, ou celui de l'écrivain, pourront être reçus par ceux qui viennent après eux dans l'ordre du service, en se conformant pour le surplus aux dispositions de l'article précédent.

990. Dans tous les cas, il serait fait un double original des testaments mentionnés aux deux articles précédents.

991. Si le bâtiment aborde dans un port étranger dans lequel se trouve un consul de France, ceux qui auront reçu le testament, seront tenus de déposer l'un des originaux, clos ou cacheté, entre les mains de ce consul, qui le fera parvenir au ministre de la marine ; et celui-ci en fera faire le dépôt au greffe de la justice de paix du lieu du domicile du testateur.

992. Au retour du bâtiment en France, soit dans le port de l'armement, soit dans un port autre que celui de l'armement, les deux originaux du testament, également clos et cachetés, ou l'original qui resterait, si, conformément à l'article précédent, l'autre avait été déposé pendant le cours du voyage, seront remis au bureau du préposé de l'inscription maritime ; ce préposé les fera passer sans délai au ministre de la marine, qui en ordonnera le dépôt, ainsi qu'il est dit au même article.

993. Il serait fait mention sur le rôle du bâtiment, à la marge, du nom du testateur, de la remise qui aura été faite des originaux du testament, soit entre les mains d'un consul, soit au bureau d'un préposé de l'inscription maritime.

994. Le testament ne sera point réputé fait en mer, quoiqu'il l'ait été dans le cours du voyage ; si, au temps où il a été fait, le navire avait abordé une terre, soit étrangère, soit de la domination française, où il y aurait un officier public français ; auquel cas, il ne sera valable qu'autant qu'il aura été dressé suivant les formes prescrites en France, ou suivant celles usitées dans le pays où il aura été fait.

995. Les dispositions ci-dessus seront communes aux testaments faits par les simples passagers qui ne feront point partie de l'équipage.

996. Le testament fait sur mer, en la forme prescrite par l'article 988, ne sera valable qu'autant que le testateur mourra en mer, ou dans les trois mois après qu'il sera descendu à terre, et dans un lieu où il aura pu le refaire dans les formes ordinaires.

997. Le testament fait sur mer ne pourra contenir aucune disposition au profit des officiers du vaisseau, s'ils ne sont parents du testateur.

998. Les testaments compris dans les articles ci-dessus de la présente section, seront signés par les testateurs et par ceux qui les auront reçus.

Si le testateur déclare qu'il ne sait ou ne peut signer, il sera fait mention de sa déclaration, ainsi que de la cause qui l'empêche de signer.

Dans les cas où la présence de deux témoins est requise, le testament sera signé au moins par l'un d'eux, et il sera fait mention de la cause pour laquelle l'autre n'aura pas signé.

999. Un Français qui se trouvera en pays étranger, pourra faire ses dispositions testamentaires par acte sous signature privée, ainsi qu'il est prescrit en l'article 970, ou par acte authentique, avec les formes usitées dans le lieu où cet acte sera passé.

1000. Les testaments faits en pays étranger ne pourront être exécutés sur les biens situés en France, qu'après avoir été enregistrés au bureau du domicile du testateur, s'il en a conservé un, sinon au bureau de son dernier domicile connu ; et, dans le cas où le testament contiendrait des dispositions d'immeubles qui y seraient situés, il devra être, en outre, enregistré au bureau de la situation de ces immeubles, sans qu'il puisse être exigé un double droit.

1001. Les formalités auxquelles les divers testaments sont assujettis par les dispositions de la présente section et de la précédente, doivent être observées à peine de nullité.

SECT. III. — *Des institutions d'héritier, et des legs en général.*

1002. Les dispositions testamentaires sont ou universelles, ou à titre universel, ou à titre particulier.

Chacune de ces dispositions, soit qu'elle ait été faite sous la dénomination d'institution d'héritier, soit qu'elle ait été faite sous la dénomination de legs, produira son effet suivant les règles ci-après établies pour les legs universels, pour les legs à titre universel, et pour les legs particuliers.

SECT. IV. — *Du legs universel.*

1003. Le legs universel est la disposition testamentaire par laquelle le testateur donne à une ou plusieurs personnes l'universalité des biens qu'il laissera à son décès.

1004. Lorsqu'au décès du testateur il y a des héritiers auxquels une quotité de ses biens est réservée par la loi, ces héritiers sont saisis de plein droit, par sa mort, de tous les biens de la succession ; et le légataire universel est tenu de leur demander la délivrance des biens compris dans le testament.

1005. Néanmoins, dans les mêmes cas, le légataire universel aura la jouissance des biens compris dans le testament, à compter du jour du décès, si la demande en délivrance a été faite dans l'année, depuis cette époque ; sinon, cette jouissance ne commencera que du jour de la demande formée en justice, ou du jour que la délivrance aurait été volontairement consentie. [Pr. 57.]

1006. Lorsqu'au décès du testateur il n'y aura pas d'héritiers auxquels une quotité de ses biens soit réservée par la loi, le légataire universel sera saisi de plein droit par la mort du testateur, sans être tenu de demander la délivrance.

Tout ce que dessus a été fait de suite et sans divertir à d'autres actes.

A Paris, dans le cabinet de Me..., notaire, l'an mil huit cent..., le...

[V. Clerc, Enreg., n. 400, et Form., p. 495.]

981 à **984** [967, 968, 998]. F. **134**.

Testament militaire.

Par-devant Me... (*prénoms, nom et qualité du chef de bataillon ou d'escadron, ou de tout autre officier supérieur qui reçoit le testament*).

Et en présence de MM... (*prénoms, noms, qualités et demeures des deux témoins*),

Témoins appelés conformément à la loi,

A comparu : Le sieur... (*prénoms, nom, qualité et demeure du testateur*),

Lequel, étant en bonne santé, et sain d'esprit, mémoire et entendement (ou malade de corps ou blessé, mais sain d'esprit, mémoire et entendement), ainsi qu'il est apparu auxdits chefs de bataillon et témoins soussignés, a dicté audit chef de bataillon, en présence des témoins, son testament ainsi qu'il suit :

Je donne et lègue..., etc.

Ce testament a été ainsi dicté par le testateur au chef de bataillon soussigné, qui l'a écrit tel qu'il a été dicté, en a fait ensuite lecture au testateur, qui a dit bien le comprendre et y persévérer, le tout en présence desdits témoins.

Fait et passé à... (*en tel lieu*), l'an..., le...

Et le testateur a signé avec les témoins et ledit chef de bataillon, après lecture du tout.

Enreg. : 5 fr. — [V. Clerc, Enreg., n. 392, et Form., p. 495.]

985 [967, 998]. . . . . . . Form. **135**.

Testament fait en temps de peste.

Par devant M. (*noms, prénoms, qualités de l'officier municipal ou du juge de paix*), soussigné, en présence de MM..., demeurant à..., aussi soussignés,

A comparu : Le sieur...,

Lequel, malade de corps et sain d'esprit, ainsi qu'il est apparu à l'officier municipal soussigné, ainsi qu'aux témoins, a dicté audit officier, en présence desdits témoins, son testament ainsi qu'il suit :

Je lègue...

Le présent testament a été ainsi dicté à l'officier municipal qui l'a écrit tel qu'il lui a été dicté et l'a lu au testateur qui a déclaré le bien comprendre et y persévérer.

L'officier municipal, en cette circonstance, remplissant le ministère du notaire, en vertu de l'art. 985, C. Nap., à cause de la maladie contagieuse qui règne dans la commune de... et qui a forcé d'interrompre toute communication avec les villes voisines.

Fait et passé..., l'an...

Et le testateur a signé avec les témoins et l'officier municipal, après que celui-ci a eu donné au testateur, en leur présence, lecture entière du testament et même de la formule finale.

Enreg. : 5 fr.

986 à **997** ; — **998** [984, 985] ; — **999** à **1002**. . . . .

1003 à **1006** [1002, 1044]. F. **136**.

Dispositions testamentaires qui peu-vent être insérées dans toute espèce de testament.

LEGS PAR UN ÉPOUX A SON CONJOINT.

Legs universel en propriété par un mari à sa femme.

Je donne et lègue à Marie-Augustine Richard, mon épouse, tous les biens meubles et immeubles qui composeront ma succession, sans exception, pour en jouir et disposer en toute propriété, et, à cet effet, je l'institue ma légataire universelle.

1003 à **1006** (*suite*). . . Form. **137**. [579, 1002.]

Legs en usufruit par un mari à sa femme.

Je donne et lègue à Marie-Augustine Richard, mon épouse, l'usufruit et jouissance, pendant sa vie, de tous les biens, meubles et immeubles, qui composeront ma succession, sans exception, pour en jouir, à compter du jour de mon décès, sans être tenue à donner caution ni à faire emploi ; j'entends même qu'elle puisse recevoir tous remboursements sur sa seule quittance, sans le concours de mes héritiers.

1003 à **1006** (*suite*). . . Form. **138**.

Quand il y a des enfants il faut prévoir le cas de réduction, et les dispositions suivantes peuvent être ajoutées à ce qui précède.

Si mes enfants refusent d'exécuter ma présente disposition, telle que je viens de la faire, et s'ils en demandent, au contraire, la réduction, je veux que,

1007. Tout testament olographe sera, avant d'être mis à exécution, présenté au président du tribunal de 1re instance de l'arrondissement dans lequel la succession est ouverte. Ce testament sera ouvert, s'il est cacheté. Le président dressera procès-verbal de la présentation, de l'ouverture et de l'état du testament, dont il ordonnera le dépôt entre les mains du notaire par lui commis.

Si le testament est dans la forme mystique, sa présentation, son ouverture, sa description et son dépôt, seront faits de la même manière; mais l'ouverture ne pourra se faire qu'en présence de ceux des notaires et des témoins, signataires de l'acte de suscription, qui se trouveront sur les lieux, ou eux appelés. [Pr. 916, s.]

1008. Dans le cas de l'article 1006, si le testament est olographe ou mystique, le légataire universel sera tenu de se faire envoyer en possession par une ordonnance du président, mise au bas d'une requête à laquelle sera joint l'acte de dépôt. [T. 1er, art. 78, § 12, 19.]

1009. Le légataire universel qui sera en concours avec un héritier auquel la loi réserve une quotité des biens, sera tenu des dettes et charges de la succession du testateur, personnellement pour sa part et portion, et hypothécairement pour le tout; et il sera tenu d'acquitter tous les legs, sauf le cas de réduction, ainsi qu'il est expliqué aux articles 926 et 927.

SECT. V. — *Du legs à titre universel.*

1010. Le legs à titre universel est celui par lequel le testateur lègue une quote-part des biens dont la loi lui permet de disposer, telle qu'une moitié, un tiers, ou tous ses immeubles, ou tout son mobilier, ou une quotité fixe de tous ses immeubles ou de tout son mobilier.

Tout autre legs ne forme qu'une disposition à titre particulier.

---

dans ce cas, le legs universel qui précède se réduise, en faveur de mon épouse, à un quart en propriété et un quart en usufruit, entendant lui léguer la portion la plus étendue dont la loi me permet la disposition.

Ou bien : Dans le cas où je laisserais un ou plusieurs enfants, lors de mon décès, j'entends que la présente disposition soit réduite à l'usufruit de moitié des mêmes biens, meubles et immeubles.

1003 à 1006 (*suite*). . . Form. **139**.
[1002, 1009.]

LEGS AU PROFIT D'ÉTRANGERS.

Legs universel.

J'institue pour légataire universel de tous mes biens, meubles et immeubles, M..., pour en jouir et disposer en toute propriété, à compter du jour de mon décès.

S'il est fait ensuite des legs particuliers on ajoute :

A la charge par lui d'acquitter les différents legs ci-après.

Et quand les legs particuliers ont précédé, on s'exprime ainsi :

J'institue pour légataire universel de tous mes biens, meubles et immeubles, à la charge des legs ci-dessus (*ou seulement :* de tout le surplus de mes biens, meubles et immeubles), M..., pour en jouir et disposer de chose lui appartenant en toute propriété et jouissance, à compter du jour de mon décès.

1003 à 1006 (*suite*). . . Form. **140**.
[1002, 1044.]

Legs universel à plusieurs, avec accroissement.

J'institue pour légataires universels, conjointement et chacun d'eux pour moitié, M... et M..., auxquels je donne et lègue la totalité des biens, meubles et immeubles, qui composeront ma succession, pour en jouir et disposer comme de chose leur appartenant en pleine propriété, à compter du jour de mon décès.

Et, si l'un d'eux vient à décéder avant moi, j'entends que sa part soit recueillie par l'autre, à titre d'accroissement.

1003 à 1006 (*suite*). . . Form. **141**.
[899, 1002.]

Legs universel en usufruit par un testateur qui n'a point d'héritiers à réserve.

J'institue pour légataire universel en usufruit de tous les biens, meubles et immeubles, qui m'appartiendront au jour de mon décès, M..., pour en jouir pendant sa vie, sans être tenu de fournir caution ni de faire emploi; j'entends même qu'il puisse recevoir tous remboursements de capitaux, céder et transporter toutes rentes et créances, et disposer du mobilier, seul et sans le concours de mes héritiers, à la charge seulement de faire faire bon et fidèle inventaire.

1007 [226, 895, 967 à 970] . . . .
1008 et **1009**. . . . .
1010 [913, 915, 1002]. Form. **142**.

DISPOSITIONS ENTRE ÉPOUX.

Legs à titre universel, par un mari à sa femme, de la portion disponible, lorsqu'ils ont des enfants, avec condition de rester en viduité.

Je donne et lègue à la dame... (*prénoms et nom de la femme*), mon épouse, un quart en propriété et un quart en usufruit, de tous les biens, meubles et immeubles qui composeront ma succession, sans aucune exception, pour en jouir et disposer à compter du jour de mon décès, l'instituant à cet effet ma légataire à titre universel.

J'entends qu'elle soit dispensée de donner caution et de faire emploi pour la portion dont elle n'aura que l'usufruit.

Et que le présent legs ne puisse lui profiter qu'autant qu'elle restera en viduité.

1010 (*suite*). . . . . . Form. **143**.
Legs à titre universel de moitié en usufruit par une femme à son mari.

Je donne et lègue à... (*prénoms et nom du mari*), mon mari (*ou à* mon mari ci-dessus nommé), la moitié, en usufruit seulement, de tous les biens, meubles et immeubles, qui composeront ma succession, pour en jouir pendant sa vie, à compter du jour de mon décès, sans être tenu de donner caution et de faire emploi, mais à la charge de faire faire inventaire.

1010 (*suite*). . . . . . Form. **144**.
LEGS AU PROFIT DES SUCCESSIBLES DU TESTATEUR.

Legs par préciput de la portion disponible, au profit de l'un des enfants.

Je donne et lègue, par préciput et hors part, à M..., mon fils, toute la portion de mes biens, meubles et immeubles, dont la loi me permet la disposition, pour en jouir et disposer en toute propriété, à compter du jour de mon décès.

1010 (*suite*) [1002, 1045]. Form. **145**.
Institution d'héritiers par égales portions, au profit de neveux et nièces.

J'institue pour mes héritiers, chacun par égale portion, dans tous mes biens, meubles et immeubles, tous mes neveux et nièces, enfants de mes deux frères décédés, qui existeront au jour de mon décès, et qui partageront également par tête, sans avoir aucun égard au droit de représentation.

Si l'un de mes neveux et nièces vient à me précéder, laissant des enfants, ces derniers recueilleront conjointement dans ma succession la portion qui aurait été dévolue à leur auteur, en cas de survie.

1010 (*suite*). . . . . . Form. **146**.
LEGS AU PROFIT D'ÉTRANGERS

Legs à titre universel, au profit d'une personne, et, en cas de prédécès, au profit d'une autre.

Je donne et lègue à M... le quart de tous les biens meubles et immeubles qui composeront ma succession, pour en jouir et disposer comme de chose lui appartenant en toute propriété et jouissance, à compter du jour de mon décès.

Et, pour le cas où ledit M... viendrait à décéder avant moi, je donne et lègue ce même quart de tous mes biens à M..., pour en jouir et disposer également en toute propriété, à compter du jour de mon décès.

1010 (*suite*). . . . . . Form. **147**.
Legs de tout le mobilier avec dispense d'inventaire.

Je donne et lègue à M... la totalité des biens meubles qui m'appartiendront au jour de mon décès, en quoi qu'ils puissent consister et en quelques lieux qu'ils soient dus et situés, aussi bien l'argent comptant et les créances que les meubles meublants et autres effets mobiliers, et généralement tout ce qui est censé meuble d'après la loi, sans aucune exception ni réserve, pour en jouir et disposer en toute propriété, à compter du jour de mon décès, à quelque époque que la demande puisse avoir lieu.

Et j'entends expressément que, sous aucun prétexte, il ne puisse être requis, par qui que ce soit, aucune apposition de scellés ni inventaire, contre la volonté de mondit sieur...

1010 (*suite*) [1025]. . . Form. **148**.
Nomination d'exécuteur testamentaire.

Je nomme pour mon exécuteur testamentaire M..., que je prie de vouloir bien accepter cette charge, et, pour faciliter cette exécution, je lui donne la saisine de mes biens pendant l'an et jour.

Je le prie aussi d'accepter comme souvenir de mon amitié, un diamant de... que je lui donne et lègue.
[V. CLERC, Form., p. 495 et s.]

1010 (*suite*). . . . . . Form. **149**.
[844, 1002, 1014.]

DIVERS LEGS PARTICULIERS AVEC OU SANS CONDITIONS.

A un fils par préciput.

Je donne et lègue à Charles Merville, mon fils ainé, par préciput et hors part, ma maison, située à..., pour en jouir, en usufruit seulement, pendant sa vie, à compter du jour de mon décès, et j'en donne et lègue, aussi par préciput, la nue propriété, après lui, à Gustave Merville et Louise Merville, ses deux enfants, conjointement, avec droit d'accroissement entre eux.

1010 (*suite*). . . . . . Form. **150**.
A des domestiques.

Je donne et lègue à Jacques Mézière, mon domestique, qu'il soit encore ou non à mon service lors de mon décès, 50 fr. de rente annuelle et viagère par chacune des années qu'il aura passées à mon service. L'année commencée comptera pour une année entière. Cette rente viagère sera exempte de toute retenue et payable, de trois en trois mois, à compter du jour de mon décès;

Et j'entends qu'elle soit incessible et insaisissable, attendu qu'elle est destinée à lui servir d'aliments.

Je donne et lègue à Catherine Billet, ma cuisinière, la somme de..., une fois payée.

Je donne et lègue à Marguerite Renard, ma femme de chambre, si elle est encore à mon service lors de mon décès, deux années de ses gages, indépendamment de ceux qui pourront lui être dus; plus, toute ma garde-robe.

1010 (*suite*). . . . . . Form. **151**.
A un ami.

Voulant laisser à M..., mon ami, un souvenir de moi, je lui donne et lègue ma montre en or, avec sa chaîne, la clef et le cachet également en or, que je le prie de vouloir bien accepter comme un gage de mon amitié.

1010 (*suite*). . . . . . Form. **152**.
A une nièce.

Pour reconnaître, autant qu'il est en mon pouvoir, les soins et attentions que m'a prodigués Mme..., ma nièce, depuis dix ans qu'elle demeure avec moi, je lui donne et lègue en toute propriété 1.000 fr. de rente sur l'État, à prendre sur les inscriptions qui se trouveront dans ma succession; et à défaut mes héritiers seront tenus de faire l'acquisition d'une inscription de 1,000 fr. de pareille rente, au nom de ladite dame, qui aura droit à la jouissance de cette rente, à compter du dernier semestre échu avant mon décès.

J'entends que ce legs ne fasse point partie de la communauté existant entre ma nièce ci-dessus nommée et M..., son mari; je veux, au contraire, qu'elle en soit seule propriétaire et qu'elle en fasse la reprise quand il y aura lieu.

1010 (*suite*). . . . . . Form. **153**.
A une filleule.

Voulant assurer un établissement convenable à Clémence-Louise Debray, ma filleule, je lui donne et lègue la somme de..., à prendre sur les premiers deniers et les plus clairs et apparents biens de ma succession : cette somme lui sera remise lorsqu'elle aura atteint sa majorité ou lors de son mariage, s'il a lieu avant sa majorité. Mon exécuteur testamentaire, ci-après nommé, sera chargé de faire le placement de cette somme de la manière qui lui paraîtra la plus sûre et la plus avantageuse, et les revenus en appartiendront à madite filleule, et pourront lui être remis à mesure de leurs échéances, ou, au contraire être mis en réserve pour augmenter le capital, selon qu'il paraîtra plus convenable à mon exécuteur testamentaire, auquel je m'en rapporte entièrement à ce sujet.
[V. CLERC, Form., n. 497.]

1010 (*suite*) [910]. . . . Form. **154**.
LEGS PIEUX ET DISPOSITIONS RELATIVES AUX FUNÉRAILLES.

Je veux que mon corps soit enterré dans le cimetière de..., et qu'il me soit fait un service très-simple, pour lequel je ne veux pas qu'on dépense plus de...

Je donne et lègue aux pauvres de la paroisse dans laquelle je décéderai la somme de..., qui sera distribuée, le jour de mon enterrement, par les soins du curé de cette paroisse.

Je donne et lègue aux pauvres de la commune de..., dans laquelle je suis né, la somme de..., dont

1011. Les légataires à titre universel seront tenus de demander la délivrance aux héritiers auxquels une quotité des biens est réservée par la loi; à leur défaut, aux légataires universels; et à défaut de ceux-ci, aux héritiers appelés dans l'ordre établi au titre *des Successions*.

1012. Le légataire à titre universel sera tenu, comme le légataire universel, des dettes et charges de la succession du testateur, personnel-lement pour sa part et portion, et hypothécairement pour le tout.

1013. Lorsque le testateur n'aura disposé que d'une quotité de la portion disponible, et qu'il l'aura fait à titre universel, ce légataire sera tenu d'acquitter les legs particuliers par contribution avec les héritiers naturels.

SECT. VI. — *Des legs particuliers.*

1014. Tout legs pur et simple donnera au légataire, du jour du décès du testateur, un droit à la chose léguée, droit transmissible à ses héritiers ou ayants cause.

Néanmoins le légataire particulier ne pourra se mettre en possession de la chose léguée, ni en prétendre les fruits ou intérêts, qu'à compter du jour de sa demande en délivrance, formée suivant l'ordre établi par l'article 1011, ou du jour auquel cette délivrance lui aurait été volontairement consentie. [Pr. 57.]

---

la distribution sera faite par le maire de cette commune, que je prie de vouloir bien remplir mes intentions.

Je donne et lègue à la fabrique de cette même paroisse de..., la somme de..., une fois payée (ou une rente perpétuelle de...), à la condition qu'il sera célébré tous les ans, à perpétuité, le jour anniversaire de ma mort, un service avec grand'messe, pour le repos de mon âme.

1010 (suite)...... Form. 155.

DISPOSITIONS RELATIVES A L'ENREGISTREMENT.

J'entends que *tel* et *tel* legs soient délivrés à mes légataires francs et quittes de toutes charges, et que l'enregistrement de ces legs, ainsi que tous autres droits et frais, soient supportés par ma succession.

1010 (suite)...... Form. 156.
[397, 398, 400, 401, 1055.]

NOMINATION D'UN TUTEUR PAR LE SURVIVANT DES PÈRE ET MÈRE.

Voulant user de la faculté qui m'est accordée par l'art. 397, C. Nap., je déclare nommer pour tuteur de mes deux enfants mineurs M..., à l'amitié duquel je les recommande, pour qu'il les dirige selon les bons principes que je lui connais.

1010 (suite) [392].... Form. 157.

NOMINATION DE CONSEIL A LA FEMME SURVIVANTE.

En vertu de la faculté qui m'est laissée par l'art. 391, C. Nap., je nomme pour conseil spécial à mon épouse, dans l'exercice de la tutelle de nos enfants mineurs, M..., sans l'avis duquel j'entends qu'elle ne puisse faire aucun acte relatif à cette tutelle.

Ou : sans l'avis duquel j'entends qu'elle ne puisse faire aucun acte relatif à la gestion et administration *de leurs biens.*

Ou encore : sans l'avis duquel j'entends qu'elle ne puisse recevoir aucun capital, ni en faire l'emploi, ni faire aucun bail à ferme ou à loyer des biens appartenant auxdits enfants.

1010 (suite) [1037]... Form. 158.

RÉVOCATION DE TESTAMENTS ANTÉRIEURS.

Je révoque tous testaments et codicilles que j'ai pu faire antérieurement au présent testament, qui doit seul être exécuté comme contenant mes dernières volontés.

(Cette clause se met dans tous les testaments pour éviter les recherches de testaments antérieurs.)

1010 (suite)..... Form. 159.

CHANGEMENTS ET MODIFICATIONS A UN PRÉCÉDENT TESTAMENT POUVANT FAIRE L'OBJET D'UN CODICILLE.

Voulant ajouter aux dispositions du testament que j'ai fait par acte passé devant M..., notaire à..., en présence de témoins, le..., je donne et lègue à M..., en sus de ce que je lui ai déjà légué par ledit testament, la somme de..., une fois payée, pour en jouir et disposer en toute propriété à compter du jour de mon décès.

Je révoque le legs de... que j'ai fait à M...

Je réduis à la somme de..., le legs de..., que j'ai fait à M....

Je nomme pour exécuteur, tant du présent que du précédent testament, M..., etc.

1010 (suite)...... Form. 160.
[397, 1048, 1050, 1055, 1069.]

SUBSTITUTIONS TESTAMENTAIRES.

Legs par préciput par un père à son fils, à charge de restitution au profit des enfants nés et à naître de celui-ci.

Voulant donner à..., mon fils aîné, des preuves de mon amitié et le récompenser, dans sa personne et dans celle de ses enfants, de la tendresse qu'il m'a toujours témoignée, et des soins qu'il a donnés à mes affaires, je lui donne et lègue, par préciput et hors part, la terre de..., avec toutes ses dépendances, sans en rien excepter ni réserver, pour en jouir et disposer à compter du jour de mon décès, mais à la charge par mon fils aîné de conserver ladite terre de..., et de la rendre, après son décès, à tous ses enfants nés et à naître que je lui substitue à cet effet, et par égales portions.

Je nomme pour tuteur, à cette substitution, M..., que je prie d'accepter et de remplir ces fonctions, et auquel je lègue une somme de..., en reconnaissance des peines et soins qu'il prendra à cet effet.

1010 (suite) [1049, 1050].Form. 161.

Legs par un frère à sa sœur, à charge de restitution à ses enfants nés et à naître.

Averti par l'expérience des malheurs qu'elle a déjà éprouvés, et voulant prévenir ceux qui pourraient encore lui arriver par la suite, je donne et lègue à Mme..., ma sœur, épouse de M..., la moitié qui lui appartiendra dans ma succession, en sa qualité d'héritière pour cette portion, pour en jouir, à compter du jour de mon décès; mais à la charge, par elle, de conserver toute ladite portion héréditaire et de la rendre à tous ses enfants nés et à naître que je lui substitue à cet effet, sans exception et par égales portions.

Je nomme pour tuteur, à cette substitution, M..., que je prie de ne pas refuser ce service à notre ancienne amitié.

Je veux que tous les meubles et effets mobiliers qui pourront être attribués ou échoir à Mme..., pour sa portion dans ma succession, soient immédiatement vendus par les soins et la diligence du tuteur ci-dessus nommé, et que le produit en soit employé, ainsi que le montant de tous capitaux recouvrés, soit en acquisition d'immeubles ruraux, soit en rentes sur l'État, au choix dudit tuteur;

Et, afin que mes intentions soient fidèlement remplies à cet égard, j'entends que tout le capital à recevoir, et provenant de vente ou de remboursement, soit touché par ledit tuteur lui-même, en présence de ma sœur, et que les fonds soient déposés par lui entre les mains d'un notaire à son choix, jusqu'au moment où l'emploi pourra en être effectué, conformément à ce que je viens de prescrire.

À l'égard de tous intérêts, arrérages et revenus, ils pourront être touchés par ma sœur, sur ses quittances, sans avoir besoin de la présence ni du consentement du tuteur à la substitution.

[V. CLERC, Form., p. 498.]

1010 (suite)...... Form. 162.

RÉVOCATION DE SUBSTITUTION.

Devant Me... A comparu :

M. Philippe Amaury, négociant, demeurant à...,

Lequel a, par ces présentes, déclaré révoquer purement et simplement la substitution par lui faite au profit des enfants nés et à naître de Mme..., sa sœur, épouse de M..., d'une maison sise à..., léguée par le comparant à ladite dame, sa sœur, aux termes de son testament passé devant Me..., notaire à..., en présence de quatre témoins, le...

En conséquence, le comparant annule la charge de restitution qu'il avait imposée à ladite dame, sa sœur, consentant à ce qu'elle jouisse et dispose librement de ladite maison et de la même manière que si cette substitution n'avait pas eu lieu.

Dont acte : Fait et passé, etc.

Enreg. : 2 fr. — [V. CLERC, Enreg., n. 409, et Form., p. 499.]

1010 (suite)...... Form. 163.

CLAUSE DE TESTAMENT PORTANT INSTITUTION FIDUCIAIRE.

Legs par préciput par un père veuf, à son fils.

Je donne et lègue à..., mon fils aîné, en toute propriété, et par préciput et hors part, le domaine de..., avec toutes les terres, prés et bois qui en dépendent, sans exception; mais je veux qu'il n'ait droit aux revenus, ainsi qu'à la gestion et administration de ces biens, qu'à partir du jour où il aura atteint sa vingt-cinquième année, et j'entends que tous les revenus de ces biens, jusqu'à cette époque, soient mis en réserve et employés, pour ne lui être remis également qu'à l'âge de vingt-cinq ans.

Toutefois, il aura droit, à partir de sa majorité, aux intérêts des revenus qui auront été ou qui pourront être placés, conformément à la disposition ci-dessus.

Je nomme M..., administrateur dudit domaine de..., jusqu'à ce que mon fils ait atteint l'âge de vingt-cinq ans, époque à laquelle la remise lui en sera faite, ainsi que des revenus qui auront été réservés et placés par lui. M... devra rendre compte de son administration, à l'époque ci-dessus indiquée; mais pour les différents actes de cette gestion, comme pour le placement des revenus, il n'aura besoin d'aucune autorisation du conseil de famille de mon fils.

1010 (suite)...... Form. 164.

Legs en faveur d'un étranger, avec abandon des revenus au fiduciaire.

J'institue Charles Bonneuil, mon filleul, fils aîné de M. Bonneuil, mon ami, légataire universel, en propriété, de tous les biens meubles et immeubles qui composeront ma succession; mais je veux qu'il n'ait la jouissance et l'administration de ces biens que lorsqu'il aura atteint l'âge de trente ans.

Pour les gérer et administrer jusqu'à cette époque, je nomme M..., mon ami, à qui je fais don et legs de tous les revenus que produiront les différents biens composant ce legs universel, de sorte qu'il n'aura à rendre qu'un compte de capitaux à Charles Bonneuil, lorsqu'il aura trente ans, ou à ses héritiers, aussitôt son décès, s'il meurt avant cet âge.

Enreg. : Les testaments doivent être présentés à l'enregistrement dans les trois mois du décès du testateur; ils donnent lieu au droit fixe de 5 fr. — [V. CLERC, Enreg., n. 392 et s., et Form., p. 499.]

1011 à 1014...... Form. 165
[1004, 1005, 1018.]

Délivrance de legs.

Par des héritiers, en faveur d'un légataire universel ou à titre universel.

Par-devant Me... *Furent présents :*

M. Anatole-Ferdinand Capelle, bijoutier, demeurant à...,

Et Mlle Ernestine Capelle, majeure, demeurant à...,

Habiles à se dire et porter héritiers, chacun pour moitié, de M. Victor-Ferdinand Capelle, leur père, décédé à..., le..., ainsi qu'il est constaté par l'intitulé de l'inventaire fait après son décès par Me..., notaire à..., le..., qualité qu'ils n'ont acceptée que sous bénéfice d'inventaire, suivant déclaration faite au greffe du tribunal de..., le...,

S'il n'y avait point d'inventaire, on doit énoncer l'acte de notoriété qui constate les qualités de l'héritier.

Lesquels, après avoir pris communication du testament de M. Capelle, leur père, reçu par Me..., notaire à..., en présence de quatre témoins, le..., enregistré le..., et aussi après avoir pris connaissance des forces et charges de la succession dudit sieur leur père, sur l'inventaire énoncé,

Ont, par ces présentes, déclaré consentir purement et simplement à l'exécution de ce testament, et en conséquence, ils font délivrance à M. Jules-Louis David, ingénieur des ponts et chaussées, demeurant à..., à ce présent et acceptant,

Du tiers de tous les biens meubles et immeubles dépendant de la succession du feu sieur Capelle, leur père, auquel il a droit en sa qualité de légataire universel (ou à titre universel) de ce dernier, institué par le testament susénoncé,

Consentant, les comparants, que ledit sieur David soit bien et dûment propriétaire du tiers desdits biens, qu'il en dispose comme il avisera et qu'il ait droit aux fruits et revenus à compter du jour du décès du testateur, attendu qu'il a formé sa demande en délivrance avant l'expiration d'une année depuis le décès.

Cette délivrance est ainsi consentie par M. et Mlle Capelle, sous la réserve de toutes les créances et autres droits qu'ils pourraient avoir contre la succession de leur père, et encore à la charge, par M. David qui s'y oblige, d'acquitter tous les legs particuliers qui sont à sa charge. Dont acte :

Fait et passé, etc.

Enreg. : 2 fr. fixe.— [V. CLERC, Enreg., n. 804, et Form., p. 501.]

1011 à 1014 (suite)... Form. 166.
[1014, 2°, 1018.]

Par un légataire universel à des légataires particuliers, et remise des objets légués.

Par-devant Me..., *Fut présent :*

M. Nicolas Girard, avocat, demeurant à...,

Agissant en qualité de légataire universel en propriété de M. Edmond-Jules Depercy, propriétaire, en son vivant, demeurant à..., aux termes de son testament par lui fait olographe, en date à..., du..., et dont l'original a été déposé pour minute à Me..., l'un des notaires soussignés, par ordonnance du président du tribunal de première instance de..., contenue en son procès-verbal d'ouverture et de

1015. Les intérêts ou fruits de la chose léguée courront au profit du légataire, dès le jour du décès, et sans qu'il ait formé sa demande en justice :

1° Lorsque le testateur aura expressément déclaré sa volonté, à cet égard, dans le testament ;

2° Lorsqu'une rente viagère ou une pension aura été léguée à titre d'aliments.

1016. Les frais de la demande en délivrance seront à la charge de la succession, sans néanmoins qu'il puisse en résulter de réduction de la réserve légale.

Les droits d'enregistrement seront dus par le légataire.

Le tout, s'il n'en a été autrement ordonné par le testament.

Chaque legs pourra être enregistré séparément, sans que cet enregistrement puisse profiter à aucun autre qu'au légataire ou à ses ayants cause.

1017. Les héritiers du testateur, ou autres débiteurs d'un legs, seront personnellement tenus de l'acquitter, chacun au prorata de la part et portion dont ils profiteront dans la succession.

Ils en seront tenus hypothécairement pour le tout, jusqu'à concurrence de la valeur des immeubles de la succession dont ils seront détenteurs.

1018. La chose léguée sera délivrée avec les accessoires nécessaires, et dans l'état où elle se trouvera au jour du décès du donateur.

1019. Lorsque celui qui a légué la propriété d'un immeuble, l'a ensuite augmentée par des acquisitions, ces acquisitions, fussent-t-elles contiguës, ne seront pas censées, sans une nouvelle disposition, faire partie du legs.

Il en sera autrement des embellissements, ou des constructions nouvelles faites sur le fonds légué, ou d'un enclos dont le testateur aurait augmenté l'enceinte.

1020. Si, avant le testament ou depuis, la chose léguée a été hypothéquée pour une dette de la succession, ou même pour la dette d'un tiers, ou si elle est grevée d'un usufruit, celui qui doit acquitter le legs, n'est point tenu de la dégager, à moins qu'il n'ait été chargé de le faire par une disposition expresse du testateur.

1021. Lorsque le testateur aura légué la chose d'autrui, le legs sera nul, soit que le testateur ait connu ou non qu'elle ne lui appartenait pas.

1022. Lorsque le legs sera d'une chose indéterminée, l'héritier ne sera pas obligé de la donner de la meilleure qualité, et il ne pourra l'offrir de la plus mauvaise.

1023. Le legs fait au créancier ne sera pas censé en compensation de sa créance, ni le legs fait au domestique en compensation de ses gages.

1024. Le légataire à titre particulier ne sera point tenu des dettes de la succession, sauf la réduction du legs ainsi qu'il est dit ci-dessus, et sauf l'action hypothécaire des créanciers.

SECT. VII. — *Des exécuteurs testamentaires.*

1025. Le testateur pourra nommer un ou ou plusieurs exécuteurs testamentaires.

1026. Il pourra leur donner la saisine du tout, ou seulement d'une partie de son mobilier ; mais elle ne pourra durer au-delà de l'an et jour à compter de son décès.

S'il ne la leur a pas donnée, ils ne pourront l'exiger.

1027. L'héritier pourra faire cesser la saisine, en offrant de remettre aux exécuteurs testamentaires somme suffisante pour le paiement des legs mobiliers, ou en justifiant de ce paiement.

1028. Celui qui ne peut s'obliger, ne peut pas être exécuteur testamentaire.

1029. La femme mariée ne pourra accepter l'exécution testamentaire qu'avec le consentement de son mari.

Si elle est séparée de biens, soit par contrat de mariage, soit par jugement, elle le pourra avec le consentement de son mari, ou, à son refus, autorisée par la justice, conformément à ce qui est prescrit par les articles 217 et 219, au titre *du Mariage.*

1030. Le mineur ne pourra être exécuteur testamentaire, même avec l'autorisation de son tuteur ou curateur.

1031. Les exécuteurs testamentaires feront apposer les scellés, s'il y a des héritiers mineurs, interdits ou absents.

Ils feront faire, en présence de l'héritier présomptif, ou lui dûment appelé, l'inventaire des biens de la succession.

Ils provoqueront la vente du mobilier, à défaut de deniers suffisants pour acquitter les legs.

Ils veilleront à ce que le testament soit exécuté ; et ils pourront, en cas de contestation sur son exécution, intervenir pour en soutenir la validité.

Ils devront, à l'expiration de l'année du décès du testateur, rendre compte de leur gestion. (Pr. 126, 132, s., 527, s., 911, 941, s., 945, s.)

---

description du testament, en date du..., ledit testament enregistré à..., le...

Duquel legs universel M. Girard a été envoyé en possession par ordonnance du même président, rendue le..., attendu que le feu sieur Depercy n'a laissé aucun héritier à réserve (ou aucun ascendant ni descendant), ainsi qu'il est constaté par un acte de notoriété reçu par M..., l'un des notaires soussignés, le...,

Lequel a, par ces présentes, déclaré consentir purement et simplement à l'exécution du testament de M. Depercy, susénoncé, et à la délivrance des legs particuliers qu'il contient, et qui sont, savoir :

1° Au profit de M. Paul-Honoré Balland, neveu du défunt, avocat, demeurant à..., d'une somme de 5,000 fr. une fois payée, et de tous les livres composant la bibliothèque du défunt, avec la malle qui les renferme ;

2° A Mme Marie-Cécile Balland, sa nièce, épouse de M. Félix Lemaire, propriétaire, demeurant à..., d'une somme de 2,000 fr., une fois payée, et d'une inscription de 200 fr. au grand-livre de la dette publique, 3 pour 100 portée au nom du défunt sous le n°... de la... série...

En conséquence, M. Girard a présentement remis à M. Balland et à Mme Lemaire, tous deux à ce présents, qui le reconnaissent, cette dernière agissant avec l'autorisation de son mari, aussi à ce présent,

Les différentes sommes, effets mobiliers et inscription qui leur ont été légués par M. Depercy, ainsi qu'il est ci-devant énoncé,

Desquels objets M. Balland, M. et Mme Lemaire quittent et déchargent M. Girard sans réserve.

Dont décharge.

M°..., l'un des notaires soussignés, est autorisé par les parties à délivré tous les certificats de propriété nécessaires pour faire immatriculer l'inscription de 200 fr. de rente sur l'État, au nom de Mme Lemaire.

Consentent les parties que mention des présentes soit faite sur toutes pièces que besoin sera par tous notaires et officiers requis. Dont acte :

Fait et passé, etc.

Enreg. : 2 fr. fixe pour chaque légataire.

Le droit de mutation est dû si au lieu de l'objet légué on délivre un autre objet d'une autre nature.

[V. CLERC, Enreg., n. 304, et Form., p. 501.]

1011 à 1014 (*suite*) [1018] F. **167**

Par des héritiers, en faveur de légataires particuliers, avec affectation hypothécaire.

Par-devant M°..., *Fut présent :*

M. Claude-François Belmont, propriétaire demeurant à...

Seul héritier de M. Nicolas-Antoine Belmont, son père, négociant, décédé à... le..., ainsi que le constate un acte de notoriété fait à défaut d'inventaire après son décès, et reçu par M°..., notaire à..., le..., enregistré ;

Lequel, après avoir pris connaissance du testament de son père, reçu par M°..., notaire à..., en présence de témoins, le..., enregistré le...,

A, par ces présentes, déclaré consentir purement et simplement l'exécution de ce testament et la délivrance des legs y portés, savoir :

1° A Louise Lacour, domestique du défunt, d'une rente annuelle et viagère de 400 fr. payable de trois en trois mois, à compter du jour du décès du testateur, sans aucune retenue ;

2° Et à Clémence Lenoble, majeure, demeurant à..., de la somme de 10,000 fr., payable seulement quatre ans après le décès du testateur, et productive d'intérêts à 5 pour 100 par an, à partir de la même époque, et payables de six en six mois.

En conséquence, M. Belmont s'oblige, envers ces deux légataires, chacun en ce qui le concerne, au paiement de la somme de 10,000 fr. et au service tant de ses intérêts que des arrérages de la rente viagère de 400 fr., dans les termes et de la manière stipulés par le testament.

Pour assurer l'exécution de cet engagement, M. Belmont affecte et hypothèque spécialement au profit des légataires :

Une maison située à..., et consistant..., etc.

Sur lesquels biens il sera pris, aux frais de M. Belmont, toutes inscriptions nécessaires, à la même date, au profit de M. Lacour et de mademoiselle Lenoble, qui d'ailleurs viendront concurremment au même rang d'hypothèque, lors même que leurs inscriptions respectives auraient des dates différentes.

Cette maison appartenait à M. Belmont père, au moyen de l'acquisition qu'il en avait faite..., etc. (Voir, pour l'établissement de propriété, les formules de contrat de vente, art. 1657).

Déclare, M. Belmont que cette maison ci-devant désignée n'est grevée d'aucune hypothèque, soit de son chef, soit de celui de son père.

M. Lacour, ci-dessus nommé, demeurant à...

Et mademoiselle Lenoble également ci-dessus dénommée,

En leurs qualités de légataires particuliers de M. Belmont, acceptent, chacun en ce qui le concerne, la délivrance de legs ainsi que l'affectation hypothécaire ci-dessus consentie à leur profit, et, par suite, ils déclarent affranchir purement et simplement, sans réserve, tous les autres immeubles de la succession de M. Belmont père,

Consentent, les parties, que mention des présentes soit faite sur toutes pièces que besoin sera par tous les notaires et officiers requis. Dont acte :

Fait et passé, etc.

Enreg. : 2 fr. — [V. CLERC, Enreg., n. 304, et Form., p. 501.]

1011 à 1014 (*suite*) [1018]. F. **168**

Délivrance d'un legs au profit d'un hospice, consentie par un tuteur.

Par-devant M°..., *Fut présent :*

M. Georges-Hyacinthe Chauveaux, docteur en médecine, demeurant à...,

Au nom et comme tuteur naturel et légal de Léopold-Georges Chauveaux, et de Clémence-Chauveaux, ses deux enfants mineurs, issus de son mariage avec madame Emma Guesdon, décédée ;

Lesquels mineurs sont habiles à se dire et porter seuls héritiers, chacun pour moitié, de M. Clément-Nestor Guesdon, leur oncle maternel, décédé à..., le..., ainsi qu'il est constaté par l'inventaire fait après son décès par M°..., notaire, à..., le...,

Laquelle qualité d'héritier n'a été acceptée pour eux que sous bénéfice d'inventaire, suivant déclaration faite, par le comparant, au greffe du tribunal de..., le.... enregistrée ;

Lequel a dit que, suivant son testament, reçu par M°..., notaire à..., en présence de quatre témoins, le..., enregistré le..., M. Guesdon a légué à l'hospice de... une rente annuelle et perpétuelle de 500 fr., payable de six en six mois, et exempte à toujours de toute retenue.

Par ordonnance de l'Empereur, en date du..., la commission administrative dudit hospice a été autorisée à accepter ce legs.

Suivant un acte passé devant M°..., notaire à..., le..., enregistré, les membres composant la commission administrative dudit hospice ont déclaré accepter, au nom de l'hospice, le legs de 500 fr. de rente susénoncé, et ils ont donné à M. Debray, l'un d'eux, tous pouvoirs à l'effet de demander et accepter la délivrance de ce legs, faire toutes poursuites à ce sujet.

Cette acceptation a été signifiée à M. Chauveaux, comparant, par exploit de..., huissier..., en date du..., enregistré, et contenant la demande en délivrance dudit legs.

En conséquence, M. Chauveaux, au nom de ses enfants mineurs et en leurdite qualité, déclare, par ces présentes, consentir purement et simplement à l'exécution du testament de M. Guesdon susénoncé, et faire délivrance, au profit de l'hospice de..., de la rente perpétuelle de 500 fr., léguée audit hospice par le testament.

Laquelle rente perpétuelle il s'oblige, audit nom, et il oblige ses enfants mineurs, chacun pour sa part et portion, à payer et servir audit hospice de la manière énoncée au testament, et à partir du..., date de la demande en délivrance.

Cette délivrance de legs, ainsi consentie, est acceptée par M. Jacques Debray, pharmacien, demeurant à..., à ce présent, agissant pour ledit hospice, et comme représentant sa commission administrative, en vertu des pouvoirs qui lui ont été donnés à cet effet par l'acte du..., dont une expédition est demeurée ci-annexée, après que dessus il en a été fait mention par les notaires soussignés.

Mention des présentes pourra être faite partout où besoin sera. Dont acte :

Fait et passé, etc.

Enreg. : 2 fr. — [V. CLERC, Enreg., n. 304, et Form., p. 502.]

1015 à 1017 ; — **1018** [V. **1011 à 1014**, Form. 166] ; — **1019 à 1024** ; — **1025** [1002, 1003, 1010] ; — **1027** et **1028** ; — **1029** [217 223] et s. 776, 905, 934, 1028] ; — **1030** . . . .

1031 . . . . Form. **169**. [2°, 794] ; — 3°, 452, 796, 805, 1031, 1062, 1657] ; — 3°, 1033.]

Compte d'exécution testamentaire.

Par-devant M°... *Furent présents :*

M. Henri Villard, propriétaire, demeurant à...,

Agissant au nom et comme exécuteur testamentaire avec saisine de M. Auguste-Joseph Delagarde, ancien avocat, aux termes de son testament ci-après énoncé..., *d'une part ;*

M. Charles Delaveau, vice-consul de France à Moscou, présentement à Paris, logé rue...,

Agissant en qualité de légataire universel en nue propriété du feu sieur Delagarde, son oncle, aux termes du même testament, *d'autre part;*

Et Mme Euphrosine-Thérèse Delagarde, veuve de M. Louis-Jean Delaveau, demeurant à...,

Agissant en qualité de légataire universelle en usufruit du feu sieur Delagarde, son frère, aux termes du même testament,... *encore d'autre part;*

Lesquels ont procédé, ainsi qu'il suit, à la reddition et à l'arrêté du compte de la gestion que M. Villard a eue des biens composant la succession du feu sieur Delagarde, en sa qualité d'exécuteur testamentaire.

OBSERVATIONS PRÉLIMINAIRES.

PREMIÈRE OBSERVATION.
Décès de M. Delagarde.—Son testament.

M. Delagarde est décédé en sa demeure à Paris, rue Neuve-des-Petits-Champs, n° 39, le 19 octobre 1863.

Il avait laissé entre les mains de M. Villard un testament olographe en date, à Paris, du 15 mai 1863, lequel a été présenté à M. le président du tribunal de première instance de la Seine, qui en a fait l'ouverture et ordonné le dépôt entre les mains de Me..., l'un des notaires soussignés, le tout aux termes de son procès-verbal dressé au greffe dudit tribunal, le...

Par ce testament, M. Delagarde a institué pour ses légataires universels Mme veuve Delaveau, et M. Charles Delaveau, son fils, tous deux ici présents, savoir : la première en usufruit seulement, et le dernier en nue propriété, pour y réunir la jouissance au décès de Mme sa mère.

Il a légué particulièrement, savoir :

A Mme veuve Henry, sa gouvernante, une somme de 3,000 fr. une fois payée, sans préjudice des gages qui pourraient lui être dus;

A M. Joseph Berthier, son neveu, la somme de 10,000 fr. une fois payée ;

A..., etc., etc.

Enfin, M. Delagarde a nommé pour son exécuteur testamentaire M. Villard, son ami, auquel il a donné la saisine de ses biens pendant l'an et jour et qu'il a prié d'accepter un diamant de 4,000 fr. comme une marque de son amitié.

Un acte de notoriété reçu par Me..., l'un des notaires soussignés, le..., a constaté que le feu sieur Delagarde n'a laissé aucun héritier à réserve.

En conséquence, Mme Delaveau et son fils ont été envoyés en possession de leur legs universel, par ordonnance de M. le président dudit tribunal, rendue le...,

DEUXIÈME OBSERVATION.
Inventaire après le décès de M. Delagarde.

Il a été procédé à l'inventaire, après le décès de M. Delagarde, par Me..., l'un des notaires soussignés, le 25 novembre 1863 et jours suivants, à la requête de M. Villard, de Mme veuve Delaveau et de M. Delaveau, en leurs qualités respectives d'exécuteur testamentaire et de légataires universels.

La prisée du mobilier a été faite par Me..., commissaire-priseur au département de la Seine; elle s'est élevée à 25,276 fr. 50 cent.

Il s'est trouvé en deniers comptants la somme de 4,740 fr. qui a été remise à M. Villard, qui s'en est chargé.

Par la clôture de l'inventaire, tout le mobilier et les papiers qui s'y trouvaient compris ont été laissés en la garde et possession de M. Villard qui s'en est également chargé.

TROISIÈME OBSERVATION.
Vente du mobilier.

La vente du mobilier compris en l'inventaire susénoncé a eu lieu par adjudication aux enchères, par le ministère de Me..., commissaire-priseur, suivant son procès-verbal dressé le..., et jours suivants, enregistré, à la requête de M. Villard, comme exécuteur testamentaire et en présence de Mme Delaveau et de son fils.

Cette vente a produit brut la somme de 30183 25

Sur quoi le commissaire-priseur a prélevé, pour vacations à l'inventaire, les frais occasionés par la vente et ses honoraires, la somme de. 2540 50

Et il est resté net la somme de. 27643 75

Laquelle somme a été remise et délivrée à M. Villard, qui l'a reconnu et s'en est chargé, ainsi que le tout est expliqué en l'arrêté de compte dressé par M..., commissaire-priseur le..., en suite de son procès-verbal de vente.

QUATRIÈME OBSERVATION.
Délivrance des legs particuliers.

Suivant un acte passé devant Me..., l'un des notaires soussignés, le..., M. et Mme veuve Delaveau, en leurs qualités de légataires universels, ont déclaré consentir l'exécution des dispositions particulières contenues au testament de feu M. Delagarde et faire à chacun des légataires particuliers délivrance du legs qui lui appartient; en conséquence, ils ont fait à M. Villard à tous ces légataires la remise des sommes et effets à eux légués.

En effet, par ce même acte, M. Villard a fait remise, en nature, à M..., des effets mobiliers à lui légués et consistant en..., etc.

Il a aussi acquitté une partie des legs en argent, et il a payé, savoir :

A M. Berthier, neveu du défunt, la somme de 10,000 fr. à lui léguée.

A M..., etc.

Enfin, suivant un autre acte passé devant le même notaire, le..., enregistré, M. Villard a acquitté le surplus des legs particuliers, et il a payé, savoir :

A Mme veuve Fleury, gouvernante du défunt, la somme de 3,000 fr. à elle léguée ;

A M..., etc.

DIVISION DE COMPTE.

Le présent compte sera divisé en trois chapitres : le premier, contenant les recettes effectives faites par M. Villard, sera établi d'après l'inventaire susénoncé ; le second sera consacré aux dépenses faites par M. Villard ; la balance sera faite entre ces deux chapitres de manière à faire ressortir le reliquat actif ou passif, et le troisième chapitre sera destiné à la récapitulation des objets à recouvrer et des sommes restant dues.

La recette sera établie sur deux colonnes, l'une de fonds et capitaux, l'autre de fruits et revenus.

La dépense sera de même divisée en deux colonnes : l'une pour les dépenses à la charge des fonds et capitaux, l'autre pour les dépenses à la charge des fruits et revenus.

Ces distinctions sont nécessitées par les droits d'usufruit de Mme veuve Delaveau, et pour déterminer les sommes qui lui appartiennent, comme fruits de sa jouissance et celles qui devront revenir à M. Delaveau, comme nu propriétaire.

CHAP. Ier. — RECETTES.

	Fonds et capitaux	Fruits et revenus
	fr. c.	fr. c.

ART. 1er.—*Deniers comptants.*

A fait recette, M. Villard, de la somme de 4,740 fr. montant des deniers comptants trouvés au décès de M. Delagarde, et dont la remise lui a été faite par l'inventaire, ci. . . . . . . [Fonds et capitaux] 4740 »

Il a fait recette de la somme de 27,643 fr. 75 c., formant le produit net de la vente du mobilier, dont il s'est chargé par arrêté du compte du commissaire-priseur, ci. . . . . [Fonds et capitaux] 27643 75

ART. 3. — *Loyers de la maison rue Neuve-des-Petits-Champs.*

A fait recette, M. Villard, de la somme de 7,340 fr. pour une année des loyers de la maison rue Neuve-des-Petits-Champs, n° 39, appartenant au défunt, calculés depuis le 1er octobre 1863, jusqu'au 1er octobre 1864.

Cette somme est composée ainsi qu'il suit :

Loyer de M. Dupont, marchand tapissier. . . . . 2000 »

Etc. . . . . » »

Somme pareille. . 7340 »

Dans cette somme de 7340 fr., 387 fr. 38 cent., représentant des fonds et capitaux, comme loyers échus jusqu'au 19 octobre 1863, jour du décès de M. Delagarde, doivent entrer dans la première colonne, ci. . . . . . [Fonds et capitaux] 387 38

Et les 6,952 fr. 62 cent., comme représentant les loyers courus depuis le décès, entreront dans la seconde colonne, ci. . . . . [Fruits et revenus] 6952 62

ART. 4.—*Arrérages de la rente de 2,000 fr. sur l'Etat.*

A fait recette, M. Villard, de la somme de 2,000 fr. pour deux semestres échus le 22 septembre 1864, d'une inscription de 2,000 fr. de rente sur l'Etat, 5 p. 100, au nom du défunt, n..., et formant la cote... de l'inventaire.

La somme de 150 fr. entrera dans la première colonne comme représentant les arrérages courus depuis le 22 septembre 1863, au 19 octobre suivant, jour du décès, ci. . . . . [Fonds et capitaux] 150 »

Et les 1,850 fr. de surplus, composés d'arrérages courus depuis le décès, seront tirés hors ligne dans la seconde colonne, ci. 1850

A reporter. . . . . » » 1850

(Report — seconde partie du tableau)

	Fonds et capitaux	Fruits et revenus
	fr. c.	fr. c.

Report. . . . . » » » »

ART. 5. — *Créance sur M. Lamy.*

A fait recette, M. Villard, suivant quittance passée devant Me..., notaire à..., le..., enregistrée :

1° De la somme principale de 12,000 fr., montant d'une obligation souscrite par M. Lamy au profit du défunt, et comprise sous la cote... de l'inventaire, ci. . . . . 12000 »

2° Et de la somme de 325 fr., pour les intérêts de cette obligation, depuis le 1er juillet 1863 jusqu'au 15 juillet 1864, ci. . . 325 »

Ensemble. . 12325 »

On portera dans la première colonne, indépendamment du capital, la somme de 12,181 fr. 65 c. pour les intérêts courus jusqu'au jour du décès, ci. . . . . [Fonds et capitaux] 12181 65

Les 143 fr. 35 de surplus, composés d'intérêts postérieurs au décès, seront portés dans la colonne des fruits et revenus, ci. . . . . [Fruits et revenus] 143 35

ART. 6.—*Billet de M. Lebrun.*

A fait recette, M. Villard, de la somme de 1,500 fr. montant d'un billet souscrit par M. Lebrun, à l'ordre du défunt, et échu le 15 juin 1864, ci. . . . [Fonds et capitaux] 1500 »

Etc., etc.

Total des recettes :

En fonds et capitaux, la somme de. 46602 28

Et en fruits et revenus, la somme de. 8945 97

CHAP. III.—DÉPENSES.

ART. 1er.—*Frais funéraires.*

	DETTES A LA CHARGE	
	des fonds et capitaux	des fruits et revenus
	fr. c.	fr. c.

A fait dépense, M. Villard, de la somme de 1,575 fr. pour frais funéraires occasionnés par le décès de M. Delagarde, d'après le compte qui en est fait en l'inventaire, sur les pièces justificatives comprises sous la cote trente-deuxième et dernière, ci. [des fonds et capitaux] 1575 »

ART. 2. — *Frais d'inventaire, testament, etc.*

A fait dépense, M. Villard, de la somme de 842 fr. 50 cent., montant des frais d'inventaire, testament, délivrance de legs et autres payés à Me..., suivant son mémoire, ci. . . . . [des fonds et capitaux] 842 50

ART. 3. — *Paiement des legs particuliers.*

A fait dépense, M. Villard, de la somme de 18,500 fr. qu'il a payée en capital et en espèces à différents légataires particuliers du défunt, ainsi qu'il est énoncé sous la quatrième observation préliminaire, ci. . [des fonds et capitaux] 18500 »

Et de la somme de 300 fr. payée à mademoiselle Lejeune pour deux semestres échus depuis le 19 octobre 1864, de la rente viagère à elle léguée par le défunt et dont les arrérages devaient courir depuis le décès du testateur.

Cette somme sera portée dans la seconde colonne, comme dépense à la charge des fruits et revenus, ci. . . . . . [des fruits et revenus] 300 »

ART. 4. — *Diamant d'exécution.*

M. Villard comprend, sous le présent article, et retient par ses mains la somme de 4,000 fr. que le défunt lui a léguée comme diamant d'exécution, ci. . . . . . [des fonds et capitaux] 4000 »

ART. 5. — *Contributions de la maison rue Neuve-des-Petits-Champs.*

A fait dépense, M. Villard,

A reporter. . . . .

9 782329 478876